●収録内容一覧

■2025年度中学受験用

関東学院中学校

3年間スーパー過去問

入試問題と解説・解答の収録内容

2024年度　一期Ａ	算数・社会・理科・国語
2024年度　一期Ｂ	算数・国語
2024年度　一期Ｃ	算数・社会・理科・国語 （解答のみ）
2023年度　一期Ａ	算数・社会・理科・国語
2023年度　一期Ｂ	算数・国語
2023年度　一期Ｃ	算数・社会・理科・国語 （解答のみ）
2022年度　一期Ａ	算数・社会・理科・国語
2022年度　一期Ｂ	算数・国語
2022年度　一期Ｃ	算数・社会・理科・国語 （解答のみ）

～本書ご利用上の注意～　以下の点について，あらかじめご了承ください。

★別冊解答用紙は巻末にございます。本書に収録している試験の実物解答用紙は，弊社サイトの各校商品情報ページより，一部または全部をダウンロードできます。
★編集の都合上，学校実施のすべての試験を掲載していない場合がございます。
★当問題集のバックナンバーは，弊社には在庫がございません（ネット書店などに一部在庫あり）。

合格を勝ち取るための

『スーパー過去問』の使い方

本書に掲載されている過去問をご覧になって，「難しそう」と感じたかもしれません。でも，多くの受験生が同じように感じているはずです。なぜなら，中学入試で出題される問題は，小学校で習う内容よりも高度なものが多く，たくさんの知識や解き方のコツを身につけることも必要だからです。ですから，初めて本書に取り組むさいには，点数を気にしすぎないようにしましょう。本番でしっかり点数を取れることが大事なのです。

過去問で重要なのは「まちがえること」です。自分の弱点を知るために，過去問に取り組むのです。当然，まちがえた問題をそのままにしておいては意味がありません。

本書には，長年にわたって中学入試にたずさわっているスタッフによるていねいな解説がついています。まちがえた問題はしっかりと解説を読み，できるようになるまで何度も解き直しをしてください。理解できていないと感じた分野については，参考書や資料集などを活用し，改めて整理しておきましょう。

このページも参考にしてみましょう！

◆どの年度から解こうかな　「入試問題と解説・解答の収録内容一覧」

本書のはじめには収録内容が掲載されていますので，収録年度や収録されている入試回などを確認できます。

※著作権上の都合によって掲載できない問題が収録されている場合は，最新年度の問題の前に，ピンク色の紙を差しこんでご案内しています。

◆学校の情報を知ろう!!「学校紹介ページ」

このページのあとに，各学校の基本情報などを掲載しています。問題を解くのに疲れたら息ぬきに読んで，志望校合格への気持ちを新たにし，再び過去問に挑戦してみるのもよいでしょう。なお，最新の情報につきましては，学校のホームページなどでご確認ください。

◆入試に向けてどんな対策をしよう？「出題傾向＆対策」

「学校紹介ページ」に続いて，「出題傾向＆対策」ページがあります。過去にどのような分野の問題が出題され，どのように対策すればよいかをアドバイスしていますので，参考にしてください。

◇別冊「入試問題解答用紙編」

本書の巻末には，ぬき取って使える別冊の解答用紙が収録してあります。解答用紙が非公表の場合などを除き，（注）が記載されたページの指定倍率にしたがって拡大コピーをとれば，実際の入試問題とほぼ同じ解答欄の大きさで，何度でも過去問に取り組むことができます。このように，入試本番に近い条件で練習できるのも，本書の強みです。また，データが公表されている学校は別冊の１ページ目に過去の「入試結果表」を掲載しています。合格に必要な得点の目安として活用してください。

本書がみなさんの志望校合格の助けとなることを，心より願っています。

株式会社　声の教育社　編集部

関東学院中学校

所在地	〒232-0002 神奈川県横浜市南区三春台4
電　話	045-231-1001
ホームページ	https://www.kantogakuin.ed.jp/
交通案内	京浜急行線「黄金町駅」より徒歩5分 横浜市営地下鉄ブルーライン「阪東橋駅」より徒歩8分

くわしい情報は
ホームページへ

トピックス

★中2より，成績上位者を1クラス（約40人）にまとめた選抜クラスを設置。
★関東学院大学への内部推薦制度がある。

創立年
大正8年

男女共学

高校募集
なし

応募状況

年度	募集数	応募数	受験数	合格数	倍率
2024	一期A 50名	242名	214名	66名	3.2倍
	一期B 65名	549名	517名	244名	2.1倍
	一期C 65名	461名	346名	100名	3.5倍
	二期 20名	395名	285名	33名	8.6倍
2023	一期A 50名	300名	286名	80名	3.6倍
	一期B 65名	560名	522名	264名	2.0倍
	一期C 65名	447名	329名	133名	2.5倍
	二期 20名	454名	316名	27名	11.7倍
2022	一期A 50名	354名	316名	89名	3.6倍
	一期B 65名	577名	480名	209名	2.3倍
	一期C 65名	590名	447名	103名	4.3倍
	二期 20名	373名	244名	37名	6.6倍

説明会・イベント日程（※予定）

関東学院basic（学校説明会）【要予約】
10月5日／11月5日／1月18日
※各日とも，10：00～11：45。
オープンキャンパス（部活動体験）【要予約】
10月26日　9：30～13：00
入試説明会【要予約】
12月7日　9：30～11：30／13：30～15：30

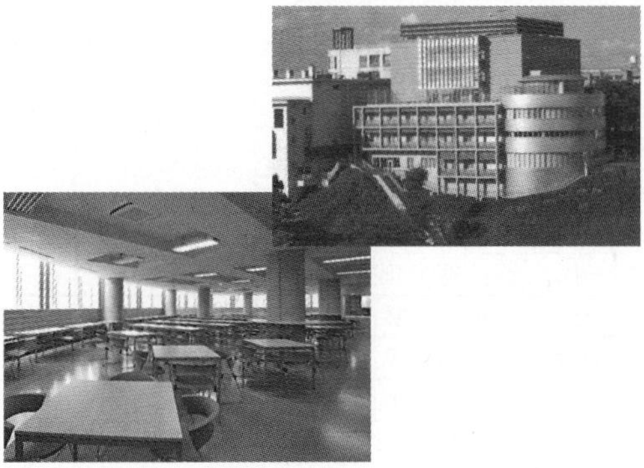

入試情報（参考：昨年度）

・試験日程：
一期A　2024年2月1日　8：00集合
一期B　2024年2月1日　15：30集合
一期C　2024年2月3日　8：30集合
二期　2024年2月5日　15：30集合

・試験科目：
一期A・一期C…4科（国算社理）
一期B・二期…2科（国算）

・合格発表：
〔インターネット〕
一期A　2024年2月1日　19：00～
一期B　2024年2月1日　23：00～
一期C　2024年2月3日　20：00～
二期　2024年2月5日　22：00～

・受験料：
1試験につき，22,000円です。複数試験に同時出願する場合，受験料は以下のようになります。
2試験…40,000円　3試験以上…55,000円

2024年春の主な他大学合格実績（現役生のみ）

＜国公立大学・大学校＞
東京外国語大，横浜国立大，電気通信大，防衛大，東京都立大，横浜市立大

＜私立大学＞
慶應義塾大，早稲田大，上智大，国際基督教大，東京理科大，明治大，青山学院大，立教大，中央大，法政大，学習院大，成蹊大，成城大，明治学院大，國學院大，武蔵大，津田塾大，日本女子大

編集部注―本書の内容は2024年6月現在のものであり，変更されている場合があります。正式な情報は，学校のホームページ等で必ずご確認ください。

算数　出題傾向＆対策

◆基本データ（2024年度一期Ａ）

試験時間／満点	50分／100点
問題構成	・大問数…８題 計算１題（４問）／応用問題７題 ・小問数…13問
解答形式	すべて解答のみを記入する形式になっている。必要な単位などは解答用紙にあらかじめ印刷されている。
実際の問題用紙	Ｂ５サイズ，小冊子形式
実際の解答用紙	Ｂ５サイズ

◆出題傾向と内容

▶過去３年の出題率トップ３
１位：四則計算・逆算20％　２位：角度・面積・長さ10％　３位：割合と比６％
▶今年の出題率トップ３
１位：四則計算・逆算23％　２位：角度・面積・長さ，約数と倍数など９％

計算問題は，四則計算（計算のくふう）と逆算に加え，単位の計算が出されることもあります。

応用問題は，数に関する問題では整数・分数の性質，組み合わせなど，比と割合では売買損益，食塩水の濃度など，二量の関係とグラフの問題（速さ，水そうの水の深さなど），図形では角度・面積・長さ・体積を求めるもの（四角形や三角形の基本的性質，切断面や立体の体積・表面積の求め方，補助線の引き方などについての理解が必要）や，相似比・面積比など，特殊算では，年齢算，相当算，つるかめ算などがよく出されます。

◆対策～合格点を取るには？

まず，正確ですばやい計算力を，毎日の計算練習で身につけましょう。自分で無理なくこなせる問題量を決めて，コツコツと続けること。

数の性質，規則性，場合の数では，はじめに参考書にある重要事項を自分なりに整理し，さらに類題を数多くこなして，基本的なパターンを身につけてください。

図形では，はじめに求積問題を重点的に学習して，基本パターンを徹底的に身につけましょう。さらに，比を利用してすばやく解けるようにすると効果的です。

分野＼年度		2024			2023		
		一期Ａ	一期Ｂ	一期Ｃ	一期Ａ	一期Ｂ	一期Ｃ
計算	四則計算・逆算	●	◎	●	◎	●	◎
	計算のくふう	○			○		
	単位の計算			○			○
和と差	和差算・分配算						
	消去算						
	つるかめ算	○			○		
	平均とのべ			○		○	○
	過不足算・差集め算						
	集まり				○		
	年齢算				○		
割合と比	割合と比		○		○	○	○
	正比例と反比例	○					
	還元算・相当算					○	
	比の性質						○
	倍数算						
	売買損益						
	濃度	○					
	仕事算			○		○	
	ニュートン算						
速さ	速さ			○	○		
	旅人算						
	通過算						○
	流水算						
	時計算		○				
	速さと比	○	○				
図形	角度・面積・長さ	○	○	○	○	○	
	辺の比と面積の比・相似				○	○	○
	体積・表面積						○
	水の深さと体積	○				○	
	展開図						
	構成・分割						
	図形・点の移動						
表とグラフ				○			
数の性質	約数と倍数	○	○	○			○
	N進数						
	約束記号・文字式		◎				
	整数・小数・分数の性質			○	○	○	
規則性	植木算						
	周期算						
	数列				○		
	方陣算						
	図形と規則						
場合の数				○		○	○
調べ・推理・条件の整理		○	◎				
その他							

※　○印はその分野の問題が１題，◎印は２題，●印は３題以上出題されたことをしめします。

社会 出題傾向＆対策

◆基本データ（2024年度一期Ａ）

試験時間／満点	30分／60点
問題構成	・大問数…３題 ・小問数…25問
解答形式	記号選択と適語の記入のほかに，字数制限のない記述問題も見られる。
実際の問題用紙	Ｂ５サイズ，小冊子形式
実際の解答用紙	Ａ４サイズ

分野＼年度			2024		2023		2022	
			一期Ａ	一期Ｃ	一期Ａ	一期Ｃ	一期Ａ	一期Ｃ
日本の地理		地図の見方						
		国土・自然・気候	○	○		○	★	★
		資源						
		農林水産業	○	○			○	
		工業						
		交通・通信・貿易		○				
		人口・生活・文化	○	○				
		各地方の特色			○		★	
		地理総合	★	★				
世界の地理			○			★		
日本の歴史	時代	原始～古代	○	○	○	○	○	○
		中世～近世	○	○	○	○	○	○
		近代～現代	○	○	○	○	○	○
	テーマ	政治・法律史						
		産業・経済史						
		文化・宗教史						
		外交・戦争史						
		歴史総合	★	★	★	★	★	★
世界の歴史								
政治		憲法	○				★	
		国会・内閣・裁判所			○			★
		地方自治						
		経済		★		★		
		生活と福祉	○					
		国際関係・国際政治	★		○	○		
		政治総合						
環境問題					★			
時事問題			○					
世界遺産								
複数分野総合					★			

※　原始～古代…平安時代以前，中世～近世…鎌倉時代～江戸時代，近代～現代…明治時代以降
※　★印は大問の中心となる分野をしめします。

◆出題傾向と内容

文章を読んだり資料を見たりしたうえで，設問に答える形式になっています。各分野とも，基本的な知識や理解力が重視されていますが，各分野のことがらを単純に覚えていれば解答できる問題だけでなく，ほかの分野とのかかわりをふまえたうえでないと答えられない問題も多く出されますから，注意が必要です。

●**地理**…国土と自然，産業を中心に諸地域の特色について問われています。世界のおもな国々や日本との関係などについての出題が見られることもあります。

●**歴史**…博物館の展示物や貨幣の歴史など，はば広い時代範囲から総合的に問われることもあれば，特定の分野や地域に注目して出題されることもあります。

●**政治**…問題の量は地理や歴史ほど多くありません。憲法や三権のしくみ，国際政治のほか，日本のキャッシュレス化が進まない理由や地球温暖化の進行に関する緩和策・適応策を記述する問題も見られます。

◆対策～合格点を取るには？

はば広い知識が問われていますが，問題のレベルは標準的ですから，まず，基礎を固めることを心がけてください。教科書のほか，説明がていねいでやさしい標準的な参考書を選び，基本事項をしっかりと身につけましょう。

地理分野では，地図とグラフが欠かせません。つねにこれらを参照しながら，白地図作業帳を利用して地形と気候をまとめ，そこから産業のようす（もちろん統計表も使います）へと広げていってください。

歴史分野では，教科書や参考書を読むだけでなく，自分で年表を作って覚えると学習効果が上がります。できあがった年表は，各時代，各分野のまとめに活用できます。本校の歴史の問題にはさまざまな分野が取り上げられていますから，この作業はおおいに威力を発揮するはずです。

政治分野では，日本国憲法の基本的な内容と三権についてはひと通りおさえておいた方がよいでしょう。また，時事問題については，新聞やテレビ番組などでニュースを確認し，国内の政治や経済の動き，世界各国の情勢などについて，ノートにまとめておきましょう。

理科　出題傾向＆対策

◆基本データ(2024年度一期A)

試験時間／満点	30分／60点
問題構成	・大問数…4題 ・小問数…19問
解答形式	記号選択と適語・数値の記入が大半をしめるが，記述問題や作図も出題されている。
実際の問題用紙	B5サイズ，小冊子形式
実際の解答用紙	B4サイズ

◆出題傾向と内容

中学入試全体の流れとして，「生命」「物質」「エネルギー」「地球」の各分野をバランスよく取り上げる傾向にありますが，本校の理科も，そのような傾向をふまえています。

●**生命**…メダカの飼育，オオバコ，花のつくり・花粉の運ばれ方，ホタル，森林のつくり，食物連鎖などが出題されています。

●**物質**…金属の性質，ものの温まり方と状態変化，水溶液の性質，気体の性質，ものの溶け方，鉛蓄電池などが取り上げられています。なかでも，物質の性質(水溶液や気体に限らず)を問うものが多く見られます。

●**エネルギー**…光の反射と像のでき方，滑車・輪軸，力とばねののび，浮力，電流と磁界などから出題されています。

●**地球**…天体とその動き(太陽・月・地球・星座の動きと見え方)からよく出されるほか，気象や地震なども取り上げられています。

最近は，力のつり合いや天体の動きをはじめ，計算を必要とする問題が増えています。

分野 ＼ 年度		2024 一期A	2024 一期C	2023 一期A	2023 一期C	2022 一期A	2022 一期C
生命	植物		★	★		★	
	動物	★					★
	人体				★		
	生物と環境	○				○	
	季節と生物						
	生命総合						
物質	物質のすがた				○	○	
	気体の性質	○	○	○	★		
	水溶液の性質	○	○	○			★
	ものの溶け方	○					○
	金属の性質			★			
	ものの燃え方		★	○	○		
	物質総合	★					
エネルギー	てこ・滑車・輪軸				★		
	ばねののび方		★			★	
	ふりこ・物体の運動						
	浮力と密度・圧力			★			
	光の進み方	★					
	ものの温まり方					★	
	音の伝わり方						
	電気回路						
	磁石・電磁石						★
	エネルギー総合						
地球	地球・月・太陽系	★			★	★	
	星と星座					○	
	風・雲と天候						★
	気温・地温・湿度						
	流水のはたらき・地層と岩石			★			
	火山・地震		★	○			
	地球総合						
実験器具							
観察							
環境問題					○	○	
時事問題					○		
複数分野総合							

※　★印は大問の中心となる分野をしめします。

◆対策～合格点を取るには？

本校の理科は実験・観察をもとにした基本的な問題が大部分なので，細かい知識を覚えるよりも，教科書・参考書の内容をしっかり身につけることや，資料(グラフや表，実験や観察の結果)をもとにして考える訓練を積んでおくことが大切です。そのために，次のことを実行してみてはいかがでしょうか。①教科書や標準的な受験参考書を中心とした学習をする。難問はさけて基本的なことがらの理解に努めること。グラフや表の見方に慣れるだけでなく，その意味やそこからわかることなども確認しておく。②学校で行う実験や観察には積極的に参加し，目的，方法，経過，結果，実験器具の使用方法などをノートに整理する。わからないことがあれば，図鑑などで調べる。自分でできる範囲で実験・観察を行うのもよい。③科学ニュースに目を向ける。新聞や雑誌の記事，テレビのニュース番組や科学番組などをできるだけ関心を持って見るようにして，はば広い知識を身につける。④ある程度の理解が得られたら，標準的でよくまとまったうすめの問題集で確認する。⑤「物質」「エネルギー」からは，濃度や力のつり合いなどの計算問題が出されやすいので，計算ミスをしないように日ごろからよく練習しておく。

国語 出題傾向＆対策

◆基本データ（2024年度一期Ａ）

試験時間／満点	50分／100点
問題構成	・大問数…２題 文章読解題２題 ・小問数…15問
解答形式	記号選択と本文中のことばの書きぬき，記述問題で構成されている。記述問題にはすべて字数制限がある。
実際の問題用紙	Ｂ５サイズ，小冊子形式
実際の解答用紙	Ｂ４サイズ

◆出題傾向と内容

▶近年の出典情報（著者名）
説明文：孫　泰蔵　姜　尚中　森田真生
小　説：伊坂幸太郎　宮本　輝　岩城けい

●読解問題…説明文・論説文・随筆，小説・物語文が一題ずつで，設問は文章全体からバランスよく出題されています。文章はそれほど難しい内容ではなく，読みやすいものとなっています。設問内容は，語句の意味，指示語の内容，ことばの言いかえや説明など，受験国語でよく見られる一般的なものです。

●知識問題…漢字の書き取りが中心ですが，読みが出題されるときもあります。決して難しいものではなく，ほとんどが問題集などでよく見かける基本的なものです。

◆対策～合格点を取るには？

読解力を養うには，本を読むことが第一です。しかし，ただ一冊の本を読み進めるのとちがって，入試では内容や心情の読み取りなどが細部にわたって質問されるうえ，似たような選択肢がいくつも用意されます。したがって，本を読むさいには，①指示語のさす内容，②段落・場面の構成，③人物の性格と心情などについて注意しながら読み進めてください。長い記述に慣れておくことも大切です。

漢字については，基本的な読み書きを完ぺきにしておくこと。一冊の問題集をくり返し練習し，書けないもの，読めないものをなくすと同時に，その語句の意味もしっかりつかんでおきましょう。慣用句・ことわざなども，日常よく目にするような基本的なものの意味を覚えることが大切です。

分野＼年度			2024			2023		
			一期Ａ	一期Ｂ	一期Ｃ	一期Ａ	一期Ｂ	一期Ｃ
読解	文章の種類	説明文・論説文	★	★	★	★	★	★
		小説・物語・伝記	★	★	★	★	★	★
		随筆・紀行・日記						
		会話・戯曲						
		詩						
		短歌・俳句						
	内容の分類	主題・要旨			○			○
		内容理解	○	○	○	○	○	○
		文脈・段落構成						
		指示語・接続語	○	○	○	○	○	○
		その他	○	○	○	○	○	○
知識	漢字	漢字の読み						
		漢字の書き取り	○	○	○	○	○	○
		部首・画数・筆順						
	語句	語句の意味	○	○		○		
		かなづかい						
		熟語				○		
		慣用句・ことわざ				○	○	○
	文法	文の組み立て						
		品詞・用法						
		敬語						
	形式・技法							
	文学作品の知識							
	その他							
	知識総合							
表現	作文							
	短文記述				○	○		○
	その他							
放送問題								

※　★印は大問の中心となる分野をしめします。

2025年度 中学受験用

関東学院中学校

3年間スーパー過去問

をご購入の皆様へ

お詫び

本書、関東学院中学校の入試問題につきまして、誠に申し訳ございませんが、以下の問題は著作権上の都合により掲載することができません。設問と解説、解答は掲載してございますので、ご必要とされる方は原典をご参照くださいますよう、お願い申し上げます。

記

2024年度〈一期Ａ試験〉国語 一 の問題文

以上

株式会社　声の教育社　編集部

2024年度 関東学院中学校

【算　数】〈一期Ａ試験〉(50分)〈満点：100点〉

1　次の□にあてはまる数を求めなさい。

(1)　$8-24\div\{18-3\times(9-6)\}=\square$

(2)　$\left\{3-\left(2-\frac{1}{8}\right)\times\square\right\}\div3\frac{1}{2}\times0.4=0.3$

(3)　$6.3\times3.4-0.63\times1.7+63\times0.227=\square$

(4)　16，40，96の最小公倍数は最大公約数の□倍です。

2　けんたさんの自転車には２つの歯車がついています。ペダルの所の歯車には歯が30個，後輪の所の歯車には歯が14個あり，２つはチェーンでつながっています。けんたさんが自転車のペダルを49回転し終わったとき，後輪はそれまでに何回転しますか。

3　2024円をすべて硬貨で支払います。４番目に枚数の少ない支払い方をしたとき，全部で何枚の硬貨が必要ですか。ただし，硬貨の種類は１円玉，５円玉，10円玉，50円玉，100円玉，500円玉の６種類あり，枚数は十分にあるものとします。

4　１周が1600ｍで右回りに走るジョギングコースがあります。さほさんとゆりさんがＡ地点から同時にスタートすると，さほさんが１周を走り終えたときにゆりさんは1200ｍ走っていて，ゆりさんとさなえさんがＡ地点から同時にスタートすると，ゆりさんが１周を走り終えたときにさなえさんは1200ｍ走っています。さほさんとさなえさんがＡ地点から同時にスタートすると，さほさんが１周を走り終えたときに，さなえさんは何ｍ走っていますか。

5　９％の食塩水が600ｇあります。ここに食塩を加えたところ，16％の食塩水ができました。何ｇの食塩を加えましたか。

6　あるスーパーマーケットでは，じゃがいもが１個50円，たまねぎが１個40円，にんじんが１本42円で売られています。ちさとさんは３種類を全部で15個買い，その代金は672円でした。じゃがいもの個数がたまねぎの個数よりも多いとき，買ったにんじんの本数は何本ですか。

7　下の図のおうぎ形OAEで，ABとCDは平行です。斜線部の面積は何cm^2ですか。ただし，円周率は3.14とします。

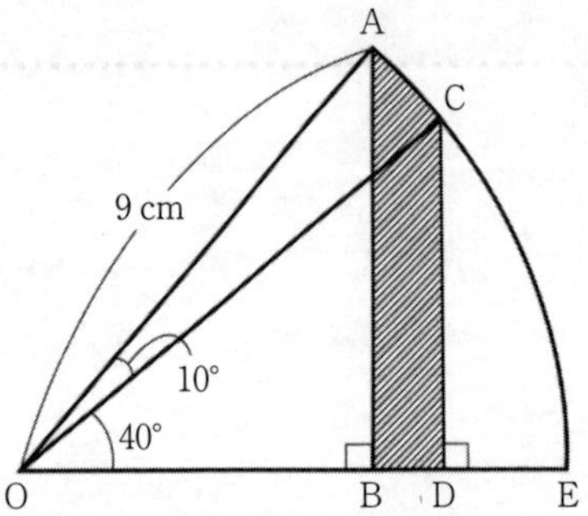

8　水平な床の上に[図１]のような２つの直方体を組み合わせた容器が置いてあります。次の各問いに答えなさい。

(1)　この容器の容積は何cm^3ですか。

(2)　この容器に[図２]のように底から1.5cmの高さまで水を入れました。そして，ふたをして[図３]の向きに容器を置きました。このとき，容器の水の高さは底から何cmのところにありますか。

(3)　次に[図４]のように辺ABを床につけたままで45°傾けました。このとき，㋐の長さは何cmですか。

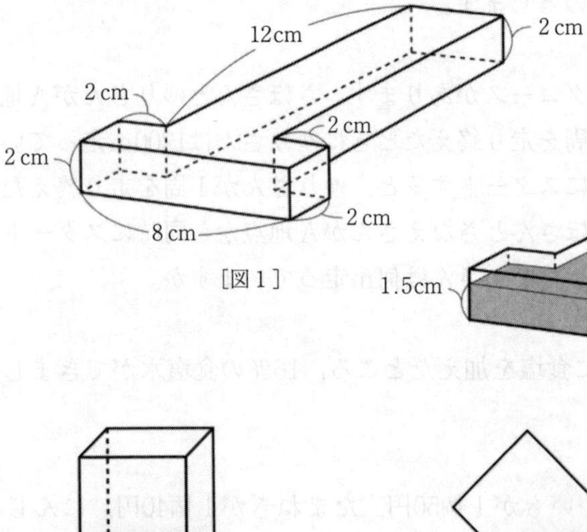

［図１］

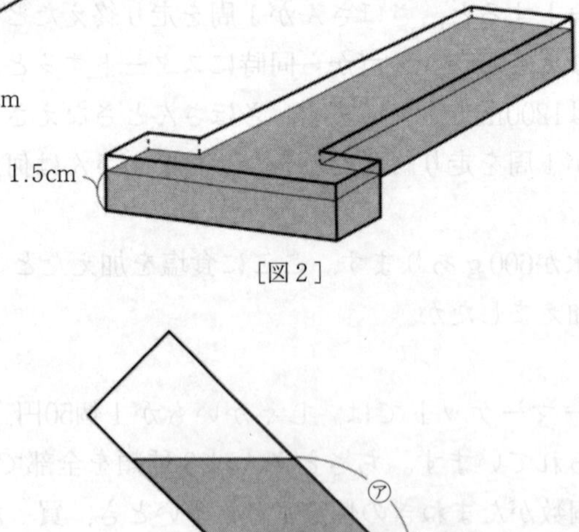

［図２］

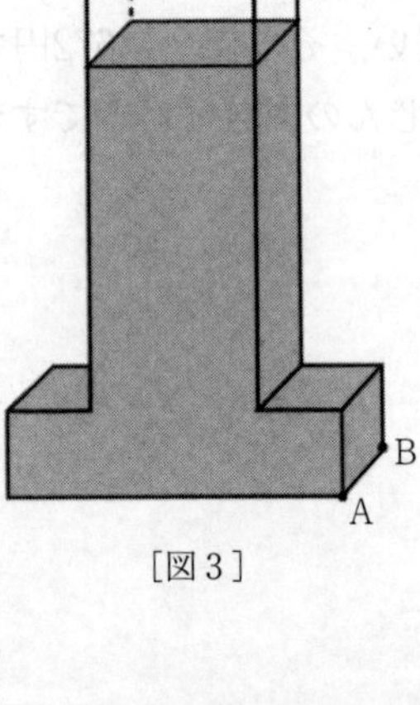

［図３］

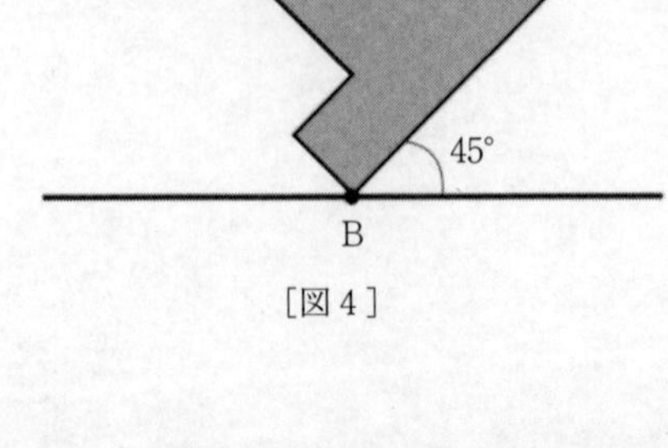

［図４］

【社　会】〈一期Ａ試験〉（30分）〈満点：60点〉

1　**次の文章を読んで，あとの問いに答えなさい。**

関東学院中学校歴史研究部の夏の巡検《じゅんけん》で，伊勢《いせ》松阪に行ってきました。ここは a 1889年の町村制施行《しこう》により，「松坂」から「松阪」へ地名が変更《へんこう》されています。松阪駅前には大きな鈴《すず》があります。気づけばマンホールのふたも鈴のマーク。これは松阪出身の本居宣長が鈴を愛好した事に由来します。本居宣長は『古事記伝』や『b 源氏物語玉の小櫛《おぐし》』などを記し国学を大成したと言われる人物です。駅前の大きな鈴は c 律令に定められた駅制で用いる駅鈴。宣長の鈴好きを知り，d 石見国浜田藩主の松平康定が駅鈴を送った事に由来します。

松阪には多くの寺院や神社があります。e 法久寺《ほうきゅうじ》では参拝の証として頂く＊御朱印《ごしゅいん》の中心に「南無妙法蓮華経」と大書されています。来迎《らいこう》寺は北畠《きたばたけ》氏の創設です。北畠氏は南北朝時代には f 南朝の重臣として知られています。また伊勢の国司にも任じられました。

松坂城は豊臣秀吉の家臣，蒲生氏郷《がもううじさと》が創建しました。江戸時代の初めには松坂藩が置かれましたが，1619年に g 紀伊藩に併合《へいごう》され，松坂には紀伊《きい》藩士の城代や御城番《ごじょうばん》らが住みました。松坂城の三の丸には御城番屋敷《おしろばんやしき》が残り，一般の民家として使われています。城の石垣には h 古墳の石棺《せきかん》なども再利用されています。松坂城は紀伊藩への併合にともない，多くの施設が取り壊《こわ》され，城としての機能を失いました。同じ伊勢国の津《つ》城や桑名《くわな》城が江戸時代を通じて城としての機能を保持したのとは対照的です。背景には1615年に幕府が主に西国の大名に対して発令した i 一国一城令があります。これは一つの藩につき城は一つのみとし，他の城は取り壊せという命令です。

町中にはもと j 本陣《ほんじん》だった美濃《みの》屋の跡《あと》や旅宿の新上屋《しんじょうや》の跡もあります。新上屋は本居宣長が師である賀茂真淵《かものまぶち》とただ一度会った場所として有名です。真淵は宣長に古事記の研究をするなら同時代に作られた和歌集である『 k 』を読み，当時の人々の心を知るべきだとアドバイスをした人です。

松阪は豪商《ごうしょう》の町でもあります。三井財閥《ざいばつ》につながる三井家発祥《はっしょう》の地や松阪 l 木綿を扱《あつか》った長谷川治郎兵衛家も保存されています。代々，角屋七郎兵衛《かどやしちろべえ》を名乗り廻船や貿易で活躍《かつやく》した商人も松阪が重要な拠点《きょてん》でした。中には本能寺の変の後，家康が岡崎へ逃れるのを手助けした人物や，現在のベトナムのホイヤン市に渡り m 日本町の長となった人物もいます。

旧家が残ったのはアジア太平洋戦争中の松阪への n 空襲《くうしゅう》が近隣の津や o 四日市ほどは激しくなかった事も一つの理由でしょう。

歴史研究部のお昼ご飯は，松阪牛の老舗《しにせ》で，牛丼《ぎゅうどん》を頂きました。

＊御朱印　神社やお寺を参拝した「参拝証明」として押される印章のこと。

問１　下線ａについて，この時期は以下のどの時期に一番近いですか。次から１つ選び，記号で答えなさい。

ア．明治維新直後で西南戦争など反政府の反乱も多かった。

イ．自由民権運動の結果，国会が開かれることが決まっていた。

ウ．日露戦争に勝利し，韓国併合へと向かっていった。

エ．柳条湖《りゅうじょうこ》事件をきっかけに満州事変が始まった。

オ．日本国憲法が発布され行政区画なども新しくなった。

問２　下線ｂについて，『源氏物語』が書かれたころの時代背景として正しいものを次から１つ選び，記号で答えなさい。

ア．後鳥羽上皇が北条義時を討てと命じた。

イ．反乱をしずめることで武士が力を持ち始めた。

ウ．聖武天皇の命令で国分寺や大仏が造られた。

エ．勘合貿易で中国の品々が数多く輸入された。

オ．上皇に権力が集中し天皇は形だけになった。

問３　下線ｃについて，律令に定められた内容として誤っているものを次から１つ選び，記号で答えなさい。

ア．人々に口分田を与《あた》える班田収授が定められていた。

イ．租庸調などの税の取り方について定められていた。

ウ．守護や地頭などの配置について定められていた。

エ．防人など兵士の徴用《ちょうよう》について定められていた。

オ．左大臣や右大臣など貴族の役職について定められていた。

問４　下線ｄについて，ここは現在の都道府県だと主にどこに当たりますか。漢字で答えなさい。

問５　下線ｅについて，この寺院は以下の選択肢《せんたくし》から選ぶなら，どの宗派と考えるのが適当ですか。次から１つ選び，記号で答えなさい。

ア．浄土真宗　　イ．臨済宗　　ウ．浄土宗

エ．真言宗　　オ．日蓮宗

問６　下線ｆについて，南朝が当初中心としたのは大和国のどこですか。地名を漢字で答えなさい。

問７　下線ｇについて，紀伊藩の大名から将軍となった人物に徳川吉宗がいます。この人物の実施した政策として正しいものを次から１つ選び，記号で答えなさい。

ア．動物などを保護する生類憐《あわれ》みの令を発した。

イ．外国の接近に対し異国船打払《はら》い令を発した。

ウ．大名から幕府へ米を出させる上げ米を行った。

エ．天皇や朝廷に対して禁中並公家諸法度を作った。

オ．長崎出島を作ってオランダ貿易を制限した。

問８　下線ｈについて，古墳時代について記した文として正しいものを次から１つ選び，記号で答えなさい。

ア．ヤマト政権による日本統一が進行した。

イ．吉野ヶ里遺跡などの大きな集落が造られた。

ウ．邪馬台国の卑弥呼が中国へ使者を派遣《はけん》した。

エ．稲作の技術が伝わり全国に水田がつくられ始めた。

オ．天武天皇が中国式の都である平城京を造営した。

問９　下線ｉは，ある事件の直後に発令されています。本文を参考に，その事件の名を記し，この法令の目的について説明しなさい。

問10　下線ｊについて，全国の大名らがしばしば本陣を利用したのは，江戸幕府のある制度が原因となっています。その制度の名を漢字で答えなさい。

問11　空欄ｋに当てはまる語を漢字で答えなさい。

問12　下線ｌに関する以下の文で誤っているものを次から１つ選び，記号で答えなさい。

ア．絹に比べ安価で，江戸時代には庶民に普及した。

イ．室町時代の日朝貿易では，朝鮮《ちょうせん》からの輸入品の１つだった。

ウ．幕末の開国直後は，日本の主要な輸出品だった。

エ．渋沢栄一の大阪紡績会社は綿糸を作る会社である。

オ．明治時代には原料となる綿花を輸入することもあった。

問13　下線ｍについて，同じころシャムのアユタヤ日本町の長となり，シャム王室でも重用された人物を次から１人選び，記号で答えなさい。

ア．角倉了以　　イ．山田長政　　ウ．茶屋四郎次郎

エ．津田宗及　　オ．俵屋宗達

問14　下線ｎについて，敵の軍隊ではなく，工場や一般《いっぱん》市民を対象に爆撃することで戦闘継続《せんとうけいぞく》を困難にし，戦意を削ぐことを戦略爆撃《ばくげき》と言います。アジア太平洋戦争中の戦略爆撃についての説明で誤っているものを次から１つ選び，記号で答えなさい。

ア．東京や横浜も戦略爆撃の対象となった。

イ．アメリカ西海岸の都市も戦略爆撃で大被害《ひがい》を受けた。

ウ．アメリカは戦略爆撃のためにＢ29を開発し運用した。

エ．日本も中国の都市に対し，戦略爆撃を行った。

オ．沖縄戦でもアメリカ軍による戦略爆撃が行われた。

問15　下線ｏについて，「四日市ぜんそく」は，四大公害訴訟《そしょう》の１つに数えられます。四大公害は他に熊本と新潟でも起きていますが，残る１つはどこでおきましたか。都道府県名を漢字で答えなさい。

２　**以下は，関東学院高等学校２年生のセキさんとアズマさんの会話です。あとの問いに答えなさい。**

アズマ「生徒会で進めているコベルホール(学食)とのコラボメニューの開発，何かいい案ないかしら。」

セ　キ「丼《どん》ぶりはいくつか実現したから，今度はスイーツがいいよ。コベルホールのソフトクリームは人気あるし。レシピも調べたよ。ほら。」

【ソフトクリームレシピ】

材料・道具(２人前)

粉ゼラチン	5ｇ
水	大さじ１
牛乳	50ml
砂糖	30ｇ
牛乳	100ml
生クリーム	100ml
バニラエッセンス	３滴《てき》
コーン	２つ
氷	300ｇ
塩	80ｇ
ボウル	大・小

〈作り方〉

①　粉ゼラチンに水を入れてふやかす。

②　鍋《なべ》に牛乳50mlと砂糖30ｇを入れ，沸騰《ふっとう》直前まで加熱する。砂糖が溶《と》けたら火から下ろし，①で用意したゼラチンを加えて溶かす。

※ゼラチンは，沸騰させない。また，たんぱく質分解酵素《こうそ》を含む生のフルーツ(パイナップル，キウイ，パパイヤ等)を入れると固まらない事があるので注意。

③　ボウルに牛乳，生クリーム，②で用意したもの，バニラエッセンスの順に入れて混ぜる。

※金属のボウルを使うと冷えやすく時短になる。

④　ひとまわり大きいボウルに氷を入れ，塩を入れて混ぜ，③のボウルをのせて冷やしながら混ぜる。

⑤　底の方が固まってきたら混ぜながら，全体がしっかり固まるまで混ぜる。

⑥　大き目の星口金のしぼり袋《ぶくろ》に入れて，冷凍《れいとう》庫で10分程冷やす。

⑦　コーンにソフトクリーム状にしぼり，完成。

アズマ「ソフトクリームの原料にはゼラチンが使われているのね，知らなかった！　でもこれって他のもので代用できないかなあ？」

セ　キ「どうして？　ゼラチン嫌《きら》いなの？　それともアレルギー？」

アズマ「そうじゃなくて。ゼラチンは主に牛などの骨や皮からとれるコラーゲンから作るの。私，インド人の友だちがいるのだけど，〇〇上の理由で食べられない人がいるとよくないでしょう。材料については検討の余地があるね。」

セ　キ「じゃあ，味はどうする？　日本全国のご当地ソフトクリームを参考にしようよ。ぼくは福島県平田村のハバネロソフトがすき。」

アズマ「セキさんの好みはともかく，県ごとの特産品で考えましょう。月がわりで味が変わるのも素敵。コーンは，ワッフルコーンがいいよね。」

セ　キ「でもソフトクリームのコーンは，ぜんぜんトウモロコシの味がしないね。」

アズマ「コーンは，小麦粉でできているのよ。トウモロコシの「CORN」じゃなくて工事現場の三角コーンと同じ「CONE」。円すい形って意味よ。」

セ　キ「へえ，なにげなく食べているソフトクリームだけど，様々な謎《なぞ》が渦《うず》巻いてるね！」

問１　アズマさんはある理由から材料にゼラチンを使うことを心配しています。その解決案として，最もふさわしいものを１つ選び，記号で答えなさい。

ア．高価な牛由来の材料ではなく，安価なブタ由来の材料を使う。

イ．牛やブタなどの動物由来の材料ではなく，植物由来の材料を使う。

ウ．骨や皮由来の材料ではなく，味の良い肉由来の材料を使う。

エ．外国産の輸入材料ではなく，地元産の材料を使う。

問２　次の表は，セキさんとアズマさんが月がわりソフトクリームのフレーバーについてそれぞれの都道府県が生産量全国１位の作物から考えたものです。

作物	さくらんぼ	梅	りんご	落花生	緑茶
県名	A	B	C	D	E
位置	a	b	c	d	e

(1)　表中の県名の組み合わせとして正しいものを1つ選び，記号で答えなさい。

ア．A　岩手　B　三重　C　茨城
　　D　福井　E　和歌山

イ．A　山形　B　和歌山　C　茨城
　　D　千葉　E　三重

ウ．A　岩手　B　三重　C　青森
　　D　福井　E　静岡

エ．A　山形　B　和歌山　C　青森
　　D　千葉　E　静岡

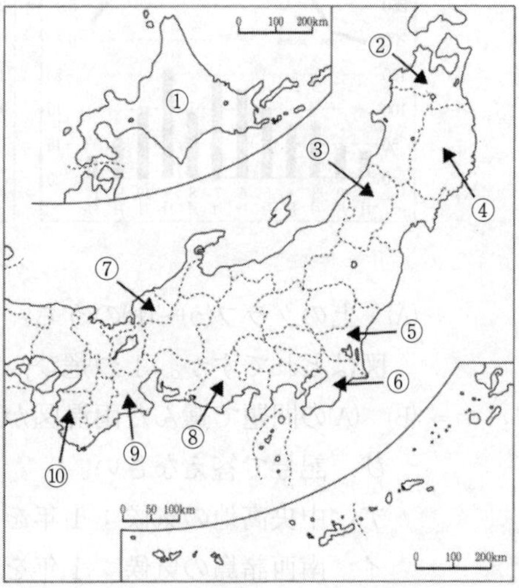

(2)　A～Eの県の位置(地図中①～⑩)の組み合わせとして正しいものを1つ選び，記号で答えなさい。

ア．a　③　b　⑨　c　⑤　d　⑦　e　⑩

イ．a　③　b　⑩　c　②　d　⑥　e　⑧

ウ．a　④　b　⑨　c　⑤　d　⑥　e　⑩

エ．a　④　b　⑩　c　②　d　⑦　e　⑧

問3　セキさんとアズマさんは，各県の特産物を調べる中で，各地の気候について調べることにしました。

(1)　那覇市と札幌市の気候を比較しようと考え，パソコンで雨温図を作成したところ，上手に作ることができませんでした。

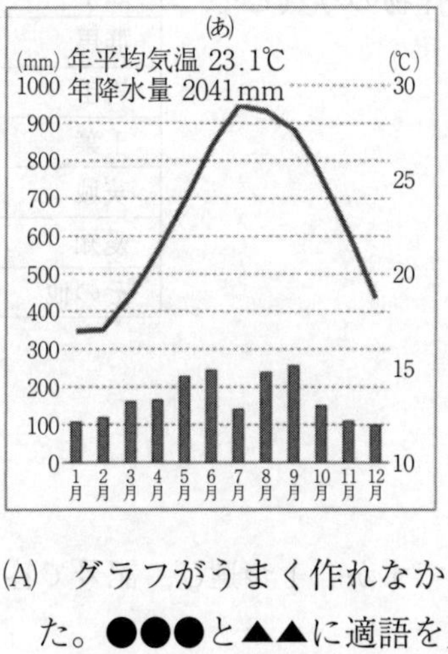

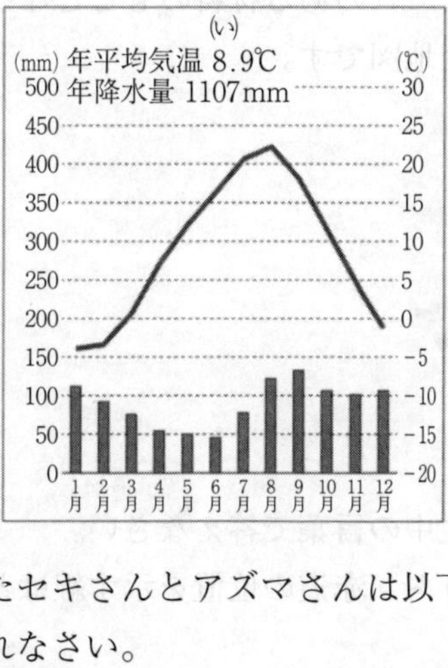

(A)　グラフがうまく作れなかったセキさんとアズマさんは以下のような改善策を考えました。●●●と▲▲に適語を入れなさい。

> グラフの左側にある●●●の目盛りとグラフ右側にある▲▲の目盛りが2つのグラフで異なっているので，これをそろえることで気候の特色が比較しやすいグラフになります。

(B)　グラフ(あ)・(い)のうち，那覇のグラフはどちらですか。記号で答えなさい。

(2)　グラフ作りのコツをつかんだセキさんとアズマさんは，各地の雨温図も作成しました。

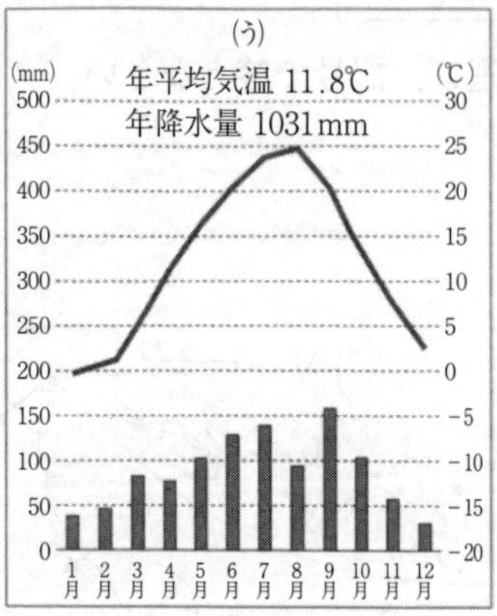

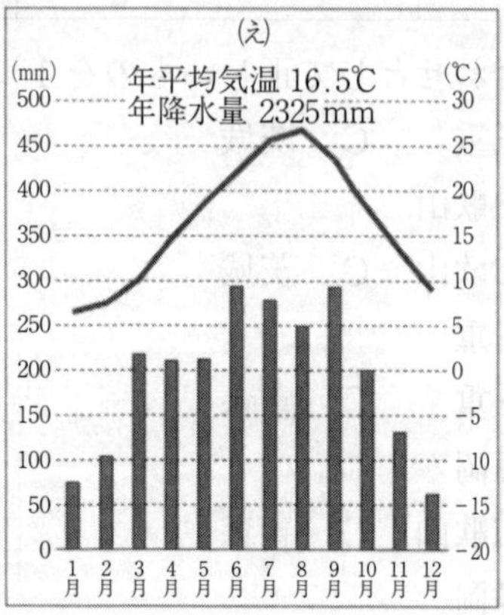

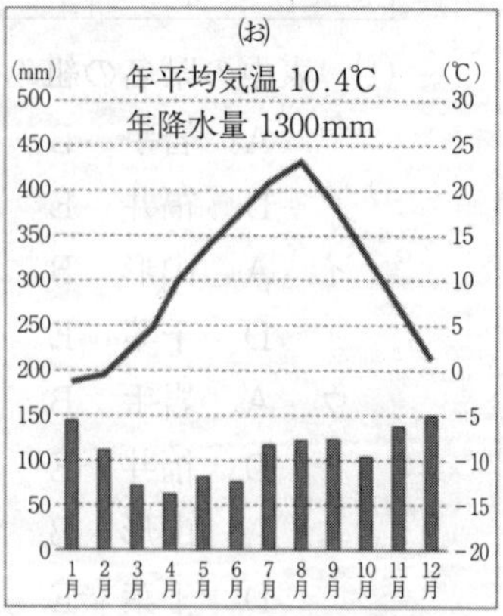

（グラフは理科年表2020から作成）

(A)　上のグラフ(う)～(お)のうち，問2の問題でA～Eの都道府県にふくまれない地域の雨温図はどれですか。1つ選び，記号で答えなさい。

(B)　(A)の問題で選んだ雨温図が示す気候の説明として最もふさわしいものを次から1つ選び，記号で答えなさい。

ア．中央高地の気候：1年を通じて降水量が少なく，冬の寒さが厳しい

イ．南西諸島の気候：1年を通じて気温が高い

ウ．瀬戸内の気候　：1年を通じて降水量が少なく，冬も温和である

エ．日本海側の気候：冬の降水量が多い

問4　右の表は，ソフトクリームのある材料の国内生産量の割合を表しています。この材料を問題文中の言葉で答えなさい。

？？	56.0%
栃木	4.7%
熊本	3.5%
群馬	2.8%
岩手	2.7%
千葉	2.6%
茨城	2.5%
愛知	2.0%
その他	23.2%

問5　以下は，ソフトクリームのある材料のもととなった作物の写真とその主要生産国を示した地図です。

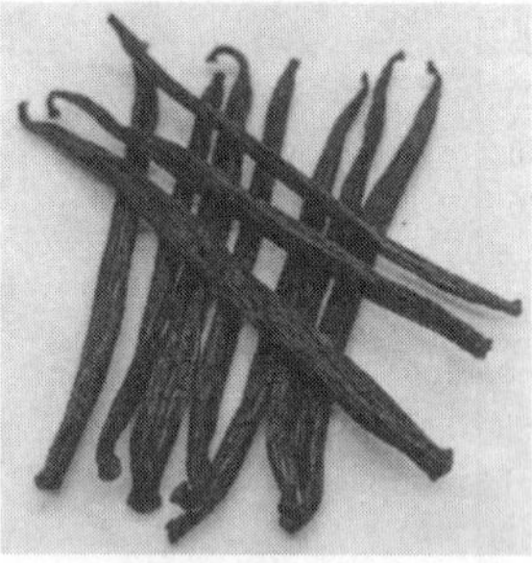

(1)　この材料を問題文中の言葉で答えなさい。

(2)　地図中ア～エのうち，赤道の位置を示す線はどれですか。1つ選び，記号で答えなさい。

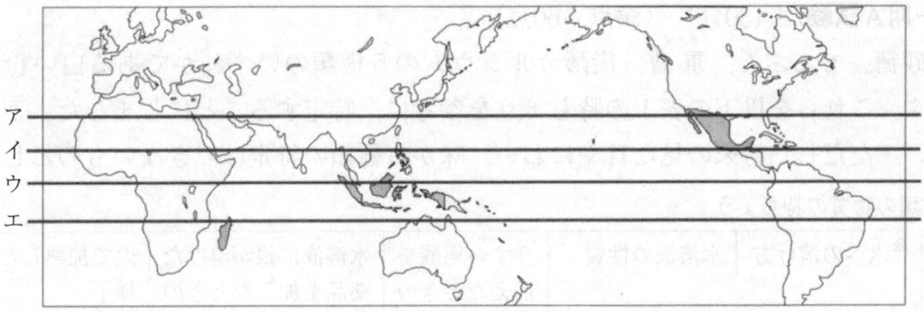

3 **次の文を読み，以下の問いに答えなさい。**

2023年５月19日～21日に広島県でＧ７サミット(主要国首脳会議)が開催されました。Ｇ７サミットとは，フランス，①アメリカ，②イギリス，ドイツ，日本，イタリア，(　Ａ　)の７か国及び③欧州連合(EU)の首脳が参加して毎年開催される国際会議です。アメリカのバイデン大統領は21日に広島市で記者会見を行い，平和記念資料館などへの訪問を振り返り，「Ｇ７が『(　Ｂ　)の脅威のない世界』の実現に向けた取り組みを続けることを確認した」と述べました。

問１　(Ａ)に当てはまる国名を答えなさい。

問２　(Ｂ)に当てはまる言葉を漢字３字で答えなさい。

問３　下線部①の国について述べた文として正しいものを次から１つ選び，記号で答えなさい。

ア．国際連合の安全保障理事会の常任理事国である。
イ．共和党と社会党の二大政党から大統領が選ばれている。
ウ．首都のワシントンには国際連合の本部がある。
エ．大統領の任期は１期につき３年である。

問４　下線部②に関連して，2023年の出来事として誤っているものを次から１つ選び，記号で答えなさい。

ア．CPTPPへのイギリスの加盟が決まった。
イ．チャールズ国王の戴冠《たいかん》式がロンドンで行われた。
ウ．新首相にリズ・トラスが就任した。
エ．チャールズ国王の次男，ヘンリー王子が訪日をした。

問５　下線部③に関連して，欧州連合(EU)に加盟していない国として正しいものを１つ選び，記号で答えなさい。

ア．フランス　　イ．ベルギー　　ウ．スイス　　エ．オランダ

【理　科】〈一期A試験〉（30分）〈満点：60点〉

1　食塩，砂糖，でんぷん，重曹《じゅうそう》，炭酸カルシウムの５種類のいずれかである白い粉末A～Eがあります。これらを以下の表１の特ちょうを参考に，特定することにしました。下の問いに答えなさい。ただし，粉末の見た目やにおい，味から種類の特定はできないものとします。

表１　５種類の物質の特ちょう

	※水への溶け方	水溶液の性質	うすい塩酸を加えたときの反応	水溶液に銀が溶けた薬品を加えたときの反応	火で加熱したときの様子
食塩	よく溶ける。	(あ)性	変化しない。	白い沈殿《ちんでん》が生じる。	変化しない。
砂糖	よく溶ける。	(あ)性	変化しない。	変化しない。	(う)
でんぷん	わずかに溶ける（溶け残る）。	中性	変化しない。	変化しない。	(う)
重曹	わずかに溶ける（溶け残る）。	弱いアルカリ性	(い)が発生する。	変化しない。	水と(い)を発生して，別の物質へ変化する。 焦《こ》げることはない。 加熱後の物質は水によく溶ける。
石灰石（炭酸カルシウム）	わずかに溶ける（溶け残る）。	弱いアルカリ性	(い)が発生する。	変化しない。	(い)を発生して，別の物質へ変化する。 焦げることはない。 加熱後の物質は発熱しながら水に溶ける。

※室温で100ｇの水に20ｇの粉末を加えて，溶けるかどうかを判断した。

(1)　表１の空らん(あ)～(う)に当てはまる語句や文章を答えなさい。

(2)　重曹を加熱する際には右の図１のような実験器具を使用します。次の①，②に答えなさい。

①　重曹から発生した気体(い)を確かめるために試験管Bに入れる液体名とその変化を答えなさい。

②　加熱を止めるとき，ガラス管を試験管中の液体から抜いた後に，ガスバーナーの火を止めます。その理由を簡単に説明しなさい。

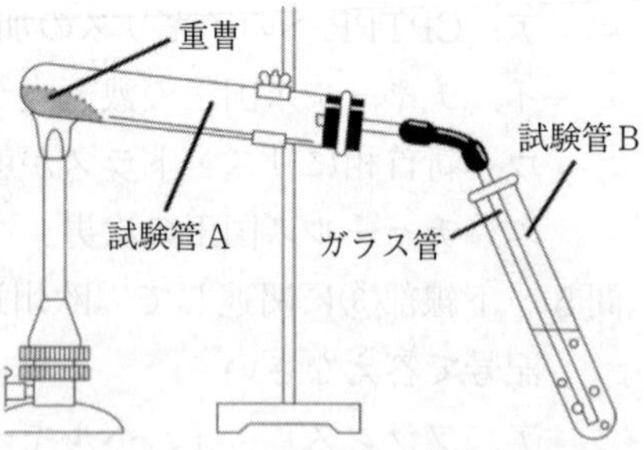

図１　重曹の加熱の様子

次に表１を参考にＡ～Ｅの種類を特定する手順(図２)を考えました。

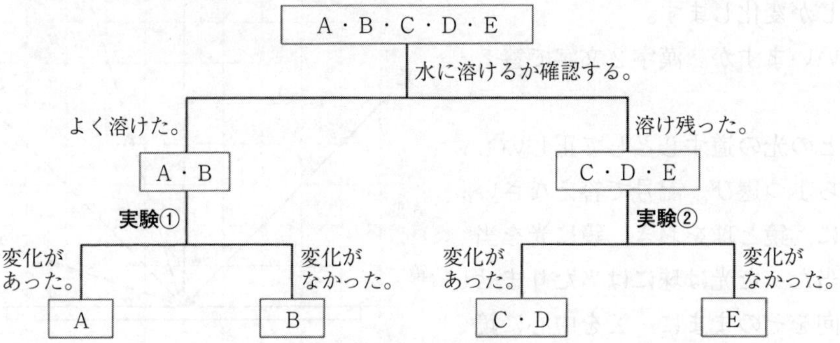

図２　特定する手順

(3)　実験①，実験②に当てはまる操作の組み合わせとして，正しいものを次のア～エから１つ選び，記号で答えなさい。

	実験①	**実験②**
ア	白い粉末にうすい塩酸を加える。	白い粉末にうすい塩酸を加える。
イ	白い粉末を火で加熱する。	白い粉末にうすい塩酸を加える。
ウ	白い粉末にうすい塩酸を加える。	白い粉末が溶けた水溶液に，銀を含む薬品を加える。
エ	白い粉末を火で加熱する。	白い粉末が溶けた水溶液に，銀を含む薬品を加える。

(4)　Ａ，Ｂ，Ｅとして当てはまる物質の組み合わせとして，正しいものを次のア～エから１つ選び，記号で答えなさい。

	A	B	E
ア	食塩	砂糖	でんぷん
イ	食塩	砂糖	重曹
ウ	砂糖	食塩	でんぷん
エ	砂糖	食塩	重曹

(5)　ＣとＤを区別するためにはどのような実験をする必要がありますか。その実験の結果とともに説明しなさい(ＣとＤを特定する必要はありません)。

2 　図１のように平らな鏡に光を当てます。鏡に当たった光は，道すじが変化します。

(1)　この現象を何といいますか。漢字２文字で答えなさい。

(2)　鏡に当たったあとの光の道すじとして正しいものをア～エの中から１つ選び，記号で答えなさい。

(3)　下の図２のように，鏡と球をおき，鏡に光を当てたところ，鏡に当たった光は球には当たりませんでした。光の方向をそのままに，Ｘを中心に鏡を回転させて，鏡に当たった光が点線のように球に当たるようにします。Ａ，Ｂどちらの向きに何度回転させますか。

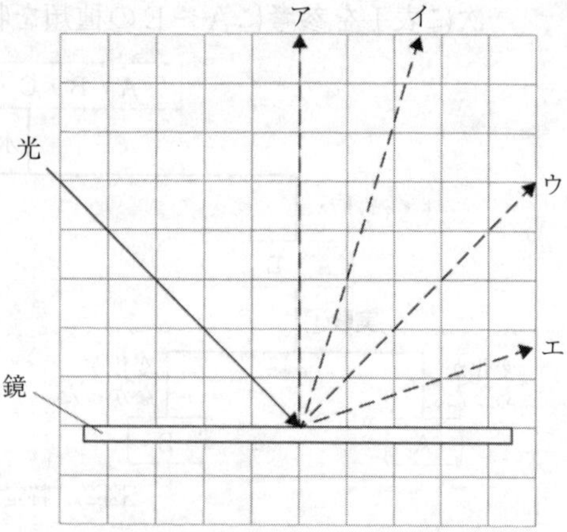

図１

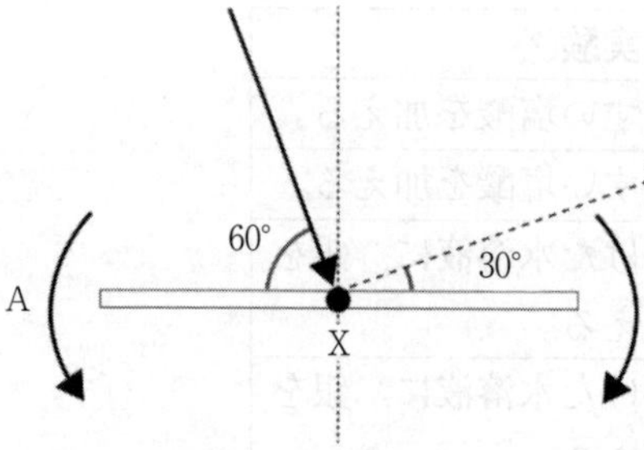

図２

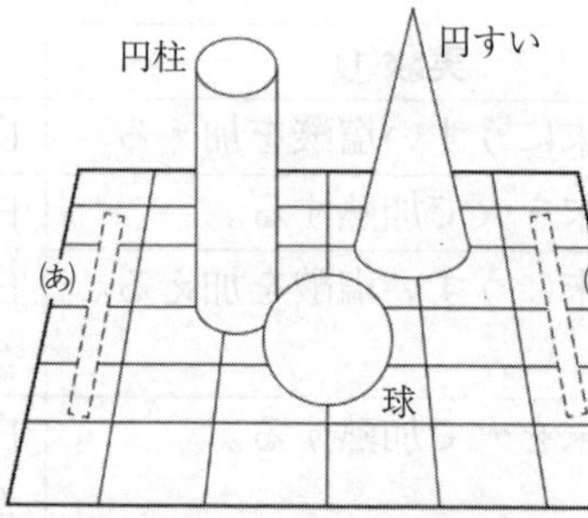

図３

(4)　上の図３のように机の上に円柱，円すい，球をおきます。図３の(あ)と(い)の位置に平らな鏡をおいたとき，それぞれの鏡に映る様子として，正しいものを次のア～クの中から，それぞれ１つずつ選び，記号で答えなさい。

ア

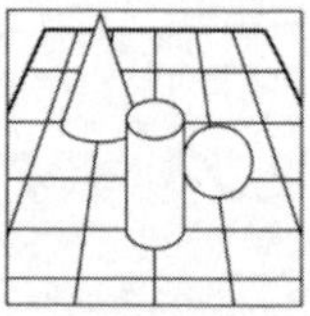

イ

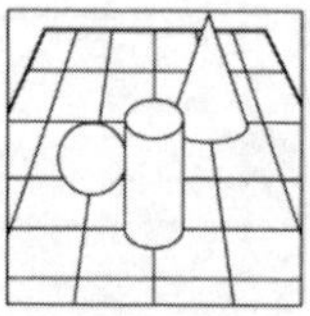

ウ

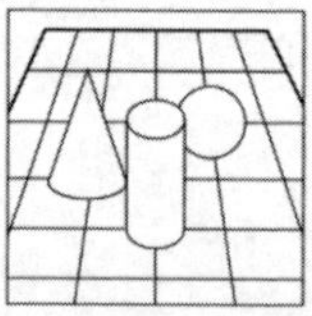

エ

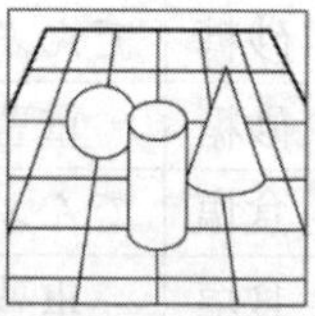

オ

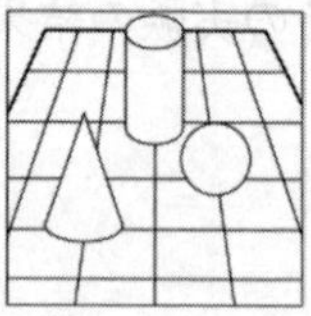

カ

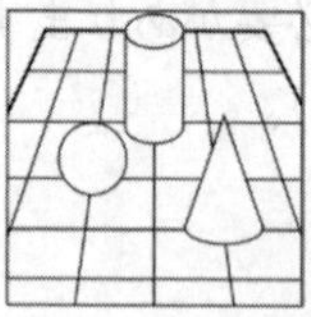

キ

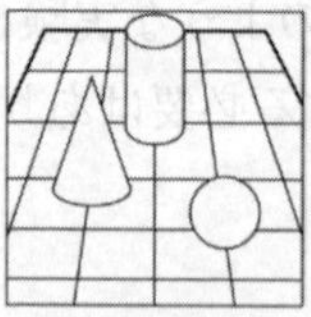

ク

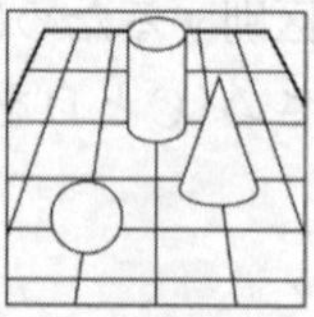

(5)　次のページの図４のように３つの物体をおき，平らな鏡を次のページの図５のようにおきます。鏡に映る３つの物体の様子としてもっとも正しいものを下のア～シの中から１つ選び，記号で答えなさい。図５は真上から見た図で，３つの物体は省略しています。

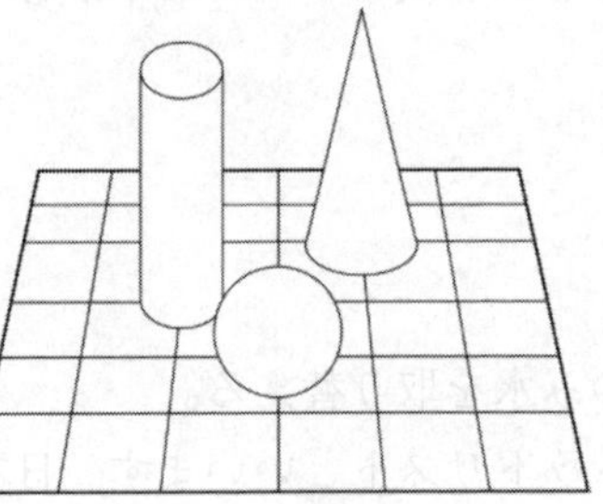

図4

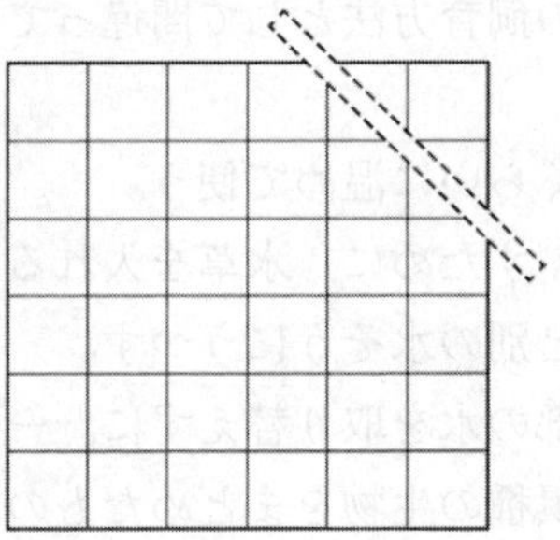

図5

ア

イ

ウ

エ

オ

カ

キ

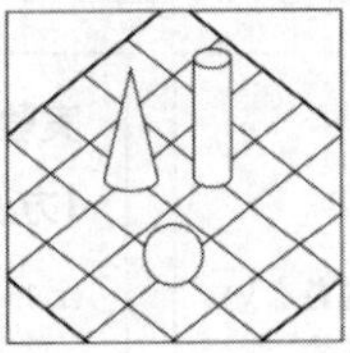

ク

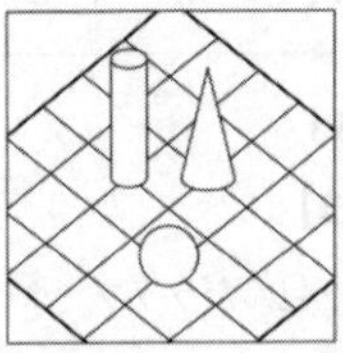

ケ

コ

サ

シ

3　メダカの飼育に関する学さんと関さんの会話を読み，下の問いに答えなさい。

学「先週，メダカをもらったから部屋に水そうをおいて飼い始めたんだ。」

関「メダカは４年生の時にも育てたよね。なつかしいなぁ。 a オスとメスで体の特ちょうが違っていたよね。」

学「b 育て方の注意点もばっちり覚えていたし，メダカは元気に育っているよ。そういえば，野生のニホンメダカは c 絶滅《ぜつめつ》危《き》惧《ぐ》種《しゅ》に指定されているんだね。知らなかったよ。」

関「そうみたいだね。外来生物のアメリカザリガニに捕食されてしまったりして数を減らしているそうだよ。 d 生き物は，食う―食われるの関係で結ばれていたよね。」

学「そうだったね。今は市販のエサでメダカを育てているんだけど，水面にエサが浮いているとメダカが寄ってくるんだ。どうやってエサを認識しているんだろう？」

関「e 視覚なのかな，それとも嗅《きゅう》覚《かく》なのかな…。実験してみようか！」

(1)　下線部ａに関して，メダカのオスとメスを比べたとき，オスの特ちょうとして正しいものを次のア～エの中から１つ選び，記号で答えなさい。

ア　背びれに切れ込みがない。　　イ　胸びれに切れ込みがある。

ウ　しりびれが平行四辺形に近い形をしている。　　エ　尾びれが赤い色をしている。

(2) 下線部ｂに関して，メダカの飼育方法として間違っているものを次のア～エの中から１つ選び，記号で答えなさい。

ア　水道水をそのまま，25℃くらいに温めて使う。

イ　光合成で水中の酸素を増やすために，水草を入れる。

ウ　卵が産まれたら，水草ごと別の水そうにうつす。

エ　水がにごってきたら，全部の水を取り替えずに，一部のみ水を取り替える。

(3) 下線部ｃに関して，絶滅危惧種の生物をまとめたものをレッドリストといいます。日本のレッドリストに載《の》っている生物として間違っているものを次のア～エの中から１つ選び，記号で答えなさい。

ア　イリオモテヤマネコ　　イ　エゾナキウサギ

ウ　オガサワラオオコウモリ　　エ　フイリマングース

(4) 下線部ｄに関して，生物どうしの食う―食われるの関係を何といいますか。

(5) 下線部ｅに関して，２人は「メダカがエサを認識しているのは，視覚と嗅覚のどちらか」について，レポートを作成しました。図１のレポートを読み，下の①，②に答えなさい。

実験１

【方法】

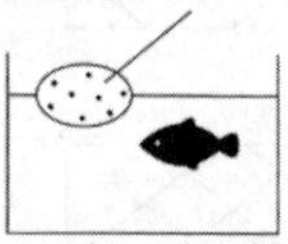

※においを通さないものとします。

エサをラップに包んで水面に落とした。

【結果】

メダカはラップに近づいてきた。

実験２

【方法】

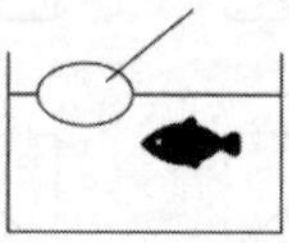

エサを包んでいないラップを水面に落とした。

【結果】

メダカはラップに近づいてこなかった。

実験３

【方法】

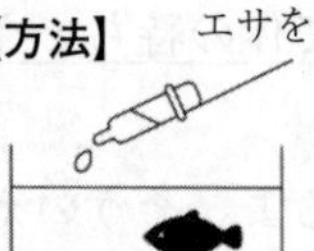

エサのにおい成分のみを含む無色透明な液体をスポイトで水面に落とした。

【結果】

メダカは液体を落としたあたりに近づいてきた。

【考察と結論】

実験１，実験２より，メダカはエサを見て近づくことが分かった。

実験３より，メダカはエサのにおいを感じて近づくことが分かった。

したがって，メダカは，エサを視覚でも嗅覚でも認識すると考えられる。

図１　２人が作成したレポート

①　このレポートの内容が正しいとすると，実験１～実験３の中で，暗室で行っても結果が変わらないものはどれですか。実験１～実験３の中からすべて選び，実験番号を数字で答えなさい。

② 【考察と結論】について，実験3だけでは，メダカは嗅覚以外の原因で，水面に近づいた可能性も考えられます。メダカは嗅覚でエサを認識したと結論付けるためには，実験3に対してどのような実験を追加で行い，どのような結果になればよいですか。実験方法と結果をそれぞれ簡単に説明しなさい。

4 太陽と地球と月の位置による，月の見え方について，下の問いに答えなさい。

図1は太陽に対する地球の位置を北極上空(真上)から見たもの，図2は図1中のAの位置に地球があるときを真横から見たもの，図3は，図1のA～Dの地球に対する月の位置を真上から見たものです。

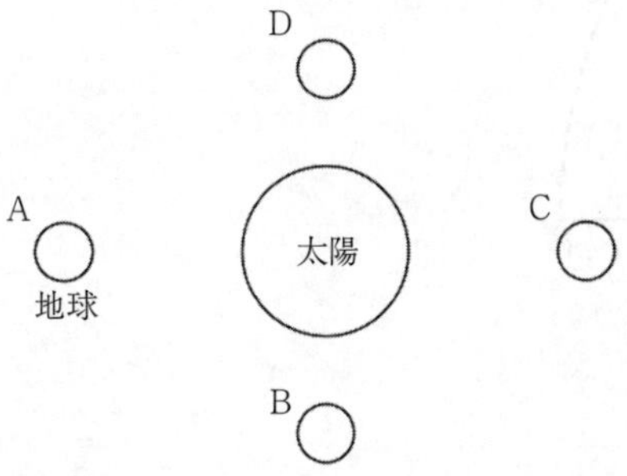

図1

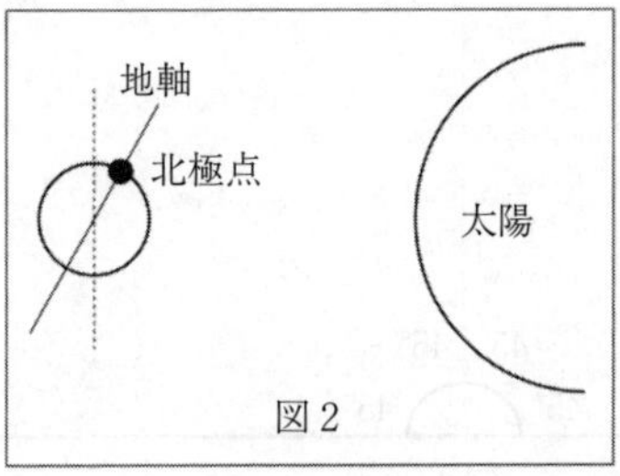

図2

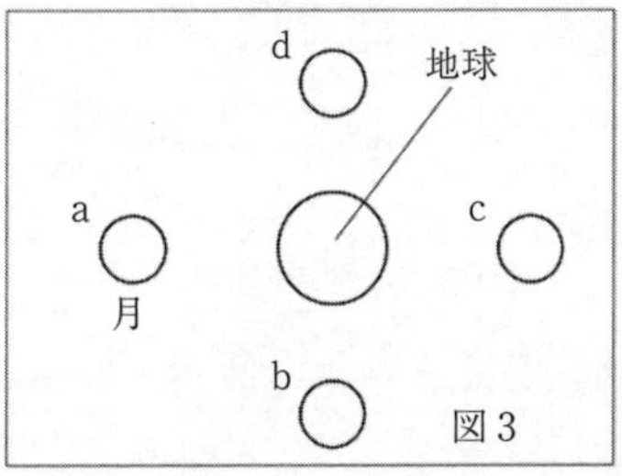

図3

(1) 図1において，地球がA～Dの位置を通過するのは何月ですか。次のア～エの中から1つ選び，記号で答えなさい。

ア　A：3月　B：6月　C：9月　D：12月
イ　A：6月　B：9月　C：12月　D：3月
ウ　A：9月　B：12月　C：3月　D：6月
エ　A：12月　B：3月　C：6月　D：9月

(2) 月と地球と太陽の並びを考えます。次の①，②の条件を満たす地球の位置は，図1中のどこになりますか。下のア～エの中から1つずつ選び，記号で答えなさい。

① 月が，図3中のaからbに移動している間に満月が観察できる地球の位置。
② 月が，図3中のcからdに移動している間に上弦の月が観察できる地球の位置。

ア　AからBの間
イ　BからCの間
ウ　CからDの間
エ　DからAの間

(3) 次の文章中の空らんに適切な数値を入れなさい。小数点以下の数値になるときは，小数第1位を四捨五入し，整数で答えなさい。

月の地球に対する公転周期は27.3日です。そのため，月は1日に地球の周りを反時計回りに

(あ)°回転します。一方，地球の太陽に対する公転周期は(い)日であるため，月が地球の周りを(あ)°回転している間に，地球は太陽の周りを反時計回りに(う)°回転します。したがって，地球から月を同じ時刻に観察すると，１日で(え)°ずれていることになります。

(4) ある日の18時に月を観察したところ，図４のような月が南中していました。４日前と３日後の18時の月を解答用紙の適切な位置に作図しなさい。解答らんには，作図した月の近くに，「４日前」「３日後」と記入すること。作図に分度器や定規は使用しません。

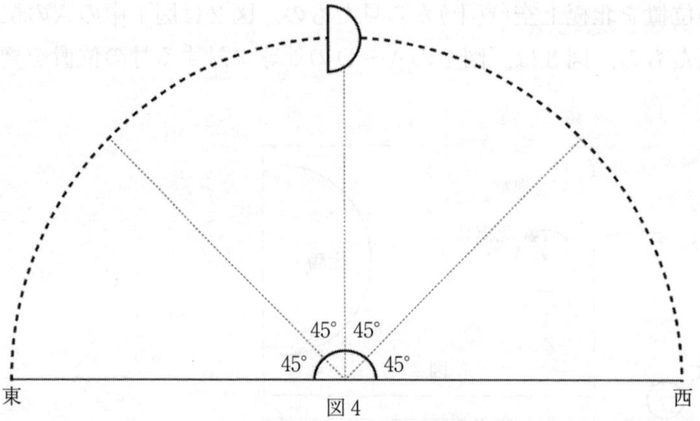

図４

ウ　その方法を教わって、安斎のように強くなりたいと思っている。

エ　その方法を教われば、クラスでの地位が上がるのではないかと思っている。

問八　⑩ に入る言葉として、最もふさわしいものを次の中から一つ選び、記号で答えなさい。

ア　独善性　イ　自尊心

ウ　差別視　エ　先入観

エ　転校するたびに生活の変化をうまく受け入れてきた

⑧　典型

ア　その特性を備えた代表的な例

イ　その特性を備えたただ一つの例

ウ　その特性を備えた最初の例

エ　その特性を備えた貴重な例

⑨　病は気から

ア　病気は周りの人の気づかいによって影響《えいきょう》を受けるということ

イ　多くの病気の原因は気持ちの弱さから生まれるということ

ウ　病気を持っている人も元は元気だったはずだから必ず治るということ

エ　病気は気の持ちようで重くもなれば軽くもなるということ

問二　――②「体験から身に付けた処世術」とありますが、具体的にはどうすることですか。最もふさわしいものを次の中から一つ選び、記号で答えなさい。

ア　自分からは友人を遊びに誘《さそ》わないが、僕《ぼく》たちに誘われればたいてい参加すること。

イ　無愛想《ぶあいそう》ではないが特別愛想《あいそ》良くすることもなく、ほどほどに友人との距離《きょり》を保って過ごすこと。

ウ　楽しそうにもつまらなそうにもせず、授業中はおとなしくしているが、テストでは好成績を残すこと。

エ　目立たないように常に気を遣《つか》い、誰《だれ》も近寄らないように同級生たちから距離を取って過ごすこと。

問三　――③「改めて訊《き》き返されると僕《ぼく》も戸惑《とまど》うが」とありますが、それはなぜですか。最もふさわしいものを次の中から一つ選び、記号で答えなさい。

ア　安斎《あんざい》が急に真面目な顔で聞いてきたので、僕も草壁《くさかべ》をからかっていると思われてあせったから。

イ　草壁にはそう呼ばれる理由があるが、説明しにくいのでこの場で答えることは避《さ》けたかったから。

ウ　自分の答え方によっては安斎と土田がけんかを始めてしまうのではないかと心配したから。

エ　以前から「クサ子ちゃん」と呼ばれるのが当たり前だったので、気にしたことがなかったから。

問四　――④「教科書を読むような言い方」とありますが、これはどのような言い方ですか。最もふさわしいものを次の中から一つ選び、記号で答えなさい。

ア　あまり感情をこめず、さも正論であるという言い方。

イ　教師として子供を指導し改めさせるような言い方。

ウ　全校生徒に聞こえるような声の大きなはっきりした言い方。

エ　男なのにピンクのセーターはおかしいと押《お》し付ける言い方。

問五　――⑤「嚙《か》んで含《ふく》めるようにして」とありますが、これはどのような言い方ですか。本文中で、詳《くわ》しく言い換《か》えている部分を三十字以内で探し、初めの五字を抜《ぬ》き出して答えなさい。

問六　――⑥「そういう奴《やつ》らに負けない方法があるんだよ」とありますが、この方法がなぜ負けないというのですか。五十五字以上七十字以内で答えなさい。

問七　――⑦「その時はすでにブランコから降り、安斎の前に立っていた」とありますが、この時の僕の心情として最もふさわしいものを次の中から一つ選び、記号で答えなさい。

ア　その方法を知っている安斎を尊敬し、仲良くしたいと思っている。

イ　その方法に強く引きつけられ、聞きたくてうずうずしている。

「久留米先生はその⑧典型だよ」
「典型？」
「自分が正しいと信じている。ものごとを決めつけて、それをみんなにも押し付けようとしているんだ。わざとなのか、無意識なのか分からないけれど。それで、クラスのみんなは、久留米先生の考えに影響を受けるし、ほら、草壁のことだって、久留米先生が、『ダサい』とラベルを貼《は》ったことがきっかけで」
「ダサいと言ったんじゃなくて、女子みたいだと言ったんだ」
「転校してきてから観察してたんだけど、久留米先生は、草壁を見下した態度を取ることが多いよ」と安斎は続けた。たとえば同じような問題を解いたとしても、草壁が正解した時には、「簡単すぎる問題だったかもしれないな」とコメントする。もし、優秀《ゆうしゅう》な佐久間《さくま》が答えれば、「よく分かったな」とプラスの言葉を添《そ》える。それだけでも、本人はもとよりクラスメイトたちに、印象付けを行うことができる。草壁はいつも褒《ほ》められず、佐久間や土田は褒められる。結果的に、草壁は萎縮《いしゅく》し、周りの人間はこう思う。草壁は自分たちより下の人間で、少々、蔑《ないがし》ろにしても問題はない、と。
「ちょうどこの間、テレビで観たんだけど」安斎が言う。
「何を？」
「何だっけな。教師、教師効果、教師期待効果だったかな」
「知らないよ」僕はすぐに、頭を左右にぶるんぶるんと振《ふ》った。
「教師期待効果っていう法則っていうか、ルールっていうか、そういうのがあるんだって。先生が、『この生徒は将来、優秀になりそうだぞ』と思って接していると、実際に、優秀になるんだって」
「え、そうなの？」
「まあ絶対そうなる、ってわけじゃないけど。でも、普通《ふつう》の生徒が問題が解けなくても気にしないのに、優秀になるぞ、と期待している生徒が間違えたら励《はげ》ますかもしれないだろ。熱心に問題を一緒に解いてくれるかもしれない。何かやり遂《と》げるたびに、たくさん褒める可能性もある。そうすることで、生徒は実際に、優秀になっていく」
「なるほど、ありそうだね」
「逆もあるよ。『この生徒は駄目《だめ》な子だ』って思い込んで接していたら、その生徒が良いことをしても、『たまたまだな』って思うだろうし、悪いことをしたら、『やっぱりな』って感じるかもしれない。予言が当たる理屈《りくつ》も、これに近いんだって。それくらい先生の接し方には、影響力があるってことかも」
「⑨病は気から、っていうのと同じかな」
安斎はブランコに座《すわ》りながら腕《うで》を組み、ううん、と唸《うな》り、「ちょっと違うかも」と首を捻《ひね》る。
話の腰《こし》を折ってごめん、と僕は、その時はどういう表現を使ったのか忘れたが言って、安斎の話を促《うなが》した。
「それを考えれば、一番の敵は」
「敵？」僕は咄嗟《とっさ》に、制御《せいぎょ》できない巨大《きょだい》なモンスターを思い浮《う》かべた。
「敵は、⑩だよ」
「⑩？」それ自体が分からなかった。
「決めつけ、のことだよ」

（伊坂幸太郎 著『逆ソクラテス』一部改変）

問一 ――線①「転校を余儀《よぎ》なくされてきた」、⑧「典型」、⑨「病は気から」について、本文中での意味として最もふさわしいものを後からそれぞれ選び、記号で答えなさい。

①転校を余儀なくされてきた
ア　転校したくないと親に訴《うった》え続けてきた
イ　無理やり転校することを押《お》し付けられた
ウ　他に方法がなく転校せざるを得なかった

ため、大事な単語を聞き間違《まちが》えたのかと思った。

「ドクロの服だよ。どう思う？」

「どうって」

「それで、学校に行ったら、たとえば久留米先生とか土田が、こう言うんだ。『加賀は、ドクロの服を着て、ダサいな』って」

「そりゃあ」僕は想像する。「やだよ。恥《は》ずかしいかも」

「だろ。そして、たぶん、クラスのみんながこう思うんだ。『あの、加賀が羽織っている、ドクロのジャンパーはダサい』って。それから、『加賀はダサい奴《やつ》だ』って思う」

「まあ、そうだろうね」

「でも、考えてみろよ。ドクロがダサいなんて、そんなの客観的な評価じゃないんだよ」

「客観的って、どういうこと」

「誰が見ても絶対正しいこと、って意味だよ。ドクロマークを恰好いいと感じる人もいれば、ダサいと思う人もいるし。決められることじゃないんだ。正解なんてないんだから。一足す一が二っていうのとは全然違《ちが》う」

「まあ、そうだけど」

「俺たちは、誰かの影響を受けずにはいられない。自分がどう思うかよりも、みんながどう思うかを気にしちゃう。君は、ドクロマークがダサいと言われたら、そう感じずにはいられないし、もう着てはこられない」

「僕は、ドクロのジャンパーを持っていないけど」

「今まであちこちの学校に通ったけどさ、どこにでもいるんだよ。『それってダサい』とか、『これは恰好悪い』とか、決めつけて偉そうにする奴が」

「そういうものなのかな」

「で、⑥そういう奴らに負けない方法があるんだよ」

僕は⑦その時はすでにブランコから降り、安斎の前に立っていたのだと思う。ゲームの裏技《うらわざ》を教えてもらうような、校長先生の物まねを伝授されるような、そういった思いがあったのかもしれない。

「え？」

「『僕はそうは思わない』」

「この台詞《せりふ》」

「それが裏技？」

「たとえばさ、加賀のお父さんが会社を首になったとするだろ」

「なってないけど」

「たとえばだよ。で、誰かに、情けない親父《おやじ》だな、と言われたとする。周りの同級生は少し笑うだろう。そこで加賀は、これだけは言い返すべきなんだよ」

「何て」

「『僕は、情けないとは、思わない』ってさ」安斎は自信に満ちた言い方をする。「落ち着いて、ゆっくりと、しっかり相手の頭に刻み込《こ》むように」

「そんなことに効果があるかなあ」

「あるよ。だって、加賀のお父さんが情けないかどうかは、人それぞれが感じることで、誰かが決められることじゃないんだ。『加賀の親父は無職だ』とは言えるけど、『情けないかどうか』は分からない。だいたい、そいつらは、加賀のお父さんのことを何も知らないんだ。だから、ちゃんと表明するんだ。僕は、そうは思わない、って。君の思うことは、他の人に決めることはできないんだから」

その時の僕は、はあ、と弱々しく相槌《あいづち》を打ったはずだ。安斎の言っていることを半分も理解できていなかった。

さらに安斎は、あの、大事な話をはじめた。

いる。後に分かるが、その頃《ころ》の彼の唯一《ゆいいつ》の楽しみは、家で観《み》るプロ野球中継《ちゅうけい》で、本塁打《ほんるいだ》やファインプレイを見ると、その恰好《かっこう》を真似《まね》していたらしかった。野球選手の活躍《かつやく》を無理やり自分と重ね合わせ、つまらない現実を忘れたかったのかもしれない。

「おい、臭《くさ》い草壁、クサ子ちゃん」土田が声を上げた。聞こえたらしく草壁は慌《あわ》てて、立ち去った。

「クサ子ちゃん？」安斎が真面目な顔で、僕を見た。

③改めて訊《き》き返されると僕も戸惑《とまど》うが、「昔から言われてるんだよ」と説明する。「小三の時かな。草壁がピンクの服を着てきてさ、女みたいだったから」

「ピンクだと女なわけ？」

土田が隣《となり》の同級生と顔を見合わせ、表情を強張《こわば》らせた。安斎が口答えしてきていると思ったからかもしれない。「だって、だいたいそうじゃないか」

「俺はそうは思わないけど」

「何だよそれ」土田が怒《おこ》る。文句あるのかよ。おまえも女子じゃねえの、と。

僕はどうしたものかとおろおろしてしまう。まさか、安斎がそれほど強く、自分の意見を押《お》し出してくるとは思わなかった。

「だいたい、最初に先生が言ったんだよ。三年の時に久留米《くるめ》先生が」土田が口を尖《とが》らせる。

その時のことは僕も覚えていた。久留米は上級生の担任だったのだけれど、たまたま全校の集まりがあった時に、薄《うす》いピンクのセーターを着ていた草壁に向かって、「おまえは女子みたいな服を着ているな」と言ったのだ。からかうのではなく、④教科書を読むような言い方で、周りの同級生たちはいっせいに笑った。

「ああ」安斎はそこで事情を察したかのような声を出した。「久留米先生は、そういうところがあるよね」

「そういうところって何だよ」土田は興奮した。

「いろんなことを決めつける」安斎が言い、僕は、「え」と訊き返した。決めつける？　どういう意味だろうか。僕はその先が聞きたかったが土田がすぐに、「おまえ、何、久留米先生のこと、馬鹿《ばか》にしているんだよ」とわあわあと言いはじめたことで、話は途切《とぎ》れた。

「いや、俺は別に、久留米先生の悪口を言いたいわけじゃないよ。ただサ」と続けた。

「ただ？」これは僕が質問した。

「ピンクの服を着たからって、女だとは思わないよ」

「ピンクは女だよ」

「それならフラミンゴはどうなるんだよ。大体、女みたいだって、別にいいじゃないか」

「男なのに女なんて変に決まってるだろ」

「土田はそう思うんだろ。ただ、俺は、そうは思わない。女みたいな男だろうが、男みたいな女だろうが、おかしくはない。地球に人間、何人いると思ってんの。いろんな人がいるのが当然だろ。土田みたいな人間もいる」と言葉を一つずつ、相手に⑤嚙《か》んで含《ふく》めるようにして、しっかりと言った。俺は、変だとは、思わない。

場面は変わる。自宅近くの児童公園だ。そこで安斎が話してくれた内容は、忘れられない。細かいやり取りは例によってうろ覚えだが、おおよそ次のような会話だったはずだ。

「加賀、あのさ」安斎はブランコに尻《しり》をつけ、こぎながらだった。僕は隣のブランコの上に立ち、膝《ひざ》を曲げ、少しずつ揺《ゆ》れを強くしはじめた。「たとえば、加賀が、ドクロマークの服を着ていたとするだろ」

「え、何のこと？」僕はブランコを動かすのに力を入れはじめていた

ように本文中から二十五字以内で探し、初めと終わりの五字を抜《ぬ》き出して答えなさい。

二十五字以内 という問題

問六 ――⑦「論理に飛躍《ひやく》があります」とありますが、ここではどのような論理の飛躍がありますか。最もふさわしいものを次の中から一つ選び、記号で答えなさい。

ア 失語症《しつごしょう》の患者《かんじゃ》や渡米した外国人の調査から立てた、臨界期を過ぎると言語を母国語のように習得するのは難しいという仮説を、すべての人の言語習得に当てはめたこと。

イ 眼《め》の神経細胞《さいぼう》に臨界期があることを明らかにしたことを、人間が言葉を話せるメカニズムに応用して臨界期仮説を立てたこと。

ウ 臨界期仮説が正しいことを実証する前に「早期教育が重要だ」と早まって、親の財布《さいふ》のひもを開かせようとしたこと。

エ 言語の習得について立てたいくつかの仮説を、十分な検証をする前に人間の学習すべてに当てはまるとしたこと。

問七 ――⑧「遅《おそ》い学習」とありますが、これはどのようなことですか。本文中の表現を用いて四十字以内で答えなさい。

二 次の文章をよく読んで、後の問いに答えなさい。(問題に字数制限のある場合は、すべて句読点、符号《ふごう》をふくむものとする。)

安斎《あんざい》についての思い出には、濃淡《のうたん》がある。四月、転校生としてクラスにやってきた時の彼《かれ》は輪郭《りんかく》のはっきりしない影《かげ》のようにしか思い出せないのだが、放課後の校庭で、「俺《おれ》は、そうは思わない」と土田に言い返した安斎の表情は、くっきりと頭に残っている。カンニング作戦の一ヶ月《かげつ》前くらいだっただろうか。放課後の校庭で僕《ぼく》たちはサッカーをした。安斎もまざっていた。

転校してきてからの安斎は、無愛想《ぶあいそう》ではないものの愛想《あいそ》が良いとも言えず、僕たちが、「一緒《いっしょ》に遊ぶ?」と訊《たず》ねれば、三回に一度くらいは参加してきたが、自分から、「まぜて」と仲間に入ってくるほど積極的でもなかった。楽しそうでも、つまらなそうでもなく、授業中の発言やテストの結果を見る限り、頭は良い。とはいえ、目立つわけでもなかった。

今となればそれが、「年に一度か二度の①転校を余儀《よぎ》なくされてきた」安斎が、②体験から身に付けた処世術のようなものだとは分かる。彼は、同級生たちとの距離《きょり》を取るのがうまかった。

その日はクラスの男子ばかりが六人で、校庭のまわりに張られたネットをゴールがわりにし、サッカーを楽しんだ。それなりに白熱し、いつになく僕はシュートを決めた。安斎が僕に、いいパスをたくさん出してくれたからだ、と気づくのは翌日になってからで、その時はただ、急にうまくなっちゃったな、と上機嫌《じょうきげん》だった。

「加賀ごときに入れられちゃうとはな」大きな声で、機嫌悪そうに言うのは土田だった。父親が新聞社のお偉《えら》いさんらしく、それが関係していたのか、いや、関係しているのだと僕は信じているが、彼はいつだってほかの同級生を下に見ていた。土田の口にすることの七割は自《じ》慢《まん》話で、残りの三割は、誰《だれ》かを見下し、茶化す言葉であったから、ようするに彼の発言はすべて、自分の地位を他者よりも上位に持ち上げる主張だった。土田と喋《しゃべ》ることにはそれなりに気を遣《つか》ったし、楽しい気持ちになることは少なく、おまけに、というよりも、だからこそと言うべきだろう、クラスの中で影響《えいきょう》力を持っていた。

サッカーが一段落つき、「どうする、もう一回やる?」「帰ろうか」などと、ごにょごにょ喋っている時、校門を出て行こうとする草壁《くさかべ》の姿が、少し遠くに見えた。在京のプロ野球チームのキャップを被《かぶ》って

2024年度 関東学院中学校

【国　語】〈一期A試験〉（五〇分）〈満点：一〇〇点〉

一　次の文章をよく読んで、後の問いに答えなさい。（問題に字数制限のある場合は、すべて句読点、符号《ふごう》をふくむものとする。）

〔編集部注：課題文は著作権上の問題により掲載しておりません。作品の該当箇所につきましては次の書籍を参考にしてください〕

・孫　泰蔵著『冒険の書　AI時代のアンラーニング』（日経BP　二〇二三年二月第一版第一刷発行）七一ページ冒頭～七五ページ最終行（一部省略された箇所があります）

問一　――a～eのカタカナを漢字に直して答えなさい。

a　渡米《とべい》した人はネイティブナみ

b　学習やクンレンを始めないと

c　「すりこみ（imprinting）」というゲンショウ

d　生物学的な観点からの研究セイカ

e　あまりにもソウケイです

問二　図「二〇〇四年開催《かいさい》のアテネオリンピックの出場選手が競技種目を始めた年齢《ねんれい》」から読み取れることとして正しいものには○を、間違《まちが》っているものには×を答えなさい。

ア　水泳と野球は八歳《さい》くらいまでに始めた人が多く、それ以後に始めた人は減り続けるという同じ動きをしている。

イ　全体の平均としては、十四歳くらいまでに競技を始めた人が多く、十五歳以降に始めた人の数は徐々《じょじょ》に減っていく。

ウ　バスケットは九～十歳くらいに始めた人が一番多く、それ以降に始める人は少ないので、十七～十八歳以降に始めてもオリンピック選手になれる可能性はない。

エ　このグラフの中では、始める年齢が遅《おそ》くてもオリンピックに出られる可能性の最も高い競技はボートである。

オ　バレーボールは中学生以前に始めるとオリンピックに出場できる可能性が他競技に比べて高い。

カ　このグラフの中で、年少のうちに始めてオリンピック選手になれる割合が最も高い種目は水泳である。

問三　[①]に入る言葉として、最もふさわしいものを次の中から一つ選び、記号で答えなさい。

ア　オリンピック選手になるためには、競技をいつ始めるかが重要であること

イ　幼い頃《ころ》から始めなくてもオリンピック選手になれる可能性が十分にあること

ウ　競技によっては、幼い頃から始めたほうがオリンピック選手になるのに有利であること

エ　スポーツを始める年齢と上達の度合いには何の関係もないこと

問四　[②]～[⑤]に入る言葉として、最もふさわしいものを次の中からそれぞれ選び、記号で答えなさい。（同じ記号を二度以上使ってはいけません。）

ア　なぜ　　イ　なぜなら　　ウ　きっと

エ　たしかに　　オ　どうやら　　カ　まるで

問五　――⑥「早期教育が重要だ」とありますが、この考えに従うとどのような問題が生じると筆者は考えていますか。解答欄《らん》に合う

2024年度
関東学院中学校　▶解説と解答

算　数　＜一期Ａ試験＞（50分）＜満点：100点＞

解　答

1 (1) $5\frac{1}{3}$　(2) $\frac{1}{5}$　(3) 34.65　(4) 60　2 105回転　3 14枚　4 900m　5 50g　6 6本　7 7.065cm^2　8 (1) 128cm^3　(2) 10cm　(3) 6cm

解　説

1 四則計算，逆算，計算のくふう，約数と倍数

(1) $8-24\div\{18-3\times(9-6)\}=8-24\div(18-3\times3)=8-24\div(18-9)=8-24\div9=8-\frac{8}{3}=7\frac{3}{3}-2\frac{2}{3}=5\frac{1}{3}$

(2) $\left\{3-\left(2-\frac{1}{8}\right)\times\square\right\}\div3\frac{1}{2}\times0.4=0.3$ より，$\left\{3-\left(\frac{16}{8}-\frac{1}{8}\right)\times\square\right\}\div3\frac{1}{2}=0.3\div0.4=\frac{3}{10}\div\frac{4}{10}=\frac{3}{10}\times\frac{10}{4}=\frac{3}{4}$，$3-\frac{15}{8}\times\square=\frac{3}{4}\times3\frac{1}{2}=\frac{3}{4}\times\frac{7}{2}=\frac{21}{8}$，$\frac{15}{8}\times\square=3-\frac{21}{8}=\frac{24}{8}-\frac{21}{8}=\frac{3}{8}$　よって，$\square=\frac{3}{8}\div\frac{15}{8}=\frac{3}{8}\times\frac{8}{15}=\frac{1}{5}$

(3) $A\times B-A\times C=A\times(B-C)$ となることを利用すると，$6.3\times3.4-0.63\times1.7+63\times0.227=6.3\times3.4-0.63\times10\times0.17+63\times0.1\times2.27=6.3\times3.4-6.3\times0.17+6.3\times2.27=6.3\times(3.4-0.17+2.27)=6.3\times5.5=34.65$

(4) 右の計算より，16，40，96の最大公約数は，$2\times2\times2=8$ で，最小公倍数は，$2\times2\times2\times2\times1\times5\times6=480$ となる。よって，最小公倍数は最大公約数の，$480\div8=60$(倍)とわかる。

```
2) 16  40  96
2)  8  20  48
2)  4  10  24
2)  2   5  12
    1   5   6
```

2 反比例

自転車のペダルを49回転させると，ペダルの所の歯車の歯は，30×49＝1470(個)動く。すると，後輪の所の歯車の歯も同じ数だけ動くから，後輪の回転数は，1470÷14＝105(回転)である。

3 調べ

6種類の硬貨《こうか》の合計枚数が少ない方から順に書き出すと，右の表のようになる。よって，4番目に少ない枚数は14枚とわかる。

500円玉	4	4	4	3
100円玉	0	0	0	5
50円玉	0	0	0	0
10円玉	2	1	0	2
5円玉	0	2	4	0
1円玉	4	4	4	4
合計枚数	10	11	12	14

4 速さと比

さほさんが1600m走る間にゆりさんは1200m走るから，さほさんとゆりさんの速さの比は，1600：1200＝4：3となる。同様に，ゆりさんとさなえさんの速さの比も，4：3になるから，右の図のように3人の比をそろえると，さほさんとさなえさんの速さの比は，16：9とわかる。よって，さほさんが1600m走り終えたときに，さなえさんが走った距離《きょり》は，$1600\times\frac{9}{16}=900$(m)と求められる。

```
      さほ   ゆり   さなえ
       4  :  3
             4  :  3
×4 (  16  : 12  :  9  ) ×3
```

5 濃度《のうど》

９％の食塩水600ｇにふくまれる食塩の重さは，600×0.09＝54(ｇ)だから，水の重さは，600−54＝546(ｇ)である。この食塩水に食塩を加えても水の重さは変わらないので，16％の食塩水にふくまれる水の重さも546ｇとなる。よって，このとき546ｇが，１−0.16＝0.84にあたるから，16％の食塩水の重さは，546÷0.84＝650(ｇ)で，加えた食塩の重さは，650−600＝50(ｇ)である。

6 つるかめ算

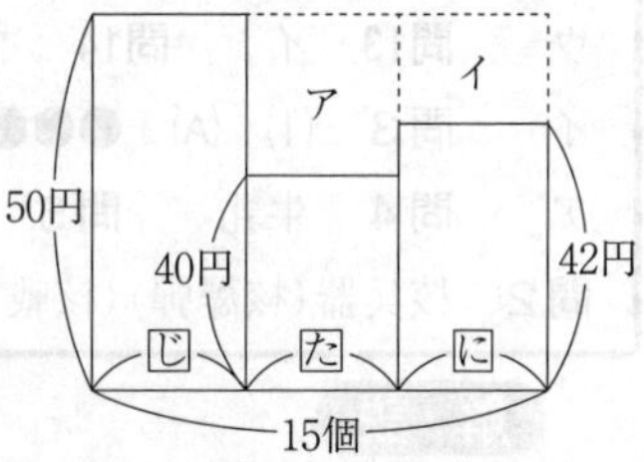

じゃがいも，たまねぎ，にんじんの個数をそれぞれ，[じ]，[た]，[に]とすると，右の図のように表せる。この図で，アとイの部分の面積の和は，50×15−672＝78(円)にあたる。すると，(50−40)×[た]＋(50−42)×[に]＝10×[た]＋８×[に]＝78(円)になるから，([た]，[に])＝(７，１)，(３，６)の２通りが考えられる。([た]，[に])＝(７，１)のとき，[じ]＝15−７−１＝７となり，([た]，[に])＝(３，６)のとき，[じ]＝15−３−６＝６となる。したがって，じゃがいもの個数がたまねぎよりも多くなるのは，([た]，[に])＝(３，６)のときであり，にんじんは６本買ったとわかる。

7 平面図形―面積

下の図①で，角OABの大きさは，180−90−40−10＝40(度)，角OCDの大きさは，180−90−40＝50(度)であり，OAとOCの長さは等しいから，三角形OABと三角形CODは合同とわかる。すると，三角形FOBの面積は共通なので，三角形AOFと台形FBDCの面積は等しくなる。よって，斜線《しゃせん》部の面積はおうぎ形OACの面積と等しくなるから，$9\times9\times3.14\times\frac{10}{360}=7.065(\text{cm}^2)$と求められる。

図①

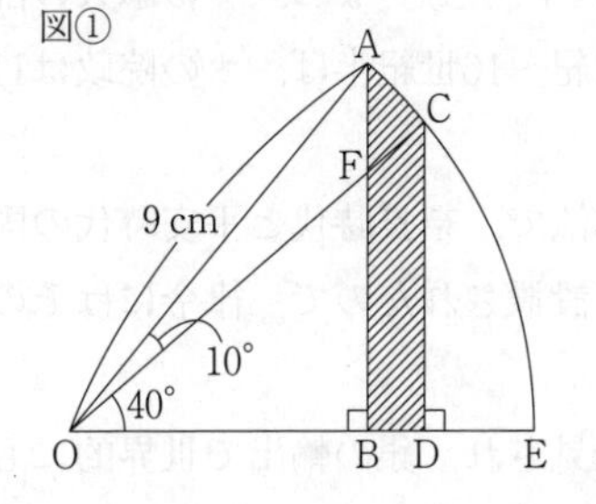

図②

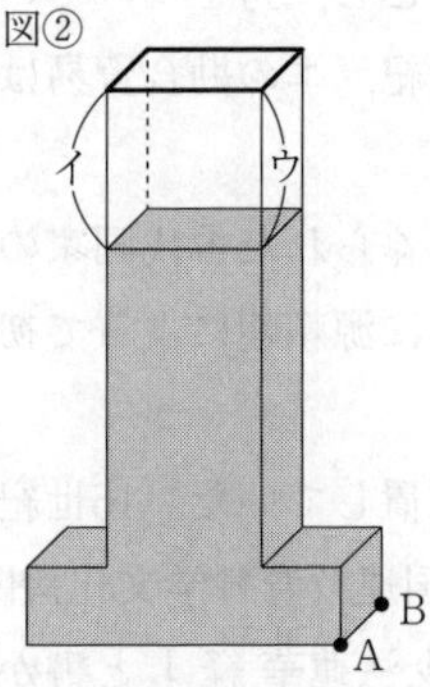

図③

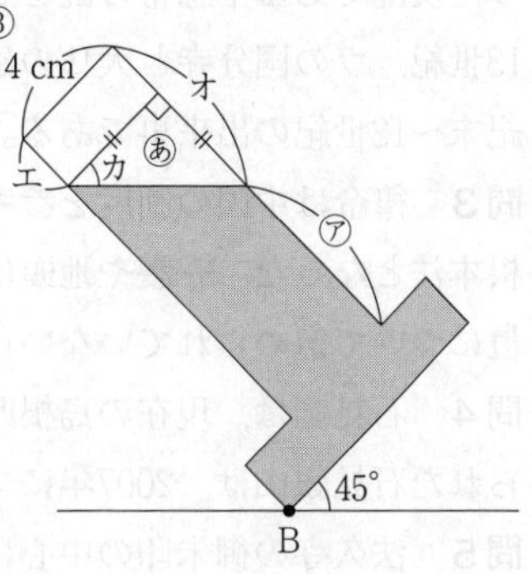

8 水の深さと体積

(1) 問題文中の図１のとき，この容器の底面積は，２×８＋12×(８−２×２)＝$64(\text{cm}^2)$になる。よって，容積は，64×２＝$128(\text{cm}^3)$である。

(2) 水が入っていない部分の容積は，64×(２−1.5)＝$32(\text{cm}^3)$である。すると，上の図②で，太線部分の面積は，２×(８−２×２)＝$8(\text{cm}^2)$だから，イの長さは，32÷８＝４(cm)になる。よって，このとき水の高さは，(12＋２)−４＝10(cm)となる。

(3) 図②のイとウの長さの和と，上の図③のエとオの長さの和は等しく，どちらも，４×２＝８(cm)である。また，カの角の大きさは45度だから，㋐の三角形は直角二等辺三角形であり，エの２倍の長さは，８−４＝４(cm)，エの長さは，４÷２＝２(cm)とわかる。よって，オの長さは，２＋４＝６(cm)だから，㋐の長さは，12−６＝６(cm)と求められる。

社　会　＜一期Ａ試験＞（30分）＜満点：60点＞

解　答

1 **問１**　イ　**問２**　イ　**問３**　ウ　**問４**　島根(県)　**問５**　オ　**問６**　吉野　**問７**　ウ　**問８**　ア　**問９**　**事件名**…大阪の役(大阪の陣)　**法令の目的**…(例)　大名の力を抑え，幕府に反抗しにくくすること。　**問10**　参勤交代(参勤交替)　**問11**　万葉集　**問12**　ウ　**問13**　イ　**問14**　イ　**問15**　富山(県)　**2** **問１**　イ　**問２**　(1)　エ　(2)　イ　**問３**　(1)　(A)　●●●…降水量　▲▲…気温(温度)　(B)　(あ)　(2)　(A)　(う)　(B)　ア　**問４**　牛乳　**問５**　(1)　バニラ(バニラエッセンス)　(2)　ウ　**3** **問１**　カナダ　**問２**　核兵器(核爆弾)(核戦争)　**問３**　ア　**問４**　ウ　**問５**　ウ

解　説

1 **伊勢松阪に関する歴史についての問題**

問１　1874年に板垣退助らによって民撰《みんせん》議院設立建白書が出されたことをきっかけに，自由民権運動が始まり，明治政府に対して，国民が選んだ議員で構成される議会を開設すること，憲法を制定すること，地租を軽減することなどを要求した。この運動の高まりを受け，明治政府は1890年に国会を開くことを約束した(イ…○)。なお，アの西南戦争は1877年，ウの日露戦争での勝利は1905年，韓国併合《へいごう》は1910年，エの満州事変の開始は1931年，オの日本国憲法の公布は1946年の出来事である。

問２　『源氏物語』は紫式部によって11世紀初めに書かれたといわれる。同じころ，豪族《ごうぞく》や有力な農民が，一族や家来を武装させることにより成長していった武士は，1028年に上総《かずさ》(千葉県)で起こった反乱である平忠常の乱をしずめるなどし，力をつけていった(イ…○)。なお，アの承久の乱は13世紀，ウの国分寺と大仏の建立は８世紀，エの勘合貿易は15世紀～16世紀半ば，オの院政は11世紀末～12世紀の出来事である。

問３　律令は中国の制度を参考にしてつくられた古代国家の基本法で，奈良時代と平安時代の国の根本法となった。守護や地頭は，1185年に源頼朝によって初めて設置されたので，律令にはその配置について定められていない(ウ…×)。

問４　石見《いわみ》国は，現在の島根県西部に位置していた。16世紀に発見され，銀の輸出で世界的にも知られた石見銀山は，2007年にユネスコ(国連教育科学文化機関)の世界文化遺産に登録された。

問５　法久寺の御朱印《ごしゅいん》の中心に「南《な》無《む》妙《みょう》法《ほう》蓮《れん》華《げ》経《きょう》」と書かれていることから，日蓮宗とわかる。日蓮は，「南無妙法蓮華経」という題目を唱えることで救われると説き，久遠《くおん》寺(山梨県)を総本山とする日蓮宗(法華《ほっけ》宗)を開いた。

問６　1336年に足利尊氏が光明天皇を京都に立てると，後醍醐《ごだいご》天皇は吉野(奈良県)に逃れて皇位を主張し，足利側の北朝と後醍醐側の南朝という対立が生じた。なお，このときから1392年に室町幕府の第３代将軍足利義満が南北朝を統一するまでの期間を南北朝時代という。

問７　江戸幕府の第８代将軍徳川吉宗は，幕府を立て直すために行った政策の１つとして上げ米の制を定め，大名から石高《こくだか》１万石につき100石の米を差し出させる代わりに，参勤交代で江戸に滞在《たいざい》する期間を半年に縮めた(ウ…○)。なお，アの生類憐《あわれ》みの令は第５代将軍綱吉，イの異国船打払《うちはらい》令は第11代将軍家斉《いえなり》，エの禁中並《ならびに》公家諸法度は第２代将軍秀忠，オのオランダ貿易の制限は第３

代将軍家光が実施《じっし》した政策である。

問８　ヤマト政権は，３世紀後半に大和《やまと》(奈良県)地方を中心とする豪族の連合によって成立したとされる政権で，多くの豪族を従えて勢力を広げていき，各地に前方後円墳などの巨大《きょだい》な古墳をつくりながら，日本統一を進めていった(ア…○)。なお，イ～エは弥生時代について説明している。オの平城京を造営したのは元明天皇で，710年に都を移した。

問９　徳川家康は，豊臣氏滅亡《めつぼう》をはかろうと1614年に大阪(大坂)城に向けて兵を挙げたが，攻《せ》めきれないと感じて講和に持ちこんだ。翌年に大阪城を攻め落とし，豊臣秀吉の子である秀頼を滅《ほろ》ぼした。これを大阪の役(大阪の陣《じん》)といい，その直後，江戸幕府は外様大名の多い西日本の大名の戦力をけずるために一国一城令を出し，居城となっている城以外は全て取り壊《こわ》すよう命じた。

問10　本陣とは，江戸時代に大名や幕府の役人などの身分の高い者が泊《と》まるための宿のことである。江戸幕府の第３代将軍徳川家光は，大名を統制するための法令である武家諸法度を1635年に改定し，参勤交代を制度化した。これにより，大名は１年おきに江戸と領国に住むことを義務づけられ，大名の妻子は人質として江戸に置くことを命じられた。そのため，部下や家来を引き連れた大名行列で移動することになり，道中で本陣を利用した。

問11　712年につくられた『古事記』と同時代につくられた和歌集であるので『万葉集』である。『万葉集』は，天皇，歌人，防人《さきもり》などさまざまな人の詠《よ》んだ約4500首の歌を集めた現存する日本最古の和歌集として知られる。

問12　幕末の貿易で日本の主要な輸出品となったのは生糸であり，綿糸や綿織物は，幕末の開港直後の主な輸入品であった。明治時代に入って大阪紡績会社が設立され，輸入した綿花を原料とした近代的な綿糸生産がさかんに行われるようになり，1897年には綿糸の輸出量が輸入量を超《こ》えた(ウ…×)。

問13　山田長政は，17世紀初めにシャム(タイ)にわたり，首都アユタヤの日本町の長となって活躍《かつやく》し，日本とシャムの親善に尽《つ》くした。内戦を収めてシャム国王の信頼《しんらい》を得て高官の地位につき，その後はシャムの南方に位置するリゴールの長官となった。なお，アの角倉了以《すみのくらりょうい》とウの茶屋四郎次郎は，安土桃山時代・江戸時代の豪商，エの津田宗及《そうきゅう》は安土桃山時代の豪商・茶人，オの俵屋宗達は江戸時代初期の画家である。

問14　1942年９月に日本軍はアメリカ西海岸のオレゴン州の山に爆撃《ばくげき》をしたが，アメリカ本土への爆撃はこのときのみで，大きな被害を与《あた》えることはできなかった(イ…×)。

問15　高度経済成長期に工業が発展する一方，企業《きぎょう》が汚染《おせん》物質を排出《はいしゅつ》したことによって公害が生じた。そのうち，熊本県水俣《みなまた》市で有機水銀を原因として発生した水俣病，新潟県阿賀野川流域で有機水銀を原因として発生した第二水俣病(新潟水俣病)，富山県神通《じんづう》川流域でカドミウムを原因として発生したイタイイタイ病，三重県四日市市で亜硫酸《ありゅうさん》ガスを原因として発生した四日市ぜんそくを，四大公害病という。

2　ソフトクリームの材料を題材とした地理についての問題

問１　本文にある「○○上の理由で食べられない」の○○には「宗教」が当てはまる。インドで主に信仰《しんこう》されているヒンドゥー教では，神聖な動物である牛は食べられない。また，イスラム教徒であればブタが食べられないので，動物由来の材料を使わないことが解決案としてふさわしい(イ…○)。

問２　(1), (2)　さくらんぼの生産量第１位は山形県（Ａ）であるのでａは地図中の③，梅の生産量第１位は和歌山県（Ｂ）であるのでｂは地図中の⑩，りんごの生産量第１位は青森県（Ｃ）であるのでｃは地図中の②，落花生の生産量第１位は千葉県（Ｄ）であるのでｄは地図中の⑥，緑茶の生産量第１位は静岡県（Ｅ）であるのでｅは地図中の⑧となる。なお，地図中の①は北海道，④は岩手県，⑤は茨城県，⑦は福井県，⑨は三重県である。

問３　(1)　(A)　この雨温図では，左側にある目盛りが降水量(mm)，右側にある目盛りが気温(℃)を表している。また，降水量は棒グラフ，気温は折れ線グラフで表示されている。　(B)　那覇市（沖縄県）は，南西諸島の気候に属しているため，１年を通じて平均気温が高く，12月でも20度近い。春から夏にかけては雨量が比較《ひかく》的多く，夏から秋には熱帯低気圧（台風）の通過路となっている。

(2)　(A), (B)　(う)の雨温図は，松本（長野県）の雨温図である。年間降水量が少なく，１月の平均気温が０℃を下回り，冬の寒さが厳しいことから，中央高地の気候とわかる。なお，(え)は静岡市の雨温図で，夏の降水量が多い太平洋側の気候の特徴《とくちょう》を示している。(お)は青森市の雨温図で，冬の降水量（降雪量）が多い日本海側の気候の特徴を示している。

問４　牛乳の生産量は，乳用牛の飼養頭数が日本一である北海道が，国内生産量の約半分を占《し》めている（2022年）。そのほか，栃木県，熊本県，群馬県，岩手県などでも，乳用牛の飼育と牛乳の生産がさかんである。

問５　(1)　写真の材料はバニラビーンズである。中央アメリカ原産のラン科の植物で，さやの中に細かい種子がびっしりとつまっていて，菓子《かし》などに甘《あま》い香りをつけるときに使われる。レシピにあるバニラエッセンスという材料は，バニラビーンズからバニラの香り成分を取り出してつくられる。　(2)　緯度０度の線を赤道といい，アフリカ大陸の中部，インドネシア，マレー半島の南，南アメリカ大陸の北部などを通っている。

3　国際社会についての問題

問１　2023年５月19日～21日にＧ７広島サミットが開催《かいさい》され，Ｇ７の当時の首脳であるフランスのマクロン大統領，アメリカのバイデン大統領，イギリスのスナク首相，ドイツのショルツ首相，岸田首相，イタリアのメローニ首相，カナダのトルドー首相らが参加した。

問２　被爆地広島で開かれたＧ７サミットでは，「核《かく》兵器のない世界」の実現をかかげ，そのメッセージとして共同文書「核軍縮に関するＧ７首脳広島ビジョン」を発信した。ただこの広島ビジョンは核抑止《よくし》力を前提につくられ，具体策に欠けていたため，一定の評価を受ける一方で批判の声もあがった。

問３　国際連合の安全保障理事会の常任理事国は，アメリカ，イギリス，フランス，ロシア，中国である（ア…○）。なお，アメリカは，共和党と民主党の二大政党制である（イ…×）。首都はワシントンD.C.であるが，国連の本部はニューヨークにある（ウ…×）。アメリカ大統領の任期は４年である（エ…×）。

問４　リズ・トラスは2022年９月にイギリスの首相に就任したが，経済政策に対する支持が得られず，就任からわずか45日で辞任を表明した（ウ…×）。なお，アのCPTPPへのイギリスの加盟の決定は2023年７月，イのチャールズ国王の戴冠《たいかん》式は2023年５月，エのヘンリー王子の訪日は2023年８月の出来事である。

問５　1993年にマーストリヒト条約が発効し，それまでのEC（ヨーロッパ共同体）を母体として欧《おう》州《しゅう》連合(EU)が発足した。2024年２月現在，27か国がEUに加盟しているが，数回にわたって国民投票で否決されたスイスは加盟していない。

理 科 ＜一期Ａ試験＞（30分）＜満点：60点＞

解 答

1 ⑴ **あ** 中　**い** 二酸化炭素　**う** （例） 黒く焦げる。　⑵ ① **液体名**…石灰水 **変化**…（例） 白くにごる。　② （例） 試験管Ａ内の気圧が下がり，試験管Ｂの液体が逆流して試験管Ａが割れるのを防ぐため。　⑶ イ　⑷ ウ　⑸ （例） 加熱後の物質を水に溶かしたとき，よく溶けた方が重曹，発熱しながら溶けた方が石灰石である。　2 ⑴ 反射 ⑵ ウ　⑶ **向き**…Ｂ　**角度**…15度　⑷ (あ) イ　(い) オ　⑸ ウ　3 ⑴ ウ ⑵ ア　⑶ エ　⑷ 食物連鎖　⑸ ① ２，３　② （例） **実験方法**…水のみをスポイトで水面に落とす。　**結果**…メダカは水面に近づかない。　4 ⑴ イ　⑵ ① ア ② エ　⑶ **あ** 13　**い** 365　**う** １　**え** 12　⑷ 解説の図を参照のこと。

解 説

1 白い粉末の識別についての問題

⑴ **あ** 食塩水と砂糖水は中性の水溶液《すいようえき》である。　**い** 重曹《じゅうそう》の主な成分は炭酸水素ナトリウムで，うすい塩酸を加えたり，加熱したりすると二酸化炭素が発生する。　**う** 砂糖やでんぷんを加熱すると黒く焦《こ》げる。この黒い焦げの成分はおもに炭素である。

⑵ ① 二酸化炭素を石灰水に通すと，水に溶《と》けにくい炭酸カルシウムができるので，石灰水は白くにごる。　② 加熱を止めると，試験管Ａの温度が下がり，中の気圧が低くなる。このため，加熱を止める前にガラス管を試験管Ｂの液体から抜《ぬ》いておかないと，試験管Ｂの液体が試験管Ａに逆流して，試験管Ａが割れることがあり，危険である。

⑶，⑷ 実験①…Ａ，Ｂは水によく溶けるから食塩か砂糖である。食塩と砂糖を加熱すると，砂糖は黒く焦げ，食塩は変化しない。よって，Ａが砂糖，Ｂが食塩とわかる。　実験②…Ｃ，Ｄ，Ｅは水に溶かすと溶け残ったから，でんぷん，重曹，石灰石のいずれかである。これらの物質のうち２つで変化があったので，表１より，実験②ではうすい塩酸を加えたと考えられる。したがって，変化があったＣ，Ｄは重曹か石灰石で，変化がなかったＥはでんぷんとなる。

⑸ ⑷より，ＣとＤは重曹か石灰石で，表１の火で加熱したときの様子で，重曹を加熱後の物質は水によく溶け，石灰石を加熱後の物質は発熱しながら水に溶けるとあるので，加熱後の物質を水に溶かすと，重曹か石灰石かを区別することができる。

2 光の反射についての問題

⑴ 光が鏡などに当たってはね返る現象を反射という。

⑵ 光が鏡に当たった点で鏡に垂直な線をひいたとき，その線と鏡に入った光の道すじとがつくる角度を入射角といい，反射した光の道すじとがつくる角度を反射角という。このとき，入射角と反射角は等しくなるので，鏡に当たったあとの光の道すじはウになる。

⑶ Ｘで反射した光が球に届くとき，入射角と反射角の合計は，180－(60＋30)＝90(度)になる。

よって，Ｘに当たる光の道すじと鏡に垂直な線がつくる角度が，90÷２＝45(度)になるように，鏡をＢの方向に，45－(90－60)＝15(度)回転させればよい。

(4)　それぞれの立体の像は，鏡が置かれている面に対して対称《たいしょう》になるような位置にできる。鏡を㈠と㈡の位置に置いたとき，鏡に映る物体の様子は下の図①のようになる。よって，鏡を㈠に置いたときはイ，㈡に置いたときはオのようになる。

図①

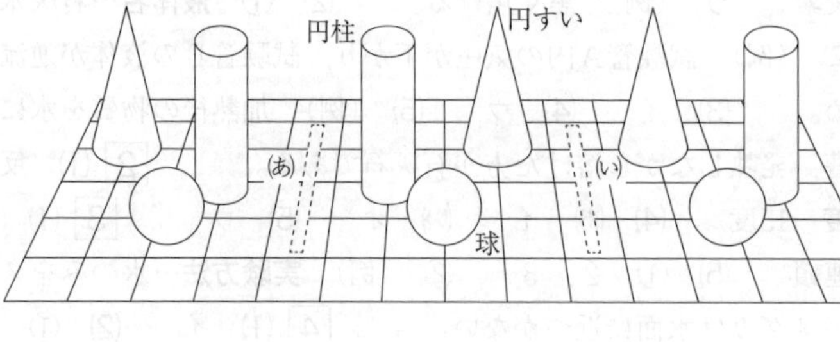

図②

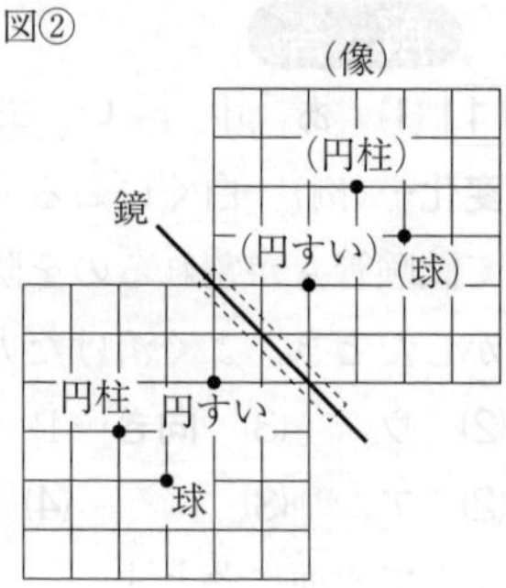

(5)　３つの物体の像の位置は，上の図②のようになる。したがって，鏡に映る物体の様子はウとなる。

3　メダカの飼育と生態についての問題

(1)　メダカのオスは背びれに切れ込《こ》みがあり，しりびれが平行四辺形に近い形をしている。なお，メスの背びれには切れ込みがなく，しりびれが三角形に近い形をしている。

(2)　水道水には消毒のために塩素が入っているので，メダカを飼うときは，塩素を抜くために１日くらいくみ置いてから使う。なお，卵が産まれたら，水草ごと別の水そうにうつすのは，卵が親のメダカに食べられないようにするためである。

(3)　フイリマングースはハブの駆除《くじょ》を目的として沖縄県などに導入されたが，生態系や人の生活に大きな被害《ひがい》をおよぼしていることから，特定外来生物に指定されている。

(4)　生物どうしの食う－食われるの関係は，鎖《くさり》のようにつながっていることから食物連鎖《れんさ》という。

(5)　①　同様の実験を暗室で行った場合，メダカは視覚でエサを認識できなくなるため，実験１ではメダカはラップに近づかなくなる。また，実験２では見える見えないにかかわらずメダカはラップに近づかない。実験３では嗅覚《きゅうかく》でエサを認識できるので，メダカは液体を落としたあたりに近づくと考えられる。　②　メダカが液体を水面に落としたときの水面の変化を認識して，液体を落としたあたりに近づいた可能性も考えられる。そこで，メダカが嗅覚でエサを認識したと結論付けるためには，エサのにおい成分をふくまない水のような無色とう明の液体を実験３と同じように水面に落とし，メダカが液体を落としたあたりに近づいてこないことを確かめればよい。

4　月の動きと見え方についての問題

(1)　図２で，地球の北極点が太陽側に傾《かたむ》いていることから，図１のＡの位置にあるときの地球は夏至の日の６月ごろと考えられる。図１で，地球は太陽の周りを反時計回りに公転しているので，Ｂの位置を通過するのは秋分の日の９月ごろ，Ｃの位置を通過するのは冬至の日の12月ごろ，Ｄの位置を通過するのは春分の日の３月ごろと考えられる。

(2)　①　満月は，太陽―地球―月がこの順で一直線上に並んだときに観察できる。そのため，月が図３のａからｂに移動しているときに満月が見られるのは，月にｃとｄの間の方向から太陽の光が当たるときになる。これは地球がＡからＢの間にあるときとわかる。　② 上弦《じょうげん》の月が観察できるのは，地球から見て太陽が月に対して90度右側にあるときである。よって，月が図３のｃとｄの間にあるときに上弦の月が見られるのは，月にｂとｃの間の方向から太陽の光が当たるときになる。したがって，地球がＤからＡの間にあるときとわかる。

(3) **あ**　月の地球の対する公転周期は27.3日だから，月は１日に地球の周りを反時計回りに，360÷27.3＝13.1…より，13度回転する。　**い**　地球は太陽の周りを１年で１回公転しているので，公転周期は365日である。　**う**　月が地球の周りを反時計回りに13度回転している間(つまり１日)に，地球が太陽の周りを反時計回りに回転する角度は，360÷365＝0.9…より，１度である。　**え**　１日で月は地球の周りを反時計回りに13度回転し，地球は太陽の周りを反時計回りに１度回転することから，地球から月を同じ時刻に観察すると，１日で，13－１＝12(度)反時計回り(西から東)にずれる。

(4)　４日前には，12×４＝48(度)西に回転した位置に三日月に近い形が観測され，３日後には，12×３＝36(度)東に回転した位置に，上弦の月より少し左(東)側がふくらんだ月が観測される。よって，その位置と形を示すと，右の図のようになる。

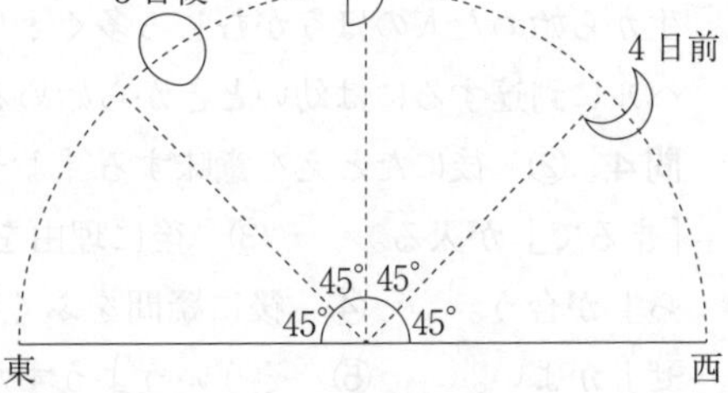

国語　＜一期Ａ試験＞（50分）＜満点：100点＞

解答

一　**問１**　a～e　下記を参照のこと。　**問２**　ア　×　イ　○　ウ　×　エ　○　オ　×　カ　○　**問３**　イ　**問４**　②　カ　③　イ　④　ア　⑤　オ　**問５**　無理やり詰～らなくする(という問題)　**問６**　エ　**問７**　(例)　本当に興味がわいたときに学び始め，生涯かけていろいろなことをじっくり学ぶこと。　**二**　**問１**　①　ウ　⑧　ア　⑨　エ　**問２**　イ　**問３**　エ　**問４**　ア　**問５**　落ち着いて　**問６**　(例)　自分の思うことは絶対正しいと決めつけて偉そうにする奴らに，人それぞれが感じることは誰から見ても絶対正しいわけではないと示すことができるから。　**問７**　イ　**問８**　エ

●漢字の書き取り

一　**問１**　a　並(み)　b　訓練　c　現象　d　成果　e　早計

解説

一　**出典：孫泰蔵《そんたいぞう》『冒険《ぼうけん》の書　AI時代のアンラーニング』。**筆者は早期教育の必要性に疑問を投げかけ，興味を持ったときに学び始めればよいのではないかと述べている。

問１　a　音読みは「ヘイ」で，「並行」などの熟語がある。訓読みにはほかに「なら(べる)」がある。　b　あることがうまくできるように教え，練習を続けさせて体得させること。　c　形をとってあらわれたものごと。　d　仕事や勉強，研究などのよい結果。　e　早まった判

断。

問２　**ア**　野球は15－16歳《さい》から始めた人より，17－18歳から始めた人のほうが多くオリンピック選手になっているので，正しくない。　**イ**　全体平均は，14歳までに始めた人の割合はほぼ横ばいだが，15歳以降に始めた人の割合は少しずつ減っているので，よい。　**ウ**　11－14歳で始めた人は８歳以前に始めた人より多く，また，17－18歳で始めてオリンピック選手になった人もいるので，合わない。　**エ**　ボートは中学生以降に始めた人のほうが多くオリンピック選手になっているので，合う。　**オ**　バレーボールでオリンピックに出場した選手は高校生から始めた人の割合が一番高いのだから，中学生以前に始めることが有利だとは必ずしもいえない。　**カ**　水泳は，８歳までに始めた人が６割以上を占《し》めており，他競技と比べて，年少のうちに始めることが有利な種目であることは明らかである。

問３　空らん①の前には，前の内容を言いかえるときに使う「つまり」があるので，前の内容に注目する。水泳のオリンピック選手でも十二歳くらいから競技を始めた人がおり，陸上競技だと中高生から始めた人のほうがむしろ多くオリンピック選手になっているというデータをあげ，プロのレベルに到達《とうたつ》するには幼いときから始める必要があるという意見に異を唱えているので，イがよい。

問４　②　後にたとえを意味する「ように」があるので，これと呼応してよく似ていることを表す「まるで」が入る。　③　後に理由を示す「から」があるので，理由を導くときに使う「なぜなら」が合う。　④　後に疑問をふくむ内容が続いているので，理由をたずねるときに使う「なぜ」がよい。　⑤　そういうようすだという意味の様態の助動詞「そうだ」が後に続いているので，“確実ではないが何となく”という意味の「どうやら」が合う。

問５　本文最後のほうで，少し早くできるようになることで大きな得があるのだろうか，と筆者は疑問を提示し，興味を持ったときに学び始めればいいのではないかと述べている。早期教育には，「無理やり詰《つ》めこんで，わざわざ学びをつまらなくする」という問題が生じると考えていることになる。

問６　ここでは，幼児教育サービス会社の主張に「論理の飛躍《ひやく》」があると筆者は指摘《してき》している。言語を母国語のように習得するのは「臨界期」を過ぎると難しいという生物学的な観点からの仮説を，人間の学びすべてに通じるかのように伝えた点が「飛躍」だというのだから，エがあてはまる。

問７　無理やり詰めこみ，学びをつまらなくするおそれのある「早い教育」より，学びの楽しさや喜びを追究するならむしろ「遅《おそ》い学習」を筆者は勧《すす》めている。直前の二段落から，「遅い学習」とは，本当に興味がわいたときに学び始め，生涯《しょうがい》かけていろいろなことをじっくり学ぶこととまとめられる。

二　**出典：伊坂幸太郎《いさかこうたろう》『逆ソクラテス』**。久留米《くるめ》先生や土田がするような「決めつけ」に対し，「僕《ぼく》はそうは思わない」とはっきり表明することが大切だと，安斎《あんざい》は「僕」に話す。

問１　①　「余儀《よぎ》なくされる」は，そうせざるを得ないようすをいうので，ウがよい。　⑧　同じようなもののなかで，その特性を最もよく表しているもの。　⑨　病気は気持ちの持ち方次第《しだい》で重くもなれば軽くもなるということ。

問２　転校をくり返さざるをえなかった安斎の，同級生との距離《きょり》をほどよく保つためのふるまい方を「処世術」と言っている。具体的には，前の段落にあるように，無愛想ではないが特に愛想がよいわけでもなく，ほどほどに友人との距離を保っていたのだから，イがあてはまる。

問３　土田はなぜ草壁《くさかべ》を「クサ子ちゃん」とよぶのかと，安斎が「僕」に問いかけてきたときの「僕」の反応である。「昔から言われてるんだよ」と説明しているとおり，「僕」にとってはそのよび名はすでに聞きなれたものだったため，改めて疑問をぶつけられて戸惑《とまど》ったのだから，エが合う。

問４　「からかうのではなく」とあるので，ピンクの服を着ていることをばかにしたりおもしろがったりなど，感情をあらわにした言い方をしたわけではない。学ぶための本である教科書を読みあげるように，自分の言葉がもっともなものだというような言い方をしたと思われるので，アがよい。

問５　「嚙《か》んで含《ふく》める」は，相手がよく理解できるように，ていねいに言い聞かせるようす。この後の場面で，何かを決めつける相手に負けないためには，「落ち着いて，ゆっくりと，しっかり相手の頭に刻み込《こ》む」ような言い方で，「僕はそうは思わない」と言い返すべきだと安斎は言っている。

問６　「そういう奴《やつ》ら」とは，自分の思うことは絶対正しいと決めつけて偉《えら》そうにする奴らを指す。安斎は「僕はそうは思わない」と言い返すことが「負けない方法」だとしている。「僕はそうは思わない」と表明することで，人それぞれが感じることは誰《だれ》かが決められることではなく，誰から見ても絶対正しいというわけではないと，奴らに示すことができるからだと安斎は説明している。

問７　何かを決めつける相手に負けない方法があると言う安斎に対し，「僕」は「ゲームの裏技《うらわざ》を教えてもらうような，校長先生の物まねを伝授されるような」思いがしたのかもしれないとある。その方法に強い興味を持ち，ぜひ聞きたいと感じてブランコをこぐのもやめたのだから，イが合う。

問８　優秀《ゆうしゅう》になると教師が期待した生徒は優秀に，駄目《だめ》な生徒だと教師が思って接する生徒は駄目になるというルールがあるらしいと安斎は言い，「決めつけ」を「敵」とよんでいる。ここでの「敵」とは“問題，悪いもの”といった意味であり，前もって持っている固定観念をいう「先入観」が入る。

Dr.福井の
入試に勝つ！脳とからだのウルトラ科学

寝る直前の30分が勝負！

みんなは，寝る前の30分間をどうやって過ごしているかな？　おそらく，その日の勉強が終わって，くつろいでいることだろう。たとえばテレビを見たりゲームをしたり――。ところが，脳の働きから見ると，それは効率的な勉強方法ではないんだ！

実は，キミたちが眠っている間に，脳は強力な接着剤を使って海馬《かいば》（脳の，知識をためる倉庫みたいな部分）に知識をくっつけているんだ。忘れないようにするためにね。もちろん，昼間に覚えたことも少しくっつけるが，やはり夜――それも“寝る前”に覚えたことを海馬にたくさんくっつける。寝ている間は外からの情報が入ってこないので，それだけ覚えたことが定着しやすい。

もうわかるね。寝る前の30分間は，とにかく勉強しまくること！　そうすれば，効率よく覚えられて，知識量がグーンと増えるってわけ。

では，その30分間に何を勉強すべきか？　気をつけたいのは，初めて取り組む問題はダメだし，予習もダメ。そんなことをしても，たった30分間ではたいした量は覚えられない。

寝る前の30分間は，とにかく「復習」だ。ベストなのは，少し忘れかかったところを復習すること。たとえば，前日の勉強でなかなか解けなかった問題や，１週間前に勉強したところとかね。一度勉強したところだから，短い時間で多くのことをスムーズに覚えられる。そして，30分間の勉強が終わったら，さっさとふとんに入ろう！

ちなみに，寝る前に覚えると忘れにくいことを初めて発表したのは，アメリカのジェンキンスとダレンバッハという２人の学者だ。

Dr.福井（福《ふく》井《い》一成《かずしげ》）…医学博士。開成中・高から東大・文Ⅱに入学後，再受験して翌年東大・理Ⅲに合格。同大医学部卒。さまざまな勉強法や脳科学に関する著書多数。

2024年度 関東学院中学校

【算　数】〈一期Ｂ試験〉（50分）〈満点：100点〉

1 次の $\square$ にあてはまる数を求めなさい。

(1) $2\frac{3}{8}+\left(\frac{1}{2}-0.25+\frac{1}{8}-0.0625\right)\times 5\frac{1}{5}=\square$

(2) $\left\{\left(2\frac{1}{3}+0.25\right)\times\square+0.8\right\}\div\frac{2}{5}-1.5=13$

(3) $a◎b=a\times b-(a+b)$ と約束するとき，$5◎\square=23$ です。

(4) 10から100までの整数のうち，２で割り切れるが５で割り切れない整数の個数は $\square$ 個です。

2 ある数 N の整数部分を $[N]$ と表します。例えば，$[2.7]=2$，$[4]=4$，$\left[\frac{5}{3}\right]=1$ となります。

$\left[\frac{2024}{A}\right]=6$ となる整数 A は全部で何個ありますか。

3 Ｋ学院中学校の食堂では，フライドポテトが１個200円，肉まんが１個130円で売られています。最低気温が15度の日は，フライドポテトが200個，肉まんが60個売れます。売れる個数は，最低気温が１度下がるごとに，フライドポテトが10個ずつ減り，肉まんが20個ずつ増えるそうです。フライドポテトと肉まんの売上額が等しくなる日の最低気温は何度ですか。

4 オリーブさんが時計店に腕時計を買いに行くと，どの時計も下の図のように長針と短針が左右対称になる時間で止まって売られていました。この時間は何時何分ですか。

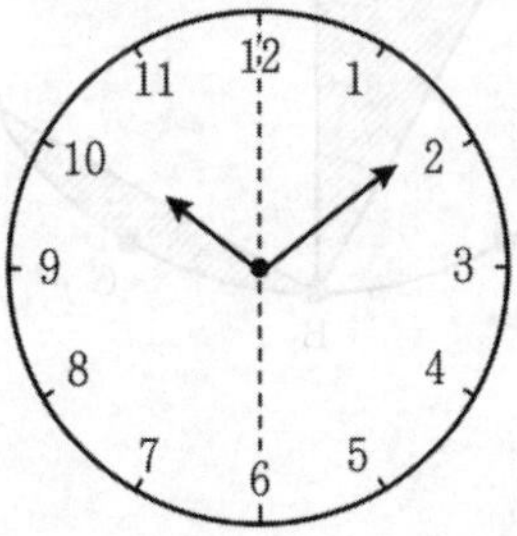

5　右の図のように円形のコースAと正方形のコースBがあり，円と正方形が重なる点の１つを地点Pとします。まさたかさんはコースA，しょうへいさんはコースBをP地点からスタートして走るとき，まさたかさんは15分42秒後にはじめてP地点を通過しました。まさたかさんとしょうへいさんの走る速さが同じであるとすると，しょうへいさんがはじめてP地点を通過するまでに何分かかりますか。ただし，円周率は3.14とします。

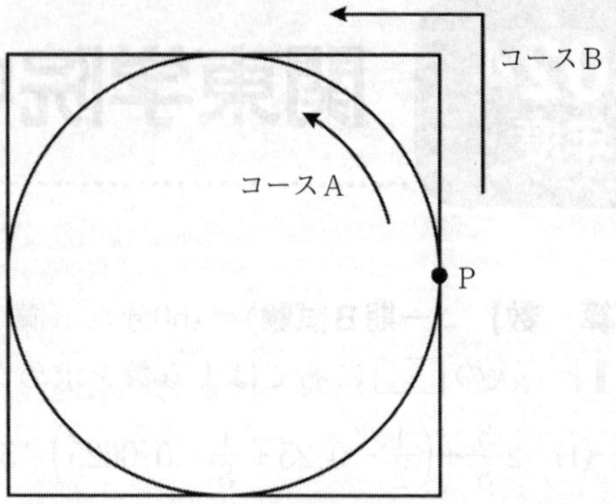

6　ある商品の原価が10％値上がりしたので，１個あたりの利益の金額が変わらないように売値を６％値上げしました。利益ははじめの売値の何％ですか。

7　A，B，C，D，Eの５人が算数のテストの点数について次のように答えました。同じ点数の人はいないものとするとき，AからEを点数の高い方から順に答えなさい。

A：私とDさんの点数の差は，私とBさんの点数の差より小さいです。私とDさんの点数の差は，私とCさんの点数の差より大きいです。

B：私とCさんの点数の差は，私とEさんの点数の差より小さいです。

C：私の点数は，BさんとDさんの点数の平均と同じです。

E：２人を選んで点数をたしたものを比べると，私とBさんを選んだときが一番小さいです。

8　右の図のように，直径18cmの円の周上に円周を12等分する点を取ります。次の各問いに答えなさい。ただし，円周率は3.14とします。

(1)　弧《こ》AB(点Cをふくむほう)の長さは何cmですか。

(2)　角xは何度ですか。

(3)　斜線部の面積の和は何cm^2ですか。

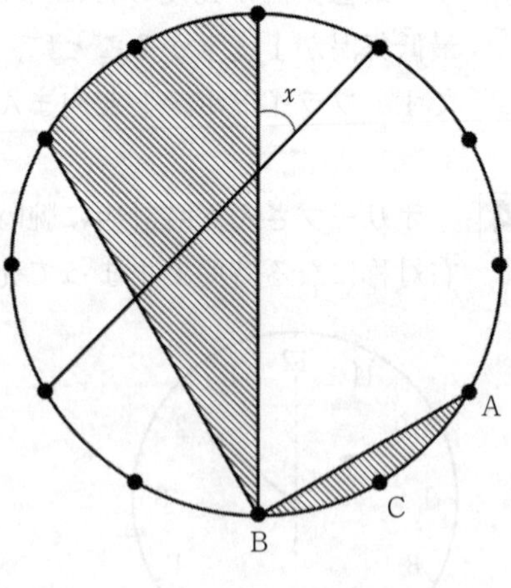

記号で答えなさい。
ア　パパちゃんと茂木のおじちゃんが経済的なことでたいへん困っていることを知らずに、私たちが「聞き上手」な二人に頼《たよ》りきっている状態。
イ　私たちがパパちゃんと茂木のおじちゃんの状態を理解できる年齢《ねんれい》に達していないため、物事を深く考えることがなく、幸せに暮らしている状態。
ウ　パパちゃんと茂木のおじちゃんが孤立《こりつ》して周囲に助けを求められない状態でいるのに対し、私たちは物事を深く考えずにのんきな気分でいる状態。
エ　私たちがパパちゃんと茂木のおじちゃんの優《やさ》しさによって、安心して充実《じゅうじつ》した生活を送ることができていて、二人の苦しみをまったく理解しようとしない状態。

問六　――⑥「私たちを孤児院に託《たく》してしまうかどうするかの選択《せんたく》」とありますが、どのような選択をしたのかがはっきり書かれている箇所《かしょ》を、本文中から三十字以上三十五字以内で探し、初めと終わりの三字を抜き出して答えなさい。

問七　――⑦「そのメモ」とありますが、どのようなことが書かれていましたか。本文中から探し、初めと終わりの三字を抜き出して答えなさい。

問八　――⑧「メッキが剝《は》げる」とありますが、本文中の意味として**ふさわしくない**ものを、次の中から一つ選び、記号で答えなさい。
ア　重みが出る　　イ　本性《ほんしょう》を現す
ウ　お里が知れる　　エ　化けの皮がはがれる

問九　――⑨「現実」とありますが、この場合どういうことですか。最もふさわしいものを次の中から一つ選び、記号で答えなさい。
ア　畑仕事に限らず、どんなものでも労力と時間をかけて、丁寧《ていねい》に物事に取り組まねばならず、それをしないと厳しい結果が待っているということ。
イ　畑仕事について、手を抜かずやるだけのことをやり尽《つ》くして、時間の経過を待たなければならず、それをしないと厳しい結果が待っているということ。
ウ　畑仕事は、どの品種を育てるにしても、たった一晩で育つことはなく、ある程度の期間をかけなくてはならず、それをしないと厳しい結果が待っているということ。
エ　畑仕事をすることによって育った私たちは、自分の仕事に手を抜くと結果がどうなるかよく知っていて、それをしないと厳しい結果が待っているということ。

問十　――a～eのカタカナを漢字に直して答えなさい。
a　そのヤチン収入だけでは
b　土をタガヤして種や苗《なえ》を植える
c　その植物にとってユウエキな虫もいるし
d　細い雑草だからってユダンしてたら
e　五月一日のヨクジツが七月十日になってる

でも、太陽は人間が望むようには照ったり曇《くも》ったりしてくれない。雨も風も、みんなそうよ。だから、人間が足らずを補い、多すぎるものを減らしてやらなきゃいけない。

茎《くき》や幹や葉には、いろんな虫がつく。その植物にとってcユウエキな虫もいるし、害虫もいる。虫がついたからって何もかも駆除《くじょ》しちゃいけない。

雑草も同じよ。たった一本きりの細い雑草だからってdユダンしてたら、その根が地中ではびこって養分を奪《うば》ってしまうこともあるの。一本の茄子《なす》の苗を植えて、それがみずみずしいよく肥えた立派な茄子の実をつけるまでには、多すぎる葉を落としてやったり、伸びつづけてる茎に添《そ》え木をして、若い茄子が自分の重さで垂れて、土の上で腐《くさ》らないようにしてやらなきゃいけない。

それって、毎日毎日、その茄子を見てるからわかるの。

そうやって丹精込《たんせいこ》めても、三ヵ月なら三ヵ月、半年なら半年っていう時間だけはどうすることもできないわ。

やるだけのことをやり尽《つ》くして、あとは時を待つしかない。まさに、人事を尽くして天命を待つ、ってやつよ。人事を尽くさずに天命だけ待ってたら朝顔だって枯《か》れちゃうわ。

私たち、そういうことを幼いときから自然に骨身に徹《てっ》して学んだのよ。幸福な子供たちだったと思うわ。

やっと春が来たときの土の匂《にお》い……。土の匂いが、ある日突然《とつぜん》変わるのよ。春の匂いに。

土が教えてくれるの。カレンダーが教えてくれるんじゃないのよ。

夏の到来《とうらい》も、秋の到来も、冬のそれも、全部、土が教えてくれるの。色や匂いでね。

だから、骸骨ビルで自分に与《あた》えられた畑仕事をやりつづけて育った子たちは、おとなになってからも粘《ねば》り強いわ。みんな立派な学歴なんてないけど、自分の仕事に手を抜かない。骨身を惜《お》しんだら結果がどうなるか。骸骨ビルの庭で、これでもかって教えられたのよ。

そして、自分の手を尽くすだけ尽くしたら、あとは時を待つ。どんなに焦《あせ》って待ちこがれても、五月一日のeヨクジツが七月十日になってることなんてないんだもん。

(宮本　輝　著『骸骨《がいこつ》ビルの庭』一部改変)

問一　——①「パパちゃんと茂木のおじちゃん」とありますが、この二人は「私」にとってどのような存在でしたか。それを表した言葉を本文中から四字で抜《ぬ》き出して答えなさい。

問二　——②「子供たち」とありますが、「子供たち」の置かれた状況《じょうきょう》を考えに入れた別の表現が本文中にあります。その表現を四字で抜き出して答えなさい。

問三　——③「世間の邪推《じゃすい》」とありますが、それはどういうことですか。最もふさわしいものを次の中から一つ選び、記号で答えなさい。

ア　孤児《こじ》の支援《しえん》をするというほめるべき行いに対して、世の中の人たちが着目すること。

イ　孤児たちの救済が社会問題化しており、世の中の人たちがその解決のために動き出していること。

ウ　孤児たちに対する人道行為《こうい》を、世の中の人たちがほめたり、意地悪く解釈《かいしゃく》したりすること。

エ　孤児たちを使って悪事を行おうという計画があるのではないかと、世の中の人たちが疑うこと。

問四　——④「それ以外」とありますが、それはどういうことですか。四十字以上五十五字以内で答えなさい。

問五　——⑤「能天気」とありますが、この時の「私たち」の状態を説明したものとして、最もふさわしいものを次の中から一つ選び、

パパちゃんは、この文章に心が釘《くぎ》付けになってしまって、電車のなかで自分の手帳に書き写して、その本を落とし物として駅員さんに渡してから、骸骨ビルに帰って来たそうなの。

昭和三十年というと、いちばんつらかった時代よねェ。⑥私たちを孤児院に託《たく》してしまうかどうするかの選択《せんたく》を迫《せ》まられてた渦中《かちゅう》なのよ。

パパちゃんは、この文章を何度も読みながら、これは誰《だれ》の文章だろうって、茂木のおじちゃんにつぶやいたそうよ。本を落とした人のものじゃないってことくらい、このアホな私でもわかるわ。

旧仮名遣《づか》いだから、かなり昔のものだろう。宇治川を渡せし所、勢多を渡せし所、というのは、木曽義仲《きそよしなか》と源義経《よしつね》、範頼《のりより》の両軍が戦かったところで、義経は宇治川、源範頼は瀬田《せた》の川から京の宇治に攻《せ》め入った。このふたつの要所を破られて、木曽義仲は京都から敗走したが、その途中《とちゅう》、近江《おうみ》の粟津《あわづ》で討たれた。ふたつの川を渡るとき、義経の軍からは梶原景季《かじわらかげすえ》と佐々木高綱《ささきたかつな》が馬に乗ったまま先陣《せんじん》争いをした。この川を先に渡った者が勝つ。合戦の功名を決定する渡河《とか》の代表として、宇治川と勢多は知られてる……。

茂木のおじちゃんはそう説明してくれたわ。

私、パパちゃんが電車のなかで書き写した⑦そのメモを形見として貰《もら》って、いまも額に納めて壁《かべ》に掛《か》けてあるの。

この文章のどこにパパちゃんの心は釘付けになったのか……。パパちゃんと茂木のおじちゃんが、私たちのために一生を捧《ささ》げる腹を決めさせたのは、偶然《ぐうぜん》拾った本に挟んであったこの文章じゃないのか……。

私、そんな気がしたのよ。

ヨネスケが、これは俺《おれ》が貰う、お前みたいなやつには何の値打ちもないやろって言って取りあげようとしたから、何言いやがる、あんたみたいな人でなしのヤクザと源平の合戦の勇将とを一緒《いっしょ》にしないでよ、って引っ掻《か》いてやったわ。

……私、さっき、畑仕事は嫌《きら》いだったって言ったけど、あれはミミズ採《と》りと堆肥《たいひ》作りが嫌いだっただけで、野菜を作るのは好きだったのよ。というより、畑のここからここまでは勇策の担当だって決められて、みんなもそれに従って水をやったり雑草を抜《ぬ》いたりしてるから、仕方なく自分もやってるうちに、だんだん好きになっていったって言ったほうが正しいわね。

私が畑仕事で知ったことは、どんなものでも手間暇をかけていないものはたちまち⑧メッキが剝《は》げるってことと、一日は二十四時間がたないと一日にならないってことよ。その一日が十回重なって十日になり、十日が十回重なって百日になる。これだけは、どんなことをしても早めることができない。

「ジャックと豆の木」って童話があるけど、一粒《つぶ》の豆を植えて水をやると、たちまち芽が出て、それが見る間に伸《の》びていって、たった一晩で天まで届くほどに育って、なんていうのは、あくまでもファンタジーの世界よ。

人はファンタジーのなかで心を休めたり遊んだりしたいもんなんだけど、それはつかのまの酒の酔《よ》いみたいなもんよ。つかのまだから酔ってられるの。一生酔ってなんかいられないわ。そんなことしたら死んじゃう。私たちの生きてる現実の世界って容赦《ようしゃ》のないものなのよ。

畑仕事って、人を残酷《ざんこく》なくらいに⑨現実ってものに直面させてくれるわ。

土をbタガヤして種や苗《なえ》を植える。品種によって発芽するまでの日数が違う。何日か何週間かたって、無事に芽が出る。霜《しも》や氷から守らなきゃいけない品種もあれば、逆に厳しい条件下のままにしとかなきゃいけないものもある。太陽の光が当たり過ぎたら育たないものもある。そうじゃないものもある。その太陽の光だって、充分《じゅうぶん》に当てなきゃいけない時期とそうでない時期とがある。

てたのよ。

近所の子たちとケンカをする。本屋さんで集団で漫画《まんが》本の立ち読みをする。プロレスの中継《ちゅうけい》を観《み》るために、商店街の電器店の店先で朝から席取りをする。淀川《よどがわ》べりを塒《ねぐら》にしてる浮浪者《ふろうしゃ》たちにいたずらをする。

どれもこれも他愛のないものなんだけど、うさん臭《くさ》い目で骸骨ビルを見てる人たちは、それに尾《お》ひれ背びれを付けて騒《さわ》ぎ立てて、いちいち交番に相談に行くのよ。

経済的なことが最大の難題だったけど、④それ以外でも、パパちゃんも茂木のおじちゃんも四面楚歌《しめんそか》っていう状態に陥《おちい》ってたのね。

私たちはそんなことは知らないから、まったく⑤能天気なもんよ。

外で何かいやなことがあっても、骸骨ビルっていう巣に戻れば、優《やさ》しいパパちゃんと茂木のおじちゃんがいて、根気よく話を聞いてくれる。

……とにかく、パパちゃんと茂木のおじちゃんは「聞き上手」だった。自分たちはこう思う、だからこうしたほうがいいんじゃないか、って言う前に、子供たちの言葉をまず聞いてくれるの。

子供に限らず、人間てみんなそうなんだって思うんだけど、こっちに喋《しゃべ》りたいことや言い分があるときは、相手の言葉って心に入ってこないのよ。

「それで？　うん、それから？　そうか、まだ言ってないことがあるんじゃないか？」

って訊《き》かれて、そうだ、まだあった、あれもこれも言わなきゃって喋ってるうちに、なんだか、空っぽになっちゃうのよ。そうなってから、「ぼくはこうしたほうがいいと思う。お前の言い分は正しいようだけど、大事なところが少し間違ってる。何事も相手の身になって考えてみるっていうことが大事だ」

って言われると、ああ、そうなのかなァって納得《なっとく》しちゃうのよ。

パパちゃんと茂木のおじちゃんは、いつもそういうふうに接してくれたわ。

私たち、おとなになってから、まだ当時三十代だった阿部轍正さんと茂木泰造さんていう前途《ぜんと》ある青年が、なぜ血のつながりのないたくさんの孤児たちのために一生を費《ついや》そうと決めたのか、その根本の動機は何なのかを知りたいと思ったわ。

折りに触《ふ》れて、みんなそれぞれの訊き方で同じ質問をしたみたいだけど、阿部のパパちゃんは、

「みんなが可愛《かわ》いかったからや」

としか答えなかったの。茂木のおじちゃんはいまでも、

「さあ、なんでやろなァ。とにかくお前らが、これでもかっちゅうくらい、次から次へと悩《なや》みを作り出してくれるから、このビルからもお前らからも逃《に》げだす暇《ひま》がなかったんや」

って笑うだけよ。

ただ一度だけ、パパちゃんのお葬式《そうしき》を終えた夜、茂木のおじちゃんがこんな話をしてくれたわ。

昭和三十年の冬に、仕事で京都まで行ったパパちゃんが、帰りの電車のなかで本を拾ったんだって。簿記《ぼき》の試験を受ける人用の参考書だったそうだけど、その本のあいだに紙きれが挟《はさ》んであって、細かい丁《てい》寧《ねい》な字でこう書いてあったんだって……。

「構へて構へて所領を惜《お》しみ妻子を顧《かえ》りみ又《また》人を憑《たの》みて・あやぶむ事無かれ但偏《ただひとえ》に思ひ切るべし、今年の世間を鏡とせよ若干《そこばく》の人の死ぬるに今まで生きて有りつるは此《こ》の事にあはん為《ため》なりけり、此れこそ宇治川を渡《わた》せし所よ・是《これ》こそ勢多《せた》を渡せし所よ・名を揚《あぐ》るか名をくだすかなり」

問七　――⑦「ねぎらいの声」とありますが、実際にはどのような言葉だったと考えられますか。本文中から五字で抜《ぬ》き出して答えなさい。

問八　――⑧「承認《しょうにん》のまなざし」とありますが、この表現の内容に最も近いものを、次の中から一つ選び、記号で答えなさい。

ア　相互《そうご》承認　イ　ねぎらい

ウ　友情　エ　恋人《こいびと》関係

二

次の文章をよく読んで、後の問いに答えなさい。（問題に字数制限のある場合は、すべて句読点、符号《ふごう》をふくむものとする。）

そのあとの言葉は覚えてないの。私、寝呆《ねぼ》けた頭で、①パパちゃんと茂木のおじちゃんは真珠《しんじゅ》をたくさん持ってて、それをどこかに隠《かく》してあるんだって思ったの。心中を、真珠って聞き違《ちが》えたんだけど、そんな小さい子供には心中って言葉の意味もわからなかったのよ。パパちゃんと茂木のおじちゃんは、真珠をたくさん持ってるんだ。童話に出てくるようなでっかい宝石箱のなかに、ぎっしりと真珠が詰《つ》まってるんだ……。

私、そう思いながら部屋に戻《もど》ったわ。とにかく、夜中の骸骨《がいこつ》ビルの、何の明かりもない廊下《ろうか》が怖《こわ》くて、いっときも早く、みんなが寝《ね》てる部屋に戻りたかったの。

それが、ちゃんと思い出せる私のいちばん古い記憶《きおく》よ。それ以前のものは、どれも一枚の写真みたいに前後のつながりがないから、記憶とは言えないわよね。

いま思うと、昭和三十年っていうのは、パパちゃんも茂木のおじちゃんも、とても苦しかったころなのよ。

戦後の飢《う》えた時代と比べたら、世の中は多少立ち直りつつあったけど、まだまだ貧しさはつづいてた。骸骨ビルの二階と三階の各部屋は貸事務所として埋《う》まってたけど、そのaヤチン収入だけでは、三十人近くもの子供たちを養えない。

畑に改良した庭で作る野菜も、たかがしれた収穫高《しゅうかくだか》で、②子供たちのお腹《なか》を満たすことなんて到底《とうてい》できやしない。

骸骨ビルのことは、もういろんな新聞が報じてたけど、奇特《きとく》な青年の人道行為《こうい》を美談仕立てにしただけのものもあれば、底意地の悪い、どこかに揶揄《やゆ》を感じさせるものも多かったの。

阿部轍正という男には何か魂胆《こんたん》があるに違いない、いずれは孤児《こじ》たちを利用して悪辣《あくらつ》なことをやるつもりなのだ、おい、お前たちは何を企《たくら》んでいるのだ……。

そんな手紙も、しょっちゅう届いてたころなのよ。

③世間の邪推《じゃすい》で役所も動き出してたわ。敗戦直後から四、五年間は、国も余裕《よゆう》がなかったけど、戦災孤児の救済は大きな社会問題になってきて、孤児院も少しずつだけど数が増えてた。

役人はねェ、骸骨ビルの子供たちのことを心配したんじゃないのよ。もし阿部轍正と茂木泰造が大悪人で、子供たちの身に何かが起こったとき、骸骨ビルの存在を知りながら放置しつづけた自分たちの責任を問われることを恐《おそ》れたのよ。

だからそのころ、しょっちゅう役所の担当者と民生委員が訪ねて来て、私たちにいろんな質問をしたわ。

どんなものを食べているのか。何か仕事のようなものを強要されていないか。畑で収穫した野菜をどこかに売りに行っているのか。きみたちの親代わりのあのふたりに、何かいやらしいことをされていないか……。

またそういう時期にね、ヨネスケとか菊田の幸ちゃんとか木下のマコちゃんとかトシ坊《ぼう》のチャッピーたちが、町で悪さをする年齢《ねんれい》に達し

った言葉は、まさにアテンションだったのではないでしょうか。

　ですから、私は「人はなぜ働かなければならないのか」という問いの答えは、「他者からのアテンション」そして「他者へのアテンション」だと言いたいと思います。それを抜《ぬ》きにして、働くことの意味はありえないと思います。その仕事が彼にとってやり甲斐《がい》のあるものなのかとか、彼の夢を実現するものなのかといったことは次の段階の話です。

　そして、もう一つ言えば、このアテンションという「⑧承認のまなざし」は、家族ではなく、社会的な他者から与えられる必要があるのだろうと思います。

（姜尚中　著『悩《なや》む力』一部改変）

問一　――①「労働は神聖である」とありますが、この表現の内容として、最もふさわしいものを次の中から一つ選び、記号で答えなさい。

ア　労働は人間性を高めるためのものである。
イ　労働は特別の尊い価値を持っているものである。
ウ　労働は生活の資金を得るために重要なものである。
エ　労働は宗教的行事に含《ふく》まれる大切なものである。

問二　――②「一部の人」とありますが、それはどのような人だと考えられますか。最もふさわしいものを次の中から一つ選び、記号で答えなさい。

ア　働くことによって、一人前だと認めてもらいたいと思う人。
イ　人は働かねばならないという前提で、働くことの意味を追求する人。
ウ　食べていける資産を持っていても、働こうとする人。
エ　金銭を稼《かせ》ぐ必要がないならば、働かなくてよいと考える人。

問三　――③「『働く』ということの意味」とありますが、それはどういうことですか。最もふさわしいものを次の中から一つ選び、記号で答えなさい。

ア　仕事がやり甲斐《がい》のあるものであること。
イ　仕事が夢を実現するものであること。
ウ　見知らぬ人からアテンションを受けること。
エ　承認《しょうにん》のまなざしを向けたり向けられたりすること。

問四　――④「ワーキングプア」、――⑤「目頭《めがしら》」の本文中での意味として、最もふさわしいものを後の中からそれぞれ一つずつ選び、記号で答えなさい。

④ワーキングプア

ア　転職を繰《く》り返して収入が安定していない人
イ　非正規で働いていて会社から雇《やと》い止めを告げられた人
ウ　働いているのにギリギリの生活をしている人
エ　労働意欲に欠けるために、収入が少なくなっている人

⑤目頭

ア　鼻に近い方の目のはし
イ　額に近い方の目のはし
ウ　耳に近い方の目のはし
エ　目全体

問五　本文中の[A]～[C]に入る言葉として、最もふさわしいものを次の中からそれぞれ一つずつ選び、記号で答えなさい。（同じ記号を二度以上使ってはいけません。）

ア　たぶん　　イ　だから　　ウ　つまり
エ　ところが　　オ　なるほど

問六　――⑥「いちばん底にあるもの」とありますが、それはどういうことですか。**「存在」という言葉を使わずに**、二十字以上三十字以内で答えなさい。

2024年度
関東学院中学校

【国　語】〈一期Ｂ試験〉（五〇分）〈満点：一〇〇点〉

一　次の文章をよく読んで、後の問いに答えなさい。（問題に字数制限のある場合は、すべて句読点、符号《ふごう》をふくむものとする。）

漱石《そうせき》は、「働く」ことは人間性のうちのある部分しか使わないものだと認めながらも「人は働かねばならない」と考えていました。「①労働は神聖である」などとはぜんぜん考えていない現代のわれわれも、やはり「働いてこそ一人前である」と言います。そして、②一部の人を除けば、「食べていける資産を持っていようといまいと、やっぱり働くべきだ」と思っています。

では、なぜわれわれはそう思うのでしょうか。最初の問いに戻《もど》って、③「働く」ということの意味は何なのか、考えてみましょう。

先日、④ワーキングプアに関するＮＨＫのテレビ番組を見ていたら、三十代半ばのホームレスの男性のことが紹介《しょうかい》されていて、いろいろ教えられるところがありました。その男性は公園に寝《ね》泊《と》まりし、ゴミ箱から週刊誌などを拾って売り、命をつないできたのですが、運よく市役所から、一ヵ月のうちの幾日《いくにち》か、道路の清掃《せいそう》をする仕事をもらうことができたのです。番組は彼《かれ》の姿を追っていろいろ話を聞くのですが、その彼が最後に⑤目頭《めがしら》を押《お》さえて泣くシーンが映し出されました。

彼によると、一年前だったら、何があっても涙《なみだ》が出ることはなかったそうです。[A]彼は、働いているときに、人から声をかけられたのです。何という言葉をかけられたのかわかりませんが、[B]、「ご苦労さま」に類するような言葉だったのではないでしょうか。「以前は、生まれてこなければよかったと言ってましたが？」という取材者の問いに、「今も、そう思う」と答えた彼は、ちゃんと社会復帰すれば、生まれてきてよかったとなるんじゃないか、と言って言葉をつまらせます。そして、前だったら泣かなかった、普通《ふつう》の人間としての感情が戻ったのかもしれない、と言うのです。

これはとても象徴的《しょうちょうてき》で、「人が働く」という行為《こうい》の⑥いちばん底にあるものが何なのかを教えてくれる気がします。

それは、「社会の中で、自分の存在を認められる」ということです。同じようにその場にいても、ホームレスとしてたまたま通りかかっただけだったら、声をかけられることはなかったはずです。一生懸命《けんめい》働いていたからこそ、⑦ねぎらいの声をかけられた。人がいちばんつらいのは、「自分は見捨てられている」「誰《だれ》からも顧《かえり》みられていない」という思いではないでしょうか。誰からも顧みられなければ、社会の中に存在していないのと同じことになってしまうのです。

社会というのは、基本的には見知らぬ者同士が集まっている集合体であり、[C]、そこで生きるためには、他者から何らかの形で仲間として承認《しょうにん》される必要があります。そのための手段が、働くということなのです。働くことによって初めて「そこにいていい」という承認が与《あた》えられる。

働くことを「社会に出る」と言い、働いている人のことを「社会人」と称《しょう》しますが、それは、そういう意味なのです。「一人前になる」とはそういう意味なのです。

社会の中での人間同士のつながりは、深い友情関係や恋人《こいびと》関係、家族関係などとは違《ちが》った面があります。もちろん、社会の中でのつながりも「相互《そうご》承認」の関係には違いないのですが、この場合は、私は「アテンション（ねぎらいのまなざしを向けること）」というような表現がいちばん近いのではないかと思います。清掃をしていた彼がもら

2024年度

関東学院中学校　▶解説と解答

算　数　＜一期Ｂ試験＞（50分）＜満点：100点＞

解　答

1 (1) 4　(2) $1\frac{29}{31}$　(3) 7　(4) 36　**2** 48個　**3** 8度　**4** 10時$9\frac{3}{13}$分　**5** 20分　**6** 40%　**7** ① D　② A　③ C　④ B　⑤ E　**8** (1) 9.42cm　(2) 45度　(3) 84.78cm^2

解　説

1 四則計算，逆算，約束記号，倍数

(1) $2\frac{3}{8}+\left(\frac{1}{2}-0.25+\frac{1}{8}-0.0625\right)\times5\frac{1}{5}=2\frac{3}{8}+\left(\frac{4}{8}-\frac{2}{8}+\frac{1}{8}-0.1\times0.625\right)\times\frac{26}{5}=2\frac{3}{8}+\left(\frac{3}{8}-\frac{1}{10}\times\frac{5}{8}\right)\times\frac{26}{5}=2\frac{3}{8}+\left(\frac{6}{16}-\frac{1}{16}\right)\times\frac{26}{5}=2\frac{3}{8}+\frac{5}{16}\times\frac{26}{5}=2\frac{3}{8}+\frac{13}{8}=2\frac{3}{8}+1\frac{5}{8}=4$

(2) $\left\{\left(2\frac{1}{3}+0.25\right)\times\square+0.8\right\}\div\frac{2}{5}-1.5=13$より，$\left\{\left(\frac{7}{3}+\frac{1}{4}\right)\times\square+0.8\right\}\div\frac{2}{5}=13+1.5=14.5$，$\left(\frac{28}{12}+\frac{3}{12}\right)\times\square+\frac{4}{5}=14.5\times\frac{2}{5}=\frac{29}{2}\times\frac{2}{5}=\frac{29}{5}$，$\frac{31}{12}\times\square=\frac{29}{5}-\frac{4}{5}=\frac{25}{5}=5$　よって，$\square=5\div\frac{31}{12}=\frac{5}{1}\times\frac{12}{31}=\frac{60}{31}=1\frac{29}{31}$

(3) 5◎□＝5×□－(5＋□)＝23となるから，5×□－5－1×□＝23，5×□－1×□＝23＋5，(5－1)×□＝28，4×□＝28より，□＝28÷4＝7とわかる。

(4) 100÷2＝50，9÷2＝4余り1より，10から100までの整数のうち，2で割り切れる整数は，50－4＝46(個)ある。また，2でも5でも割り切れる整数は，2と5の最小公倍数の10で割り切れる整数であり，100÷10＝10，9÷10＝0余り9より，10から100までの整数のうち，このような整数は10個ある。よって，求める整数の個数は，46－10＝36(個)とわかる。

2 約束記号

$\frac{2024}{A}$の値は6以上7未満になるから，Aは，2024÷7＝289.1…より大きく，2024÷6＝337.3…以下となる。よって，整数Aは290から337までの，337－290＋1＝48(個)ある。

3 条件の整理

最低気温が15度のとき，フライドポテト200個の売上は，200×200＝40000(円)で，肉まん60個の売上は，130×60＝7800(円)だから，売上の差は，40000－7800＝32200(円)である。また，最低気温が1度下がるごとに，フライドポテトの売上は，200×10＝2000(円)ずつ減り，肉まんの売上は，130×20＝2600(円)ずつ増えるので，売上の差は，2000＋2600＝4600(円)ずつ縮まる。よって，フライドポテトと肉まんの売上が等しくなるのは，32200÷4600＝7(度)下がるときだから，このときの最低気温は，15－7＝8(度)とわかる。

4 時計算

長針は1分間に，360÷60＝6(度)，短針は1分間に，360÷12÷60＝0.5(度)動く。また，下の

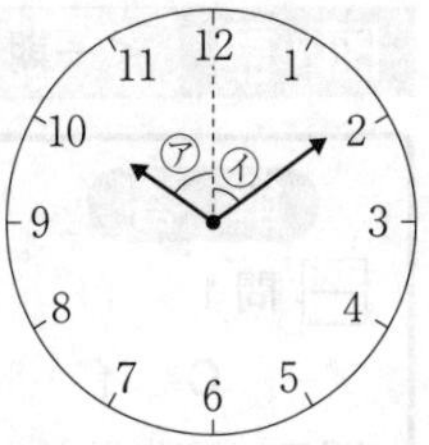

図で，㋐と㋑の角の大きさは等しいので，10時のときから長針と短針が動いた角の大きさの和は，文字盤《ばん》の10と12の間の角の大きさと等しく，360÷12×2＝60(度)になる。よって，求める時刻は10時の，60÷(6＋0.5)＝$\frac{120}{13}$＝9$\frac{3}{13}$(分後)なので，10時9$\frac{3}{13}$分とわかる。

5 速さと比

円の直径と正方形の一辺の長さを1とすると，円周と正方形の周りの長さの比は，(1×3.14)：(1×4)＝3.14：4＝157：200になる。また，まさたかさんはコースAを15分42秒，つまり，60×15＋42＝942(秒)で1周するので，しょうへいさんがコースBを1周するのにかかる時間は，942×$\frac{200}{157}$＝1200(秒)とわかる。これは，1200÷60＝20(分)である。

6 割合

この商品のはじめの原価の10％とはじめの売値の6％が同じ金額になる。そこで，(はじめの原価)×0.1＝(はじめの売値)×0.06より，はじめの原価とはじめの売値の金額の比は，$\frac{1}{0.1}$：$\frac{1}{0.06}$＝3：5になるから，利益は比の，5－3＝2にあたる。よって，利益ははじめの売値の，2÷5×100＝40(％)である。

7 条件の整理

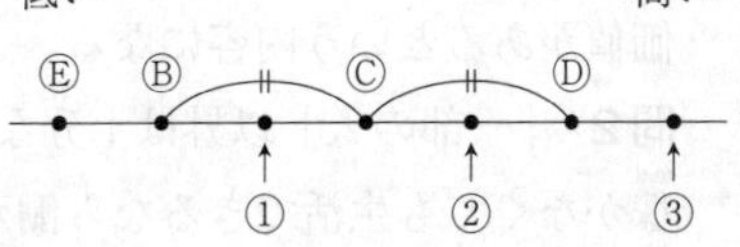

A～Eの点数をそれぞれ，Ⓐ～Ⓔとする。まず，Eの答えから，ⒷとⒺのどちらかは最も点数が低く，もう一方は2番目に点数が低いことがわかる。また，Cの答えから，ⒸはⒷとⒹの真ん中になるので，Ⓑ＜Ⓒ＜Ⓓとなる。このとき，Ⓔ＜Ⓑ＜Ⓒ＜Ⓓと，Ⓑ＜Ⓔ＜Ⓒ＜Ⓓの2通り考えられるが，Bの答えから，Ⓔ＜Ⓑ＜Ⓒ＜Ⓓと決まる。すると，右上の図のようになり，Ⓐの位置は①～③の3通りが考えられる。ここで，Aの答えより，①の場合は，ⒶとⒹの差がⒶとⒷの差よりも小さくならない。また，③の場合は，ⒶとⒹの差がⒶとⒸの差よりも大きくならない。よって，Ⓐの位置は②に決まり，5人を点数の高い順に並べると，D，A，C，B，Eとなる。

8 平面図形―長さ，角度，面積

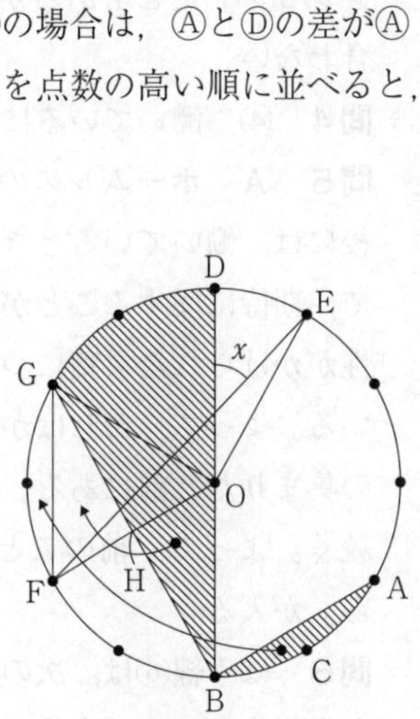

(1) 右の図で，弧《こ》ABは円周の$\frac{2}{12}$にあたるので，その長さは，18×3.14×$\frac{2}{12}$＝3×3.14＝9.42(cm)となる。

(2) 角DOEの大きさは，360×$\frac{1}{12}$＝30(度)である。また，二等辺三角形OEFで，角EOFの大きさは，360×$\frac{5}{12}$＝150(度)だから，角OEFの大きさは，(180－150)÷2＝15(度)になる。よって，三角形の外角と内角の関係から，角xの大きさは，30＋15＝45(度)とわかる。

(3) 三角形GFHと三角形BOHは合同だから，斜線《しゃせん》部の一部を矢印のように移動すると，斜線部の面積の和は，おうぎ型ODFの面積と等しくなる。よって，おうぎ形ODFの半径は，18÷2＝9(cm)で，中心角は，360×$\frac{4}{12}$＝120(度)だから，面積は，9×9×3.14×$\frac{120}{360}$＝27×3.14＝84.78(cm^2)と求められる。

国語 ＜一期Ｂ試験＞（50分）＜満点：100点＞

解答

一 問１ イ　問２ エ　問３ エ　問４ ④ ウ　⑤ ア　問５ Ａ エ　Ｂ ア　Ｃ イ　問６ （例） 働くことによって，社会の中で仲間として承認されること。 問７ ご苦労さま　問８ イ　二 問１ 親代わり　問２ 戦災孤児　問３ エ　問４ （例） 経済的なこと以外に，子供たちが深く考えずにした町での悪さが，大げさなさわぎとなって交番に伝えられること。　問５ ウ　問６ 血のつ～決めた　問７ 構へて～かなり　問８ ア　問９ イ　問10 下記を参照のこと。

●漢字の書き取り

二 問10 ａ 家賃　ｂ 耕(して)　ｃ 有益　ｄ 油断　ｅ 翌日

解説

一 **出典：姜尚中《カンサンジュン》『悩《なや》む力』**。働くことの意味とは，社会のなかで他者から仲間として承認《しょうにん》されることだと述べられている。

問１ 「神聖」は，けがれがなく，きよらかなようすをいうので，ぼう線①は労働には特別な尊い価値があるという内容になる。よって，イが選べる。

問２ 「一部の人」以外は十分な資産があっても働くべきだと思っているのだから，「一部の人」は，稼《かせ》がなくても生活できるなら働かなくてもいいと考えていることになる。よって，エがあてはまる。

問３ 最後から五つ目の段落に，他者から仲間として承認されるための手段が「働く」ということだとあるので，エが選べる。なお，働くことの意味は「他者からのアテンション」「他者へのアテンション」だともあるが，この「他者」は知り合いでもよいので，「見知らぬ人」に限定したウは合わない。

問４ ④ 働いているにもかかわらず，貧困《ひんこん》状態である人のこと。　⑤ 鼻に近い側の目のはし。

問５ Ａ ホームレスの男性によると，一年前は何があっても涙《なみだ》は出なかったそうだと前にある。後には，働いているときにねぎらいの声をかけられ，泣いたと続く。よって，前のことがらを受けて，期待に反することがらを導く「ところが」がよい。　Ｂ 働いているときにホームレスの男性がかけられた言葉について，後で「ご苦労さま」のたぐいの言葉だっただろうと筆者は推測している。よって，おしはかる意味の「たぶん」が合う。　Ｃ 社会は基本的には見知らぬ者どうしの集まりだと前にある。後には，社会で生きるには，他者から仲間として承認される必要があると続く。よって，前のことがらを理由・原因として，後にその結果をつなげるときに用いる「だから」が入る。

問６ ぼう線⑥は，次の文にあるとおり，働くことで「社会の中で，自分の存在を認められる」ことを指す。この「自分の存在を認められる」とは，少し後で働くことによって手に入ると述べられている「仲間として承認される」ことにあたる。

問７ 「ねぎらいの声」をかけられたのは，少し前で紹介《しょうかい》された，三十代半ばのホームレスの男性である。この男性は市役所から道路の清掃《せいそう》の仕事をもらい，その仕事をしているときに，「ご苦労さま」に類する言葉をかけられたようだと書かれている。

問８　ぼう線⑧は「アテンション」の言いかえにもなっているが，最後から三つ目の段落で，「アテンション」は「ねぎらいのまなざしを向けること」とされているので，イが合う。

二　**出典：宮本輝《みやもとてる》『骸骨《がいこつ》ビルの庭』**。戦災孤児《こじ》の一人として，骸骨ビルで子ども時代を過ごした「私」は当時を回想し，パパちゃんたちの苦労や畑仕事で学んだことなどを語る。

問１　「私」をふくむ三十人近くの子どもたちを養っていた「パパちゃんと茂木のおじちゃん」について，訪ねてきた役所の担当者や民生委員は，「私」たちの「親代わり」という表現を使っていたことが，ぼう線③の少し後に書かれている。

問２　骸骨ビルに役所の担当者や民生委員がしょっちゅう訪ねてくるようになったのは，「戦災孤児」の救済が大きな社会問題になってきたなか，「パパちゃんと茂木のおじちゃん」が孤児たちを利用して悪事を働こうとしているのではないかと疑う人たちが出てきたからである。

問３　「邪推《じゃすい》」は，他人の言動をひがみ，悪い方向に推測すること。二つ前の段落に具体的な手紙の内容があげられているとおり，世の中の人たちは，「パパちゃんと茂木のおじちゃん」が孤児たちを使って悪事を働こうとしているのではないかと疑ったのだから，エが合う。

問４　ぼう線④の「それ」は，最大の難題である経済的なことを指す。「それ以外」でパパちゃんや茂木のおじちゃんを周囲から孤立させたのは，骸骨ビルの子どもたちが深く考えずに町で悪さをし，それが大げさに騒《さわ》がれて交番に伝えられたことであることが，直前の部分からわかる。

問５　「能天気」は，ものごとを深刻に考えずにのんきにかまえているようす。「私たち」がのんきだったのは，パパちゃんと茂木のおじちゃんが子どもたちを養ううえで，経済的な問題のほかに，周囲からうさん臭《くさ》い目で見られて孤立状態にあったことを知らなかったためなので，ウがあてはまる。

問６　ぼう線⑤とぼう線⑥の間に，阿部轍正さんと茂木泰造さん（パパちゃんと茂木のおじちゃん）は「血のつながりのないたくさんの孤児たちのために一生を費《ついや》そうと決めた」ことが書かれている。

問７　「そのメモ」とは，パパちゃんが電車のなかで書き写したものだと前にある。仕事の帰りの電車のなかでパパちゃんは本を拾ったが，それにはさんであった紙きれに書かれた「構へて～かなり」という文章に強く心がひかれ，自分の手帳に書き写したと少し前に書かれている。なお，解答にかぎかっこをふくめてもよい（「構へ～なり」）。

問８　「メッキが剝《は》げる」は，とりつくろえなくなって本性が現れることをいうので，アがふさわしくない。「お里が知れる」は，“見かけとはちがう，その人の人がらや育ちなどがわかる”という意味。「化けの皮がはがれる」は，“かくしていた素性などがあらわになる”という意味。

問９　ぼう線⑨は，畑仕事から学んだことを指す。思うようにならない天候のもと，品種によってそれぞれちがう最適な環境《かんきょう》を整え，手を尽《つ》くすだけ尽くして時を待たねばならず，そうしないと厳しい結果が待っていることを子どもたちは骸骨ビルの庭で学んだのだから，イがあてはまる。

問10　**a**　家や部屋を借りている人が貸し主にしはらうお金。　**b**　音読みは「コウ」で，「耕作」などの熟語がある。　**c**　利益があること。　**d**　気をゆるめること。　**e**　次の日。

Memo

2024年度 関東学院中学校

【算　数】〈一期C試験〉（50分）〈満点：100点〉

1　次の $\square$ にあてはまる数を求めなさい。

（1）　$5 \times 0.3 + \left(\frac{5}{8} - \frac{2}{5}\right) \times 0.8 - \frac{1}{3} \times 2.4 = \square$

（2）　$12 \times \{(42 - 13 \times 2) \div 3 - 4\} \times \square = 14$

（3）　$64 \times 2.5 + 512 \times 1.5 - 8 \times 16 = \square$

（4）　0.023 km － 5.72 m ＋ 52 cm － 13 m ＝ $\square$ m

2　1組の生徒30人と2組の生徒40人が50 m走のタイムを計りました。1組の生徒の平均が8.05秒，2組の生徒の平均が8.40秒であったとき，2クラスの生徒70人の平均タイムは何秒ですか。

3　3辺がそれぞれ20 m，28 m，42 mの三角形の辺上に等間隔にマーカーを置きます。三角形の頂点に必ずマーカーを置くとき，マーカーは少なくとも何個置きますか。

4　2つの整数 $\boxed{\text{ア}}$，$\boxed{\text{イ}}$ は $\frac{2}{9} = \frac{1}{\boxed{\text{ア}}} + \frac{1}{\boxed{\text{イ}}}$ を満たしています。$\boxed{\text{ア}}$，$\boxed{\text{イ}}$ の和が最も小さくなるとき，$\boxed{\text{ア}}$ と $\boxed{\text{イ}}$ にあてはまる数を求めなさい。ただし，$\boxed{\text{ア}}$ の方が $\boxed{\text{イ}}$ よりも大きいものとします。

5　何人かで草刈《か》りをします。5人で刈るとちょうど6日で終わり，3人で刈るとちょうど14日で終わります。4人で刈ると何日目で終わりますか。ただし，草は毎日同じように生えてくるものとします。また，1人が1日に刈る草の量は全員同じです。

6　「1番街」,「2丁目」,「3重の塔」,「4時の夕陽」,「5円玉」というタイトルの5曲が入ったプレイリストがあります。このプレイリストの曲の順番を並べかえて再生するとき，曲の順番と曲のタイトルに入っている数字が1組も一致しないような順番の組み方は何通りありますか。

7　下の図のように正三角形ＡＢＣがあります。そこに，頂点Ａを中心とする半径 27 cm の円と，頂点Ｃを中心とする半径 3 cm の円と，辺ＡＣ上に中心があり2つの円に接する円があります。この3つの円が，辺ＡＢに垂直な直線 ℓ に接しているとき，斜線部の面積は何 cm^2 ですか。ただし，円周率は 3.14 とします。

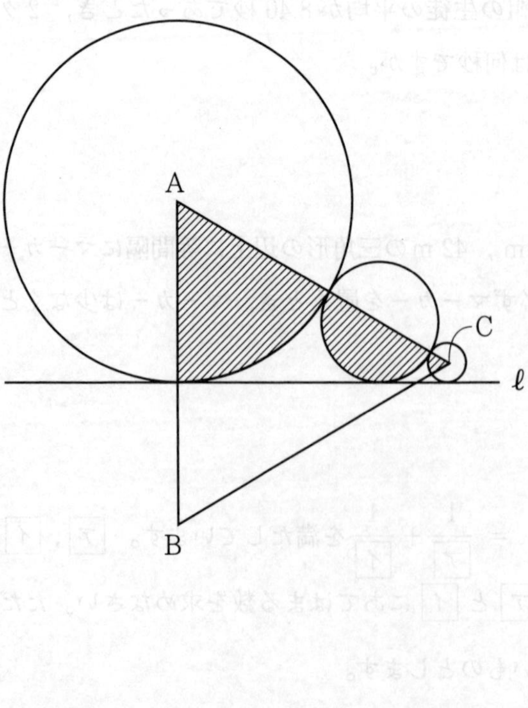

8　下のグラフは，下り普通電車が８：00にＡ駅を出発したときの電車運行のようすを示したものです。普通電車は上り電車も下り電車も同じ速さで，駅に到着すると１分間停車しますが，急行電車にぬかれるときは駅に２分間停車します。電車の速さは一定であるとして，次の各問いに答えなさい。

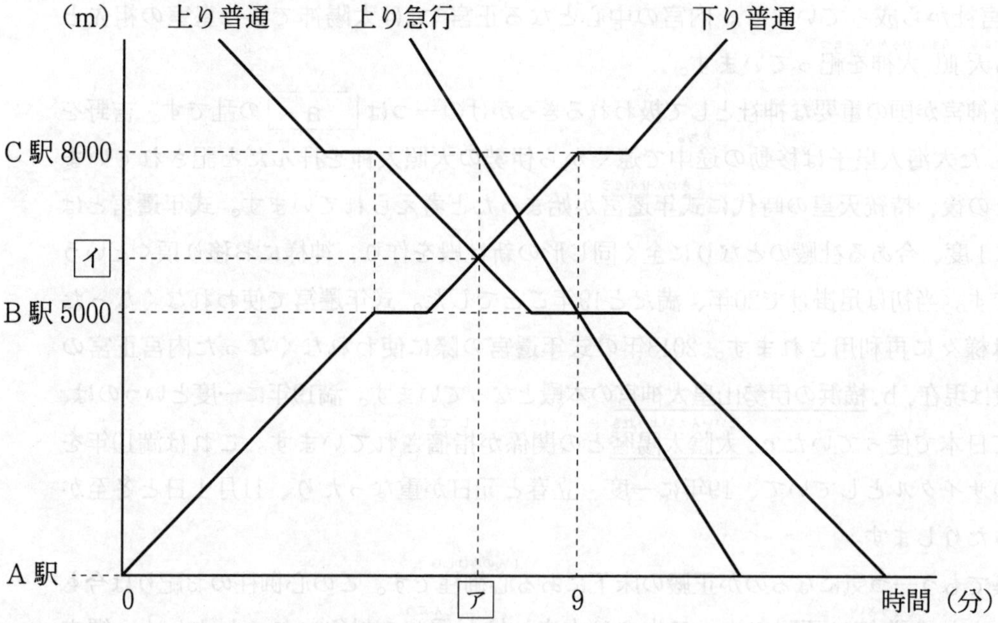

（1）　普通電車の速さは毎分何ｍですか。

（2）　グラフの ア ， イ にあてはまる数を求めなさい。

（3）　上り急行電車がＡ駅に到着するのは８時何分何秒ですか。

【社　会】〈一期C試験〉（30分）〈満点：60点〉

1　次の文章を読んで、あとの問いに答えなさい。

関東学院中学校歴史研究部は夏の巡検《じゅんけん》で伊勢《いせ》神宮に行ってきました。一口に伊勢神宮といっても、内宮《ないくう》と外宮《げくう》の二つに分かれ、さらに内宮92宮社、外宮33宮社、合わせて125の宮社から成っています。内宮の中心となる正宮*では太陽神であり皇室の祖先とされる天照大神《あまてらすおおみかみ》を祀《まつ》っています。

伊勢神宮が国の重要な神社として扱《あつか》われるきっかけの一つは［ a ］の乱です。吉野を脱出《だっしゅつ》した大海人皇子は移動の途中《とちゅう》で遠くから伊勢の天照大神を拝んだと記されています。その後、持統天皇の時代に式年遷宮《しきねんせんぐう》が始まったと考えられています。式年遷宮とは20年に１度、今ある社殿のとなりに全く同じ形の新社殿《でん》を作り、神様にお移り頂くという方式です。当初は足掛けで20年、満だと19年ごとでした。式年遷宮で使われなくなった建物は様々に再利用されます。2013年の式年遷宮の際に使われなくなった内宮正宮の西宝殿は現在、b.横浜の伊勢山皇大神宮の本殿となっています。満19年に一度というのは、かつて日本で使っていたc.太陰太陽暦《たいいんたいようれき》との関係が指摘《してき》されています。これは満19年を一つのサイクルとしていて、19年に一度、立春と元日が重なったり、11月１日と冬至が重なったりします。

建築でもう一つ気になるのが正殿の床下にある心御柱《しんのみはしら》です。この心御柱のお祀りは今も極秘とされ、詳細《しょうさい》は不明です。日本では古来、柱が信仰《しんこう》の対象になったらしく、縄文時代の北陸の遺跡《いせき》には巨木《きょぼく》を環状《かんじょう》に並べた遺跡があり、青森の［ d ］遺跡でも大集落跡とともに巨大な柱跡が発見されています。また今も神様は一人、二人ではなく、一柱、二柱と数えます。心御柱に使う木は古くは伊勢神宮の敷地《しきち》内の木を使っていたようですが、現在ではe.木曽から運んでいます。

今でこそ有名な伊勢神宮ですが、平安時代中ごろには一般の人々にはそれほど知られていなかったようで、菅原孝標《たかすえ》娘が記した『［ f ］』では、天照大神を祈るように勧められた著者が「それはどこにいらっしゃる神仏ですか」などと尋ねています。

平安時代以降、皇族・貴族と同様に有力な寺社は多くの私有地を持っていましたが、伊勢神宮にも各地に「御厨《みくりや》」と称される領地がありました。相模の国には「大庭の御厨」があり、ここの管理をしていた大庭景親《おおばかげちか》はg.石橋山の戦いで源頼朝を破った人物です。

日本は神の国であり、皇祖神《こうそしん》である天照大神が守って下さる土地だという意識は次第に形成されたようですが、鎌倉時代のh.元寇の時に特に強く意識されたようです。

鎌倉時代・室町時代と次第に庶民《しょみん》も伊勢神宮へ参拝するようになりましたが、その普及《ふきゅう》に力を発揮したのが御師《おんし》といわれる人たちです。日本各地に赴《おもむ》いては伊勢神宮のありがたさを伝えると同時に、今でいうツアーコンダクターの役割も兼ねていました。神奈川県の大山信仰でも御師《おし》と呼ばれる同様の人々がいます。

戦国時代に式年遷宮は100年以上途絶《とだ》えますが、織田信長や豊臣秀吉の援助《えんじょ》もあって16世紀末に再開します。これ以降は現在と同様、満20年での式年遷宮が基本となります。豊臣秀吉も徳川将軍も伊勢神宮を格別に扱《あつか》い、神宮周辺の領地はｉ.検地の対象外としました。

江戸時代には庶民の伊勢参りが大流行しました。ｊ.歌川広重は伊勢参りのにぎやかさを錦絵《にしきえ》に描いています。絵には外宮の裏山に「天の岩戸」が見えますが、「これぞ天照大神がお隠《かく》れになって世の中が真っ暗になった所だ」ということで人気の観光スポットでした。実際は６世紀に作られたｋ.古墳《こふん》の横穴式石室です。とはいえ庶民の主な関心は道中の見物や飲食、伊勢での遊興《ゆうきょう》にあったらしく、外宮と内宮の間には日本有数の歓楽《かんらく》街《がい》がありました。

明治政府は天皇中心の中央集権体制を確立するため、神道を利用します。全国の神社は国家の管理下に入れられました。中でも皇祖神の天照大神こそは日本人が全員崇拝《すうはい》すべき最も貴い存在であり、異国に対し神国日本の威信《いしん》を示し、その侵略《しんりゃく》を阻止《そし》する神とされました。

日本が植民地や支配地域を広げた時には、そこにも天照大神を祀る施設《しせつ》が造られました。ｌ.アジア太平洋戦争が終結し、日本が占領《せんりょう》されると、国家と神道を切り離《はな》す命令や天皇の［　m　］宣言が発せられ、伊勢神宮も国家から切り離されます。全国の神社などを束ねるために神社本庁という組織が作られましたが、伊勢神宮はその中心的な存在として「本宗」と位置付けられました。

＊正宮…神社の本社のこと

問１　空欄《くうらん》ａに当てはまる語を漢字で記しなさい。

問２　下線ｂについて、これは1870年に創設されます。この時期、新潟・神戸・長崎にも同様の目的で天照大神に関する施設が造られました。これらの都市の共通点を記し、その目的について本文を参考に説明しなさい。

問３　下線ｃについて、日本で太陰太陽暦から現在の太陽暦に変わったのはいつですか。次から１つ選び、記号で答えなさい。

ア．江戸時代の初めころ　　イ．日米和親条約締結《ていけつ》の直後
ウ．明治維新のころ　　エ．関東大震災の直後
オ．第二次世界大戦の直後

問4　空欄dに当てはまる遺跡の名を漢字で書きなさい。

問5　下線eについて、江戸時代の五街道のうち、ここを通る道の名を漢字で書きなさい。

問6　空欄fに当てはまる適当な語句を、次から1つ選び、記号で答えなさい。

ア．枕草子　　イ．更級日記　　ウ．土佐日記
エ．源氏物語　オ．徒然草

問7　下線gについて、この時期の出来事として正しいものはどれですか。次から1つ選び、記号で答えなさい。

ア．都では平清盛が大きな力を持っていた。
イ．都では後鳥羽上皇が幕府の打倒を企てていた。
ウ．都では藤原頼通が平等院鳳凰堂を建立した。
エ．都では白河上皇が院政を開始した。
オ．都では東大寺や大仏が建立された。

問8　下線hについて、この時に執権の地位にあった人物名を漢字で書きなさい。

問9　下線iについて、検地について記した下の文で誤っているものを次から1つ選び、記号で答えなさい。

ア．戦国大名らもそれぞれに検地を行った。
イ．検地は家臣の領地の価値を決めるのに利用された。
ウ．検地は農民らの租税《そぜい》を決めるのに役立った。
エ．太閤検地では全国一律の基準で行うことを目指した。
オ．太閤検地によって全国の土地は秀吉の直轄地《ちょっかつち》となった。

問10　下線jについて、この人物の作品として著名なものを次から1つ選び、記号で答えなさい。

ア．南総里見八犬伝　　イ．富嶽《ふがく》三十六景　　ウ．風神雷神図
エ．東海道五十三次　　オ．見返り美人図

問11　下線kについて、古墳《こふん》やその時代について記した下の文で誤っているものを次から1つ選び、記号で答えなさい。

ア．古墳が全国に作られたのはヤマト政権の成立と関係が深い。

イ．大きさで1位・2位の古墳は、いずれも大阪府にある。

ウ．ふつう古墳は墳丘に木々を植えて目立たないようにした。

エ．古墳の内部には、鏡などの財宝が埋葬《まいそう》されることもあった。

オ．古墳の周りに溝《みぞ》を掘《ほ》ることや、古墳の内部に絵を描《か》くこともあった。

問12　下線lについて、アジア太平洋戦争中に日本は樺太《からふと》北部へは侵攻しませんでした。北樺太への侵攻はある2国間の条約に違反することになります。その条約名を答えなさい。

問13　空欄mに当てはまる語を漢字2字で書きなさい。

問14　本文を参考にして下の川柳《せんりゅう》の意味を説明しなさい。その際、解答用紙の書き出しに合わせること。

川柳：伊勢参り　大神宮にも　ちょっと寄り

2　**関東学院中学校3年生のセキさんとアズマさんが、夏休み後の学校で、休み時間に部活動について話しています。次の会話文を読んで、あとの問いに答えなさい。**

セキ　：「うちの学校のO.C.Cハンドベル部が夏休みに（　A　）県の①猪苗代湖の近くにある②磐梯山でサマーコンサートをやったの知ってる？」

アズマ：「僕はそのコンサート観てきたよ！すごくよかった！」

セキ　：「そういえば、ダンス部がフラガールズ甲子園に出場するっていうポスターが校舎の入り口に貼ってあったけど、その会場も（　A　）県なんだね。」

アズマ：「ダンス部は、一昨年のフラガールズ甲子園で最優秀賞をとったよね！」

セキ　：「すごいよね！お母さんが言ってたんだけど、昔“フラガール”っていう映画があったの知ってる？」

アズマ：「知ってる！（　A　）県のいわき市にあるスパリゾートハワイアンズの誕生を支えた人たちの実話を描いた作品だよね。（　A　）県のいわき市は、“日本フラ文化発祥の地”ともいわれてるよね。」

セキ　：「へぇー、そうだったんだ！知らなかった。スパリゾートハワイアンズは今年の夏に家族で行ってきたばかり！でも、ずっと不思議だったんだけど、なぜ、いわき市にスパリゾートハワイアンズができたのかな？」

アズマ：「それは、いわき市の歴史に関係あるね。【写真】を見てみて！戦前から戦後にかけて、いわき市には炭鉱がたくさんあって、“黒いダイヤ”とも呼ばれる（　B　）がたくさん採れた地域だったんだよ。」

セキ　：「そうだったんだ！でも、それとスパリゾートハワイアンズは何の関係があるの？」

アズマ：「それはね、【資料】を見るとヒントがあるよ。このグラフは、日本にある炭鉱の数の変化を表しているんだけど、いわき市にたくさんあった炭鉱が1960年代頃からだんだん減っていっているのが分かるね。」

セキ　：「あ！社会の授業で習ったことある！“第2次エネルギー革命”といって、主なエネルギー資源が（　B　）から（　C　）に変化していったから、炭鉱も減っていくってことだよね。」

アズマ：「そうそう！いわき市は炭鉱が減ってしまったことで、炭鉱で働いていた人も職を失い、地域の経済にとって大きなダメージとなったんだ。その状況を救ったのは、（　B　）を採掘するときに、とても邪魔になったあるものなんだよ。何か分かる？」

セキ　：「うーん。（　B　）を採掘するときに邪魔になるもの…。掘ったら出てくるもの…。あっ！（　D　）か！」

アズマ：「正解！実は、(　B　)を１トン掘るために何と40トンの(　D　)をくみ出すほどで、当時１日の湧出量は、日本の総人口に毎日0.18Lの(　D　)を分けられる程の量だったんだって！」

セキ　：「なるほど！そんな歴史があったんだね。」

【写真】

(いわき市ＨＰより)

【資料】

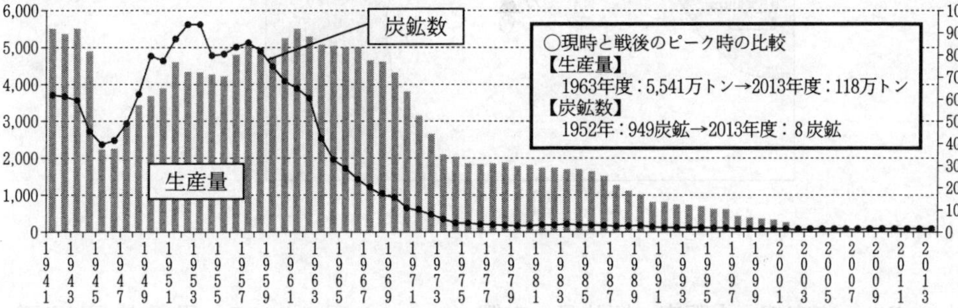

(資源エネルギー庁「石炭をめぐる現状と課題」(平成26年)より)

問１　文中の空欄(　A　)～(　D　)に当てはまる語句を漢字で答えなさい。

問２　下線①の湖は、「断層《だんそう》湖」と呼ばれる、断層運動によってできたくぼんだ土地に、雨などで水が溜まってできた湖です。猪苗代湖と同じようなでき方をした湖を次から１つ選び、記号で答えなさい。

ア．サロマ湖　　イ．宍道湖　　ウ．十和田湖　　エ．琵琶湖問３　下線②について、この山の別名はこの地域の古くからの地名をとって「○○富士」といいます。○○に当てはまる言葉を漢字で答えなさい。またこの山の位置を図１の中から選び、記号で答えなさい。

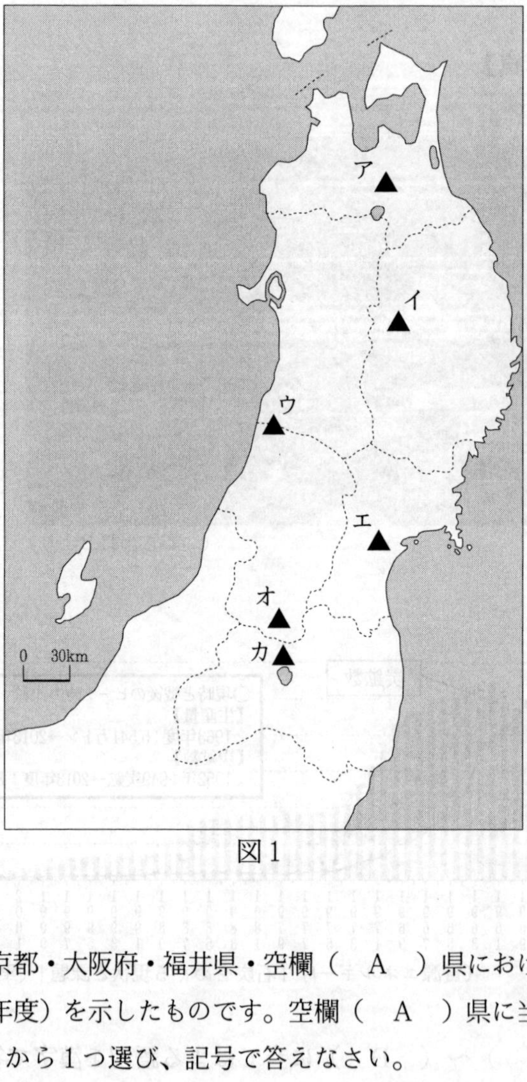

図１

問４　次の表は、東京都・大阪府・福井県・空欄（　Ａ　）県における、発電方式別発電電力量（2021年度）を示したものです。空欄（　Ａ　）県に当てはまるものを次の（ア）～（エ）から１つ選び、記号で答えなさい。

	水力	火力	原子力	風力
（ア）	1713	9248	33553	42
（イ）	1	18733	－	－
（ウ）	6453	47416	－	314
（エ）	158	6407	－	1

（単位は百万kWh。矢野恒太記念会『データでみる県勢2023』より作成）

問5　次のグラフは、それぞれある都道府県の人口移動の推移を示したものです。空欄（　A　）県に当てはまるものを次の（ア）～（エ）から１つ選び、記号で答えなさい。

（ア）

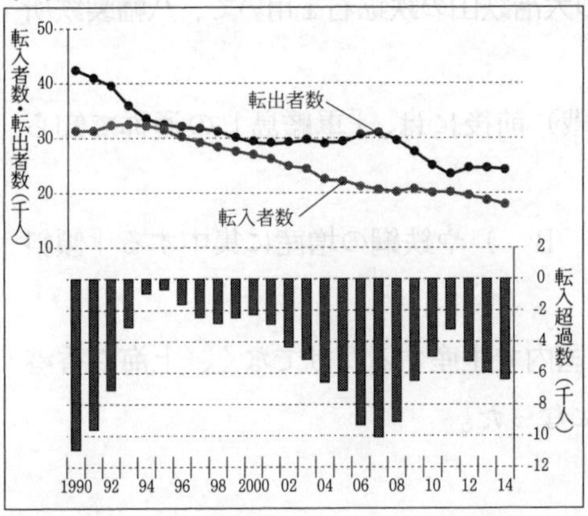

（イ）

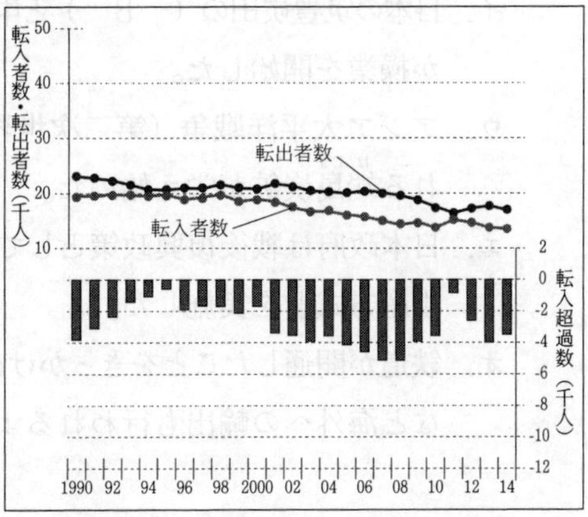

（ウ）

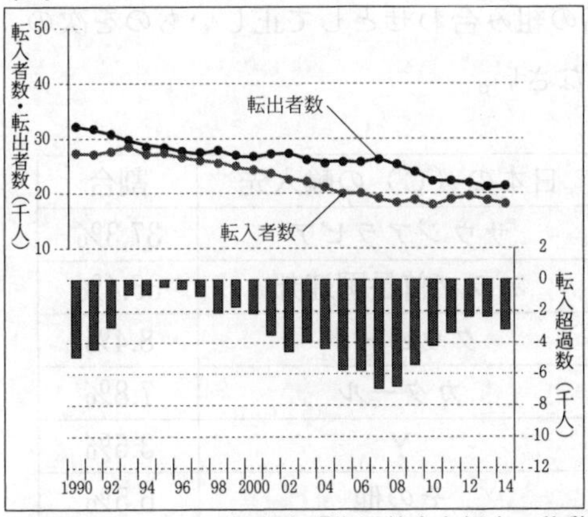

（エ）

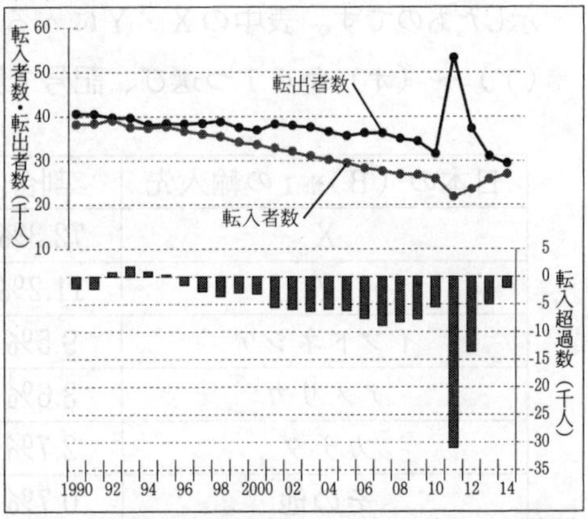

（総務省「住民基本台帳人口移動報告」、『七十七銀行 調査月報』2015年９月号より引用）

問6　空欄（　B　）の鉱物と関わりのある次のできごとを、古い順にならべなさい。

ア．日米和親条約が締結されると、函館などの港の開港により船舶への燃料供給の必要性が高まり、蝦夷地で日本初の炭鉱が開発された。

イ．日本の筑豊炭田の（　B　）と中国の大冶《たいや》鉄山の鉄鉱石を用いて、八幡製鉄所が操業を開始した。

ウ．アジア太平洋戦争（第二次世界大戦）前後には、「軍艦島」の通称で知られる端島《はしま》炭鉱が栄え始めた。

エ．日本政府は戦後復興政策として、（　B　）や鉄鋼の増産に集中する「傾斜生産方式」を実施した。

オ．鉄道が開通したことをきっかけに、国内で生産するだけでなく、上海や香港など海外への輸出も行われるようになった。

問7　次の表は、（　B　）（　C　）のエネルギー資源に関する日本の輸入先（2021年度）を示したものです。表中のX・Yに入る国名の組み合わせとして正しいものを次の（ア）～（オ）から1つ選び、記号で答えなさい。

日本の（B）※1の輸入先	割合	日本の（C）の輸入先	割合
X	72.3%	サウジアラビア	37.3%
Y	11.2%	アラブ首長国連邦	36.4%
インドネシア	9.5%	クウェート	8.4%
アメリカ	3.6%	カタール	7.8%
カナダ	2.7%	Y	3.6%
その他	0.7%	その他	6.5%
総輸入量　1億1,421万トン		総輸入量　148,904千kl	

（令和4年度エネルギーに関する年次報告「エネルギー白書2023」より作成）
（※1 原料となるものや無煙のものはのぞく）

（ア）X：ロシア　　　　　Y：中国
（イ）X：中国　　　　　　Y：ロシア
（ウ）X：オーストラリア　Y：インド
（エ）X：オーストラリア　Y：ロシア
（オ）X：オーストラリア　Y：中国

3　**2024年から、新しい紙幣が発行されることになりました。あとの問いに答えなさい。**

資料①

資料②

問1　資料①・②を参考にして、資料①のXに当てはまる漢字4字を答えなさい。

問2　資料①・②に関するこの組織の業務の説明として、適当でないものを次の中から1つ選び、記号で答えなさい。

ア．お札の発行・流通・管理を行う。

イ．政府が保有するお金の管理を行う。

ウ．ビットコインなどの仮想通貨の管理を行う。

エ．外国為替の売買など国際金融業務を行う。

問3　お金（貨幣）には、①商品と交換したり、②価値をはかる物指しとしての働き（機能）があったりします。これ以外で、お金（貨幣）が持つ働き（機能）を、資料①を参考にして１つ答えなさい。

問4　最近は、お札や硬貨を使わずに支払いをすることが多くなったが、その効果を持つとは言えないものを次の中から１つ選び、記号で答えなさい。

ア．電気代やガス代の支払いを預金口座から自動引き落としにすること。
イ．デパートなどで商品を購入するときにクレジットカードで支払うこと。
ウ．お年玉で貯めたお金をキャッシュカードで必要な金額を引き出すこと。
エ．事前にお金を電子マネーにチャージして、電車やバスに乗ること。

問5　次の資料③を見ると、海外に比べて、日本ではまだ現金が多く使われています。日本のキャッシュレス化が進まない理由を簡潔に２つ答えなさい。

世界各国のキャッシュレス比率比較

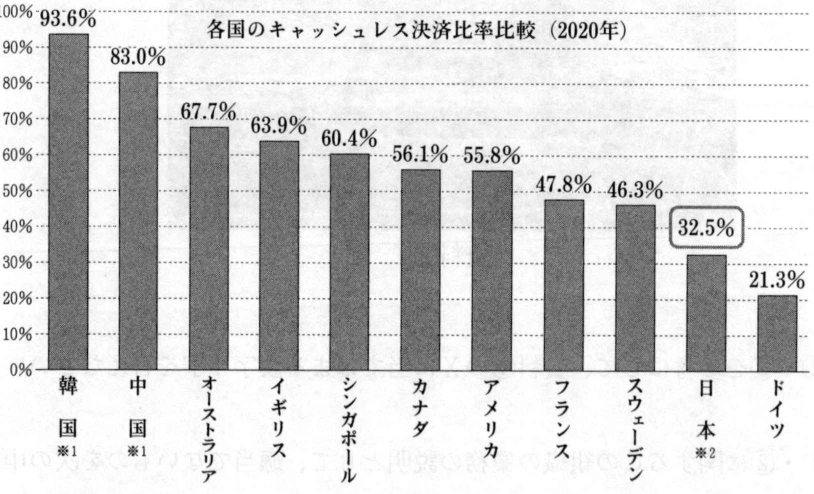

（出典）キャッシュレス・ロードマップ2022
世界銀行「Household final consumption expenditure（2018年（2021/2/17版））」、BIS「Redbook」の非現金手段による年間支払金額から算出
※1　中国および韓国に関しては、Euromonitor Internationalより参考値として記載。
※2　日本については2021年の値を記載。

資料③

【理　科】〈一期C試験〉(30分)〈満点：60点〉

1　次の文章を読み、以下の問いに答えなさい。

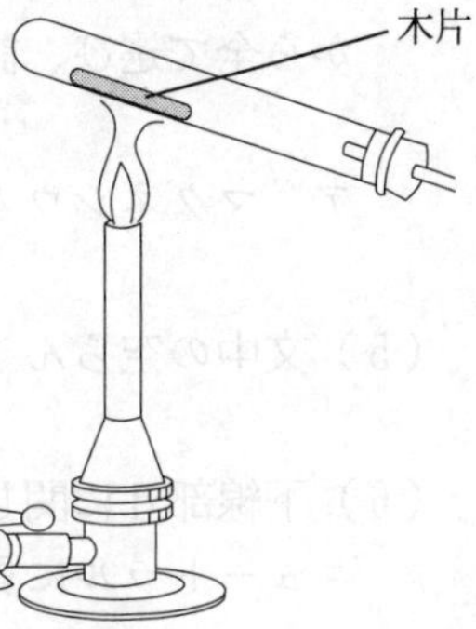

図1

図1のような装置を用い、木片を蒸し焼き(乾留《かんりゅう》)した様子を観察しました。a木片には火がつきませんでしたが、木片が様々な物質に分解される様子が観察されました。試験管の口には液体がたまり、その液体は二層に分かれていました。b試験管の内部にたまった液体の上の層を取り出し、リトマス紙にたらすと色が変化しました。また、試験管の口からは木ガスといわれるものが発生し、その成分には水素や一酸化炭素が含まれます。一酸化炭素はこの実験のように木材などの炭素を含む物質が酸素の少ない条件で加熱したり、燃焼したりすると発生しますが、c酸素の多い状態で燃焼をすると二酸化炭素が発生します。この二酸化炭素は(　あ　)ガスとして、地球温暖化の原因物質にもなっています。

近年、この地球温暖化の大きな原因となる大気中の二酸化炭素を増やさない「カーボンニュートラル」という取り組みが世界中の多くの企業で研究されています。例えば、実用化に向けまだ多くの課題もありますが、決められた条件のもとで二酸化炭素と水素を反応させ、d合成燃料を製造する研究が進められています。これまではエネルギーを生み出す目的で石油などの化石燃料を燃やし、新たに二酸化炭素が発生していました。しかし、この研究によりそれを防ぎ、カーボンニュートラルに大きく貢献《こうけん》することが期待されています。

(1) 図1の装置のように、試験管の口を下に傾《かたむ》けて実験をするのはなぜですか。簡単に説明しなさい。

(2) 下線部aに関して、ものが燃えるために必ず満たしていなければならない条件として適切なものを次のア～エの中から全て選び、記号で答えなさい。

ア　二酸化炭素が存在していない。　　イ　十分に酸素が存在している。
ウ　ある一定の温度をこえている。　　エ　火が直接ものに着火する。

(3) 下線部bに関して、取り出した液体はうすい黄色をしていました。次の①、②に答えなさい。

①　この液体の名称を答えなさい。

②　この実験では何色のリトマス紙が変化しますか。

(4) 下線部cに関して、燃えることによって二酸化炭素を発生するものを次のア〜エから全て選び、記号で答えなさい。

ア　マグネシウムリボン　　イ　紙　　ウ　食塩　　エ　プラスチック

(5) 文中の空らん（　あ　）に適切な語句を答えなさい。

(6) 下線部dに関して、合成燃料も燃やすと二酸化炭素は発生しますが、カーボンニュートラルに貢献できます。その理由を簡単に説明しなさい。

(7) 実験で二酸化炭素を作るには、炭酸カルシウム（石灰石）にうすい塩酸を加えます。炭酸カルシウムを1g用意し、ある濃度の塩酸を加えていったところ、二酸化炭素が発生し、その関係は図2のようになりました。次の①〜③に答えなさい。

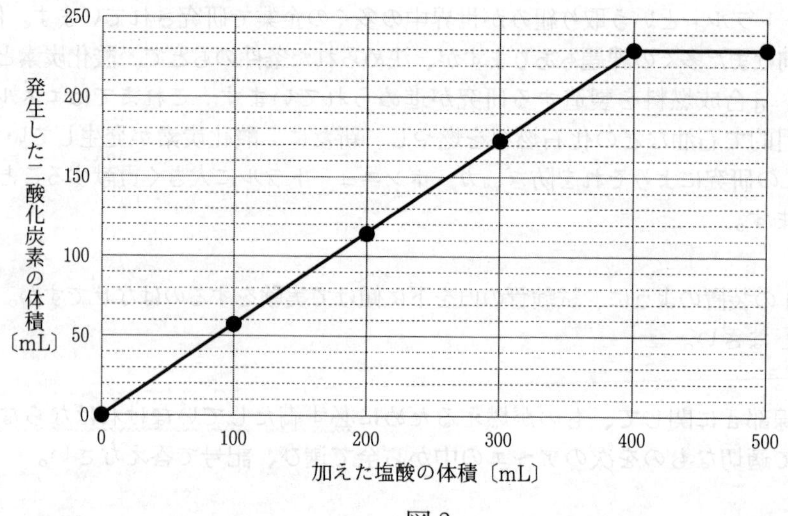

図2

①　炭酸カルシウムが全て反応した際に、発生した二酸化炭素は何mLですか。

②　炭酸カルシウムを4g用意し、塩酸の濃度を最初の実験で用いたものの2倍にしました。炭酸カルシウム4gを全て反応させるのに必要な濃度2倍の塩酸は何mLですか。

③　②の実験で二酸化炭素が460mL得られた場合、用いた濃度2倍の塩酸は何mLですか。

2 ばねについて、次の問いに答えなさい。ただし、おもり以外の重さは考えないものとします。

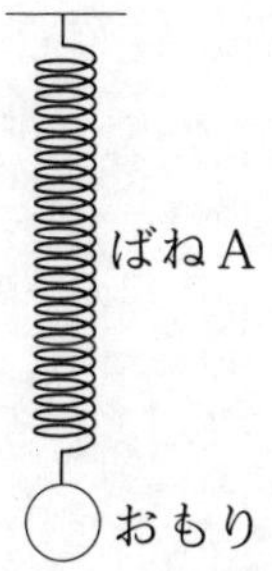

図1

図1のようなばねAを用意し、このばねAにいろいろな重さのおもりをつり下げたときの、おもりの重さとばねの長さの関係を調べました。表1はその結果です。

表1

おもりの重さ〔g〕	20	40	60	80
ばねAの長さ〔cm〕	7.5	9.0	10.5	12

(1) ばねAに120gのおもりをつり下げるとばねAの長さは何cmになりますか。

(2) 小型のロボットを2台使って、ばねAを図2のように両側から互いに反対方向に引っ張りました。このとき、2つのロボットは必ず同じ力の大きさで引っ張るものとします。片方のロボットの引っ張る力が100gのとき、ばねの伸びは何cmですか。

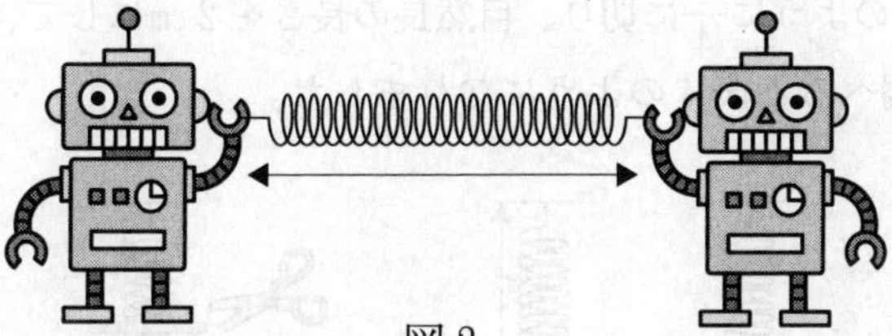
図2

(3) 図3のように、ばねAの片方の端を木製のくいにひっかけ、もう片方の端をロボットが引っ張ったところ、ばねAの長さは16.5cmになりました。このとき、ロボットが引っ張る力の大きさは何gですか。

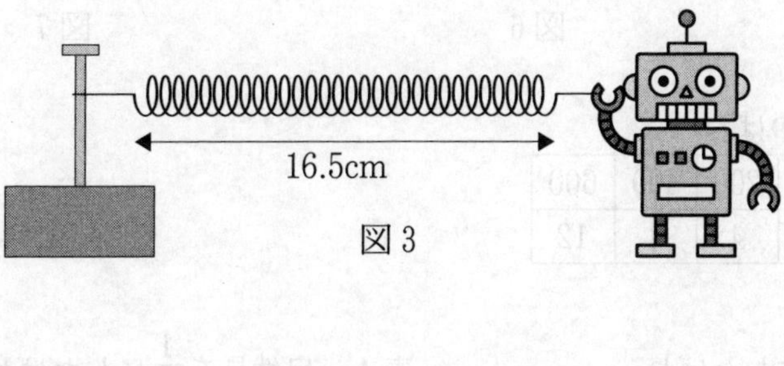

図3

（4）図4のように、ばねAの片方を定滑車を通しておもりにつなげ、反対側の端をロボットが引っ張ったところ、おもりは静止しました。このとき、ばねAの長さは16.5cmでした。このおもりの重さは何ｇですか。

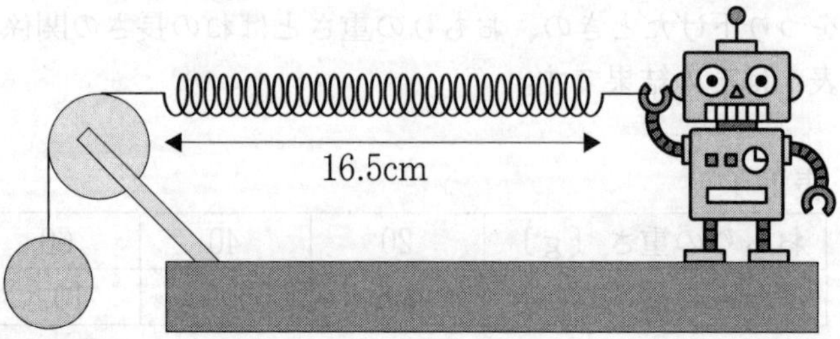

図４

次に図５のように自然長が８cmのばねＢを用意します。ばねＢにいろいろな重さのおもりをつり下げたときの、おもりの重さとばねＢの伸びの関係をあらわしたものが表２です。

このばねＢを図６のように$\frac{1}{2}$に切り、自然長の長さを４cmにして、おもりの重さとばねの伸びの関係を調べると表３のようになりました。

さらにばねＢを図７のように$\frac{1}{4}$に切り、自然長の長さを２cmにして、おもりの重さとばねの伸びの関係を調べると表４のようになりました。

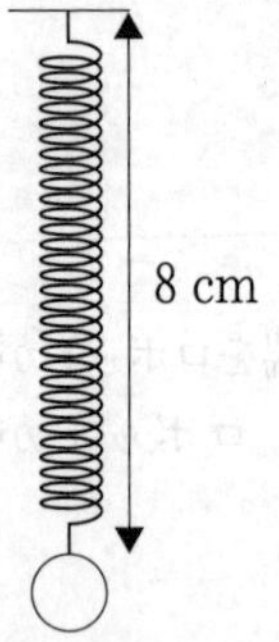

図５

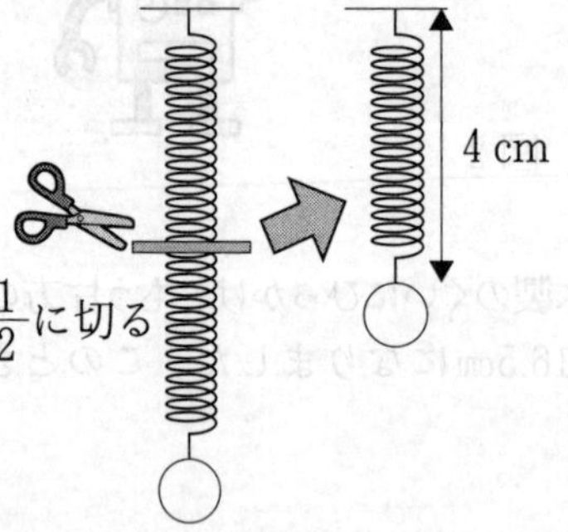

図６

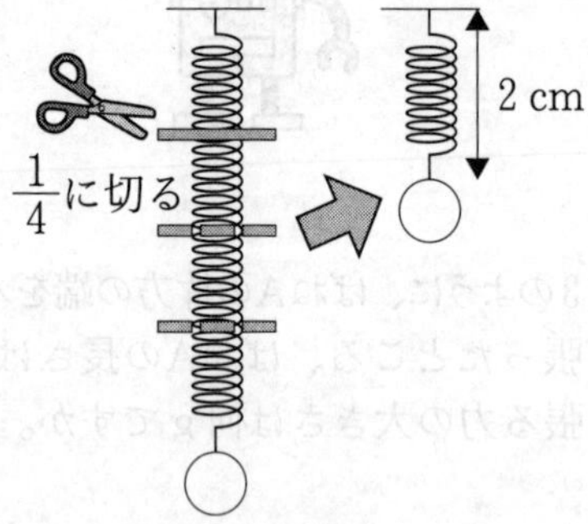

図７

表２　自然長８cmのばね

おもりの重さ〔ｇ〕	200	400	600
ばねＢの伸び〔cm〕	4	8	12

表３　自然長を$\frac{1}{2}$にしたばね

おもりの重さ〔ｇ〕	200	400	600
ばねの伸び〔cm〕	2	4	6

表４　自然長を$\frac{1}{4}$にしたばね

おもりの重さ〔ｇ〕	200	400	600
ばねの伸び〔cm〕	1	2	3

(5) ばねの自然長の長さを$\frac{1}{2}$、$\frac{1}{4}$、…とすると、ばねを1㎝伸ばすのに必要なおもりの重さはどうなりますか。最も適するものを次のア〜ウから1つ選び、記号で答えなさい。

ア　$\frac{1}{2}$、$\frac{1}{4}$、…と軽くなる。　　イ　2倍、4倍、…と重くなる。
ウ　おもりの重さは変わらない。

(6) 自然長8㎝のばねBを切って、自然長6㎝のばねCと自然長2㎝のばねDにし、図8のようにおもりをつなげたところ、おもりは静止しました。このとき、ロボットが引っ張る力は何gですか。また、ばねC、ばねDのそれぞれのばねの伸びは何㎝ですか。

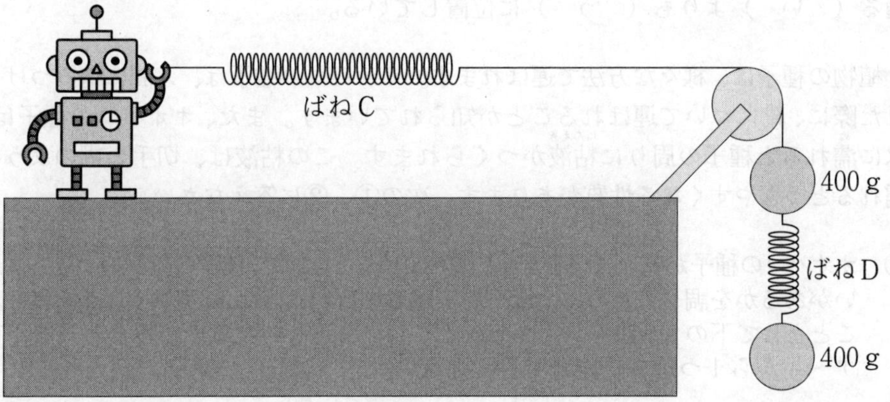

図8

3　オオバコ（図１）は、日本各地の道ばたや空き地、山野によく見られる植物です。茎や葉には丈夫な維管束が発達しており、踏《ふ》みつけに強く、茎をからませて引っぱり合い、どちらが切れないかを競うオオバコ相撲《すもう》などで遊ばれたりします。

図1　オオバコ

（1）維管束について述べた以下の文章の空らん（　あ　）～（　う　）に当てはまる語句を答えなさい。なお、（　う　）には「内側」か「外側」のどちらかを答えなさい。

茎の維管束では、根で吸収した水分が通る（　あ　）は、葉でつくられた養分が通る（　い　）よりも（　う　）に位置している。

（2）植物の種子は、様々な方法で運ばれます。オオバコの種子は、人間に踏みつけられた際に、靴《くつ》について運ばれることが知られています。また、オオバコの種子は、水に濡《ぬ》れると種子の周りに粘液《ねんえき》がつくられます。この粘液は、切手の糊《のり》のように濡れるとつきやすくなる性質があります。次の①、②に答えなさい。

①　オオバコの種子が乾いているときと濡れているときとで、種子の靴へのつき方に違いがあるかを調べるために、以下の実験１を行いました。［実験１］から言えることとして下のⅠ～Ⅲを考えました。このうち正しい文章の組み合わせを下のア～キから１つ選び、記号で答えなさい。

［実験１］

1　オオバコが一面に生えている場所を、調査地点とした。
2　オオバコが生えている場所を20歩進み、靴についているオオバコの種子を数えた。歩くときに１度踏んだ場所は、再度踏まないようにした。
3　この実験を種子が乾いているときと、濡れているときについて、それぞれ10回ずつ、計20回行った。
4　結果を表１にまとめた。

表１　実験１の結果のまとめ

種子のようす	靴に着いた種子の数				
乾いている	0	0	1	2	3
	2	4	5	0	3
濡れている	11	3	16	13	6
	2	0	8	5	21

Ⅰ　オオバコの種子の粘液は、靴につく際に役立っていると考えられる。
Ⅱ　濡れていても、必ず種子が靴につくとは限らない。
Ⅲ　濡れていれば、乾いたときよりも必ず多くの種子がつく。

ア　Ⅰ　　　イ　Ⅱ　　　ウ　Ⅲ　　　エ　Ⅰ、Ⅱ
オ　Ⅰ、Ⅲ　　カ　Ⅱ、Ⅲ　　キ　Ⅰ、Ⅱ、Ⅲ

② オオバコの他にも、動物に種子を運んでもらうための工夫をしている植物があります。そのような工夫をした植物として当てはまらないものを次のア～エの中から1つ選び、記号で答えなさい。

ア リンゴ　　イ ブナ　　ウ オナモミ　　エ タンポポ

（3）オオバコは、道ばたや庭など人通りの多いところでよく見かけることから、以下の仮説を立て、仮説が正しいか調べる目的で［実験2］を行いました。次の①、②に答えなさい。

［仮　説］人による踏み固めが強いほど、その区域に生えている植物のうち、オオバコの割合が大きくなる。

［実験2］

1　人による踏み固めと生えている植物の関係について調べやすい場所を、調査地点とした。
2　調査地点の中で、1m×1mの枠を5ヶ所設定し、調査か所とした。
3　調査か所は、人による踏み固めが最も強いと考えられる場所から最も弱いと考えられる場所に向け1～5と番号をつけた。
4　各調査か所内で、植物が生えている面積の割合を記録した。
5　各調査か所で植物が生えている面積のうち、オオバコが占める割合を記録した。
6　4、5の結果を表2にまとめた。

表2　実験2の結果のまとめ

調査か所	1	2	3	4	5
各調査か所内で、植物が生えている面積の割合	$\frac{1}{10}$	$\frac{3}{10}$	$\frac{6}{10}$	$\frac{8}{10}$	$\frac{9}{10}$
植物が生えている面積のうち、オオバコが占める割合	0	$\frac{1}{10}$	$\frac{2}{10}$	$\frac{1}{10}$	0

① 調査か所2～4について、オオバコが生える面積が大きい順に並べかえなさい。

② 仮説について、解答らんの「正しい」「正しくない」のいずれかに○をつけなさい。また、そのように考えられる理由として適するものを次のア～オの中からすべて選び、記号で答えなさい。

ア　調査か所1が、「植物が生えている面積の割合」が最も小さいから。
イ　調査か所5が、「植物が生えている面積の割合」が最も大きいから。
ウ　調査か所3が、「植物が生えている面積のうち、オオバコが占める割合」が最も大きいから。
エ　調査か所1で、「植物が生えている面積のうち、オオバコが占める割合」が0になっているから。
オ　調査か所5で、「植物が生えている面積のうち、オオバコが占める割合」が0になっているから。

4 地震の伝わり方について、次の文章を読み、以下の問いに答えなさい。

地震は、地下の岩盤がずれ動くことで発生します。図1は地震観測地点（観測点）を含めた位置関係を表しており、地震が発生した場所を震源、震源の真上の地点を震央といいます。

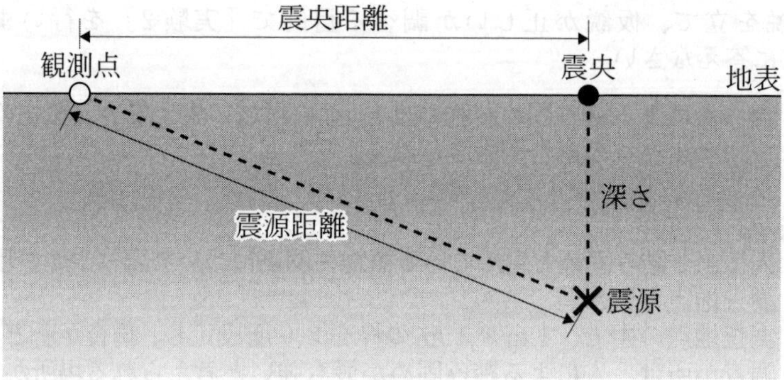

図1

観測点で地震がおきると、最初に小さなゆれ（初期微動）が続いた後、大きなゆれ（主要動）がおきます。これは、震源で同時に発生した2つの地震波が観測地に伝わることでおきます。図2は、ある観測点における地震計の記録です。観測点に最初にくる波をＰ波（初期微動をおこす波）､次にくる波をＳ波（主要動をおこす波）といいます。

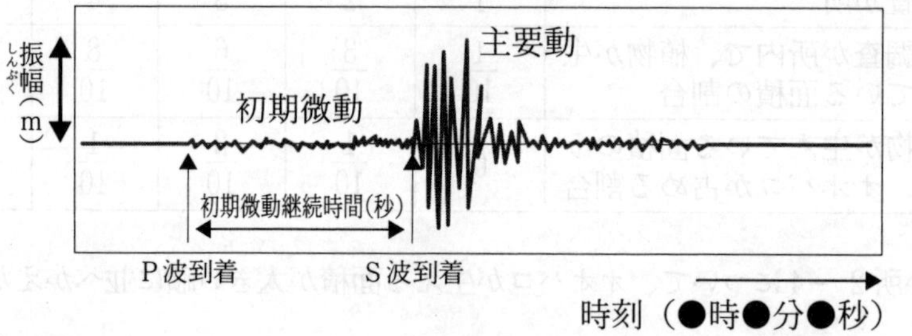

図2

ある年の９月10日午前５時10分15秒にある場所で発生した地震について、観測地点Ａ、ＢでＰ波とＳ波の到着時刻、初期微動継続時間（Ｐ－Ｓ時間）を調べたところ、表１のようになりました。Ｐ波、Ｓ波の地中を伝わる速さは、それぞれ秒速８km、秒速４kmでした。

表１

	Ｐ波到着時刻	Ｓ波到着時刻	Ｐ－Ｓ時間(秒)
震　源	10分15秒発生	10分15秒発生	
地点Ａ	10分19秒	①	③
地点Ｂ	②	10分27秒	④

（1）地震発生にともなう下記の現象a、bに当てはまる語句を次のア～オの中から1つずつ選び、記号で答えなさい。

a　海底の岩盤が動くことで発生し、時速100kmを超えるスピードで海洋を伝わり、陸地に大きな被害を与える。

b　地震の振動で埋立地など水を多く含む地盤がゆさぶられ、建物が沈んだり、地中にあったマンホールなどが浮かび上がる現象。

ア　断層　　イ　津波　　ウ　液状化　　エ　高潮　　オ　土石流

（2）地点A、Bの震源距離はそれぞれ何kmですか。

（3）表の①、②に当てはまる時刻を答えなさい。

（4）表の③、④に当てはまる時間を答えなさい。

（5）震源距離とP―S時間には、どのような関係があると考えられますか、説明しなさい。

（6）近年、テレビやスマートフォンで緊急地震速報が運用されています。緊急地震速報は、P波とS波の到達する時刻の差を利用して震源近くの地域のデータを解析し、S波が到達する前に、地震による危険が迫っていることを知らせるシステムです。

表1の地震の際、震源距離80kmの地点では、震源で地震が発生してから5秒後に、緊急地震速報を受信しました。この地点では、緊急地震速報を受信してから強いゆれが始まるまでに何秒の余裕があると考えられますか。

問六　――⑥「水を打ったような静けさに包まれる」とありますが、このような「静けさ」になったのはなぜですか。最もふさわしいものを次の中から一つ選び、記号で答えなさい。

ア　メグのバイオリンの演奏をクラスの人たちが評価しているから。
イ　メグのバイオリンの演奏がすばらしく、息をのんだから。
ウ　メグのバイオリンの演奏が堂々としていて、感動したから。
エ　メグのバイオリンの演奏を先生がどう評価するか、注目しているから。

問七　――⑦「あなたは土曜校に行かなくてもいいの？」とありますが、このときのスージーの心情を説明したものとして最もふさわしいものを次の中から一つ選び、記号で答えなさい。

ア　日本人を親に持つ子はみんな土曜校に通っていると思っていたけれど、メグは通っていないことを知ってうらやましく思っている。
イ　メグとはお父さんが日本人という共通点があるので、自分が不満を持っている土曜校に対するメグの考えを知りたいと思っている。
ウ　音楽の勉強に集中したいのに土曜日も日本語学校に通っていることがつらいので、何とかやめる方法を見つけたいと思っている。
エ　メグが土曜校を全く知らないことに驚《おどろ》いたけれど、焦《あせ》りながらも頑張《がんば》って通っていることを理解してほしいと思っている。

問八　――⑧「スージーに、わたしのことは『メグ』って呼んで、とメグは思いきって言う」とありますが、メグがスージーに思いきって言ったのはなぜですか。あなたの考えを五十字以上七十字以内で答えなさい。

ア　クラスの子たちが、自分のことを評価しようとしているのが分かったから。

イ　体験入学生が珍《めずら》しく、自分のためにたくさんの人が集まってきてくれたから。

ウ　ステージと同じように、多くの人の前で自分のことを聞いてもらえるから。

エ　休み時間になると、急にいろいろな質問をして聞き出そうとしてきたから。

問四　――④「ああ、そうなんだ」とありますが、このときの「クラスの子」の様子を説明したものとして、最もふさわしいものを次の中から一つ選び、記号で答えなさい。

ア　メグと自分が同じアジア系だとは全く思っていなかったので、急に親しみが湧《わ》いて仲良くしていきたいと思っている様子。

イ　メグという名前からは日本人のお父さんがいることも、フランス人のお母さんがいることも信じられずに驚《おどろ》いている様子。

ウ　メグに日本人らしさはほとんど感じなかったけれど、メグの言葉や立ち振《ふ》る舞《ま》いからフランス人らしさを感じている様子。

エ　メグに日本人のお父さんがいることには驚いたが、フランス人のお母さんがいることはメグの外見から納得《なっとく》している様子。

問五　――⑤「ナイス・アンド・ストレート！」とありますが、これは誰《だれ》の言葉ですか。最もふさわしいものを次の中から一つ選び、記号で答えなさい。

ア　メグ　　イ　ミセス・ルッソ

ウ　ルーシー先生　　エ　ジョアンナ

いるよ、ジョアンナよりもずっと上手《うま》いって、とスージー。ふうん、とメグ。褒められるのも、けなされるのも、コンテストでいろいろと言われるのには、メグはもう慣れっこ。⑧スージーに、わたしのことは「メグ」って呼んで、とメグは思いきって言う。OK、メグ、とスージーは微笑《ほほえ》む。

(岩城　けい　著『サウンド・ポスト』一部改変)

問一　——①「例の私学の『体験入学』」とありますが、メグはどのような学校に体験入学しているのですか。最もふさわしいものを次の中から一つ選び、記号で答えなさい。

ア　エンジ色のブレザーを着用するか、灰色のベレー帽《ぼう》を被《かぶ》ることが決まりになっている学校。
イ　「休み時間《リセス》」や「ランチタイム」には、自分の好きなところに行ける自由な学校。
ウ　いろいろな人種の生徒が在校していて、黒い髪色《かみいろ》のアジア系の生徒が一番多い学校。
エ　様々な教科の授業もあるが、バイオリンの演奏技術を上げることに特化した学校。

問二　——②「あなたはバイオリンを弾《ひ》くのですか」とありますが、先生がこのような質問をしたのはなぜですか。最もふさわしいものを次の中から一つ選び、記号で答えなさい。

ア　恥《は》ずかしがり屋のメグがみんなの前で困っていたため、口をはさんで自己紹介《しょうかい》の手助けをしたかったから。
イ　何も言わないメグのために、ミュージック・キャプテンでバイオリンを弾くジョアンナを紹介したかったから。
ウ　何度も「メグです」と言ってくるメグミに対して、きちんとフルネームで自己紹介をさせたかったから。
エ　メグが黙《だま》ってしまって一向に自己紹介が進まないので、簡単な質問をしてこの場を早くおさめたかったから。

問三　——③「まるでコンテストに来ているみたい」とありますが、このようにメグが思ったのはなぜですか。最もふさわしいものを次の中から一つ選び、記号で答えなさい。

いに弾くことができるようになったら、ルーシー先生ともお別れ……。

クラスのみんなが弓を膝《ひざ》に立てて持ったまま、メグに注目している。どの子も審査《しんさ》員みたいな目。やっぱりこの学校、コンテストみたい、とメグは思う。まあいいや、コンテストにはもう慣れてきている。コンテストに出るのは、大きなステージで弾けるから。メグは、自分の演奏をたくさんのお客さんに聞いてもらうのは大好き。エーチャンは誰もいないところで自分一人で弾くのが好きって言うけれど。弾き終えると、⑥水を打ったような静けさに包まれる。先生に「この曲はいつから始めましたか、どれくらい弾き込《こ》んでいますか」と尋《たず》ねられる。半年くらい、一日二時間から三時間、とメグは答える。

ランチタイムになると、リセスよりも大勢の子に囲まれる。さっきのものすごく良かった！と、髪の毛の黒いアジア系の子が褒《ほ》めてくれる。うちに入るんでしょ、じゃあ、学内オケで一緒《いっしょ》に弾けるね！と、こちらは蜂蜜《はちみつ》色の顔をした子がニコニコしながら話しかけてくる。ね、あなたのバイオリン見せて！と別のアジア系の子がせがむ。メグは四分の三バイオリン（※通常よりも小さいバイオリン）の「テリー」をケースから出して見せる。わぁ、私のと似てる！と、こちらは金髪《きんぱつ》の子。クラスで彼女だけがブロンド（※金色の髪）。栗色《くりいろ》の毛もメグだけ。「なあんだ、まだフルサイズじゃないんだ？」とジョアンナ。

ランチを食べたあと、髪が黒くて目は灰色の子がカンティーン《売店》へ行こうとメグを誘《さそ》いにきた。私もお父さんが日本人、お母さんはポルトガル人、私はピアノ、将来はジャズ・ピアニストになりたいと彼女。スージー（「スズカ」は土曜に通っている日本語学校で紙に書くときだけだと言っていた）がブルーベリー・マフィンを買ってくれる。どこかのお店みたいにきれいなカフェテリアのテーブルに並んで座《すわ》って、二人で一緒に食べる。

「⑦あなたは土曜校に行かなくてもいいの？」

「土曜校？　土曜日に学校へ行くの？　わたし、土曜日はネットボールをやってるの」

「そうなんだ？　わたし、土曜校は今年でやめるの。だって、最初から、土曜校は六年生までっていう約束だったもん。わたしが土曜校に行っているあいだ、他の子たちはたっぷり練習しているんだよ？　焦《あせ》っちゃう」

「わたしは来年も土曜日はシニアチームでネットボールを続けるんだ。もう登録も済ませてあるし」

そうなんだ、とスージーは軽く頷いた。わたし、ピアノと合わせるの大好き、音がピアノの鍵盤《けんばん》の上で溶けちゃいそうになるの、とメグ。わたしも一度違う楽器と合わせてみたい、ピアノっていつもひとりだもん、それよりも、みんな、あなたのことも噂《うわさ》して

だと自分じゃない気がする……。

先生が痺《しび》れを切らせたように、②あなたはバイオリンを弾《ひ》くのですか、と訊く。メグが頷《うなず》くと、クラスのひとりがツンと唇《くちびる》を尖《とが》らせた。そのツンツンした女の子を指差し、先生が言う。

「彼女はジョアンナ・ハンさん。六年生のミュージック・キャプテンです。ちなみに、彼女もバイオリニスト。メグミもバイオリンを弾くのだったら、いいお友だちになれるんじゃないかしら。何かわからないことがあれば、彼女に訊いてね」

メグはうつ向いたまま、イエスと答えた。

休み時間《リセス》になると、クラスの子に囲まれる。③まるでコンテストに来ているみたいとメグは思う。半分以上、チャンチャンと同じような、髪《かみ》の毛が黒い子。いろいろ訊かれる。ねえ、ここに編入するの？　バイオリン、どれくらいウマイの？　グレード何級？　どうして、あんなに名字が長いの？　お父さんが日本人？　ウソ、あんたのどこが?!　お母さんがフランス人？　④ああ、そうなんだ。

リセスのあとは、ストリングス（※弦楽器《げんがっき》）のクラスに行く。さっきのジョアンナって子が先頭を切って廊下《ろうか》を歩く。この日は、チュートリアルではなくてグループ・レッスン。ジョアンナが立ち上がって「A」を鳴らす。続けて、みんなで音合わせ。ミセス・ルツソが入ってくる。

「今日はビジター（※訪問者）にまず弾いてもらいましょうか」

メグミ、何でもいいので弾いてみてください、と訊かれて、今練習中の課題曲を弾き始める。暗譜《あんぷ》はできている。試験が近いので、ルーシー先生と最後の細かい仕上げにかかっている。四十九小節目からは緊張《きんちょう》が走る。L'istesso temp（同じテンポで）なのに、まだスピードが整わず、テンポが揺《ゆ》れる。——ルーシー先生にいつも言われている。「右手の親指がスムーズに動くように弓を持ちなさい」。弓の使い方、音の長さ、弓をどこまで使うか？　これも何回も注意されている。「人に言われる前に、自分で考える癖《くせ》をつけなさい。そして体で覚えなさい」。五十五小節目のE#を忘れない、トップ・ノート《高音》は要注意。「良い音と悪い音の差は少しの違《ちが》いで決まります」。五十七小節目からのダブル・ストップ。リズム注意。弓が滑《すべ》る。弓はいつも「⑤ナイス・アンド・ストレート！」。ああ、思い通りに、思い描《えが》いたように、腕《うで》も肘《ひじ》も手も指も、それから体も動かない！　まだ練習が足りない！　もっとうまくなりたい！「イーブン・ボーイング、パワー、ヴィブラート！」。そして、これがきちんと弾けるように、それもきれ

二　次の文章をよく読んで、後の問いに答えなさい。（問題に字数制限のある場合は、すべて句読点・符号《ふごう》をふくむものとする。）

主人公のメグはオーストラリアで生まれ、現在はオーストラリアの州立の小学校に通う六年生である。彼女《かのじょ》は自分の楽器に「コッカースパニエルの『テリー』」と名付けている。

イースター休暇《きゅうか》が明けた朝、メグは①例の私学の「体験入学」に出かけた。市場へ買い出しに向かう父親の車でトラムの駅まで送ってもらい、トラムのあとは電車に乗り換《か》える。最寄《もよ》りの駅で下車し、エンジ色のブレザーに灰色のベレー帽《ぼう》を被《かぶ》った女の子たちの集団――メグと同じような楽器のケースを下げている子もいる、についていく。鉄の門を潜《くぐ》る。目の前の大きな建物の前で立ち止まる。上級生らしい生徒が駆《か》け寄ってくる。名前を訊《き》かれる。「メグです」とメグは答える。「メグミ・ゴトウ＝シュワルツさん？」と訊き直される。イエス、メグです、と答える。オフィスに連れて行かれる。「メグミ・ゴトウ＝シュワルツさん？」とまた訊かれる。メグです、とメグは答える。待っていましたよ、さあ、メグミ、こちらへいらっしゃい、と今度は事務員の人に職員室に連れて行かれる。

「今日から一週間、私があなたの担任です、メグミ」

メグです、とメグはだんだん小さな声になる。ミセス・ハバーフィールドがメグを教室に連れていく。女の子たちが一斉《いっせい》に、メグとコッカースパニエルの「テリー」が入ったケースを見る。隣《となり》の子に何か耳打ちする子もいる。

「体験入学にやってきた、メグミ・ゴトウ＝シュワルツさんです。一週間、わがラドクリフの学生生活を楽しんでいただきましょう」

メグです、と、今度はメグはもう言わない。

チャンチャンも、ケイトリンもサニカもマイラも、ネットボールのチームメイトも、みんなメグって呼びます。知らない人だけがメグミって呼びます。そう心のなかで唱えながら、メグは黙《だま》っている。みんながこっちを向いている。自己紹介《しょうかい》してくださいと言われても、メグは黙っている。

――ここ、メグじゃなくてメグミじゃないとダメなのかな？　たしかに、トーチャンがつけてくれたのはメグミだけれど、日本語の名前でも「メグ」って縮めて呼ぶと英語の名前にもなる。メグミだなんて誰《だれ》からも呼ばれたことがない。とにかく、メグミ

問七 ――⑦「今日も息子《むすこ》の手が届かない場所に、スマホをそっとしまっておく」とありますが、この文を説明したものとして最もふさわしいものを次の中から一つ選び、記号で答えなさい。

ア 息子がスマホよりも読み書きの学習に主体的に励《はげ》むことを願い、筆者はスマホを使えないようにしている。
イ 筆者のいう主体的に変わることの喜びを息子は知らないので、筆者はまだスマホを使えないようにしている。
ウ スマホが自己変容していく機会を奪《うば》っていることを嘆《なげ》き、筆者は息子にもスマホを使えないようにしている。
エ 息子は筆者の考えるスマホ本来の使い方がまだできないため、筆者は親としてスマホを使えないようにしている。

問八 本文の内容に合うものを次の中から一つ選び、記号で答えなさい。

ア 便利なサービスが提供される時代だからこそ、メディアの創造に参加できるようになることが大切である。
イ メディアを使いこなすには訓練が必要であるため、幼児も使えるスマホが普及《ふきゅう》していることに異議を唱えている。
ウ ソクラテスよりもアラン・ケイの方が、「メディアは人間を変容させる」という本質を理解していた。
エ メディアがもたらす恩恵《おんけい》は理解しているのに、使いこなすための訓練をしようとしない息子《むすこ》に、筆者は困惑《こんわく》している。

問九 ――a～eのカタカナを漢字に直して答えなさい。

a 文字や書物をヒハンしている
b 新たな知のチヘイを切り開いた
c 重々ショウチの上で
d ヨクボウに寄り添《そ》いすぎた結果
e コンナンで面倒《めんどう》なことである

問四 ――④「僕《ぼく》は息子《むすこ》がスマホで遊ぶのを見ると複雑な気持ちになるのだ」とありますが、筆者が複雑な気持ちになるのはなぜですか。六十字以上八十字以内で答えなさい。

問五 ――⑤「モバイルコンピュータは洗練されたテレビになってしまった」とありますが、ここでアラン・ケイはどういうことを言おうとしているのですか。最もふさわしいものを次の中から一つ選び、記号で答えなさい。

ア　モバイルコンピュータはどこでも使用できるよう開発されたので、常にテレビも見ることができる機器になってしまったということ。

イ　モバイルコンピュータはすっきりとしたデザインを用いているため、幼児が使いこなせる機器になってしまったということ。

ウ　モバイルコンピュータはユーザのために磨《みが》き抜《ぬ》かれた技術を使い、ただ映像を見るための機器になってしまったということ。

エ　モバイルコンピュータは進化によって主体的に変容していく機会を奪《うば》うようになり、ユーザに寄り添《そ》うための機器になってしまったということ。

問六 ――⑥「自分が主体的に変わらなくても、便利なサービスのほうがこちらに寄り添《そ》ってきてくれる」とありますが、その具体的な例として**あてはまらない**ものを次の中から一つ選び、記号で答えなさい。

ア　バーチャル空間で買い物をする。

イ　インターネットで英字新聞を読む。

ウ　好きな動画をスマホで検索《けんさく》して見る。

エ　地図アプリの指示で新しい場所に行く。

問一 ――①「彼《かれ》は周囲に忠告の言葉を投げかけるのだ」とありますが、この文を説明したものとして最もふさわしいものを次の中から一つ選び、記号で答えなさい。

ア ソクラテスは文字の欠点を指摘《してき》して、人々に注意をうながした。
イ プラトンはおせっかいな現代人のように、文字を使うことをいましめた。
ウ プラトンはソクラテスの言葉を引用して、周囲の人々をとがめた。
エ ソクラテスは『パイドロス』のなかで、若者のコンピュータ依存《いぞん》について苦言を呈《てい》した。

問二 ――②「その可能性をソクラテスはどこまで見通していただろうか」とありますが、ここで筆者はどういうことを言おうとしていますか。最もふさわしいものを次の中から一つ選び、記号で答えなさい。

ア 最先端《さいせんたん》のテクノロジーが人間に大きな可能性をもたらすことを、ソクラテスは考えていなかったということ。
イ 文字が今でも人間に欠かせない重要なものであることを、ソクラテスが予想していなかったのではないかということ。
ウ 書物というメディアには人間を変える力があることを、ソクラテスは理解していなかったのではないかということ。
エ 文字を使うことによって人間の新しい境地がひらかれることを、ソクラテスが見抜《ぬ》けていなかったということ。

問三 ――③「僕《ぼく》は思わずソクラテスのようなことを言いそうになる」とありますが、これは筆者のどのような様子を表していますか。最もふさわしいものを次の中から一つ選び、記号で答えなさい。

ア 文字はせいぜい思い出す手がかりにすぎず、見せかけの智恵《ちえ》をもたらすだけだと注意している様子。
イ 最先端《さいせんたん》のテクノロジーを使うことよりも、真の対話にこそ智恵が宿るのだとつい忠告したくなっている様子。
ウ おせっかいな人になり、スマホを見ていて得られるのは見せかけの智恵だときつく言っている様子。
エ メディアに依存《いぞん》しようとする息子《むすこ》に対して、真実の智恵を見つけるべきだと言いたくなっている様子。

文字によって愚《おろ》かになるどころか、新たな知のbチヘイを切り開いたのである。

コンピュータには文字の発明を凌駕《りょうが》する（※他をしのいでその上に出ること）ほどのメディアとしての可能性がある。そのことを重々cショウチの上でなお、④僕は息子がスマホで遊ぶのを見ると複雑な気持ちになるのだ。

「パーソナルコンピュータの父」と呼ばれるアラン・ケイは、最近公開されたインタビューのなかで、「⑤モバイルコンピュータは洗練されたテレビになってしまった」と苦言を呈していた。コンピュータのデザインは洗練され、幼児ですら使いこなせるようになった。それは喜ばしいことのようだが、コンピュータがユーザ（※使用者）のdヨクボウに寄り添《そ》いすぎた結果、人間が主体的に変容していく機会が奪《うば》われていることを彼は嘆《なげ》いているのだ。

メディアを使いこなすことは本来、eコンナンで面倒《めんどう》なことである。いまだに子どもが読み書きを覚えるまでには、何年にもわたる訓練が必要である。

身につけるための主体的な努力の時間を経るからこそ、人は生まれ変わることができる。読み書きの学習は、自分自身を変容させていくプロセスでもあるのだ。

アラン・ケイはかつて、コンピュータとは「メタメディア」であると喝破《かっぱ》（※物事の本質を明言すること）した。コンピュータとは「メディアを作るためのメディア」なのである。

単に便利なサービスの消費者になるのではなく、みずからメディアの創造に参加できるようになるためには、読み書きと同じく、コンピュータというメディアの本質をつかみ取るための時間と訓練が必要である。

⑥自分が主体的に変わらなくても、便利なサービスのほうがこちらに寄り添ってきてくれる時代に、それでもあえて時間とコストを割《さ》いて主体的に自己を変容させていくこと。その意味と喜びをいつかはきちんと伝えたいと思いながら、⑦今日も息子の手が届かない場所に、スマホをそっとしまっておく。

（森田　真生　著『偶然の散歩』一部改変）

2024年度

関東学院中学校

【国　語】〈一期C試験〉（五〇分）〈満点：一〇〇点〉

一　次の文章をよく読んで、後の問いに答えなさい。（問題に字数制限のある場合は、すべて句読点、符号《ふごう》をふくむものとする。）

プラトンが描《えが》くソクラテスは『パイドロス』（※対話形式で書かれたプラトンの著作）のなかで、文字や書物をａヒハンしている。文字は記憶《きおく》の妙薬《みょうやく》ではなくせいぜい思い出す手がかりにすぎず、真実の智恵《ちえ》ではなく、見せかけの智恵をもたらすだけであるというのだ。文字は当時、最先端《さいせんたん》のテクノロジーであった。まるで若者のコンピュータ依存《いぞん》に苦言を呈《てい》するおせっかいな現代人のように、①彼《かれ》は周囲に忠告の言葉を投げかけるのだ。

メディア（※新聞やインターネットなど、情報を伝える手段）は人間を変容させる。②その可能性をソクラテスはどこまで見通していただろうか。文字は単に音声を記録するための道具ではない。文字によって、人は文字なしには不可能だった種類の思考ができるようになる。文字を使えるようになることは、文字を知る以前とは別の人間になることなのだ。

初代のアイフォンが発表された二〇〇七年から、すでに十年の歳月《さいげつ》が流れた。世界ではいまやスマホ使用者が二〇億人を超《こ》えているという。

わが家でも、ちょっと目を離《はな》すと息子《むすこ》がスマホを手に取っていじりはじめる。自分でユーチューブを開いて、好きな動画を見せてほしいとせがむ。そんなとき、③僕《ぼく》は思わずソクラテスのようなことを言いそうになる。

「スマホを見ていて得られるのは真実の智恵ではなく、見せかけの智恵だ。生きた真の対話にこそ本当の知は宿るのだ！」と。

もちろん僕は、ソクラテスが間違《まちが》っていたことを知っている。人間は文字の力によって高度な論理や抽象的《ちゅうしょうてき》な思考を身につけた。

2024年度

関東学院中学校 ▶解　答

※　編集上の都合により，一期Ｃ試験の解説は省略させていただきました。

算　数　＜一期Ｃ試験＞（50分）＜満点：100点＞

解　答

1 ⑴ $\frac{22}{25}$　⑵ $\frac{7}{8}$　⑶ 800　⑷ 4.8　2 8.25秒　3 45個　4 **ア** 18　**イ** 6　5 9日目　6 44通り　7 513.39cm^2　8 ⑴ 毎分1000m ⑵ **ア** 7　**イ** 6000　⑶ 8時12分20秒

社　会　＜一期Ｃ試験＞（30分）＜満点：60点＞

解　答

1 **問1** 壬申　**問2**（例）共通点は開港地であることで，外国に日本の威信を示し，神の力で外国の侵略を防ごうとした。　**問3** ウ　**問4** 三内丸山　**問5** 中山道　**問6** イ　**問7** ア　**問8** 北条時宗　**問9** オ　**問10** エ　**問11** ウ　**問12** 日ソ中立条約　**問13** 人間　**問14**（例）伊勢神宮への参拝が主な目的のはずが，道中の見物や伊勢での遊興が中心になっていることを風刺している。　2 **問1** **A** 福島　**B** 石炭　**C** 石油　**D** 温泉（水）（湯）　**問2** エ　**問3** 会津，カ　**問4** ㈦　**問5** ㈤　**問6** ア→オ→イ→ウ→エ　**問7** ㈤　3 **問1** 日本銀行　**問2** ウ　**問3**（例）支払い（価値貯蔵）　**問4** ウ　**問5**（例）高齢者など情報通信機器を使いこなせない人がたくさんいるため。／キャッシュレス決済が使えるお店とそうでないお店があり，システムがばらばらであるため。

理　科　＜一期Ｃ試験＞（30分）＜満点：60点＞

解　答

1 ⑴（例）発生した液体が逆流して，温度差により試験管が割れることを防ぐため。　⑵ イ，ウ　⑶ ① 木さく液　② 青色　⑷ イ，エ　⑸ 温室効果　⑹（例）合成燃料は二酸化炭素を原料としているため，燃やしても新しく二酸化炭素を発生させないから。⑺ ① 230mL　② 800mL　③ 400mL　2 ⑴ 15cm　⑵ 7.5cm　⑶ 140g　⑷ 140g　⑸ イ　⑹ **ロボット**…800g　**ばねC**…12cm　**ばねD**…2cm　3 ⑴ **あ** 道管　**い** 師管　**う** 内側　⑵ ① エ　② エ　⑶ ① 3＞4＞2　② 正しくない／**理由**…ウ，エ　4 ⑴ **a** イ　**b** ウ　⑵ **A** 32km　**B** 48km

(3) ① 10分23秒 ② 10分21秒 (4) ③ 4秒 ④ 6秒 (5) (例) 震源距離とP—S時間は比例の関係にある。 (6) 15秒

国語 ＜一期Ｃ試験＞（50分）＜満点：100点＞

解答

[一] 問1 ア 問2 エ 問3 イ 問4 (例) コンピュータには大きな可能性があるとわかっているけれど，息子が主体的な努力の時間を経験せずにスマホを使いこなし，便利なサービスの消費者になってしまっているから。 問5 ウ 問6 イ 問7 エ 問8 ア 問9 下記を参照のこと。 [二] 問1 ウ 問2 エ 問3 ア 問4 エ 問5 ウ 問6 イ 問7 イ 問8 (例) メグは「メグです」と何度言っても「メグミ」と呼ばれて諦めていたが，共通点の多いスージーとなら，自分らしく良い関係を築いていけると思ったから。

●漢字の書き取り

[一] 問9 a 批判 b 地平 c 承知 d 欲望 e 困難

2023年度 関東学院中学校

【算　数】〈一期Ａ試験〉（50分）〈満点：100点〉

1 次の $\square$ にあてはまる数を求めなさい。

(1) $12\times9-\{38-8\times(12\div4+1)\}\times3=\square$

(2) $3\div\left(2-\dfrac{4}{10+\square}\right)\div2\dfrac{2}{3}=\dfrac{11}{16}$

(3) $220\times9.8+980\times7.1-43\times98=\square$

(4) ５で割っても，８で割っても，４あまる３けたの整数のうち，最小の整数は $\square$ です。

2 下の図の四角形の面積は何 cm^2 ですか。

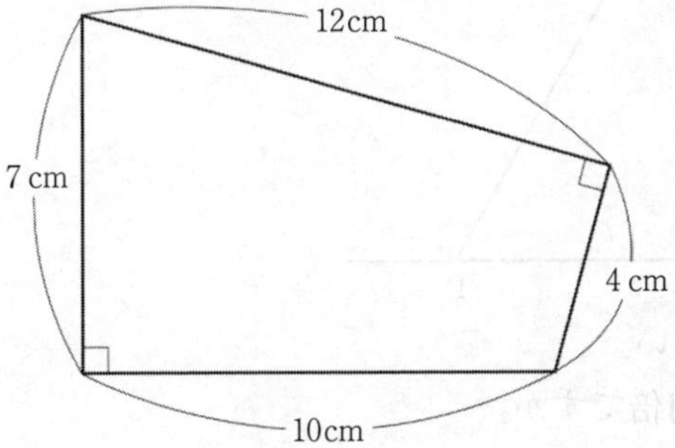

3 $\dfrac{5}{14}$ を小数であらわしたとき，小数第100位の数は何ですか。

4 ある学年で算数と国語が好きかどうかのアンケートを実施しました。すると，算数と国語が両方好きな人は学年全体の30％でした。これは算数が好きな人の $\dfrac{2}{5}$，国語が好きな人の $\dfrac{4}{7}$ にあたります。どちらも好きでないと答えた人が３人だったとき，この学年は全部で何人ですか。

5 現在，ゆきさんのお父さんの年齢はゆきさんの年齢の３倍に２だけ加えたものになっています。そして15年後，ゆきさんのお父さんの年齢はゆきさんの年齢のちょうど２倍になります。現在のゆきさんは何才ですか。

6 Ａ市とＢ市の間を路線バスが走っています。Ａ市からＢ市へは毎時36km の速さで走りますが，Ｂ市からＡ市へは道路が混雑するので，かかる時間がＡ市からＢ市まで走るのにかかる時間の４割増しになります。路線バスがＡ市からＢ市へ行き，すぐに折り返してＡ市に戻るとき，バスの平均の速さは毎時何km ですか。

7 あるチームがバスケットボールの第1試合で，1点入るフリースローと2点シュートと3点シュートを合計で40本決めて，74点とりました。第2試合では第1試合よりフリースローが3本多く決まり，2点シュートは第1試合と同じで，3点シュートは2点シュートの半分だけ決めたので，得点は変わりませんでした。このとき，第1試合で決めた2点シュートの本数は何本ですか。

8 次の図のように，正三角形ABC，CDE，EFG，GHIが並んでいます。下の各問いに答えなさい。

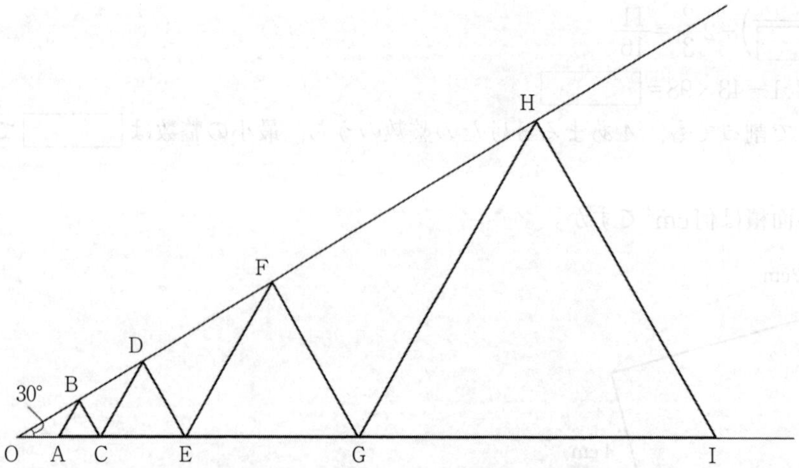

(1) AB：CDをもっとも簡単な整数の比で求めなさい。

(2) 三角形BCDの面積は，三角形OABの面積の何倍ですか。

(3) 三角形OHIの面積は，三角形OABの面積の何倍ですか。

【社　会】〈一期Ａ試験〉（30分）〈満点：60点〉

1　**次の文章を読んで，あとの問いに答えなさい。**

関内駅のすぐそば，神奈川県立歴史博物館に行ってみました。通常展示は３Ｆからスタート。

最初の部屋には A 縄文時代の貝塚の断面が復元されていました。人面土器や土偶などもならんでいます。古墳時代の甲冑があります。兜《かぶと》は野球帽《やきゅうぼう》のような形をしています。

次の部屋には相模国の［　B　］の模型。相模［　B　］は奈良時代の半ばに建てられました。跡地は海老名市にあります。神奈川県はかつての相模国と C 武蔵国から成っています。横浜市の東部や川崎市は武蔵国に入ります。鎌倉時代の御家人を［　D　］に任命し，土地の支配を認めた文書も展示されています。同じ内容の２通の文書がならんでいて，１つは政所という幕府の役所から出された任命状。もう１つは源頼朝のサイン入りの任命状です。御成敗式目もあります。これは鎌倉幕府はもちろんの事，室町幕府でも基本的な法典でした。

鎌倉五山の一つ円覚寺の舎利殿《しゃりでん》内部が実物大で復元されています。円覚寺の開祖は無学祖元と言う僧侶《そうりょ》で，元に滅ぼされた［　E　］から来日しました。

北条早雲や北条氏綱の肖像画があります。北条と言っても鎌倉幕府の重職である［　F　］を務めた北条義時や北条泰時の北条氏とは違い，戦国武将の北条早雲から始まる一族です。小田原を拠点としましたが４代目の北条氏政・５代目の氏直の代に［　G　］に攻略されました。

２Ｆに降りて，近代の部屋にはペリーが初めて来航した時の４隻《せき》の軍艦《ぐんかん》の模型があります。２隻の蒸気船と２隻の帆船《はんせん》です。船の側面には大砲がならんでいます。文字通りの砲艦《ほうかん》外交です。これ以降，日本でも H 大砲の製造に力を入れます。大砲と言えば博物館の前に大砲の砲身が横たわっています。よく見ると横に太いくさりがついています。解説を読むと，商人が旧式となった大砲を船の碇《いかり》に造り替え，販売しようとしていた時に I 関東大震災によって倒壊した店ごと地中に埋まり，後に掘り出されたもののようです。

ペリーが最初の来日で上陸したのは久里浜でしたが，２度目の来日でペリーが上陸したのは，まさにこの近くです。開港後，横浜は J 文明開化の象徴《しょうちょう》とも言える場所となりました。外国人の居住や営業は現在の関内周辺の K 居留地に制限されました。この博物館の建物はもともと横浜正金銀行本店でした。L 貿易での金銭のやり取りに重要な役割を果たしました。

ペリーがおみやげとして持ってきた鉄道模型があります。最先端の文化を紹介するために献上されたものです。日本で最初の鉄道は M 東京の新橋と横浜の間，ついで大阪と神戸の間です。

宮川香山の真葛焼《まくずやき》も展示されています。香山は明治の初めに京都から横浜に招かれ，輸出用の陶磁器を焼きました。香山の窯《かま》があったのは関東学院中学校のすぐ近くです。

真っ赤な「ロン毛の鬘《かつら》」があります。「しゃぐま」と呼ばれます。戊辰戦争で新政府軍の一部が身に着けたものと言われています。藩ごとに毛の色が違い，展示されている赤毛は［　N　］のものと言われています。

横浜 O 浮世絵も楽しそうです。諸外国の船やシーソーを楽しむ西洋人，大きな窯でパンを焼く姿なども描かれています。

その他，戦時中に関する資料，昭和の家電なども展示されています。

※展示品には複製品（レプリカ）もあります。

問１　下線部Ａからよく発見されるものとして不適当なものを次から１つ選び，記号で答えなさい。

ア．壊れた石器　　イ．魚の骨　　ウ．木の鍬《くわ》や鋤《すき》　　エ．動物の骨　　オ．壊れた土器

問２　空欄《らん》Bに当てはまる語句を漢字で答えなさい。

問３　下線部Cに関して，古代の律令制では諸国が七道に分けられています。当初，相模国は東海道に属していますが，武蔵国は東山道に属していました。771年に東海道に属す形に変更されました。その理由について以下の文章と図を参考にして説明しなさい。その際，解答欄の形式に従い，指定語句を必ず用い，用いたところに下線をひきなさい。

【指定語句】　主要な道

【参考】

「～道」は道路と言う意味と，道路を含む領域という意味があった。

都からの連絡は東海道・東山道などの道ごとに伝えられた。

国の名称は都に近い方から順に，上野・下野のように上下や越前・越中・越後のように前中後などがつけられた。

奈良時代以降，相模国・武蔵国・下総国を結ぶ陸路の整備が進んだ。

右の図は９世紀以降の状況である。

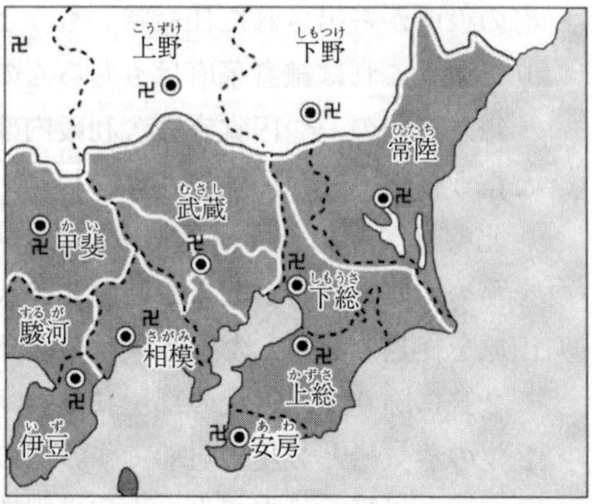

問４　空欄Dに当てはまる語句を漢字で答えなさい。

問５　空欄Eに当てはまる国名を次から１つ選び，記号で答えなさい。

ア．唐　　イ．明　　ウ．蒙古《もうこ》　　エ．宋(南宋)　　オ．高麗《こうらい》

問６　空欄Fに当てはまる語句を漢字で答えなさい。

問７　空欄Gに当てはまる人名を漢字で答えなさい。

問８　下線部Hに関連して，以下のうち大砲製造に最も関係の深いものはどれですか。次から１つ選び，記号で答えなさい。

ア．韮山《にらやま》反射炉　　イ．富岡製糸場　　ウ．石見大森銀山　　エ．高島炭鉱　　オ．首里城

問９　下線部Ｉについて，実際に起こった出来事として適当なものはどれですか。次から２つ選び，アイウエオ順に記号で答えなさい。

ア．関東大震災以降，横浜ではこれ以上の死傷者が出る地震は発生していない。

イ．混乱の中で多くの朝鮮人が殺害された。

ウ．火災による被害が最大で津波の被害はほとんどなかった。

エ．復興支援のため大韓民国や中華人民共和国から多くの援助が届いた。

オ．これ以降，横浜では木造住居よりも鉄筋コンクリート住居が多くなった。

問10　下線部Ｊについて，明治初期の文明開化の象徴として不適当なものを次から１つ選び，記号で答えなさい。

ア．ガス灯　　イ．鉄道馬車　　ウ．レンガ造り　　エ．映画　　オ．電信

問11　下線部Kに関する以下の文章で正しいものを次から１つ選び，記号で答えなさい。

ア．居留地に制限されたことは外国商人にとって商業上有利だった。

イ．日本人の商人が居留地の中に入り外国商人と取引をした。

ウ．居留地は日米和親条約に基づいて初めて設置された。

エ．輸入品に税金をかけられなかったので居留地に税関はなかった。

オ．外国人は居留地の中でのみ領事裁判権が認められていた。

問12　下線部Ｌに関して，以下は明治期から大正期の日本の貿易を示したグラフです。これらのグラフから考えられることとして適当なものを下から１つ選び，記号で答えなさい。

品目別の輸出入の割合

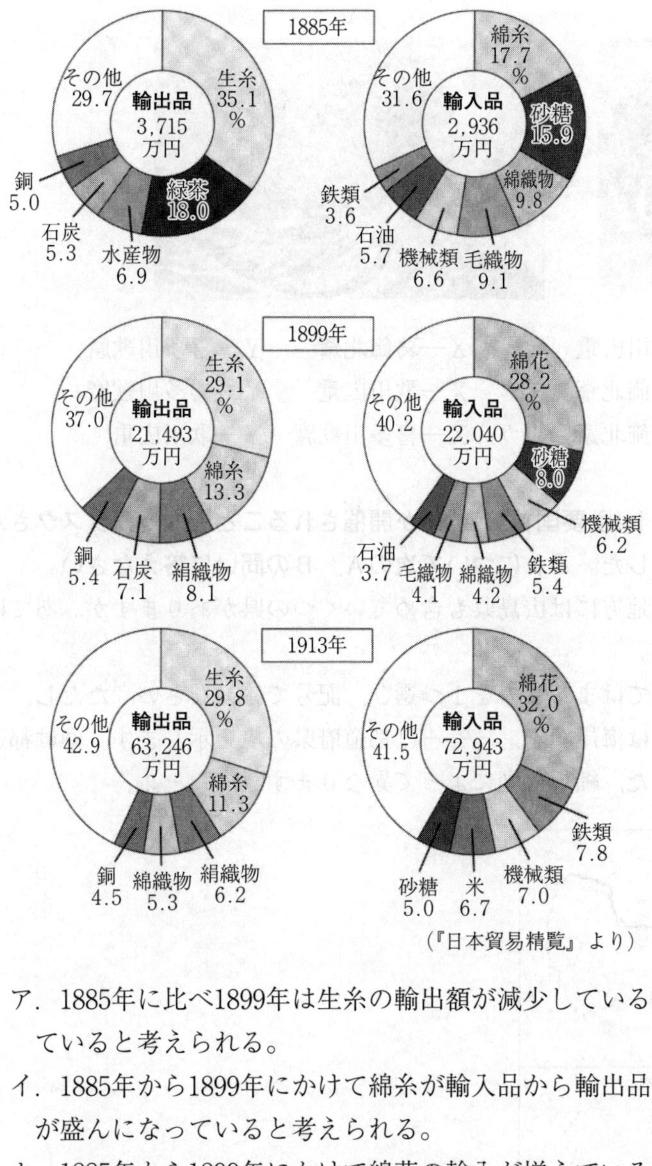

（『日本貿易精覧』より）

ア．1885年に比べ1899年は生糸の輸出額が減少しているので，この間，生糸の製造が衰退していると考えられる。

イ．1885年から1899年にかけて綿糸が輸入品から輸出品に転換しているので，綿糸の製造業が盛んになっていると考えられる。

ウ．1885年から1899年にかけて綿花の輸入が増えていることから綿産業が全体に衰退していると考えられる。

エ．３つの時期を通じて，外国の通貨を獲得する主要な産業は紡績《ぼうせき》業だと考えられる。

オ．３つの時期を通じて，綿織物の国内での利用が次第に減少していると考えられる。

問13　下線部Ｍに関して，最初の鉄道敷設《ふせつ》にこの２つの路線が選ばれた理由には，両者の共通点があります。それは何ですか。下の語句を使って，15字以内で説明しなさい。

【指定語句】　大都市

問14　空欄Ｎに当てはまる語句を次から１つ選び，記号で答えなさい。

ア．琉球藩　　イ．仙台藩　　ウ．会津藩　　エ．水戸藩　　オ．土佐藩

問15　下線部Ｏに関連して，江戸時代に横浜周辺を描いた作品ＸとＹについて，作者の組み合わせとして正しいものを下から１つ選び，記号で答えなさい。

Ｘ

Ｙ

ア．Ｘ―葛飾北斎　　Ｙ―歌川広重　　イ．Ｘ―葛飾北斎　　Ｙ―喜多川歌麿
ウ．Ｘ―歌川広重　　Ｙ―葛飾北斎　　エ．Ｘ―歌川広重　　Ｙ―喜多川歌麿
オ．Ｘ―喜多川歌麿　Ｙ―葛飾北斎　　カ．Ｘ―喜多川歌麿　Ｙ―歌川広重

2　**2023年に広島でＧ７のサミット(主要国首脳会議)が開催《かいさい》されることを知ったタスクさんは，広島について調べることにしました。これについて次のＡ・Ｂの問いに答えなさい。**

Ａ　問１　広島県が位置する中国地方には広島県も含めていくつの県がありますか。あてはまる数字を算用数字で答えなさい。

問２　次の図１中から広島県にあてはまるものを１つ選び，記号で答えなさい。ただし，方位はすべて上が北を示し，――は海岸線を，┈┈┈は都道府県の境を示します。◎は都道府県庁所在地を示しています。また，縮尺は図によって異なります。

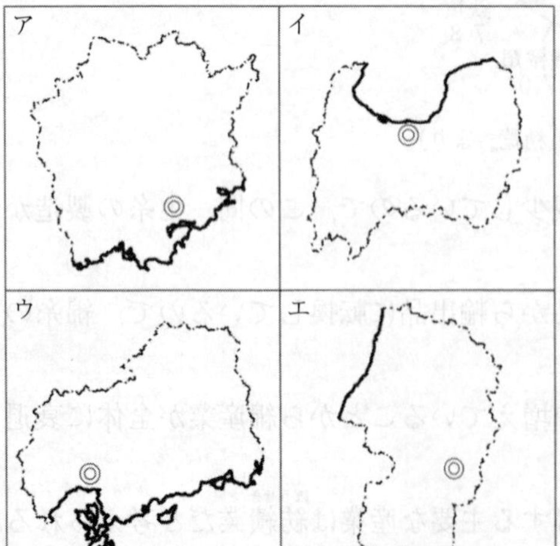

図１

問3　タスクさんが広島市の市章(市を象徴するしるし)を調べたところ，江戸時代にこの地域を治めた藩の旗印をもとに，水の都として知られた広島を象徴する，川の流れを表現したものだとわかりました。この説明にあてはまる広島市の市章を次の図2中から1つ選び，記号で答えなさい。

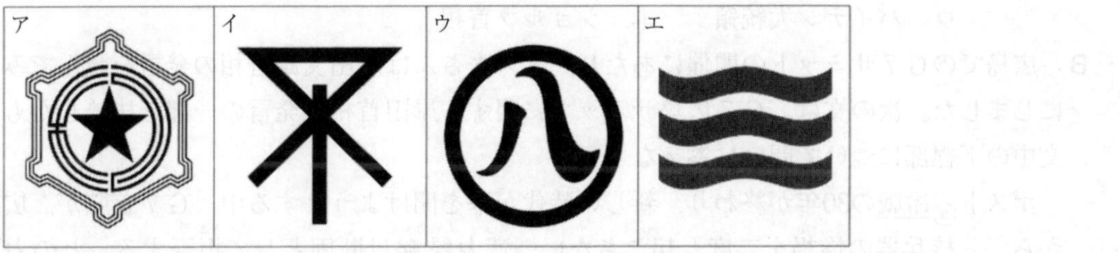

(市章はWikipediaより)

図2

問4　タスクさんは，瀬戸内に位置する広島市の気候の特徴を，日本海側や太平洋側の都市と比較して考察することにしました。次の図3は，高知市，広島市，松江市の気温と降水量を示したものです。図3中のA～Cと都市名との正しい組合せを下から1つ選び，記号で答えなさい。

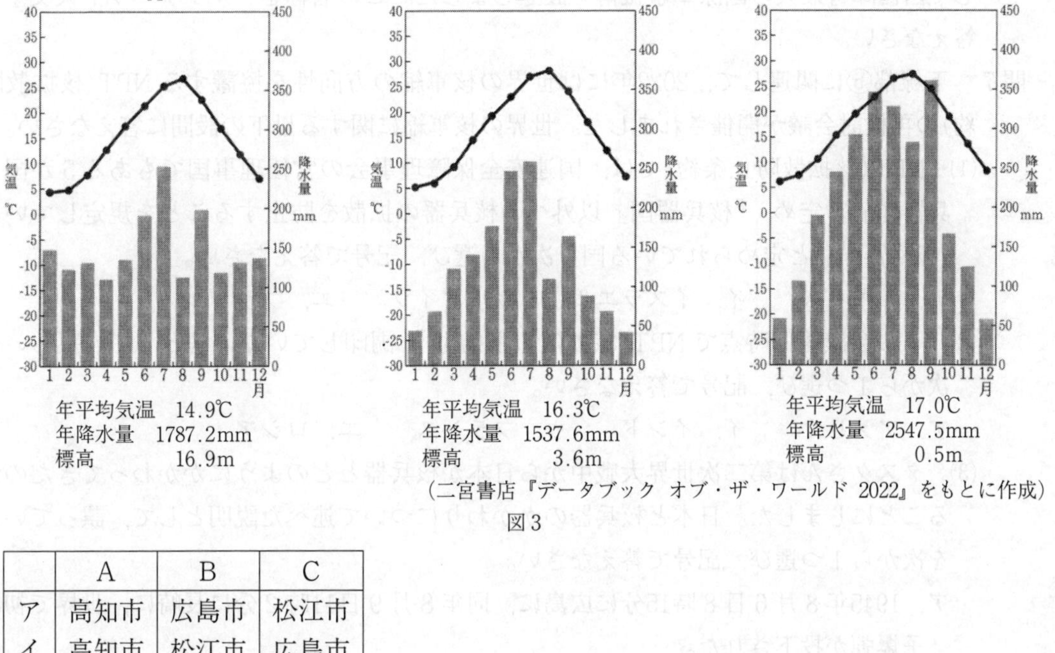

(二宮書店『データブック オブ・ザ・ワールド 2022』をもとに作成)

図3

	A	B	C
ア	高知市	広島市	松江市
イ	高知市	松江市	広島市
ウ	広島市	高知市	松江市
エ	広島市	松江市	高知市
オ	松江市	高知市	広島市
カ	松江市	広島市	高知市

問5　タスクさんは，G7に含まれる国を調べることにしました。G7に含まれない国と首脳の名前を次からそれぞれ1つずつ選び，記号で答えなさい。

国：　ア．アメリカ合衆国　　イ．イタリア　　ウ．カナダ　　エ．ロシア

首脳：ア．トルドー首相　　　イ．プーチン大統領

　　　ウ．バイデン大統領　　エ．ショルツ首相

B　広島でのG7サミットの開催にあたり，タスクさんは岸田文雄首相の発言を読んでみることにしました。次の文は，G7広島サミットに関する岸田首相の発言の一部を抜粋《ばっすい》したものです。文中の下線部について問いに答えなさい。

ポストⓐ冷戦の30年が終わり，新しい時代が幕を開けようとする中，G7首脳が，広島の地から，ⓑ核兵器の惨禍《さんか》を二度と起こさない，武力侵略《しんりゃく》は断固として拒否《きょひ》する，との力強いコミットメントを世界に示したいと思います。また，普遍《ふへん》的価値と国際ルールに基づく，新たな時代の秩序《ちつじょ》作りをG7が主導していく意思を歴史の重みをもって示す。そうしたサミットにしたいと考えています。

（首相官邸《かんてい》ホームページより一部抜粋）

問6　下線部ⓐに関連して，冷戦が激化した1949年，アメリカは社会主義諸国を封じ込めようとして西側陣営最大の国際軍事機構を設立しました。この名称をアルファベット大文字4字で答えなさい。

問7　下線部ⓑに関連して，2022年には世界の核軍縮の方向性を協議するNPT（核拡散防止条約）の再検討会議が開催されました。世界の核軍縮に関する以下の設問に答えなさい。

(1)　NPT（核拡散防止条約）では，国連安全保障理事会の常任理事国でもある5か国を「核兵器国」と定め，「核兵器国」以外への核兵器の拡散を防止することを規定しています。「核兵器国」と定められている国を次から選び，記号で答えなさい。

ア．イギリス　　イ．イスラエル　　ウ．ドイツ　　エ．ブラジル

(2)　この会議開催時点でNPT（核拡散防止条約）を調印していない国として，正しいものを次から1つ選び，記号で答えなさい。

ア．アメリカ　　イ．インド　　ウ．フランス　　エ．ロシア

(3)　タスクさんは第二次世界大戦中から日本が核兵器とどのようにかかわってきたのか調べることにしました。日本と核兵器のかかわりについて述べた説明として，誤っているものを次から1つ選び，記号で答えなさい。

ア．1945年8月6日8時15分に広島に，同年8月9日11時2分に長崎に，世界で初めて原子爆弾が投下された。

イ．1954年にアメリカはビキニ環礁《かんしょう》で水爆実験を行い，マグロ漁船の第五福竜丸が「死の灰」を浴び，乗組員が被ばくした。

ウ．日本は，核兵器の保有や使用を禁止した「核兵器禁止条約」に参加している。

エ．日本は，「持たず，作らず，持ち込ませず」という「非核三原則」を国会で決議している。

3 **次の文を読んであとの問いに答えなさい。**

日本では，2018年に気候変動適応法が成立しました。この法律では，温暖化の進行を抑える緩《かん》和《わ》策とは別に，国が環境への影響を抑える適応策を策定することを定めています。しかし，国連の気候変動に関する政府間パネル(IPCC)の第２作業部会は2022年２月に報告書を公表し，「人間が原因の地球温暖化が広い範囲に悪影響を与えている」と断定し，「適応策」に限界があることも指摘しました。

問１　気象庁はどこの省に属しているか，次から１つ選び，記号で答えなさい。

ア．国土交通省　　イ．経済産業省　　ウ．農林水産省
エ．環境省　　オ．文部科学省

問２　右のイラストを踏まえて，自宅にエアコンがあったと仮定した場合，あなたが行動できる温暖化の進行を抑える取り組み(緩和策)と温暖化による人々への影響を最小限に抑える取り組み(適応策)をそれぞれ答えなさい。

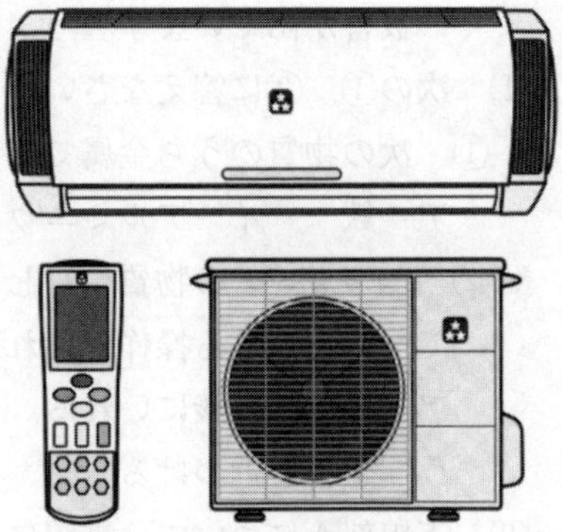

私ができる緩和策は，（　　　　　）。

一方，適応策は，（　　　　）。

【理　科】〈一期A試験〉（30分）〈満点：60点〉

1　銅についての次の文章を読み，以下の問いに答えなさい。

銅は赤みを持った光沢があり，その電気や熱の導きやすさや，加工のしやすさから多くの目的で使用されています。例えば A電線には一般的に銅を加工したものが用いられており，その他，電気材料や加熱器具の部品としても欠かすことができない金属です。

B銅は酸素のはたらきにより，黒色の酸化銅を生じます。これは銅のさびの一種です。その他にも，銅と空気中の二酸化炭素や酸素，水，塩分などが長い時間をかけて反応して作られる緑青《ろくしょう》という緑色をしたさびがあります。緑青は自由の女神などのブロンズ像の表面を覆《おお》っており，それにより内部の金属を守り，長い期間元の形を留める大切な役割を担っています。しかし，この緑青は C酸性雨によって溶けてしまうため，特に近年は屋外にあるブロンズ像に多くの被害が出ています。

(1)　次の①，②に答えなさい。

①　次の物質のうち金属でないものはどれですか。ア～エから１つ選び，記号で答えなさい。

ア　鉄　　イ　アルミニウム　　ウ　炭素　　エ　マグネシウム

②　①のア～エの物質に対して次の操作をそれぞれ行いました。このとき，アルミニウムのみで反応が起こる操作はどれですか。次のア～エから１つ選び，記号で答えなさい。

ア　うすい塩酸にいれる。　　イ　うすい水酸化ナトリウム水溶液にいれる。

ウ　磁石を近づける。　　エ　マッチの火を近づけ燃えるか確認する。

(2)　下線部Aについて，電線に用いられている金属が銅である理由について考えられることを表１，２のデータを参考に，簡単に説明しなさい。

表１　金属の電気に対する抵抗（電気の通しにくさ）一覧

金属	抵抗(Ω)
金	2.05
銀	1.47
銅	1.55
鉄	8.9

※抵抗の大きさはΩ（オーム）という単位で表します。
表に示す抵抗値は各金属で同一の太さ・長さ・温度における値です。

表２　金属１ｇあたりの金額(円)一覧

金属	金額(円)
金	7659
銀	91
銅	1.3
鉄	0.057

※金額は2022年５月の平均値

(3)　下線部Bについて，次の①，②に答えなさい。

①　酸素の性質や特ちょうとして適切なものを，次のア～エから１つ選び，記号で答えなさい。

ア　石灰水が白くにごる。

イ　水に溶け酸性を示す。

ウ　水上置換法で回収する。

エ　亜鉛にうすい塩酸を加えることで発生する。

②　銅を粉末にし加熱し続けると，やがて全て黒色の酸化銅に変化します。銅4.8ｇを完全に酸化し黒色の酸化銅にしたとき，反応した酸素は何ｇですか。右図を参考に答えなさい。

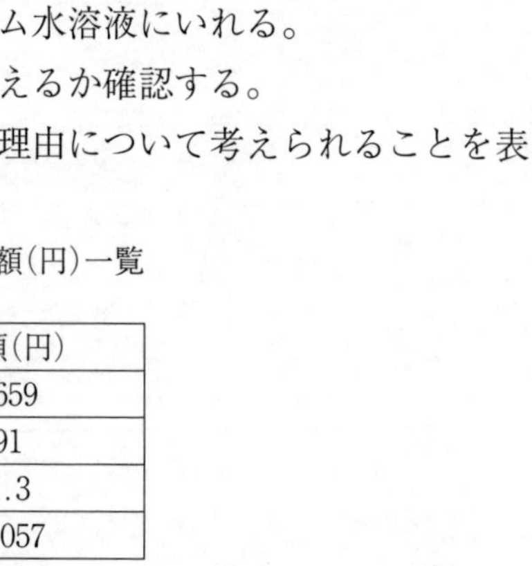

図　銅と酸化銅の重さの関係

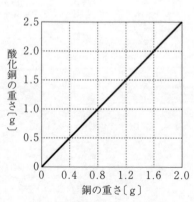

(4)　下線部Cについて，本来の雨水も中性ではなく弱い酸性を示します。その理由を簡単に説明しなさい。

(5)　硫酸銅五水和物《こすいわぶつ》という物質は，その固体の中に水を含んでいる結晶です。この物質を水に溶かすと16：9の割合で硫酸銅と水になり，生じた水は元の水と混ざり溶媒《ばい》となります。水200ｇに硫酸銅五水和物50ｇを溶かした際の濃度は何％ですか。小数第一位を四捨五入し整数で答えなさい。ただし，硫酸銅五水和物50ｇは完全に水に溶けたものとします。

2　浮力について次の問いに答えなさい。

(1)　四角枠中の問題に対する解説を示しました。解説文中の空らん(あ)～(え)に適切な数値を入れなさい。

問題

１辺が10cmの立方体の物体(図１)を水の中に入れたところ，図２のように２cmだけ水面から出た状態で物体は浮いた。この物体の重さを求めなさい。

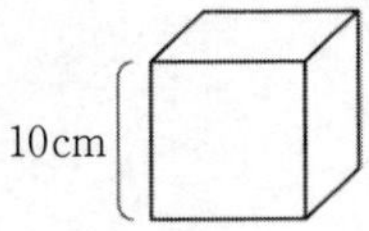

図１

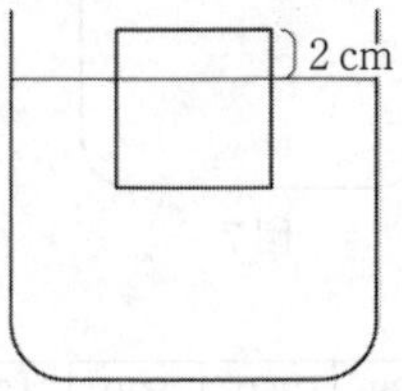

図２

解説

液体中の物体には浮力がはたらく。物体の液体につかっている部分の体積と同じ体積分の液体の重さが，物体にはたらく浮力となる。液体が水の場合，体積１cm^3分の重さは１ｇである。図２の場合，物体が水につかっている部分の高さは(　あ　)cmであるから，水につかっている部分の体積は(　い　)cm^3となる。(　い　)cm^3と同じ体積分の水の重さは(　う　)ｇより，この物体にはたらく浮力は(　う　)ｇである。この浮力がはたらくことで物体は浮いているため，物体全体の重さは(　え　)ｇということになる。

(2)　縦10cm，横15cm，高さ10cmの物体を水の中に入れたところ，図３のように，完全にしずみました。その後，物体が水から出ないようにばねはかりにつるしたところ，ばねはかりは500ｇを示しました(図４)。この物体にはたらいている浮力の大きさと，物体の重さを答えなさい。

図３

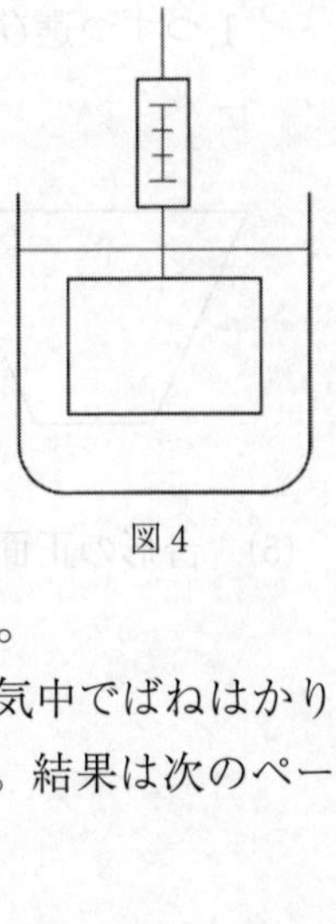
図４

水の中に入れると完全にしずんでしまう重さ600ｇの台形をした物体について，次のような実験を行いました。次のページの図５は台形の厚さが［A］cmであることを示しています。

実験１(図６)：正面から見た向きを図５のままにし，物体が傾かないように空気中でばねはかりにつるし，２cmずつ水にしずめていったときの物体の重さをはかった。結果は次のページの表１のようになった。

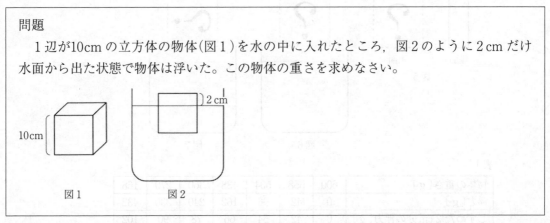

実験２(図７)：正面から見た向きを図５から横向きにして，物体が傾かないように空気中でばねはかりにつるし，２cmずつ水にしずめていったときの物体の重さをはかった。結果は表２のようになった。

※どちらの実験も，最後に物体を２cmしずめたことで，ちょうど物体が完全に水につかった。

※水中に入っている物体とばねはかりとをつなぐ糸の重さは考えなくてよい。

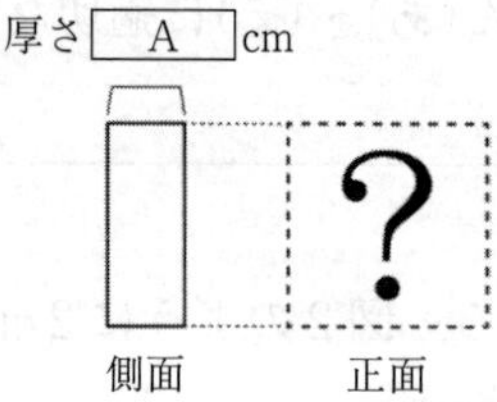

図５

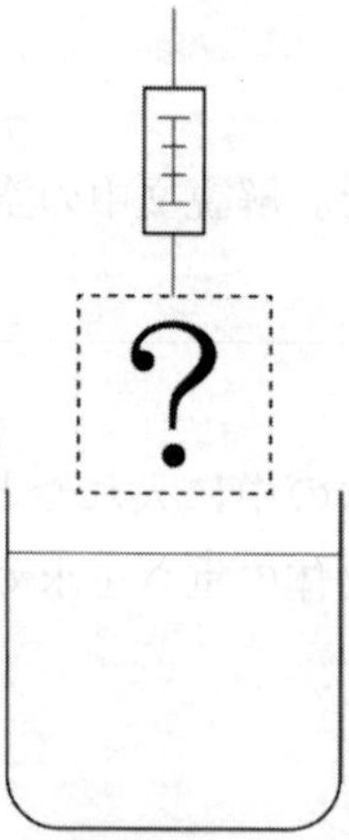
図６

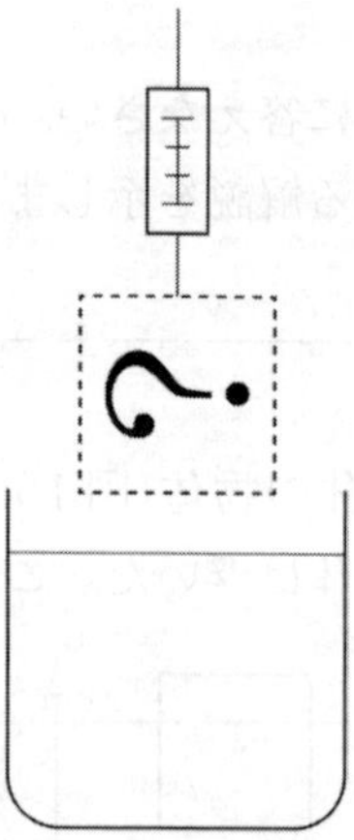
図７

表１

物体の重さ〔g〕	600	558	504	438	360	270	168
浮力〔g〕	0	42	96	162	240	330	432
しずめた２cm分の浮力〔g〕	0	42	54	66	78	90	102

表２

物体の重さ〔g〕	600	588	552	492	420	348	276	216	180	168
浮力〔g〕	0	12	48	108	180	252	324	384	420	432
しずめた２cm分の浮力〔g〕	0	12	36	60	(あ)	(い)	(う)	60	36	12

(3)　表中の「しずめた２cm分の浮力」とは，１つ前の状態と比べた浮力の増加分を表しています。表２中の空らん(あ)～(う)に適切な数値を入れなさい。

(4)　２cmずつしずめたときの浮力の増え方から，図６と図７の物体の向きを次のア～ウから１つずつ選び，記号で答えなさい。

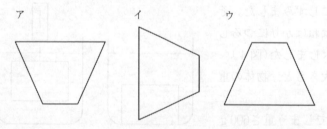

ア

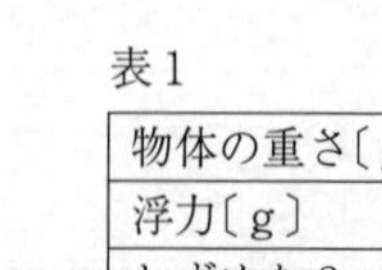

イ

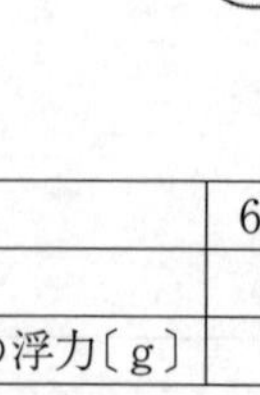

ウ

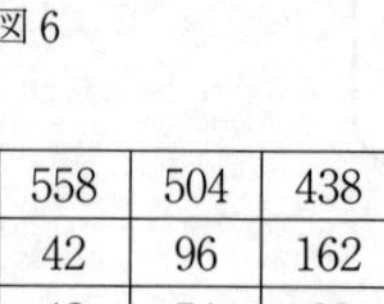

(5)　台形の正面の面積及び，側面の厚さ A を答えなさい。

3　植物についての2人の会話を読み，以下の問いに答えなさい。

東「この前弟に『シイタケは野菜だ！』って言われたのだけど，そうは思えないよなぁ……学くんはどう思う？」

学「Aシイタケは植物ではないし，ぼくも正確には野菜ではないと思うよ。そういえば，野菜って普段食べる部分しか目にしないから，花を見たことがあるかというと意外とないよね。」

東「そうだね。ちなみにBダイコンはアブラナの仲間だから，アブラナそっくりの花が咲くらしいよ。」

学「そうなんだ。花といえば，今日の理科で，受粉が起こると（ あ ）が種子に，そして（ い ）が果実になることを習ったね。」

東「受粉のしかたも花それぞれで違っていたよね。小学校で育てたCキュウリは雄花《おばな》と雌花《めばな》をそれぞれ咲かせていたし，D離れた花に花粉を運ぶために，虫の力を借りる花もあったよね。」

学「受粉に虫の力を借りる花を虫媒花《ちゅうばいか》といったよね。この前読んだ本で，E虫媒花の多くも，おしべとめしべの両方を備えた花(両性花)をつけるけど，そのような植物でも，自家受粉(1つの個体の花の中で受粉が起こること)をさける方が望ましいって書いてあったよ。」

東「自家受粉できた方が，効率よく種子をつくれそうなのにね……どのようなしくみで自家受粉をさけているのだろう。調べてみようか。」

(1)　下線部Aについて，あなたが考える，シイタケが植物ではないと判断できる理由を簡単に説明しなさい。

(2)　下線部Bについて，図1はアブラナの花の模式図です。次の①～③に答えなさい。

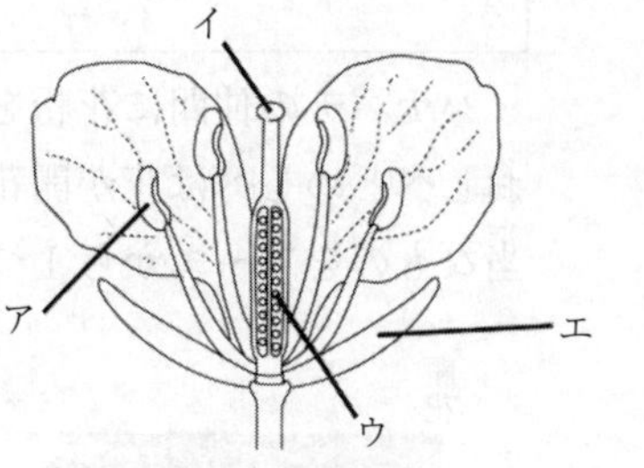

図1

①　花粉がつくられる場所として適当なものを図1のア～エから1つ選び，記号で答えなさい。

②　アブラナの花のように花びらが1枚1枚分かれているつくりの花をなんといいますか。ひらがなで答えなさい。

③　アブラナの花と同じような花びらのつくりをしている花をア～オからすべて選び，記号で答えなさい。

ア　アサガオ　　イ　サクラ　　ウ　タンポポ

エ　ツツジ　　オ　エンドウ

(3)　文章中の空らん(あ)と(い)に当てはまる語句を答えなさい。

(4)　下線部Cについて，雄花と雌花に分かれている花をつける植物をア～オからすべて選び，記号で答えなさい。

ア　カボチャ　　イ　ピーマン　　ウ　ヘチマ　　エ　ナス　　オ　トマト

(5)　下線部Dについて，虫媒花の特ちょうを説明する文章として誤ったものをア～エから1つ選び，記号で答えなさい。

ア　虫媒花は，色鮮《あざ》やかな花びらをもつことが多い。

イ　虫媒花は，みつをつくることが多い。

ウ　虫媒花の花粉には，空気袋がついていることが多い。

エ　虫媒花の花粉には，とげや凹凸《おうとつ》がついていることが多い。

(6)　下線部Eについて，2人が調べた結果，ある資料から以下のような記述が見つかりました。

虫媒花の多くはおしべとめしべの両方を備えた花(両性花)をつけます。そのような植物では自家受粉をさけるために，おしべ・めしべが機能している時期をずらすものがあります。

枝上における花の並び方のことを花序《かじょ》といいます。チューリップのように茎《くき》の先に単独で花をつけるものを単頂花序《たんちょうかじょ》と呼ぶのに対し，スズランやヒヤシンスのように，花が間隔をあけて並んでいるものを，総状花序《そうじょうかじょ》といいます(図２)。多数の花からなる総状花序では，基部(花全体の付け根)側から開花していくため，先端の花ほど若くなっています。またハナバチの仲間には図３に示すように，基部から先端側に花をめぐり，みつを集める性質があります。

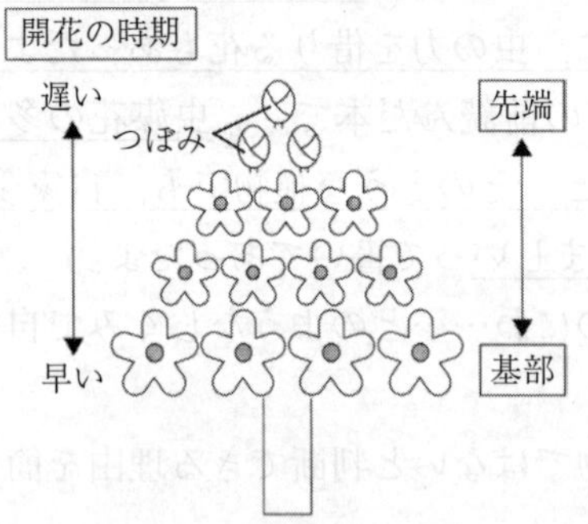

図２　総状花序

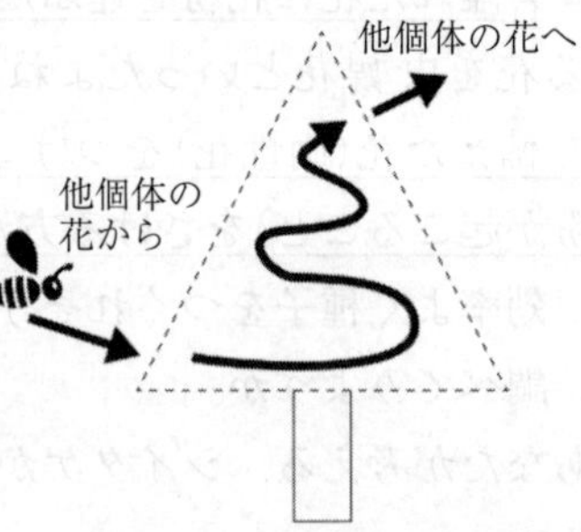

図３　みつを集める順序

ハナバチの仲間に花粉を運んでもらうとして，総状花序の花では，自家受粉をさけるために，おしべとめしべは花が開花してからしぼむまでの間に，どのような順で機能しますか。最も適当なものをア～エから１つ選び，記号で答えなさい。

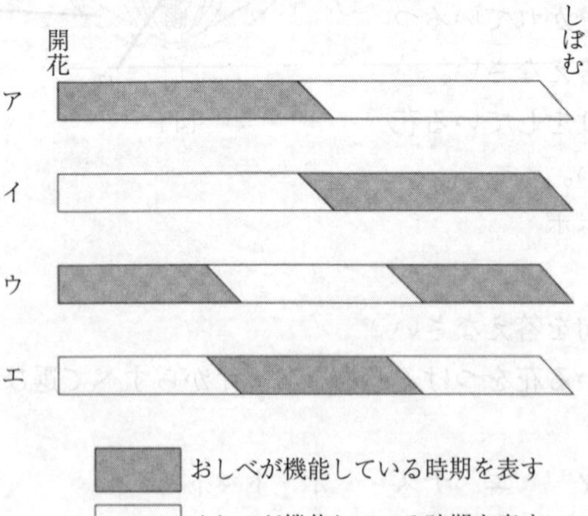

4 図１はある地域の山(▲印)とある河川の流域を示しています。三春さんは図１の河川の下流の河原(✕印)で岩石の観察を行い，その結果を表１にまとめました。以下の問いに答えなさい。

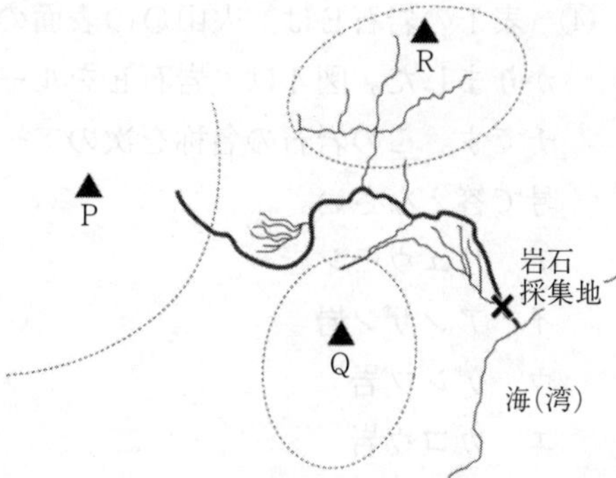

図１　ある河川の流域図

表１　河原✕で見つかった岩石の種類や特ちょう

A	黒っぽい溶岩。表面に小さな穴が多数あいている。
B	砂岩(巻貝の化石を含む)
C	泥岩
D	白っぽく，大きな結晶が見える。
E	灰色で，細かい粒の中に，やや大きな粒(結晶)が見える。
F	レキ岩
G	火山灰が固まってできた岩石。

(1) 図１のPは活火山です。表１の岩石Aはこの火山の表面をつくっている溶岩です。次の①，②に答えなさい。

① 岩石Aの表面にある小さな穴はどのようにしてできたのでしょうか。簡単に説明しなさい。

② 表１の岩石Aの名称《めいしょう》を次のア～エから１つ選び，記号で答えなさい。

ア　リュウモン岩　　イ　アンザン岩　　ウ　ゲンブ岩　　エ　カコウ岩

(2) 図１のQも活火山です。この火山は，かつて下の図２のような形をした成層火山でしたが，大規模噴火《ふんか》を引き起こした後，図３のように中央部が陥没《かんぼつ》したカルデラと呼ばれる地形となりました。以下の①～④に答えなさい。

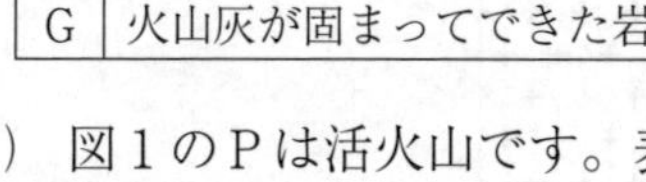
図２　元の火山

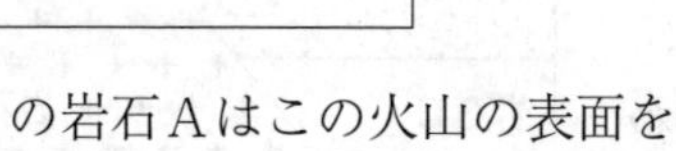
図３　カルデラ地形

① 図３のようなカルデラがつくられる理由を「マグマ」を使って説明しなさい。

② カルデラができるような火山噴火のとき，直径２mm以下の細かい粒子が大量に放出されます。この粒子を何といいますか。漢字三文字で答えなさい。

③ ②の粒子について述べた次のア～エのうち，誤ったものを１つ選び，記号で答えなさい。

ア　鉱物の結晶を多く含んでいる。

イ　激しい火山爆発の際に，高温の火山ガスとこの粒子が混ざり高速で山の斜面を流れ下り，災害を引き起こす。

ウ　含まれているすべての粒子は，角が取れて丸い。

エ　風で遠くまで運ばれる。

④　表1の岩石Eは，火山Qの表面の岩石であることがわかりました。図4は，岩石Eをルーペで観察したスケッチです。この岩石の名称を次のア～エから1つ選び，記号で答えなさい。

ア　リュウモン岩

イ　アンザン岩

ウ　ゲンブ岩

エ　カコウ岩

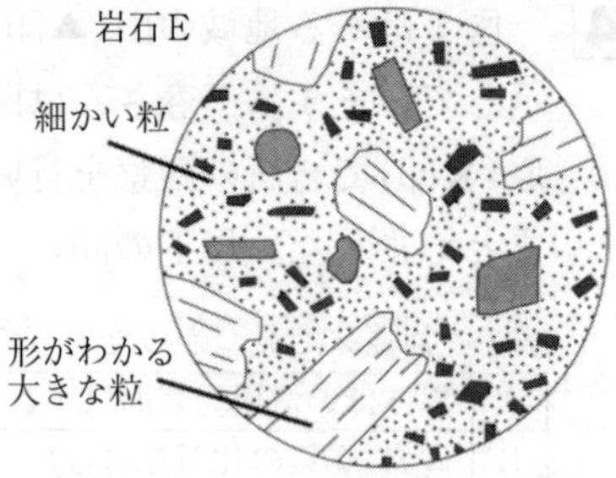

図4　岩石Eのスケッチ

(3)　右の図5は図1のRの山道で見られた露頭《ろとう》をスケッチしたものです。この露頭には，河原(×印)で見られた岩石B，C，D，Gが含まれていることがわかりました。次の①～③に答えなさい。

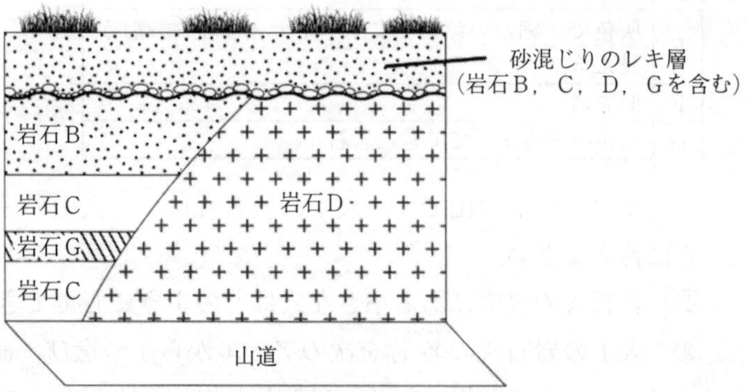

図5　Rの露頭のスケッチ

①　次のア～エは図5の地層が形成されるまでの出来事を表しています。これらの出来事が起きた順に並べなさい。

ア　この地域が隆起して，地層がしん食され，砂混じりのレキ層がたい積した。

イ　岩石B層がたい積した。

ウ　岩石C層のたい積中に，近くの火山が噴火して火山灰層(岩石G)がたい積した。

エ　火山活動が起き，マグマが地層に入り込み，それが冷えて岩石Dとなった。

②　右の図6は，図5の露頭に見られる岩石Dをルーペで観察したスケッチです。岩石Dのできかたを正しく述べたものはどれですか。次のア～エから正しいものを1つ選び，記号で答えなさい。

ア　マグマが地表近くで，急激に冷えてできた。

イ　マグマが地表近くで，ゆっくり冷えてできた。

ウ　マグマが地下深くで，急激に冷えてできた。

エ　マグマが地下深くで，ゆっくり冷えてできた。

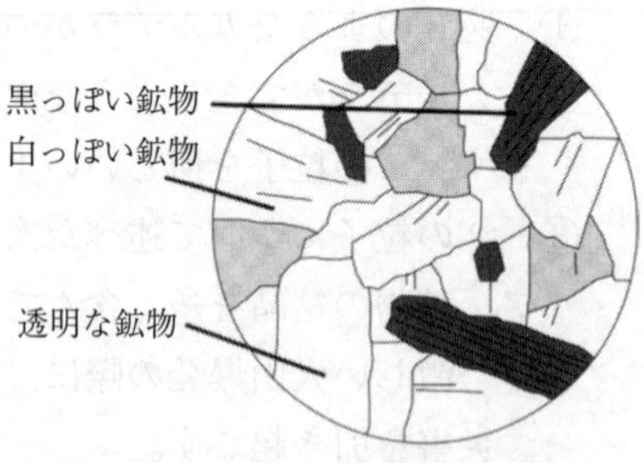

図6　岩石Dのスケッチ

③　露頭に見られる岩石Cと岩石Gを調べると，岩石Dに近いものほど，硬くなっており，岩石Dに接しているものは，陶器《とうき》のような硬度がありました。

このように，岩石Dに近いほど硬度が高い理由を説明しなさい。

とへの不安が残るから。

ウ　いくら犯罪が減ったとはいえ、ゼロになることはないから。

エ　マスメディアが事件をセンセーショナルに報道しすぎるから。

問六　――⑤「日本独特の功利主義的状況《じょうきょう》」とありますが、どういう点が「独特」なのですか。二十五字以上三十字以内で説明しなさい。

問七　[E]に入る言葉として最もふさわしいものを次の中から一つ選び、記号で答えなさい。

ア　勝手　イ　安全　ウ　孤独《こどく》　エ　高慢《こうまん》

問八　――a～eのカタカナを漢字に直して答えなさい。

a　ツウキン電車で隣《とな》り合わせになり

b　安全や安心がカクホされる

c　ジッタイとしての安全

d　習慣がまだテイチャクしていなかった

e　自分たちをホウイし

問九　あなたの住む町で、住民に以下のようなアンケートが回ってきました。このアンケートに答える形であなたの考えを書きなさい。ただしＱ２は、五十字以内とします。

〇〇町　住民アンケート

住民の皆《みな》様へ

このたび、〇〇町にも防犯カメラを設置してほしいというご要望を受け、全戸にアンケートを実施《じっし》することになりました。つきましては以下の質問にご回答をお願いいたします。

〇〇町長　山田太郎

Ｑ１　あなたはお住まいの地域に防犯カメラを設置してほしいと思いますか。どちらかに〇をつけてください。

はい　　いいえ

Ｑ２　Ｑ１のように答えた理由を具体的に書いてください。(50字以内)

状況《じょうきょう》をお互いに強《し》いている。このような通念や習慣がまだ dテイチャクしていなかった二〇世紀の中頃《なかごろ》には、日本でもヨーロッパ並みにデモンストレーションやストライキがあったが、今日ではデモンストレーションやストライキは少なくなり、それらを単なる迷惑や騒乱《そうらん》のたぐいと見ている人も少なくない。

どれほどハイレベルな秩序《ちつじょ》を実現したところで、個人のプライベート化を至上命令とし、実際そのように生きてきた私たちは [E] だ。ゆえに、その [E] についてまわる不安を完全に拭うことはこれからもできないだろう。それでも不安を拭うべく、私たちはますます行儀《ぎょうぎ》の良い通念や習慣をエスカレートさせ、監視カメラや携帯デバイスで自分たちを eホウイし、自己主張を最小化した日本ならではの秩序を形づくってやまない。

（熊代　亨 著『健康的で清潔で、道徳的な秩序ある社会の不自由さについて』一部改変）

問一　[A]～[D] に入る言葉として、最もふさわしいものを次の中からそれぞれ選び、記号で答えなさい。（同じ記号を二度以上使ってはいけません。）

ア　とはいうものの　　イ　そのうえ
ウ　むしろ　　エ　たとえば

問二　——①「現代人はお互《たが》いを必要最低限にしか知り合わないコミュニケーションに慣れきっている」とありますが、これはどのような考えがあるからですか。[　] に入る言葉として最もふさわしいものを本文中から二十五字以上三十字以内で抜《ぬ》き出して答えなさい。

[　　　　] という考え

問三　——②「実際には監視《かんし》も記録もしていないとしても、いつでも監視し記録できることが重要だ」とありますが、「監視も記録もしていない」のになぜ、重要だと言えるのですか。説明として最もふさわしいものを次の中から一つ選び、記号で答えなさい。

ア　いつでも監視できるという技術の進歩に期待して、安心な社会を作ることができるから。
イ　いつでも監視できると思わせることで、人々に悪いことをする気を起こさせないようになるから。
ウ　いつでも監視し記録できることだけで、人々を善良な人間に訓練できることになるから。
エ　いつでも監視し記録できる技術があるだけで、世界有数の安全な国と認められるから。

問四　——③「現代人らしい通念や習慣」とありますが、この例として筆者の言いたいことに**合わない**ものを次の中から**すべて**選び、記号で答えなさい。

ア　他人の個人生活をあれこれ聞かないようにする。
イ　なるべく誰《だれ》とも関わらないように生活する。
ウ　自分が発する臭《にお》いに気をつける。
エ　公共の場で大声で話さないようにする。
オ　自分は安全な人間だとアピールする。
カ　他人を信用せず、互《たが》いに監視《かんし》して安全を守る。

問五　——④「夜のコンビニも子どもの外遊びも、昭和時代よりずっと安全になったはずなのに、私たちが昭和時代に比べて安心するようになったわけではない」とありますが、これはなぜですか。その理由として最もふさわしいものを次の中から一つ選び、記号で答えなさい。

ア　個人のプライベートな生活を守るために必要な負担が大きすぎるから。
イ　どれほどハイレベルな秩序《ちつじょ》を実現しても、他人を知らないこ

二

次の文章をよく読んで、後の問いに答えなさい。（問題に字数制限のある場合は、すべて句読点、符号《ふごう》をふくむものとする。）

①現代人はお互《たが》いを必要最低限にしか知り合わないコミュニケーションに慣れきっているわけである。［A］コンビニで買い物をする際、私たちは店員の趣味《しゅみ》や悩《なや》みを知らないし、むしろ詮索《せんさく》（※細かいことまでつきつめてしらべもとめること）するのは失礼だとみなしている。ご近所同士もまた然《しか》り。媒介物《ばいかいぶつ》（※両方の間にはいって仲立ちをするもの）となる話題がない限り、ご近所同士はお互いについて何も知らず、知ろうともしない。

そうした〝知り合わない個人生活〟は、プライバシーを最大限に尊重しあう真新しいニュータウンやタワーマンションでこそ顕著《けんちょ》だが、東京全体、ひいては日本全体でも概《おおむ》ねそうだと言える。私たちはお互いのことを知り合わないまま aツウキン電車で隣《とな》り合わせになり、金銭やコンテンツを媒介物としてコミュニケーションしている。お互いのことをほとんど知らないにもかかわらず、どうして私たちは平気な顔で過ごしていられているのか。

理由のひとつは法治が行き届き、世界有数のセキュリティのなかで私たちが暮らしているからだろう。あちこちに設置された監視《かんし》カメラによって、法からの逸脱《いつだつ》は追跡《ついせき》されやすくなった。［B］個人が所有する携帯《けいたい》デバイスによって、私たちはお互いを監視し記録できるようにもなった。②実際には監視も記録もしていないとしても、いつでも監視し記録できることが重要だ――往年のパノプティコン（※中央に高い塔《とう》を置き、それを取りまくように囚人《しゅうじん》の部屋を配置した円形の刑《けい》務所《むしょ》。中央の高い塔からは全囚人のことを監視できる。）よりもずっと裾《すそ》野《の》の広い規律訓練の場が日本じゅうを覆《おお》っているようなものである。無数のカメラと携帯デバイスによって私たちの安全や安心が bカクホされると同時に、私たちの行動や振《ふ》る舞《ま》いがその影響《えいきょう》を受け続ける。

もうひとつは、③現代人らしい通念や習慣が浸透《しんとう》（※人々の間にしみとおり広がること）しているからでもあろう。お互いが礼儀《れいぎ》作法《さほう》や身だしなみに相応のコスト（※費用）を支払《しはら》い、挙動《きょどう》不審《ふしん》と思われない言動に終始していれば、cジッタイとしての安全はともかく、お互いの安心は保たれる。お互いの個人生活を侵害《しんがい》しないためには、無臭《むしゅう》であることも重要だ。他人に迷惑《めいわく》をかけてはならないというテーゼ（※活動方針）はお互いのプライベートな個人生活を最大限に尊重するべきという功利主義的（※全ての行動が、幸福や快楽をもたらすかどうかに重点を置く考え方）なニーズ（※欲求）と一致《いっち》したもので、令和時代の日本人のほとんどは、このテーゼを当たり前のものとして内面化している。

［C］、お互いを知り合わないままのスタンドアロン（※孤立《こりつ》・他と関係を持たない）な生活では、他人に対する不安を完全に拭《ぬぐ》い去ることはできない。今日でも、マスメディアがセンセーショナルな事件を報道するたび、人々は報道に釘付《くぎづ》けになる。先にも述べたとおり、実際には犯罪は減り続けており、監視カメラをはじめとする犯罪抑止《よくし》力《りょく》は日に日に高まっている。④夜のコンビニも子どもの外遊びも、昭和時代よりずっと安全になったはずなのに、私たちが昭和時代に比べて安心するようになったわけではない。セコム株式会社の調査では、近年の私たちの治安に対する懸念《けねん》（※気にかかって不安に思うこと）は［D］高まっているし、今日の保護者は地域に対して第一に安全を期待している。

個人のプライベートな生活を守りあいながら、安全・安心な生活を維持《いじ》するために、私たちが支払っている代償《だいしょう》は決して小さくない。清潔でいるため・挙動不審と思われないため・臭《にお》いや行動で他人に迷惑をかけないための通念や習慣にすっかり馴《な》らされた私たちは、個人それぞれが自己主張する社会とは異なった、⑤日本独特の功利主義的

問四　――②「そのような考え」とはどのような考えですか。最もふさわしいものを次の中から一つ選び、記号で答えなさい。

ア　計算で求めた数字を当てはめるなら測量など意味がないという考え。

イ　わからなくなったところは空白で残しておけばいいという考え。

ウ　読み取れなかった数字は、計算するなりして書きこめばいいという考え。

エ　わからないところを空白で残しておいては、歩測が無駄《むだ》になってしまうという考え。

問五　――③「身をかたくした」とありますが、それはなぜですか。最もふさわしいものを次の中から一つ選び、記号で答えなさい。

ア　師に隊からの追放を命じられて恐《おそ》ろしくなったから。

イ　自分のやったことを白状する勇気が出ず緊張《きんちょう》していたから。

ウ　師の重々しい声が自分を責めているように思えたから。

エ　秀蔵《しゅうぞう》が自分の身代わりになって罪を申し出たことに驚《おどろ》いたから。

問六　――④「呪縛《じゅばく》がとけた」とありますが、ここでの「呪縛」とはどのようなことを指していますか。最もふさわしいものを次の中から一つ選び、記号で答えなさい。

ア　秀蔵《しゅうぞう》と父忠敬《ただたか》とのけんかを、ただ茫然《ぼうぜん》と見ているほかはなかったこと。

イ　本当は自分が申し出てあやまるべきだったのに、恐《おそ》ろしくなって言い出せなかったこと。

ウ　自分が悪いのに白状できず、言い逃《のが》れすることしか考えていなかったこと。

エ　師の怒《いか》りで頭が真っ白になってしまい、どうしていいかわからなくなってしまったこと。

問七　――⑤「問いを飲みこんだ」とありますが、どういうことですか。最もふさわしいものを次の中から一つ選び、記号で答えなさい。

ア　秀蔵《しゅうぞう》を叱《しか》った理由を聞きたかったが、自分は過《あやま》ちを犯《おか》しているので聞くことははばかられると思い、聞けなかったということ。

イ　師に聞きたいことはたくさんあったが、ここで叱られて追い出されたくなかったので聞けなかったということ。

ウ　秀蔵を叱った理由を聞いてしまうことで、父子の仲をさらに悪化させることになると思い、聞くのをやめたということ。

エ　師と秀蔵の間には何か深い事情があり、自分が立ち入るべきではないと思って聞くのをやめたということ。

問八　[V]に入る言葉として、最もふさわしいものを本文中から十字以内で抜《ぬ》き出して答えなさい。

読みとれないところは[十字以内]よかったのですね

問九　――⑥「自分のしでかしたこと」とは何ですか。四十字以内で答えなさい。

問十　――⑦「畳《たたみ》に額をすりつけた」とありますが、この時の平次の心情として**ふさわしくない**ものを次の中から一つ選び、記号で答えなさい。

ア　感服　イ　納得《なっとく》　ウ　困惑《こんわく》

エ　後悔《こうかい》　オ　謝意

敬が答える。
「今は多少なりとも学問がわかって、より真剣《しんけん》に向き合っておる。人は、金を持った年寄りが道楽でやっている、と言うがな」
「おれも真剣です」
それだけは言っておきたかった。学問を軽《かろ》んじているつもりはない。
「その点は否定せんよ。だが、方向がまちがっておる」
忠敬は手厳しく断定した。
「あらかじめ用意した答えを導くために、都合のいい数字をあてはめる。それは学問においては絶対にやってはならないことだ。予想と観測結果がちがうことなど、いくらでもある。それがどうしてか考える。学問はそこからはじまるのだ」
言いたいことはわかる。でも今回は、それほど重要な問題ではなかったはずだ。どうしても言い訳したくなってしまうが、平次はこらえた。
ところが、忠敬は平次の頭の中を読んでいた。
「一事が万事だよ。小さなことだから、ほかに影響《えいきょう》がないから……そう言って、いいかげんなことをしていたら、悪いくせがついてしまう。基本をおろそかにせず、コツコツと努力するのが肝心《かんじん》だ。父上から教えられなかったか」
「……教わりました」
平次は自分が恥《は》ずかしくなっていた。失敗を取り返そう、褒《ほ》めてもらおう、とばかり考えて、大切なことを忘れていたのだ。
「読みとれないところは［　Ⅴ　］よかったのですね」
「そうだ。ひとつでもでっちあげたら、記録全体が信用のおけぬものとなってしまう」
⑥自分のしでかしたことをようやく理解して、平次は⑦畳に額をすりつけた。

（小前　亮　著『星の旅人』一部改変）

問一　――A「輪をかけて」、B「にじりよって」の言葉の本文中での意味として最もふさわしいものを下の中からそれぞれ一つずつ選び、記号で答えなさい。

A　ア　いつものように
イ　予想に反して
ウ　今まで見たことがないほど
エ　一層はなはだしくなって

B　ア　突然《とつぜん》勢いよく近づいて
イ　顔を顔のそばに近づけて
ウ　膝《ひざ》をついたまま近寄って
エ　ためらいがちにそろそろと近寄って

問二　［Ⅰ］〜［Ⅳ］に当てはまる言葉をそれぞれ三字以内で答えなさい。

Ⅰ　言語［　Ⅰ　］　Ⅱ　［　Ⅱ　］言葉に
Ⅲ　［　Ⅲ　］言葉　Ⅳ　身を［　Ⅳ　］手段

問三　――①「ひざの上で握《にぎ》りしめたこぶしが〜浮《う》きあがっている」とありますが、これは平次のどのような状態を表していますか。最もふさわしいものを次の中から一つ選び、記号で答えなさい。

ア　師に指摘《してき》されたことによって自分の犯《おか》した間違《まちが》いを悟《さと》り、恐《おそ》ろしく感じている。
イ　自分は間違っていないという信念があるが、認められず悔《くや》しくて力が入っている。
ウ　自分の犯した過《あやま》ちがばれてしまったのではないかと恐れて、びくびくしている。
エ　師は自分がやったことを知って問いつめようとしているのだとわかり、戸惑《とまど》っている。

弟子《でし》たちがあとにつづいて、秀蔵と平次が残された。
秀蔵がBにじりよってきて、平次の頭に手をおいた。髪《かみ》をくしゃくしゃにして笑う。
「そういうわけだから、あとは任せたぞ」
ようやく④呪縛《じゅばく》がとけた。平次は畳に額をすりつけるように頭をさげた。
「ごめんなさい、すみません。おれが悪いんです。あやまってきますから」
「別にいいよ」
秀蔵は強引《ごういん》に平次の頭をあげさせた。
「もともと蝦夷地になんか行きたくなかったからな。クマもシカもキツネも、見たくないから」
「でも、おれのために、そんな……」
平次は胸の奥《おく》が熱くなってくるのを感じた。とめるまもなく、涙《なみだ》があふれてくる。ほおを濡らし、あごを濡らして流れ落ちる。
「おまえは親父《おやじ》をさがすんだろ。自分のやるべきことをやれ。おれだって、帰ったら好きなことをやるさ」
「好きなことって？」
秀蔵はちょっと迷った。
「測量じゃないことだ。とにかく、おまえは蝦夷地に行け。わかったな」
もう一度、平次の髪をかきまわして、秀蔵は立ちあがった。
「あ、待って」
制止をふりきって、秀蔵は庭のほうへ出て行った。
平次はすわりこんだまま、涙をぬぐっていた。どうすればよいのかわからない。秀蔵は本当に帰るつもりなのか。それを望んでいるのだろうか。いや、そんなはずはない。蝦夷地に渡《わた》るのを楽しみにしていたではないか。
夕食の膳《ぜん》が片付けられたのにも気づかず、平次は考えこんでいた。
平次は忠敬と向かい合って正座していた。
やはり、名乗り出ないわけにはいかないと思ったのだ。秀蔵のやさしさに甘《あま》えていては、いつまでたっても子どものままである。人を犠《ぎ》牲《せい》にして、自分の利益を追求したら、必ず後悔《こうかい》する。
行灯《あんどん》の弱々しいあかりが、せまい座敷をぼうっと照らしている。忠敬の表情はわからないが、きっと厳しい顔つきにちがいない。
「すみませんでした。記録を写したのは私です。秀蔵さんは私をかばってくれただけで、まったく悪くないのです」
そう告げると、忠敬はふうっと、息をついた。
「字を見ればわかる」
「ではなぜ……」
秀蔵を叱《しか》ったのか。あの場で平次を問いつめればよかったではないか。
しかし、平次は⑤問いを飲みこんだ。たずねる資格はないと思った。
忠敬は少し間をおいてから、口を開いた。
「おまえは学問を何と心得ておるのだ」
質問に怒《いか》りは感じられなかったが、すぐに答えることはできなかった。出世の手段、と正直に答えたら、見捨てられるに決まっている。
淡《あわ》い灯《あか》りがかすかにゆれた。
「身を［Ⅳ］手段か」
見抜《みぬ》かれている。仕方なく、平次はうなずいた。
「うむ、わしもかつてはそうであった。おまえと同じような年のころだな」
平次は少し顔をあげた。今はちがうのだろうか。無言の問いに、忠

2023年度 関東学院中学校

【国　語】〈一期A試験〉（五〇分）〈満点：一〇〇点〉

次の文章をよく読んで、後の問いに答えなさい。（問題に字数制限のある場合は、すべて句読点、符号《ふごう》をふくむものとする。）

一

伊能忠敬《いのうただたか》の一行は、幕府の命を受けて蝦夷地《えぞち》（北海道）へ測量の旅に出た。途中《とちゅう》で平次《へいじ》は疲労《ひろう》から足を滑《すべ》らせ転んでしまい、背負っていた測量記録を池に落としてしまう。貴重な記録が濡《ぬ》れて一部読めなくなってしまい、平次は計算したり予備の記録を使ったりして穴うめをした。

その夜、忠敬はひどく機嫌《きげん》が悪そうだった。普段《ふだん》からいかめしい表情をしているが、A輪をかけて眉間《みけん》のしわが深くなり、口もとに力が入っている。

宿の座敷《ざしき》で、味気ない食事が終わると、忠敬が一同を引きとめて切り出した。

「おまえたちに聞きたいことがある」

氷のように張りつめた声だった。平次はびくりとして顔をあげた。

「記録を写したのはだれだ」

明らかに怒《おこ》っている。平次はとっさに返事ができなかった。目を合わせられず、うつむいてしまう。

「読みとれない数字を勝手に書きこむなど、言語［Ⅰ］だ。計算で求めた数字を当てはめるなら、実際に測量する意味などない。何のために歩いてきたと思っているのだ」

「……！」

無言の衝撃《しょうげき》につらぬかれて、平次の顔から血の気が引いた。①ひざの上で握《にぎ》りしめたこぶしが白くなって、血管が浮《う》きあがっている。

どうやら、大変なまちがいをしてしまったようだ。空白で残しておけばよかったのか。しかし、それでは失われた記録は永久に戻《もど》らない。これまでの歩測がなかったことになってしまうではないか。

「②そのような考えの者を隊に残しておくわけにはいかない」

重々しい声は町《まち》奉行《ぶぎょう》の裁きを告げるかのようだった。平次は③身をかたくした。名乗り出てあやまらなければ、と思うが、のどがひりついて、言葉が出ない。

「申し訳ございません！」

秀蔵《しゅうぞう》の声がひびいた。

「平次がしょげていたので、何とかしてやろうと思って……。全部元通りにしてやりたかったんです。すみませんでした」

土下座する秀蔵を、忠敬はじろりとにらんだ。

「おまえには学問をする意味を教えたつもりだったが、無駄《むだ》だったようだな」

「出来の悪い息子《むすこ》ですみません。帰れと言うなら、帰ります」

「では、帰ってもらおう」

［Ⅱ］言葉に［Ⅲ］言葉である。まるで親子げんかだが、平次は客観的に見られる状況《じょうきょう》ではない。悪いのは自分で、秀蔵はかばってくれているのだ。

しかし、平次は凍《こお》りついたままだった。目はささくれだった畳《たたみ》に吸いつけられている。耳は親子の会話を聞きながら、頭には入ってこない。口は開くが、舌が動かない。自分が自分でないようだった。

「荷物を整理しておくのだぞ」

言いおいて、忠敬は立ちあがった。二階の部屋へと引きあげていく。

2023年度

関東学院中学校　▶解説と解答

算　数　＜一期Ａ試験＞（50分）＜満点：100点＞

解　答

1 (1) 90　(2) 1　(3) 4900　(4) 124　2 59cm^2　3 1　4 120人
5 13才　6 毎時30km　7 16本　8 (1) 1：2　(2) 2倍　(3) 128倍

解　説

1 四則計算，逆算，計算のくふう，数の性質

(1) $12\times9-\{38-8\times(12\div4+1)\}\times3=108-\{38-8\times(3+1)\}\times3=108-(38-8\times4)\times3=108-(38-32)\times3=108-6\times3=108-18=90$

(2) $3\div\left(2-\dfrac{4}{10+\square}\right)\div2\dfrac{2}{3}=\dfrac{11}{16}$より，$3\div\{2-4\div(10+\square)\}=\dfrac{11}{16}\times2\dfrac{2}{3}=\dfrac{11}{16}\times\dfrac{8}{3}=\dfrac{11}{6}$，$2-4\div(10+\square)=3\div\dfrac{11}{6}=3\times\dfrac{6}{11}=\dfrac{18}{11}$，$4\div(10+\square)=2-\dfrac{18}{11}=\dfrac{22}{11}-\dfrac{18}{11}=\dfrac{4}{11}$，$10+\square=4\div\dfrac{4}{11}=4\times\dfrac{11}{4}=11$　よって，$\square=11-10=1$

(3) $220\times9.8+980\times7.1-43\times98=22\times10\times9.8+7.1\times10\times98-43\times98=22\times98+71\times98-43\times98=(22+71-43)\times98=(93-43)\times98=50\times98=4900$

(4) あてはまる数は５と８の公倍数よりも４大きい数になる。さらに，５と８の最小公倍数は40だから，このような数は40の倍数よりも４大きい数とわかる。したがって，小さい方から順に，４，４＋40＝44，44＋40＝84，84＋40＝124，…となるので，３けたの整数のうち，最小の整数は124である。

2 平面図形—面積

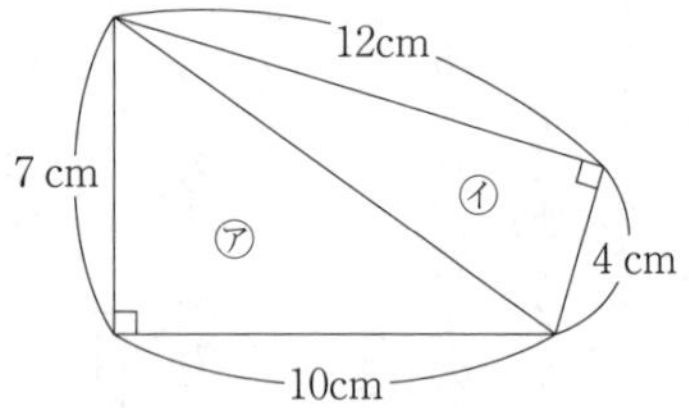

右の図のように，四角形を㋐と㋑の直角三角形に分けると，㋐と㋑の直角三角形の面積はそれぞれ，$10\times7\div2=35$(cm^2)，$12\times4\div2=24$(cm^2)になる。よって，この四角形の面積は，$35+24=59$(cm^2)となる。

3 規則性

$\dfrac{5}{14}=5\div14=0.357142857\cdots$より，小数第２位以下の数は，{5，7，1，4，2，8}の６個の数がくり返し並んでいる。$(100-1)\div6=16$あまり３より，小数第100位までにはこの６個の数が16回くり返され，さらに３個の数が並ぶから，小数第100位の数は１とわかる。

4 集まり，割合

学年全体の30％は算数が好きな人の$\dfrac{2}{5}$にあたるので，算数が好きな人は学年全体の，$30\div\dfrac{2}{5}=75$(％)である。同様に，学年全体の30％は国語が好きな人の$\dfrac{4}{7}$にあたるから，国語が好きな人は学年全体の，$30\div\dfrac{4}{7}=52.5$(％)である。よって，少なくともどちらかが好きな人は学年全体の，$75+52.5-30=97.5$(％)だから，どちらも好きでないと答えた３人は学年全体の，$100-97.5=2.5$(％)にあたる。したがって，学年全体の人数は，3÷0.025＝120(人)と求められる。

5 年齢《ねんれい》算

現在のゆきさんの年齢を①才とすると，現在のお父さんの年齢は(③＋2)才と表せる。また，15年後のゆきさんとお父さんの年齢はそれぞれ，(①＋15)才，(③＋2＋15)＝(③＋17)才と表せるから，③＋17＝(①＋15)×2という式をつくることができる。よって，③＋17＝②＋30，③－②＝30－17，①＝13より，現在のゆきさんの年齢は13才である。

6 速さ

Ａ市からＢ市までの道のりを1とすると，Ａ市からＢ市まで走るのにかかる時間は，1÷36＝$\frac{1}{36}$である。また，Ｂ市からＡ市まで走るのにかかる時間は，$\frac{1}{36}\times(1+0.4)=\frac{7}{180}$になる。よって，(往復の平均の速さ)＝(往復の道のり)÷(往復にかかった時間)で求められるので，このバスの平均の速さは毎時，$(1+1)\div\left(\frac{1}{36}+\frac{7}{180}\right)=2\div\frac{1}{15}=30$(km)となる。

7 つるかめ算

第2試合では，第1試合よりもフリースローが3本多く決まり，2点シュートの本数と得点が変わらなかったので，3点シュートは1本減ったとわかる。すると，第2試合で決めた本数の合計は，40＋3－1＝42(本)となる。また，3点シュートは2点シュートの半分だけ決めたから，3点シュート1本と2点シュート2本を1セットとすると，1セットの得点は，3＋2×2＝7(点)になる。次に，フリースローだけを42本決めたとすると得点は42点である。ここから，3点シュートと2点シュートを1セット決めるごとに，フリースローは，1＋2＝3(本)ずつ減るから，得点は，7－3＝4(点)ずつ増える。よって，得点を74点にするためには，(74－42)÷4＝8(セット)決めればよいので，第2試合で決めた3点シュートは8本，2点シュートは，8×2＝16(本)とわかる。したがって，第1試合で決めた2点シュートも16本である。

8 平面図形―辺の比と面積の比，相似

(1) 問題文中の図で，角OABの大きさは，180－60＝120(度)だから，角ABOの大きさは，180－30－120＝30(度)であり，三角形OABは二等辺三角形とわかる。また，ABとCDは平行なので，三角形OCDと三角形OABは相似であり，三角形OCDも二等辺三角形になる。よって，AB(OA)の長さを1とすると，CD＝OA＋AC＝1＋1＝2より，AB：CD＝1：2となる。

(2) (1)より，三角形OABと三角形OCDの相似比は1：2だから，面積の比は，(1×1)：(2×2)＝1：4となる。また，OAとACは同じ長さなので，三角形OABと三角形ABCの面積は等しい。したがって，三角形OABと三角形ABCの面積をどちらも1とすると，三角形BCDの面積は，4－1×2＝2になるから，三角形BCDの面積は三角形OABの面積の，2÷1＝2(倍)とわかる。

(3) (1)と同様に考えると，三角形OEFと三角形OGHも二等辺三角形になる。また，OA＝1，OC＝2とすると，OE＝OC＋CD＝2＋2＝4，OG＝OE＋EF＝4＋4＝8となる。すると，三角形OABと三角形OGHは相似であり，相似比は1：8だから，面積の比は，(1×1)：(8×8)＝1：64になる。よって，OG＝GH＝GIより，三角形OGHと三角形GHIの面積は等しいから，三角形OHIの面積は三角形OABの面積の，64×2÷1＝128(倍)と求められる。

社　会　＜一期Ａ試験＞（30分）＜満点：60点＞

解　答

1 **問１**　ウ　**問２**　国分寺　**問３**　（例）（以前は）相模から上総へ船で移動するのが東海道の主要な道だったが，相模から武蔵をへて下総へ行く陸路が主要な道に変わったため。　**問４**　地頭　**問５**　エ　**問６**　執権　**問７**　豊臣秀吉　**問８**　ア　**問９**　ア，イ　**問10**　エ　**問11**　イ　**問12**　イ　**問13**　（例）大都市と開港地を結ぶため。　**問14**　オ　**問15**　ウ　**2** **問１**　5　**問２**　ウ　**問３**　エ　**問４**　カ　**問５**　**国**…エ　**首脳**…イ　**問６**　NATO　**問７**　(1)　ア　(2)　イ　(3)　ウ　**3** **問１**　ア　**問２**　（例）（私ができる緩和策は，）エアコンを使用する必要がないときはコンセント（プラグ）を抜いておく（。一方，適応策は，）暑い日には，適切にエアコンを使用して熱中症を予防する（。）

解　説

1　**相模《さがみ》国の歴史についての問題**

問１　弥生時代に稲作が広まると，田を耕すための木製の鍬《くわ》や鋤《すき》が使用されるようになったので，弥生時代よりも前の時代である縄文時代の貝塚から発見されるとは考えにくい。

問２　奈良時代に天災や貴族間での争いなどが相次いだため，聖武天皇は仏教の力で国をやすらかに治めようとして，741年に国分寺建立《こんりゅう》の詔《みことのり》を発した。これにより，国ごとに国分寺が建てられた。相模国分寺跡《あと》は，海老名《えびな》駅の東側にある。

問３　【参考】にある文章に「奈良時代以降，相模国・武蔵《むさし》国・下総《しもうさ》国を結ぶ陸路の整備が進んだ」とあり，地図を見ると，陸路で行くと都から遠い位置にある上総《かずさ》国のほうが下総国よりも都に近い国とされている。したがって，当初の東海道は相模国から船で上総国にわたり，下総国に続くというルートであったが，陸路の整備が進んだことにより，相模国から武蔵国を経由して下総国へ行くのが主要な道になったと考えられる。

問４　地頭は，1185年に源頼朝によって地方に設置された役職で，将軍に忠誠をちかった御家人の中から任命された。荘園や公領の管理と年貢の取り立てがおもな任務で，女性が務めることもあった。

問５　円覚寺は，鎌倉時代後期に第８代執権北条時宗が宋（中国）から無学祖元を招いて創建した臨済宗の大本山で，円覚寺舎利殿は，宋の建築様式（禅宗様）にならって建てられた。なお，宋（南宋）は1127年に高宗が再建した王朝で，1276年に元に滅ぼされた。

問６　執権は，鎌倉時代に将軍を補佐した役職で，源氏の将軍が３代（頼朝・頼家・実朝）でとだえた後は幕府の政治を動かすようになり，北条政子（源頼朝の妻）の実家である北条氏が代々その職を務めた。

問７　北条氏（後北条氏）は，室町時代から安土桃山時代にかけて，小田原を本拠地として関東一円を治めていた，北条早雲に始まる一族である。３代氏康のときに全盛期を迎えたが，1590年の５代氏直のときに豊臣秀吉に攻略された。

問８　金属を溶《と》かし大砲などを鋳造《ちゅうぞう》するための溶解炉《ようかいろ》を反射炉という。江戸幕府に命じられた代官の江川太郎左衛門英竜（坦庵《たんなん》）と後をついだ子の英敏が静岡県に韮山《にらやま》反射炉を築いた。計23資産で構成される「明治日本の産業革命遺産　製鉄・鉄鋼，造船，石炭産業」の資産の１つとして，2015年にユネスコ（国連教育科学文化機関）の世界文化遺産に登録された。

問９　1923年９月１日，相模湾を震源とするマグニチュード7.9の大地震が起こり，関東地方南部を中心に大災害が発生した。このとき，朝鮮人や中国人が混乱に乗じて暴動を起こすという根拠のないうわさが流れ，多くの朝鮮人・中国人が殺された。関東地方では，その後これ以上の死傷者が出る地震は発生していない。

問10　明治時代になって西洋の新しい文明が急速に入り，人々のくらしや社会制度が大きく変化したことを文明開化という。これにより，東京・横浜・大阪・神戸などの都市にはガス灯がともり，レンガ造りの建物が建てられ，人力車や鉄道馬車が走った。また，1869（明治２）年には電信線架設工事が始まったが，日本初の映画上映は1896（明治29）年のことである。

問11　一定の境界を設けて外国人に居住と貿易を許可する区域を居留地といい，外国人の活動は居留地内に限定されていた。そのため，日本人と外国人との取引は居留地の中でのみ行われ，居留地が廃止される1899年まで続いた。なお，ウについて，居留地は1858年に結ばれた日米修好通商条約第３条の規定にもとづいて設置された。

問12　綿糸は1885年では最大の輸入品であったが，1899年には輸出品の第２位となっているので，イが正しい。なお，アについて，1885年に比べて1899年は輸出における生糸の占《し》める割合が減っているが，輸出総額が大きく増えており，生糸の輸出額は増加している。ウについて，原料である綿花の輸入が増えているということは，綿産業がさかんになっていると考えられる。エは，生糸が主要な輸出品となっているので，「紡績《ぼうせき》業」ではなく「製糸業」が正しい。オについて，綿花の輸入額も綿糸の輸出額も増えていっており，綿花の輸入額から綿糸の輸出額を引いた額（国内で利用された額）は増えているので，綿織物の国内での利用が次第に増加していると考えられる。

問13　日米修好通商条約により，函館・新潟・神奈川（横浜）・兵庫（神戸）・長崎の５港が開かれ，欧米諸国との貿易が開始された。横浜も神戸も外国との貿易の窓口として発展し，それぞれ近くにある大都市の東京，大阪と鉄道によって結ばれた。

問14　1868年から1869年にかけての約１年半，旧幕府軍と新政府軍との間でくり広げられた戊辰戦争では，土佐藩が赤熊《しゃぐま》，長州藩が白熊《はぐま》，薩摩藩が黒熊《こぐま》とよばれる尾毛を身につけたといわれる（実際にはそうではないという説もある）。

問15　Ｘ　江戸と京都を結んだ東海道中の53の宿場の風景を描いた『東海道五十三次』の１枚で，作者は歌川広重である。　Ｙ　江戸日本橋・江の島・甲州・田子ノ浦などさまざまな46地域からの富士山を描いた『富嶽三十六景』の１枚で，作者は葛飾《かつしか》北斎である。

２　広島の自然や広島でのＧ７サミットについての問題

問１　中国地方は，鳥取県，島根県，岡山県，広島県，山口県の５県で構成されている。

問２　広島県は南側が瀬戸内海に面しているので，海岸線が南にあるアかウである。県庁所在地である広島市は西部にあり，その南の海（瀬戸内海）には江田島や能美島などいくつかの島があるので，ウと判断できる。なお，アは岡山県，イは富山県，エは山形県。

問３　広島市の市章は，江戸時代にこの地を治めた芸州藩の旗印であった「三引き」をもとに，都心部を囲んでいる川の流れを表現し，水の都として知られた広島を象徴《しょうちょう》するものとなっている。なお，アは北海道札幌市，イは大阪市，ウは愛知県名古屋市の市章。

問4　Ａは冬の降水量が多く，年平均気温が最も低いことから，日本海側に位置する島根県松江市の雨温図である。Ｂは年降水量が最も少ないことから，中国山地と四国山地に風がさえぎられる瀬戸内に位置する広島市の雨温図である。Ｃは夏の降水量が多く，年降水量が最も多いことから，太平洋側に位置する高知市の雨温図である。

問5　Ｇ７の参加国は，フランス・アメリカ合衆国・イギリス・ドイツ・日本・イタリア・カナダの７か国である。したがって，ロシアはふくまれず，その首脳はプーチン大統領である。なお，2023年４月現在の各国の首脳は，アメリカはバイデン大統領，イタリアはメローニ首相，カナダはトルドー首相，ドイツはショルツ首相。

問6　NATO(北大西洋条約機構)は，冷戦を背景にアメリカ・カナダ・イギリス・フランスなどの西側陣営の間で1949年に結成された軍事同盟である。冷戦後にはポーランドやルーマニアなどの東ヨーロッパの国々も加盟するようになった。

問7　(1)　NPT(核拡散防止条約)は，核兵器を持つ国を増やさないために1968年に国際連合で採《さい》択《たく》された条約で，核兵器を持つ国(アメリカ・ソ連・イギリス・フランス・中国)が核兵器を持たない国に核兵器をゆずりわたすことや，核兵器を持たない国が核兵器を開発することが禁止された。　(2)　インドは五大国が核兵器を独占することに反対してNPTに調印せず，1974年に核実験を行った。インド以外には，パキスタン，イスラエル，南スーダンも調印していない。　(3)　核兵器禁止条約は，2017年７月に国連総会で122の国と地域の賛成によって採択された，核兵器の使用や保有を全面的に禁止することを定めた条約であるが，アメリカの同盟国でその核の傘の下にある日本はこれに参加していない。

3　気候変動についての問題

問1　気象庁は，国土交通省に属する行政機関である。国民の生活の安全を確保するために，天気や台風・地震・火山噴《ふん》火《か》などの自然現象を観測し，それらの情報を地方公共団体や報道機関に伝えることをおもな仕事としている。

問2　温暖化の進行を抑えるためには，CO_2削減が必要であるので，解答例のほか，夏のエアコンの冷房設定温度を高めに設定することが考えられる。一方，温暖化による人々への影響を最小限に抑えるためには，熱中症を予防することが求められるので，暑さを我《が》慢《まん》せず適切にエアコンを使用するとよい。

理　科　＜一期Ａ試験＞（30分）＜満点：60点＞

解　答

1　(1)　①　ウ　②　イ　(2)　(例)　銅は，電気に対する抵抗が小さく，金額が安いから。　(3)　①　ウ　②　1.2g　(4)　(例)　空気中の二酸化炭素が溶けているため。　(5)　13%

2　(1)　**あ**　8　**い**　800　**う**　800　**え**　800　(2)　**浮力**…1500g　**物体の重さ**…2000g　(3)　**あ**　72　**い**　72　**う**　72　(4)　**図６**…ア　**図７**…イ　(5)　**面積**…$144cm^2$　**A**…3cm

3　(1)　(例)　葉緑体がなく，光合成をしないから。　(2)　①　ア　②　りべんか　③　イ，オ　(3)　**あ**　胚珠　**い**　子房　(4)　ア，ウ　(5)　ウ　(6)　ア

4　(1)　①　(例)　岩石Ａが固まる前のマグマに含まれていた火山ガスがぬけ出た

ため。　②　ウ　⑵　①　(例)　火山の噴火で大量のマグマが噴き出したときに，地中にできた空どうが土の重みでつぶされたから。　②　火山灰　③　ウ　④　イ　⑶　①　ウ→イ→エ→ア　②　エ　③　(例)　岩石Ｃと岩石Ｇが岩石Ｄの元のマグマの熱で焼き固められたため。

解　説

1　金属と気体の性質，銅の酸化，水溶《よう》液についての問題

⑴　①　金属には，みがくと光る，電気を通す，引っ張ると細くのびる，たたくとうすく広がる，熱をよく伝えるなどの性質がある。炭素は電気を通すという性質以外が当てはまらないので，金属ではない。　②　うすい水酸化ナトリウム水溶液にいれたとき溶《と》けるのはアルミニウムだけである。なお，うすい塩酸にいれたとき溶けるのは鉄，アルミニウム，マグネシウム，磁石につくのは鉄だけ，粉末状にしてあればいずれも燃える。

⑵　４種類の金属を電気を通しやすい順に並べると，銀，銅，金，鉄になり，金属１ｇあたりの金額が安い順に並べると，鉄，銅，銀，金となる。これより，銅はよく電気を通し，金額が安いことから電線に用いられているといえる。

⑶　①　酸素は水に溶けにくい気体なので，水上置換《ちかん》法で回収する。ア，イは二酸化炭素，エは水素が当てはまる。　②　図より，銅0.4ｇが完全に酸化したとき，酸化銅が0.5ｇできているので，このとき反応した酸素は，$0.5-0.4=0.1$(ｇ)となる。よって，銅4.8ｇを完全に酸化したときに反応する酸素の重さは，$4.8\times\frac{0.1}{0.4}=1.2$(ｇ)である。

⑷　二酸化炭素は水に溶けると酸性を示す。雨水には空気中の二酸化炭素が溶けているので，本来の雨水も弱い酸性を示す。

⑸　硫酸《りゅうさん》銅五水和物50ｇ中の硫酸銅の重さは，$50\times\frac{16}{16+9}=32$(ｇ)である。したがって，水200ｇに硫酸銅五水和物50ｇを溶かしたさいの濃度《のうど》は，$32\div(200+50)\times100=12.8$より，13％と求められる。

2　浮力《ふりょく》についての問題

⑴　**あ**　物体が水につかっている部分の高さは，$10-2=8$(cm)である。　**い**　水につかっている部分の体積は，$10\times10\times8=800$(cm^3)となる。　**う**　水800cm^3の重さは，$1\times800=800$(ｇ)なので，この物体にはたらく浮力は800ｇになる。　**え**　物体が水に浮《う》いているとき，物体の重さと物体にはたらく浮力の大きさは等しくなっているので，この物体の重さは800ｇとわかる。

⑵　物体が水につかっている部分の体積は，$10\times15\times10=1500$(cm^3)だから，この物体にはたらく浮力は，$1\times1500=1500$(ｇ)である。また，物体にはたらいている上向きの力は，$500+1500=2000$(ｇ)で，この上向きの力と物体の重さがつり合っているので，物体の重さは2000ｇとなる。

⑶　しずめた２cm分の浮力は，いずれも，「あ」では，$180-108=72$(ｇ)，「い」では，$252-180=72$(ｇ)，「う」では，$324-252=72$(ｇ)となる。

⑷　実験１では，物体をしずめた２cm分の浮力がしだいに大きくなっていることから，物体が水につかっている部分の体積もしだいに大きくなったことがわかる。したがって，図６の物体の向きはアとわかる。また，実験２では，物体をしずめた２cm分の浮力は，しだいに大きくなり，その後，$2\times3=6$(cm)分しずめたところから，$2\times6=12$(cm)分しずめたときは一定になり，さら

にしずめていくと小さくなっていることから，物体が水につかっている部分の体積がしだいに大きくなったあと一定になり，その後小さくなったことがわかる。よって，図７の物体の向きはイになる。

⑸　表１から，⑷のアのようにしずめたときの台形の高さにあたる部分の長さは，２×６＝12(cm)である。また，表２から，台形の下底(長い辺)にあたる部分の長さは，２×９＝18(cm)，台形の上底(短い辺)にあたる部分の長さは，12－６＝６(cm)である。したがって，台形の正面の面積は，(６＋18)×12÷２＝144(cm^2)となる。次に，この物体がすべて水につかったときに，物体にはたらく浮力の大きさは432ｇなので，この物体の体積は，432÷１＝432(cm^3)である。これより，側面の厚さは，432÷144＝３(cm)と求められる。

3　花のつくりについての問題

⑴　植物は，葉緑体を持ち，光合成で養分をつくるという特ちょうがあるが，シイタケは光合成ができないので，植物ではないと判断できる。

⑵　①　アは花粉がつくられるおしべのやく，イは花粉がつくめしべの柱頭，ウは成長して種子になる胚珠《はいしゅ》，エはつぼみのときに内部を守っているがくである。　②　アブラナのように花びらが１枚１枚分かれているつくりの花を離弁《りべん》花という。　③　ここでは，離弁花はサクラとエンドウが選べる。なお，アサガオ，タンポポ，ツツジは花びらがもとでくっついているつくりの花で，このような花を合弁花という。

⑶　おしべでつくられた花粉がめしべの柱頭について受粉すると，やがて胚珠は種子，子房《しぼう》は果実になる。

⑷　キュウリと同じように，雄《お》花と雌《め》花をそれぞれ咲《さ》かせるのは，ここではウリ科のカボチャとヘチマである。

⑸　虫媒花《ちゅうばいか》は，虫をおびき寄せるための色鮮《あざ》やかな花びらをもち，みつをつくることが多い。また，花粉には虫のあしにつきやすいように，とげや凹凸《おうとつ》がついていることが多い。なお，ウは花粉が風で運ばれる風媒花の特ちょうである。

⑹　自家受粉をさけるためには，ハナバチが先におとずれる基部にある花の花粉が，あとにおとずれる先端《せんたん》にある花のめしべについて受粉しないようになっていればよい。アのように，おしべ，めしべの順に機能すると，先端にある花が咲くころには早く咲いた基部にある花のおしべは機能していないため，自家受粉がおこりにくいといえる。また，先端にある花のおしべでハナバチについた花粉が別の株の花につくことで，他家受粉をすることができる。

4　火山と岩石についての問題

⑴　①　岩石Ａは，火山の噴火《ふんか》によって出されたマグマが冷え固まってできたものである。マグマには水蒸気を主成分とする火山ガスが含《ふく》まれていて，このガスがぬけ出たときに表面に小さな穴が多数できる。　②　岩石Ａはマグマが地表や地表付近で急激に冷え固まってできた火山岩である。火山岩にはリュウモン岩やアンザン岩，ゲンブ岩があるが，岩石Ａは黒っぽいことからゲンブ岩と考えられる。

⑵　①　大規模噴火によって大量の溶岩や火山灰，火山ガスなどの火山噴出物が出され，地中に空どうができることがある。この空どうが火山の重みなどでつぶれ，中央部が陥没《かんぼつ》してできた図３のような地形をカルデラという。　②　火山噴出物のうち，直径２mm以下の細かい粒子《りゅうし》を火山

灰という。　③　火山灰は流れる水のはたらきを受けていないため，含まれている粒子は角ばっているものが多い。　④　岩石Ｅは，細かい粒《つぶ》の中に，やや大きな粒（結晶《けっしょう》）が見られることから，火山岩とわかり，灰色をしていることからアンザン岩が当てはまる。

(3)　①　地層は逆転がないかぎり下の層ほど古い時代にできたものである。これより，まず，海底で，岩石Ｃ（泥《でい》岩）→岩石Ｇ（火山灰）→岩石Ｃ（泥岩）→岩石Ｂ（砂岩）の順にたい積し，これらの地層全体が岩石Ｄによって切られているから，火山活動が起き，マグマが入り込《こ》んだと考えられる。次に，岩石Ｂと岩石Ｄを境目としてその上に不整合面があるので，隆起《りゅうき》していったん陸上となり，再び海底となって砂混じりのレキ層がたい積し，さらに再び隆起して現在のような露頭《ろとう》になったと考えられる。　②　岩石Ｄは大きな結晶が集まってできていることから，マグマが地下深くで，ゆっくりと冷えてできた深成岩とわかる。　③　岩石Ｃと岩石Ｇの層のうち，どちらも岩石Ｄに近いものほど硬《かた》くなっていることから，岩石Ｄが地下から入り込んできたときに，マグマの熱によって焼き固められた（変成した）と考えられる。

国　語　＜一期Ａ試験＞（50分）＜満点：100点＞

解　答

一　**問１**　Ａ　エ　Ｂ　ウ　**問２**　Ⅰ　道断　Ⅱ　売り　Ⅲ　買い　Ⅳ　立てる　**問３**　ア　**問４**　ウ　**問５**　イ　**問６**　イ　**問７**　ア　**問８**　（読みとれないところは）空白で残しておけば（よかったのですね。）　**問９**　（例）　失われた記録を残そうと都合のいい数字をあてはめて，学問を軽んじてしまったこと。　**問10**　ウ　二　**問１**　Ａ　エ　Ｂ　イ　Ｃ　ア　Ｄ　ウ　**問２**　お互いのプライベートな個人生活を最大限に尊重するべき（という考え）　**問３**　イ　**問４**　イ，オ，カ　**問５**　イ　**問６**　（例）　昔の日本や外国と異なり個人それぞれが自己主張を最小化した点。　**問７**　ウ　**問８**　下記を参照のこと。　**問９**　Ｑ１　はい　Ｑ２　（例）　防犯カメラを設置することで，犯罪を防止する効果が上がり，また事件が起きたときの解決にも役立つから。／Ｑ１　いいえ　Ｑ２　（例）　防犯カメラを設置することで，個人のプライバシーが侵害され，常に監視されているという不安が残るから。

●漢字の書き取り

二　**問８**　ａ　通勤　ｂ　確保　ｃ　実態　ｄ　定着　ｅ　包囲

解　説

一　**出典は小前亮《こまえりょう》の『星の旅人　伊能忠敬《いのうただたか》と伝説の怪魚』による。**蝦夷《えぞ》地の測量の旅に出ている伊能忠敬の一隊に同行している平次《へいじ》は，池に落とした測量記録の読めなくなった部分を，計算などで求めた数字で穴うめしてしまう。

問１　Ａ　「輪をかける」は，“程度をさらにはなはだしくする”という意味。　Ｂ　「にじりよる」は，“ひざをついた姿勢でじりじりと近づく”という意味。

問２　Ⅰ　「言語《ごんご》道断」は，言葉に表せないほどひどいこと。　Ⅱ，Ⅲ　「売り言葉に買い言葉」は，相手の強い言葉に反応して自分も同じように強い言葉で言い返してしまうこと。　Ⅳ　「身を立てる」は，“生計を成り立たせる”，“立身出世する”という意味。

問３　忠敬に指摘され，「読みとれない数字を勝手に書きこむ」ことが「大変なまちがい」だったと気づいた平次は，自分のしたことが怖《こわ》くなり，「顔から血の気が引いた」のである。

問４　測量記録の読み取れなくなった部分には「計算で求めた数字」を当てはめればいいなどと考えている者を「隊に残しておくわけにはいかない」と，忠敬は隊員たちに告げた。

問５　平次は，自分がやったと「名乗り出てあやまらなければ」とは思ったが，緊張《きんちょう》のあまり「のどがひりつい」て，言葉が出なかった。

問６　忠敬の怒りにふれ，平次は「名乗り出てあやまらなければ」とは思うものの，「のどがひりついて，言葉が出ない」状態だった。そして，秀蔵《しゅうぞう》が名乗り出て「親子げんか」になっても，平次は「凍りついたまま」で，「口は動くが，舌が動かない」のである。その後，秀蔵が「あとは任せたぞ」と声をかけてくれたことで，平次は「呪縛がとけ」て，「ごめんなさい，すみません」と言葉を発することができたのだから，イが選べる。

問７　字を見ただけで真実を見ぬいていた忠敬が，なぜみんなの前でそれを明らかにしなかったのかということを平次は知りたいと思った。しかし，過《あやま》ちを犯した自分には，そのことを「たずねる資格はないと思った」ので，口に出すことがためらわれたと考えられる。

問８　平次は，読み取れない数字を「空白で残して」おいたのでは「失われた記録は永久に戻《もど》らない」と思っていたので，計算した数字を書きこんだ。しかし，忠敬から「あらかじめ用意した答えを導くために，都合のいい数字をあてはめる」ようなことは，「学問においては絶対にやってはならないことだ」といましめられ，「予想と観測結果がちがう」原因を考えるところから学問が始まるということを教えさとされた。忠敬の言葉によって，読み取れないところは「空白で残しておけば」よかったのだということに，平次は気づいたのである。

問９　忠敬は，「小さなことだから，ほかに影響《えいきょう》がないから」などと考えて，「いいかげんなことをしていたら，悪いくせがついてしまう」と平次をさとし，さらに「ひとつでもでっちあげたら，記録全体が信用のおけぬものとなってしまう」ということも教えた。その言葉を聞いた平次は，測量記録の読めなくなったところに都合のいい数字を書きこみ，学問の「大切なこと」をおろそかにしてしまったことの重大さを，「ようやく理解し」たのである。

問10　平次は，忠敬の教えに納得しているので，ウの「困惑《こんわく》」はふさわしくない。なお，平次は，自分の犯した過ちについて理解し，悔《く》い改めようと思っているので，イの「納得」とエの「後悔《こうかい》」は当てはまる。また，師である忠敬の考え方に感心して尊敬の気持ちを抱いており，感謝の気持ちから頭を下げているとも考えられるので，アの「感服」とオの「謝意」も合う。

二　**出典は熊代亨《くましろとおる》の『健康的で清潔で，道徳的な秩序ある社会の不自由さについて』による。**現代人が，お互《たが》いを最低限にしか知り合わないコミュニケーションに慣れきっていることの理由や，その根本にある考え方について述べられている。

問１　**Ａ**　現代人が「お互いを必要最低限にしか知り合わないコミュニケーションに慣れきっている」ことの例が，後で述べられているので，具体的に例をあげるときに用いる「たとえば」が入る。　　**Ｂ**　現代社会は，「あちこちに設置された監視《かんし》カメラによって，法からの逸脱《いつだつ》は追跡《ついせき》されやすくなった」ことに加え，「個人が所有する携帯《けいたい》デバイス」でも「お互いを監視し記録できるようにもなった」のである。よって，前のことがらを受けて，さらにあることがらをつけ加える働きの「そのうえ」が入る。　**C**　「令和時代の日本人のほとんど」は，「他人に迷惑《めいわく》をかけてはならないというテーゼ」を「当たり前のものとして内面化している」が，「お互いを知り合わないままのスタンドアロンな生活では，他人に対する不安を完全に拭《ぬぐ》い去ることはできない」のである。よって，前に述べたことと反する内容を導く「とはいうものの」が入る。　**D**　セコム株式会社の調査では，「近年の私たちの治安に対する懸念《けねん》」は，昭和時代に比べると，低くなるどころか，「高まっている」のである。よって，二つのことを並べて，前のことがらより後のことがらを選ぶ気持ちを表す「むしろ」が入る。

問2　お互いを最低限にしか「知り合わない個人生活」は，東京だけではなく，日本全体に広がっているといえる。このことの理由は，現代人が当たり前のものとしている「他人に迷惑をかけてはならないというテーゼ」と，他人と関わらずに「お互いのプライベートな個人生活を最大限に尊重するべき」という考え方が一致したところにある。

問3　監視カメラや携帯デバイスが，常に監視や記録をしていなかったとしても，「いつでも監視し記録できる」と思わせることで，「犯罪抑止《よくし》力」になる。

問4　イとオとカは，本文で述べられていない内容なので，合わない。最後の段落で述べられている「行儀《ぎょうぎ》のよい通念や習慣」の内容に着目すると，現代人が「個人のプライベートな生活を守りあい」ながら，「挙動不審と思われないため・臭《にお》いや行動で他人に迷惑をかけない」ようにしていることがわかる。よって，アとウとエの内容は，「現代人らしい通念や習慣」の具体例として合っている。

問5　現代社会は，以前よりも「犯罪は減り続けており，監視カメラをはじめとする犯罪抑止力は日に日に高まって」はいるものの，人々は「お互いを知り合わないままの」孤立《こりつ》した生活をしているので，「他人に対する不安を完全に拭い去ること」ができないのである。

問6　二十世紀の中ごろの日本では，今では「迷惑や騒乱《そうらん》のたぐい」とみなされるようなヨーロッパ並みのデモンストレーションやストライキがあったが，それは当時の日本がヨーロッパのような「個人それぞれが自己主張する社会」だったからだと考えられる。しかし，現代の日本は，「自己主張を最小化した日本ならではの秩序《ちつじょ》」によって社会が成り立っているのである。

問7　他人に迷惑をかけずに「お互いのプライベートな個人生活を最大限に尊重する」という秩序によって日本人は生活しているが，「お互いを知り合わないまま」なので，孤立しており，他人に対する不安を拭い去ることができないでいる。よって，ウが合う。

問8　**a**　勤め先に通うこと。　**b**　失わないように確実に保つこと。　**c**　実際の状態。
d　社会で一般的に認められて根づくこと。　**e**　周囲を取り囲むこと。

問9　まず，自分の考えを根拠《こんきょ》とともに明確にする。防犯カメラを設置することの利点は，犯罪の抑止や事件の解決に役立つことだが，その反面，常に監視されていることの不安やプライバシーが守られないのではないかという心配が生じる可能性もある。どちらの立場をとるかを明らかにし，その理由が伝わるよう記述する。

Dr.福井の
入試に勝つ！ 脳とからだのウルトラ科学

勉強が楽しいと，記憶力も成績もアップする！

みんなは勉強が好き？　それとも嫌い？――たぶん「好きだ」と答える人はあまりいないだろうね。「好きじゃないけど，やらなければいけないから，いちおう勉強してます」という人が多いんじゃないかな。

だけど，これじゃダメなんだ。ウソでもいいから「勉強は楽しい」と思いながらやった方がいい。なぜなら，そう考えることによって記憶力がアップするのだから。

脳の中にはいろいろな種類のホルモンが出されているが，どのホルモンが出されるかによって脳の働きや気持ちが変わってしまうんだ。たとえば，楽しいことをやっているときは，ベーターエンドルフィンという物質が出され，記憶力がアップする。逆に，イヤだと思っているときには，ノルアドレナリンという物質が出され，記憶力がダウンしてしまう。

要するに，イヤイヤ勉強するよりも，楽しんで勉強したほうが，より多くの知識を身につけることができて，結果，成績も上がるというわけだ。そうすれば，さらに勉強が楽しくなっていって，もっと成績も上がっていくようになる。

でも，そうは言うものの，「勉強が楽しい」と思うのは難しいかもしれない。楽しいと思える部分は人それぞれだから，一筋縄に言うことはできないけど，たとえば，楽しいと思える教科・単元をつくることから始めてみてはどうだろう。初めは覚えることも多くて苦しいときもあると思うが，テストで成果が少しでも現れたら，楽しいと思えるきっかけになる。また，「勉強は楽しい」と思いこむのも一策。勉強が楽しくて仕方ない自分をイメージするだけでもちがうはずだ。

Dr.福井（福《ふく》井《い》一成《かずしげ》）…医学博士。開成中・高から東大・文Ⅱに入学後，再受験して翌年東大・理Ⅲに合格。同大医学部卒。さまざまな勉強法や脳科学に関する著書多数。

2023年度 関東学院中学校

【算　数】〈一期Ｂ試験〉（50分）〈満点：100点〉

1　次の□にあてはまる数を求めなさい。

(1)　$2.13\div3-\left(0.75\times1\frac{1}{3}-0.2\right)\div1\frac{1}{7}=\square$

(2)　$0.1\div0.25\times\left\{2\frac{1}{4}-\left(\square-\frac{4}{5}\right)\right\}=0.26$

(3)　300cm^2の４割５分は，0.5m^2の□％です。

(4)　$2\times\left(\frac{\square}{8}-3\frac{2}{5}\div\frac{68}{\square}\right)=\frac{3}{10}$　（注意　□には同じ数字が入ります。）

2　ある整数を23で割ると商と余りが等しくなりました。このような数のうち，最も大きい整数はいくつですか。

3　Ａくんは冬休み期間にどのくらい勉強しているかを知るために各教科の勉強時間を測りました。英語の勉強は14日間行い，平均で１時間30分の勉強時間でした。数学と国語の勉強日数の比は４：３，数学の勉強時間の平均は１時間40分，国語の勉強時間の平均は１時間20分でした。３教科の勉強時間の合計が53時間のとき，数学の勉強日数は何日ですか。

4　Ａ商店では，月曜日に品物を何個か仕入れ，その日には400個を売りました。火曜日には月曜日に売れ残った個数の７割を売りました。水曜日には新たに450個の品物を仕入れ，火曜日に売れ残った品物と合わせた個数の$\frac{1}{3}$を売りました。水曜日に売れ残った個数が，月曜日に売れ残った個数の８割であるとき，月曜日に仕入れた個数を求めなさい。

5　体育館をバレーボール部，バスケットボール部，バドミントン部の３つの部が，月・水・木・金の４日を次の条件で使うことにします。

①　それぞれの日には２つの部が活動する。
②　どの部も必ず１日は使う。
③　バレーボール部は他の２つの部よりも多くの日数を使う。

これらの条件に合うような割り当て方は，全部で何通りありますか。

6　ある仕事は，Ａさん１人ですると60日かかり，Ｂさん１人ですると45日かかります。Ａさんは仕事を５日続けて１日休み，Ｂさんは仕事を４日続けて１日休みます。ある日仕事を２人で始めました。この仕事が終わるのは仕事を始めてから何日目ですか。

7　下の図のような三角柱の容器があります。この容器に水を入れて面BCFEが下になるように置くと，水面までの高さが３cmになりました。面ABCが下になるように置くと，水面までの高さは何cmになりますか。

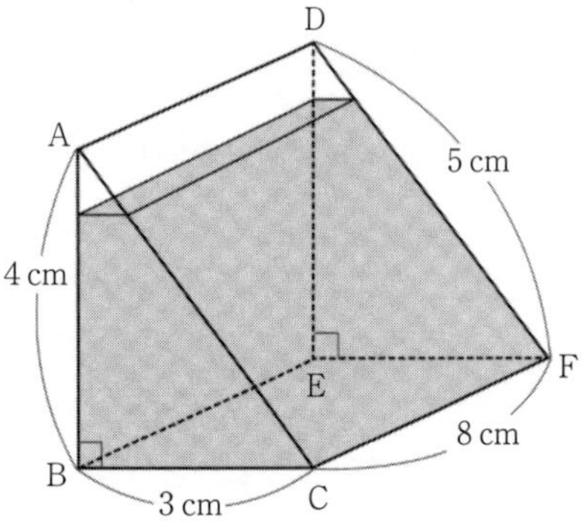

8　平らな地面から２ｍ真上の位置に電球がついています。次の各問いに答えなさい。

(1)　［図１］のように，電球がついている位置の真下から３ｍ離れている位置に１ｍの棒を地面に垂直に立てます。棒の影の長さを求めなさい。

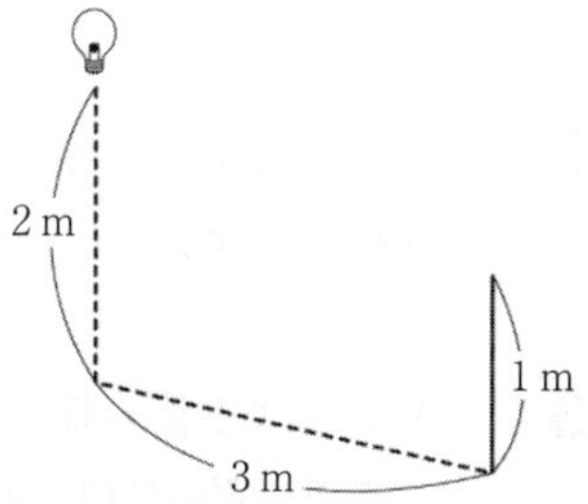

［図１］

(2)　［図２］のように，電球がついている位置の真下から３ｍ離れている位置に１辺の長さが１ｍの正方形の板を地面に垂直に置きます。［図３］は真上から見た図です。地面にできる板の影の部分の面積を求めなさい。板の厚さは考えないものとします。また，板は透き通ってはいません。

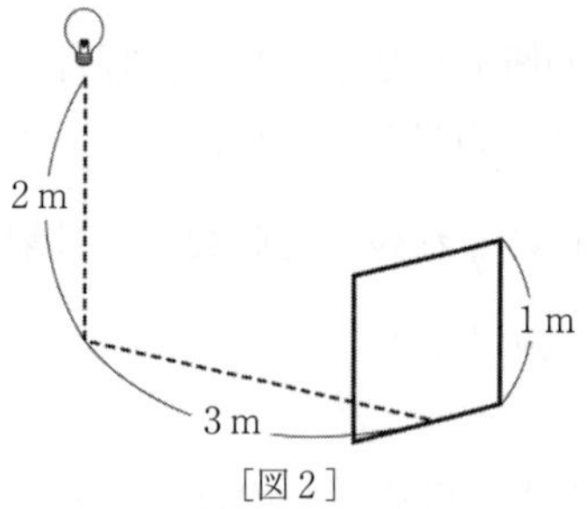

［図２］

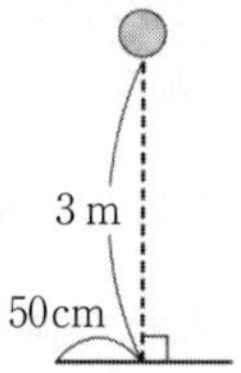

［図３］

(3)　［図４］のように，電球がついている位置の真下から２ｍ離れている位置に１辺の長さが１ｍの立方体の箱を地面に置きます。［図５］は真上から見た図です。地面にできる箱の影の部分の面積を求めなさい。

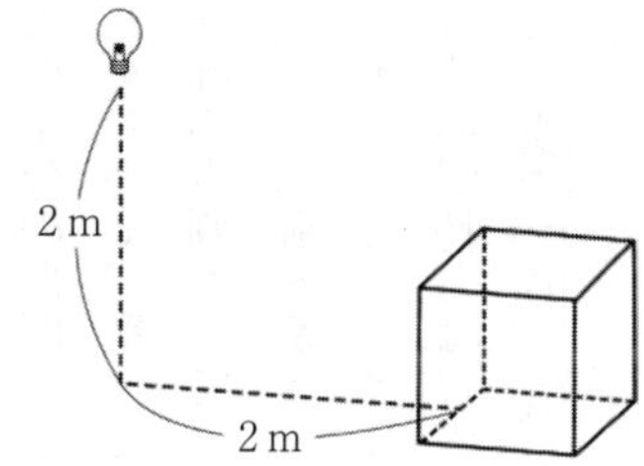

［図４］

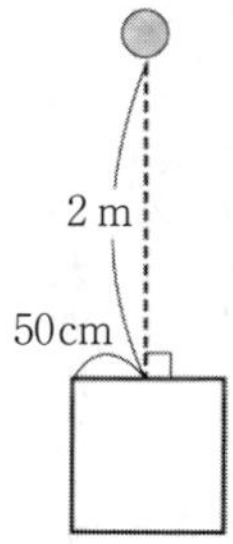

［図５］

(4)　［図６］のように，電球がついている位置の真下から２ｍ離れている位置に１辺の長さが１ｍの立方体の箱を地面に置きます。さらにその上に１辺の長さが50cm の立方体の箱を置きます。［図７］は真上から見た図です。地面にできる立体の影の部分の面積を求めなさい。

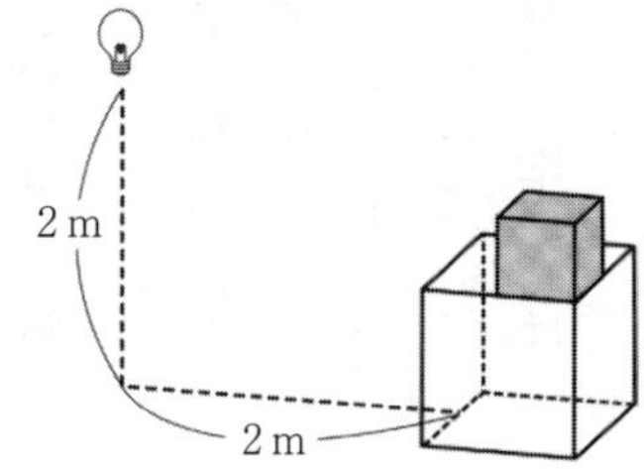

［図６］

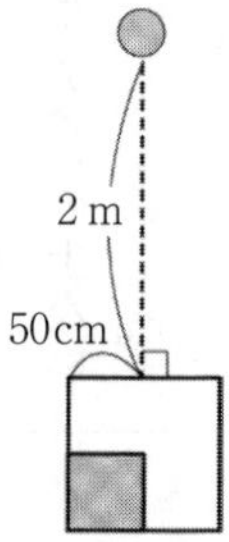

［図７］

るはずだと、ぼくのことを勇気づけようとしている。

ウ　他の人の半分の期間で小学校の勉強を終えたというぼくの勉強ペースを知って、驚《おどろ》いている。

エ　家庭教師の役割もしていた母が亡《な》くなってしまった今、病院の先生たちが勉強を教えてくれることに期待している。

問九　――⑨「どこまでも上って行けそうな気がした」とありますが、この時のぼくの気持ちはどのようなものでしたか。それについて説明した次の文の [A]・[B] を補いなさい。Aは漢字二字、Bは漢字一字とします。

退院して一人で [A] な生活をおくることをずっと願ってきたが、やっとそれがかなって、[B] にも昇《のぼ》るようなこの上ない喜びを感じている。

問十　――a～eのカタカナを漢字に直して答えなさい。

a　マドがなく

b　メガネを押《お》し上げて言った

c　ぼくがまだオサナかったころ

d　一人でもリッパに生活をしていける

e　気をシズめた

なさい。

ア　病院内のほとんどの場所に入ったことがあるというぼくの話を聞いて驚《おどろ》いている。

イ　入院患者《かんじゃ》と看護婦さんがかくれんぼをしたという事実に大きなショックを受けている。

ウ　看護婦さんとかくれんぼをしたというぼくの返答が予想外だったが、怒《いか》りの感情はわいていない。

エ　患者が入ってはいけないはずの場所にぼくが入ったが、看護婦さんといっしょだったと聞き、安心している。

問三　――③「参ったな」とありますが、この時の「参ったな」という表現の意味合いとして、**ふさわしくない**ものを次の中から一つ選び、記号で答えなさい。

ア　かなわない　　イ　気がきいている

ウ　一本取られた　　エ　お手上げだ

問四　――④「笑《え》みを消す」とありますが、この時の先生の様子について説明したものとして、最もふさわしいものを次の中から一つ選び、記号で答えなさい。

ア　病状の説明をきちんとするために、ぼくの表情をしっかり観察しようとしている。

イ　親しげな会話を一旦《いったん》やめて、ぼくが今のつえの形に慣れたかどうか確かめようとしている。

ウ　ぼくの顔を見て、これまで八年間のカルテの内容を思い出し、言葉が出てこなくなっている。

エ　医師として、患者《かんじゃ》であるぼくに、退院を許可するということを伝えようとしている。

問五　――⑤「ぼくがぼくでないような気が、いつもする」とありますが、ぼくがこのように感じる最も大きな原因は何ですか。十五字以内で説明しなさい。

問六　――⑥「だらしなく口を開けていた」とありますが、この時のぼくについて説明したものとして、最もふさわしいものを次の中から一つ選び、記号で答えなさい。

ア　うれしいという気持ちを感じるタイミングが遅《おく》れると同時に、入院生活が長いために、きちんとした表情を作るのが苦手になっている。

イ　先生の言っていることを理解するのに時間がかかり、退院という言葉を聞いても、まだ状況《じょうきょう》が分かっていない。

ウ　ほんとうはこの上なくうれしいはずなのに、感情を動かさないように意識して生活してきたので、うれしく感じることができないでいる。

エ　もともと泣いたり笑ったりすることが苦手なので、喜んだり期待したり夢を見たりすることが怖《こわ》くなっている。

問七　――⑦「退院の方向で話がまとまった」とありますが、退院を認める条件として先生が言ったのはどのようなことでしたか。最もふさわしいものを次の中から一つ選び、記号で答えなさい。

ア　世話をしてくれる身寄りがいること。

イ　仕事を見つけて生活費を得ること。

ウ　勉強を続けて高校へ行くこと。

エ　退院後も勉強とリハビリのために通院すること。

問八　――⑧「大丈夫《だいじょうぶ》だよ」とありますが、こう言った時の先生の気持ちについて説明したものとして、最もふさわしいものを次の中から一つ選び、記号で答えなさい。

ア　お母さんがそろえてくれた中学一年生の教科書を大事にしていれば、きっと幸福が訪《おとず》れるとぼくに伝えようとしている。

イ　今やっている勉強をがまんして続ければ、必ず高校生になれ

院長先生は手をひざの上に重ねて置いた。

「克己君。君の場合はすでに一度中学を出て、義務教育を終えている。そのことを君が覚えていないのは残念だが、国というのは四角四面で——ようするに、きわめて堅苦《かたくる》しい考え方をするところでね。一度義務教育を終えた者には、もう一度同じ勉強をさせるわけにはいかない、と言うんだよ。それに、君のような大人が中学生にまじって勉強することには、やはり少し無理がある。しかしね——」

院長先生は身を乗り出し気味になり、ぼくを勇気づけるように言った。

「高校の場合は別だ。これまでのように一生懸命《いっしょうけんめい》勉強を続けて、入学試験を受けて合格すれば、誰《だれ》もが入学できる」

「高校、ですか」

ぼくは今、母がそろえてくれた中学一年生の教科書で勉強を続けている。高校生では、気が遠くなるような難しい勉強をしているはずだ。

「⑧大丈夫だよ、君なら。お母さんが小学校の教科書を買って来てくれたのは、いつだったかな?」

「三年前です」

「ほら。君は人の半分の期間で小学校の勉強を終えた。中学だって、おそらく同じだ。一年ちょっとのしんぼうじゃないか。あ——しんぼうというのは……」

「がまんすることですね」

「そう。そうだよ。一年と少しがまんして勉強を続ければ、君なら必ず高校生になれる。それに、病院の外に出れば塾《じゅく》というものだってある。あ——」

「学校での勉強をもう一度おさらいするところですね」

院長先生はため息まじりにうなずき返した。

「すごいね、君は。いや……君もすごいが、お母さんもまたすごかったと言うべきだろうね。一人で君をここまで育てあげたんだから。君を二度にわたってね。普通の人にできることではないよ。奇跡の人の陰《かげ》には、奇跡の母あり。君のお母さんは、君にとって、母でもありサリバン先生でもあったわけだ」

母に言われ、ぼくはヘレン・ケラーの伝記を読んだことがある。ヘレンの家庭教師の先生の名前が、サリバンさんだった。

院長先生は笑顔で言った。

「いや、塾よりもっといい方法がある。うちの先生たちに、家庭教師の代わりをしてもらうんだ。優秀《ゆうしゅう》な先生ばかりだから、きっと期待に応えてくれると思う。何だったら、先生が見てもいい。ただし——数学以外ならね」

院長室を出ると、ぼくはまた階段を上った。⑨どこまでも上って行けそうな気がした。けれど、残念なことに病院は五階までしかなかった。

屋上に出た。悩《なや》んだり悲しんだり、何かあった時には、母はいつもここに来ては海をながめて気をｅシズめた、と言っていた。それを聞いて以来、ぼくも自然とここに足を運ぶことが多くなった。母が死んだ時も、ぼくは一人でここへ来て、泣いた。

（真保裕一 著『奇跡の人』新潮文庫 刊 一部改変）

問一 ——①「ここ」とありますが、それはどこのことですか。最もふさわしいものを次の中から一つ選び、記号で答えなさい。

ア 院長室　イ 霊安室《れいあんしつ》

ウ 薬局　エ カルテの保存庫

問二 ——②「小さな目や口を顔の真ん中に寄せ、白い髪《かみ》をかき回した」とありますが、この時の先生の気持ちについて説明したものとして、最もふさわしいものを次の中から一つ選び、記号で答え

ていたんだ」

「……ここから学校に通えるのですか？」

こわごわとしか質問の言葉が出てこなかった。

先生は首を振《ふ》った。笑顔《えがお》はまだ消えていない。

「通信――教育とか、ですか？」

「何を言ってるんだ、克己《かつみ》君。――退院だよ。もう君なら大丈夫《だいじょうぶ》だ。一人でも d リッパに生活をしていける」

　きっとぼくは⑥だらしなく口を開けていたと思う。すぐには嬉《うれ》しい気持ちがわいてこなかった。病院での生活が長く、泣いたり笑ったりの蛇口《じゃぐち》を細くしめておくのが習慣になっていた。些細《ささい》なことで、いたずらに喜んだり期待したり、夢を見たりするのが怖《こわ》くなっているところがあった。

「八年間、よくがんばったね。おめでとう」

「冗談《じょうだん》、とかじゃない――ですよね」

「君がすぐに信じられないのも無理はないよ。長いこと本当に待たせてしまったからね。けれど、ようやく⑦退院の方向で話がまとまったんだ」

　これまでに、何度母が退院願いを病院に出したか、わからなかった。普通の交通事故によるケガであれば、リハビリの途中《とちゅう》で退院していくのがほとんどだった。中にはぼくに似て、昔のことをあまり思い出せない人もいた。けれど、器具を使って歩けるようになると、例外なく病院から家へ戻《もど》って行った。定村先生も、病院にいつまでもいては甘《あま》えの気持ちが出てしまう、家へ帰って少し無理してでも今まで通りの暮らしをする努力をしたほうがいい、と言っている。それなのに、ぼくだけは退院の許可が出なかった。

　ぼくはぼくであっても、昔のぼくではないからだった。母がそう教えてくれた。ぼくは非常に珍しいケースなのだ、と。

「ただ……ね。君の場合はお母さんを亡《な》くし、いっしょに暮らせる身寄りがいない。そのことを心配する人が少しいる。でも、君なら大丈夫だ。そう先生が太鼓判《たいこばん》を押した。――あ、太鼓判というのはわかるかな」

　ぼくは首を振った。

「つまりだ。君が一人で暮らしていけるとの保証に、先生が太鼓のように大きなハンコを押したっていう意味だ」

　ぼくが病院を出て、一人で自由な生活をおくる――。

どれほどそれを願い、夢に見ただろうか。

「でも、先生――」

言いかけると、院長先生はぼくの目を見てうなずいた。

「もちろん、一人で暮らしていくには、仕事を見つけて生活費を得なくてはならない。そのための仕事を見つけてもらえるよう、民生委員の人に頼《たの》もうと思っている。民生委員というのは、役場から頼まれて、いろいろな理由で生活に困っている人の手助けをしてくれる係の人でね。病院で言えば、足立《あだち》さんのような人だと言えばわかるかな」

　足立先生は、患者や家族の相談に乗ってくれる、メディカルソーシャルワーカーという難しい名前の資格を持つ先生だった。母がぼくのことで何度もお世話になった、と言っていた。

「定村先生から君のリハビリの状態を伝えてもらえば、きっと民生委員の人が君に向く仕事を見つけてくれると思う。慣れないうちは、少しきつく感じるかもしれないが、君ならやっていけると先生は信じている。どうだろうか？　仕事のことを頼んでもいいかね。仕事が見つかれば、君はここから退院できる。もちろん、リハビリには通ってもらわなくてはならないがね」

「あの……。一人で生活ができるようになれば、学校へ通うこともできるんですか？」

つい三ヶ月前までは、霊安室《れいあんしつ》もその部屋のひとつだった。けれど、母が病室から移され、ぼくは去年の暮れに初めてそこに足を踏《ふ》み入れていた。白いタイルに囲まれた、何もない小さな部屋だった。aマドがなく、すすり泣くような音を立てて換気扇《かんきせん》が回っていたのを、ぼくは今も覚えている。

つえを脇《わき》に置き、ソファに座《すわ》った。病室のベッドより、かなりふかふかしている。けれど、ひじかけや背もたれの布が、ところどころすり切れたようになっていた。

先生が驚《おどろ》いたようにbメガネを押《お》し上げて言った。

「じゃあ、何かな。君は、薬局やカルテの保存庫にまで入ったことがあるのかい？」

「看護婦さんとかくれんぼをしたことがあります」

先生は②小さな目や口を顔の真ん中に寄せ、白い髪《かみ》をかき回した。

「すみません。でも、もう何年も前ですから。ぼくがまだcオサナかったころのことなんです」

「③参ったな。君にかかったら、屋上の手すりでさえ、ジャングルジムになってしまいそうだ」

院長先生はちょっとぼくをにらんでみせるような顔を作ると、鼻から息をぬいて小さく笑った。左のひじかけに体重をあずけ、苦笑いをほほに貼《は》りつけたまま、部屋の中を見回した。

「で、どうだね、初めて足を踏み入れた院長室のご感想は？」

「駅前の本屋さんみたいで、驚きました」

「うん。ここにあるのは、すべて病気に関係する本ばかりでね。ずいぶんと古いものもあるが、病気の種類はたくさんあるし、患者《かんじゃ》さんによって症例《しょうれい》も違《ちが》う。まだまだこれでも足りないぐらいだ。定村先生たちも、みんなここに負けない数の本を持っていると思う」

先生は言って④笑《え》みを消すと、カルテを見る時のような顔になった。ひざの脇に立てかけておいた、ぼくのつえに目をやった。

「カフつきからノーマルに替《か》わって、もうどれくらいになるかな」

「三ヶ月半です」

「じゃあ、もう充分《じゅうぶん》に慣れたころだね」

「定村先生に言われて、毎日腕立《うでた》て伏《ふ》せをしてきたえています。少しずつですけど」

院長先生は背筋を伸《の》ばし、熱いお豆腐《とうふ》を丸ごと飲み込《こ》んでしまった時のような顔になった。

「それはすごい。入院中に腕立て伏せを始めた患者さんなんて、初めて聞くよ」

カフつきの場合は、それが腕の周囲をガッチリととらえ、肩《かた》の力で体重を支えられる。けれど、にぎりの部分しかない普通《ふつう》のつえでは、手首や腕の力が必要になる。

「本当に君は、奇跡《きせき》の人だな」

奇跡の人――。

そう言われるたびに、ぼくは何だか、⑤ぼくがぼくでないような気が、いつもする。先生たちが口をそろえて言うのだから、きっとぼくは奇跡的な回復を見せた、珍《めずら》しいケースの患者だったのだろう。とても運がよかったのだと思う。けれど、その代わりにぼくは、昔のぼくでなくなった。それも、珍しがられる理由のひとつだった。

院長先生は、そわそわとイスの上でお尻《しり》を動かしながら言った。

「この調子なら、外で勉強することもできるかもしれないな。君の望んでいたように、ね」

すぐには先生が何を言っているのか、わからなかった。

外で勉強を？　つまりは病院を出て――？

「うれしいなあ、先生は。医者として、君にはいつも驚かされてばかりだった。だから、いつかは反対に、君の驚く顔を見てみたいと思っ

いやすいものに改良していこうとする。

イ　世界中の料理や食材を、ほとんど制限なく広く受け容《い》れようとする。

ウ　外国の食文化を広く受容することによって、食事を選ぶときに、その都度異なる食文化から選ぶ。

エ　世界から輸入した料理や食材を、独自に発展させて世界に再輸出する。

問四　――④「スシ・ロボット（自動スシ握《にぎ》り機）と回転ずしのシステム」とありますが、この二つは何を目的として作られましたか。最もふさわしいものを次の中から一つ選び、記号で答えなさい。

ア　世界進出

イ　ローカルフードの進化

ウ　国内での大衆化

エ　職人の技術の伝承

問五　――⑤「ガラパゴス化」とありますが、この言葉は本文中ではどのような意味で使われていますか。十五字以上二十五字以内で考えて答えなさい。ちなみに、スマートフォンが広まる前の携帯《けいたい》電話のことを「ガラケー」と呼びますが、これは「ガラパゴス携帯電話」という言い方を略したものです。この言い方は「ガラパゴス」という言葉を悪い意味合いで使った言い方ですが、本文中では良い意味合いで使っています。

問六　――⑥「限定的なイメージを破る」とありますが、それはどういうことですか。最もふさわしいものを次の中から一つ選び、記号で答えなさい。

ア　日本に古くからあったのに知られていなかった料理に、現代性を付与《ふよ》することによって、世界進出すること。

イ　特殊《とくしゅ》な進化をすることによって、ローカルフードというイメージで世界から注目されるようになっていくこと。

ウ　ロボットやゲームという現代的なキーワードを生かすことによって、無国籍《むこくせき》的なイメージを付与すること。

エ　日本人の職人によって作られる、古くからある高級なものというイメージを、より広く親しまれるものに変えること。

問七　――⑦「職人技術的なバリアを解放する」とありますが、それはどういうことですか。具体的に説明している箇所《かしょ》を、本文中から十五字程度で抜《ぬ》き出して答えなさい。

問八　――⑧「日本化」とありますが、ここでいう「日本化」の内容に**あてはまらない**ものを、次の中から一つ選び、記号で答えなさい。

ア　世界中から受け容《い》れたものを、もとのかたちがわからなくなるほど磨《みが》き上げること。

イ　国籍《こくせき》を感じられないほど磨いて、現代的なものに変化させること。

ウ　世界中の食べものを受け容れて、味を調《ととの》え直し、新しい食べものに変えること。

エ　カワイイと思われて世界中から注目されるのと同じように、いろいろと磨いていくこと。

二

次の文章をよく読んで、後の問いに答えなさい。（問題に字数制限のある場合は、すべて句読点、符号《ふごう》をふくむものとする。）

「すまなかったね、わざわざ呼び出したりして。本当なら先生のほうから行けばよかったんだけど」

「いいえ。できるだけ歩けと定村先生からは言われています。それに、八年間この病院にいて、①ここだけ入ったことがなかったんです」

ていた「高級料理」とか、「伝統料理」とか、「ローカルフード」とかいった⑥限定的なイメージを破る方向に働いて、スシの世界進出を後《あと》押《お》ししたのでした。

日本人以外の誰が、回転するレーンに皿を載《の》せて、タイミングよく取らないと逃《に》げていく、ゲームのような食べかたを考えつくでしょうか。しかし、ロボットやゲームという現代的なキーワードが、⑦職人技術的なバリアを解放するテクノロジーの革新とともに、一挙に無国《むこく》籍的《せきてき》な現代性をスシに付与《ふよ》したのです。

スシのケースは、現代における食の伝播を考えるとき、きわめて示《し》唆的《さてき》な要素を含《ふく》んでいるように思われます。

アメリカが一個の巨大なろ過器であるとすれば、日本は新しい小さな研磨機《けんまき》(※表面を磨いてなめらかにするための機械)である、といえるかもしれません。世界中からなんでも受け容れて、それを一所懸命《いっしょけんめい》に磨き上げ、もとのかたちがわからなくなるほどツルツルにして、誰もがカワイイと思えるものに変えてしまう。スシに続いて、いま世界から注目されている日本の食は、弁当、洋食、ラーメン……どれも、日本がガラパゴス的な研磨作業で⑧日本化したものばかりです。

いずれにしても、世界のどこでも、経済が発展して生活が豊かになれば、かならず、これまで毎日食べ続けてきたものに飽《あ》きを感じ、なにか目新しいものを食べたいという欲求が生まれます。日本食のブームがいつまで続くかはわかりませんが、伝播が流行とかたちを変えたいま、スシのように、古くからあったのに知られていなかった食文化が、ある日なんらかのきっかけで世界的に流行する、コロンブスによる新大陸の発見のような出来事はこれからも起こるに違《ちが》いありません。

（玉村豊男 著『食卓は学校である』一部改変）

問一　――①「郷土色」とありますが、筆者の考える「郷土色」とはどのようなものですか。最もふさわしいものを次の中から一つ選び、記号で答えなさい。

ア　自分の生まれた土地や、自分を育てた地理的環境《かんきょう》との繋《つな》がりを持ったもの。

イ　その土地の人々が持っている独特の味覚を生かした調理法によって作られたもの。

ウ　ある地方の自然・風俗《ふうぞく》・人情から感じられる特徴《とくちょう》を、地名を入れて名前としたもの。

エ　古い歴史を持ったそれぞれの土地との繋がりや、過去の思い出を持ったもの。

問二　――②「アメリカは、一個の巨大《きょだい》なろ過器である」という箇所《かしょ》について、本文の内容を参考にして三人の生徒たちが話し合いをしました。[　　]に適切な十字以内の表現を本文中から抜《ぬ》き出して答えなさい。

泉《いずみ》さん　「ろ過」って液体や気体に固体が混ざっているときに、ろ紙などのフィルターを通して固体を取り除くことだよね。

英之《ひでゆき》さん　じゃあ、アメリカが「ろ過器」ってどういうことだろう。

俊《しゅん》さん　アメリカというフィルターを通ることによって、ローカル色が取り除かれるってことじゃないかな。

英之さん　なるほど。アメリカでろ過された食べものは、[　　]を手に入れるってことに繋がるね。

泉さん　だから世界の人たちに受け容《い》れられたんだね。

問三　――③「日本人の感性」とありますが、その特徴《とくちょう》を説明したものとして、最もふさわしいものを次の中から一つ選び、記号で答えなさい。

ア　完成しているものを、より細密なものに、より良いもの・使

に再輸出するのです。

アメリカというろ過器によってろ過された食べものは、ローカル色を失ったかわりにグローバルな中立性を獲得《かくとく》し、誰《だれ》もが気軽に受け取れるものに変身します。

ピザも、ハンバーガーも、ホットドッグも、アメリカ人のライフスタイルが憧《あこが》れとされていた時代に、世界中に拡散しました。

いま、世界中で流行しているのは、スシをその先頭とする、日本の料理とその食材です。

日本人はこれまで、世界中の料理や食材を、ほとんど無制限といっていいほど寛容《かんよう》に受け容れてきました。明治以降、そしてとくに一九四五年の終戦以降、外国の食文化をこれほど広範囲《こうはんい》に受容した国は世界でも例外的だといっていいかもしれません。

少なくとも世界史の現在の時点で、

「今夜はカレーにする？　ハンバーグにする？　それともスパゲッティにする？」

と、毎日の夕食を三つの異なる外国の食文化から選ぶ民族は、いまだかつて地球上に存在したことがありません。

しかし、そうして世界から輸入したものばかりで占《し》められるようになったと思っていた日本の食卓《しょくたく》が、いつからか、その輸入したものを③日本人の感性で磨《みが》き直し、あらためて世界に輸出するようになっていたのです。

スシは、もともとは東南アジアの山間部に発祥した川魚や肉類の保存法で、日本に伝来した当初は、炊《た》いた米飯と合わせて発酵《はっこう》させ、熟成を待つ、できるまでに長い時間のかかるものでした。いまも残る近《おう》江《み》の鮒《ふな》ずしがそのタイプですが、その後、時代を追うごとに製作時間を短縮する方向に進化を遂《と》げ、江戸《えど》時代になって、食べる直前に酢《す》めしと魚片《へん》を重ねて圧着する、いまのようなつくりかたが開発されました。

これが江戸前の握《にぎ》りずしの誕生ですが、誕生した頃《ころ》の握りずしは、いまの二倍かそれ以上も大きいサイズだったといわれています。

スシは、一九六〇年代から、アメリカ西海岸に渡《わた》った日本人の手で外国人に知られるようになります。が、ハリウッドのスターが気に入って宣伝の役を買うなど一時的に小さなブームを起こしたことはありますが、スシを握る職人はほとんど日本人に限られており、一般《いっぱん》の市民にまで受け容れられたというわけではありませんでした。

スシがいまのような世界的な流行になったのは、一九九〇年代の終り頃にヨーロッパで受け容れられるようになってからのことです。ロンドンではじまり、パリに飛び火したその流行を支えたのは、④スシ・ロボット（自動スシ握り機）と回転ずしのシステムでした。

スシ・ロボットも、回転ずしのシステムも、海外に進出する目的で開発されたものではありません。東南アジアの保存食をなぜか日本人だけがまったく別のかたちに進化させ、江戸時代に握りずしが発明されてからも絶えず改良の手を止めず、より小さく、よりカワイイ、おもちゃのような食べものにまで磨き上げてきた上に、こんどは熟練の職人でなくてもスシが握れるように、狭《せま》いカウンターではなくもっと広いスペースで大勢の人が楽しめるようにと、日本の国内における、スシという高級食品の大衆化を狙《ねら》って開発されたのがこれらの機械なのです。

なにもそこまで考えなくてもいいのに、と思うほど、いったんできあがったものをさらにとことんいじくって、より細密なものに、より洗練されたものに、より使い勝手のよいものにと、不必要なほどの改良を加えるのが日本人の特性で、現代のスシは、そうやっていわゆる「⑤ガラパゴス化」してきた結果として、生まれたものなのです。

が、そうしてたどりついた特殊《とくしゅ》な進化のかたちが、それまで存在し

2023年度 関東学院中学校

【国　語】〈一期Ｂ試験〉（五〇分）〈満点：一〇〇点〉

一　次の文章をよく読んで、後の問いに答えなさい。（問題に字数制限のある場合は、すべて句読点、符号《ふごう》をふくむものとする。）

PIZZAと書いて「ピザ」と読ませたのは、日本語の発音ではそのほうがラクだからで、おそらくニコラス（※日本で初めてピザを紹介《しょうかい》した店）が考案したこの読みかたも、その後の普及《ふきゅう》の要因のひとつになったものと思われます。

現在、ピザは世界中で人気の食事ないしはスナックとして暮らしの中に定着していますが、この食べものを世界中に広めたのはアメリカ人です。

イタリアから伝わった、歴史的な背景のあるローカルな食べものを、アメリカがいったん引き受けてそこで本来の①郷土色を払拭《ふっしょく》し、世界のどこでも同じように受け容《い》れることのできる、新しい食べものに変えて再輸出したのです。

②アメリカは、一個の巨大《きょだい》なろ過器である、といっていいでしょう。

味にうるさいフランス人をも席巻《せっけん》したマクドナルドのハンバーガーは、二十世紀の中頃《なかごろ》、自動車産業が隆盛《りゅうせい》する時代にカリフォルニアのロードサイドで生まれましたが、中のハンバーグそのものはマクドナルド兄弟が発明したわけではなく、それ以前からドイツ系の移民がアメリカに持ち込《こ》んで定着していた挽肉《ひきにく》のステーキです。

その名の通り、ドイツ北部の港町ハンブルクが発祥《はっしょう》とされ、安くできる割には腹持ちがよいので、港で働く労働者たちの賄《まかな》い料理（※飲食店で従業員用に作られる料理）だったといわれますが、いまではもうそんな過去を詮索《せんさく》する人はいないでしょう。ハンブルクのステーキだからハンバーガーステーキと呼ばれ、それを丸いパンに挟《はさ》んだものも同じくハンバーガーと呼ばれるようになったわけですが、いま日本でハンバーグを食べるとき、ドイツのハンブルク港を思い浮《う》かべる人はいるでしょうか。

細長いパンにフランクフルトソーセージを挟んだホットドッグも、アメリカから世界に広まりました。ドイツのフランクフルトへ行くと、道端《みちばた》の屋台でソーセージを焼きながら売っています。そのソーセージを買うと、小さなパンをつけてくれます。手が脂《あぶら》まみれにならないようにその小さなパンでソーセージを挟むのですが、ホットドッグとは似ているけれども別のものです。

それを、アメリカに移民したドイツ人が、柔《やわ》らかい長いパンのあいだにソーセージを完全に挟み込んで、手を汚《よご》さずに食べられるように改良したのです。これも二十世紀の中頃にはニューヨークで流行しはじめ、その後、世界中に輸出されることになりますが、いまの中国人がホットドッグを食べるとき、そのソーセージがフランクフルトの出身であることに思いをいたすことはないでしょう。

どの国や地域の郷土食も、古くからの歴史や、土地との繋《つな》がりや、ときに重苦しい過去の思い出を引きずっているものです。それが遠いところへ伝播《でんぱ》するとき、どうしてもその食べものをめぐる物語がいっしょにくっついてくるのだとしたら、その重さやしがらみは受け容れる者にとっては大きな障害になるでしょう。

世界中から移民が集まる「自由の国」アメリカは、ヨーロッパや、アジアの、古い歴史をもった国々が何百年も何千年もかけて育んできた文化や伝統を、なんでも分け隔《へだ》てなく受け容れて吸収し、こんどはそれを、アメリカ式の、軽い、薄《うす》い、万人《ばんにん》向けの味に調《ととの》え直して世界

2023年度

関東学院中学校 ▶解説と解答

算　数　＜一期Ｂ試験＞（50分）＜満点：100点＞

解　答

1 (1) 0.01　(2) $2\frac{2}{5}$　(3) 2.7%　(4) 2　**2** 528　**3** 12日　**4** 900個　**5** 14通り　**6** 32日目　**7** 7.5cm　**8** (1) 3 m　(2) 4.5m^2　(3) 6 m^2　(4) 16.5m^2

解　説

1 **四則計算，逆算，割合**

(1) $2.13\div3-\left(0.75\times1\frac{1}{3}-0.2\right)\div1\frac{1}{7}=0.71-\left(\frac{3}{4}\times\frac{4}{3}-0.2\right)\div\frac{8}{7}=0.71-(1-0.2)\times\frac{7}{8}=0.71-0.8\times\frac{7}{8}=0.71-\frac{8}{10}\times\frac{7}{8}=0.71-\frac{7}{10}=0.71-0.7=0.01$

(2) $0.1\div0.25\times\left\{2\frac{1}{4}-\left(\square-\frac{4}{5}\right)\right\}=0.26$より，$\frac{1}{10}\div\frac{1}{4}\times\left\{2\frac{1}{4}-\left(\square-\frac{4}{5}\right)\right\}=0.26$，$\frac{1}{10}\times\frac{4}{1}\times\left\{2\frac{1}{4}-\left(\square-\frac{4}{5}\right)\right\}=\frac{26}{100}$，$\frac{2}{5}\times\left\{2\frac{1}{4}-\left(\square-\frac{4}{5}\right)\right\}=\frac{13}{50}$，$2\frac{1}{4}-\left(\square-\frac{4}{5}\right)=\frac{13}{50}\div\frac{2}{5}=\frac{13}{50}\times\frac{5}{2}=\frac{13}{20}$，$\square-\frac{4}{5}=2\frac{1}{4}-\frac{13}{20}=2\frac{5}{20}-\frac{13}{20}=1\frac{25}{20}-\frac{13}{20}=1\frac{12}{20}=1\frac{3}{5}$　よって，$\square=1\frac{3}{5}+\frac{4}{5}=1\frac{7}{5}=2\frac{2}{5}$

(3) $1\text{ m}^2=10000\text{cm}^2$より，$0.5\text{m}^2=5000\text{cm}^2$になる。したがって，$300\text{cm}^2$の4割5分は，$300\times0.45=135(\text{cm}^2)$だから，これは$0.5\text{m}^2$の，$135\div5000\times100=2.7$(%)となる。

(4) $A\times C-B\times C=(A-B)\times C$となることを利用すると，$2\times\left(\frac{\square}{8}-3\frac{2}{5}\div\frac{68}{\square}\right)=\frac{3}{10}$より，$\frac{\square}{8}-\frac{17}{5}\times\frac{\square}{68}=\frac{3}{10}\div2=\frac{3}{20}$，$\frac{1}{8}\times\square-\frac{1}{20}\times\square=\frac{3}{20}$，$\left(\frac{1}{8}-\frac{1}{20}\right)\times\square=\frac{3}{20}$，$\left(\frac{5}{40}-\frac{2}{40}\right)\times\square=\frac{3}{20}$，$\frac{3}{40}\times\square=\frac{3}{20}$　よって，$\square=\frac{3}{20}\div\frac{3}{40}=\frac{3}{20}\times\frac{40}{3}=2$

2 **整数の性質**

ある整数を□，商と余りを○とすると，□÷23＝○余り○より，□＝23×○＋○＝(23＋1)×○＝24×○と表すことができる。また，余りは割る数より小さいから，最も大きい○は22になる。よって，最も大きい整数(□)は，24×22＝528とわかる。

3 **平均とのべ**

英語の勉強時間の合計は，$1\frac{30}{60}\times14=21$(時間)なので，数学と国語の勉強時間の合計は，53－21＝32(時間)になる。また，数学と国語の勉強日数の比は4：3だから，数学と国語の勉強時間の比は，$\left(1\frac{40}{60}\times4\right):\left(1\frac{20}{60}\times3\right)=5:3$となる。よって，数学の勉強時間は，$32\times\frac{5}{5+3}=20$(時間)だから，数学の勉強日数は，$20\div1\frac{40}{60}=12$(日)とわかる。

4 **相当算**

月曜日に売れ残った個数を$\boxed{1}$個とすると，火曜日に売れ残った個数は，$\boxed{1}\times(1-0.7)=\boxed{0.3}$(個)となる。また，水曜日に売れ残った個数は，$(\boxed{0.3}+450)\times\left(1-\frac{1}{3}\right)=\boxed{0.2}+300$(個)であり，これが月曜日に売れ残った個数の8割になるから，$\boxed{0.2}+300=\boxed{1}\times0.8=\boxed{0.8}$と表せる。よって，$\boxed{0.8}-\boxed{0.2}$

＝0.6が300個にあたるので，月曜日に売れ残った個数は，300÷0.6＝500(個)とわかる。したがって，月曜日に仕入れた個数は，500＋400＝900(個)である。

5 場合の数

バレーボール部とバスケットボール部が使う日をＡ，バレーボール部とバドミントン部が使う日をＢとすると，４日間の組み合わせは，(ＡＡＡＢ)，(ＡＡＢＢ)，(ＡＢＢＢ)のいずれかになる。(ＡＡＡＢ)と(ＡＢＢＢ)の曜日の組み合わせはどちらも４通り，(ＡＡＢＢ)の曜日の組み合わせは，$\frac{4\times3}{2\times1}=6$(通り)だから，割り当て方は全部で，$4\times2+6=14$(通り)ある。

6 仕事算

60と45の最小公倍数は180なので，この仕事の仕事量を180とすると，ＡさんとＢさんが１日にする仕事量はそれぞれ，180÷60＝３，180÷45＝４になる。Ａさんは，５＋１＝６(日)周期で，Ｂさんは，４＋１＝５(日)周期で仕事と休みをくり返し，６と５の最小公倍数は30だから，２人は30日周期で仕事と休みをくり返す。すると，Ａさんは30日で，$3\times\left(30\times\frac{5}{6}\right)=75$の仕事をし，Ｂさんは30日で，$4\times\left(30\times\frac{4}{5}\right)=96$の仕事をするので，２人合わせて30日で，75＋96＝171の仕事をする。よって，31日目で，171＋３＋４＝178，32日目で，178＋３＋４＝185の仕事をするから，この仕事は32日目で終わる。

7 水の深さと体積

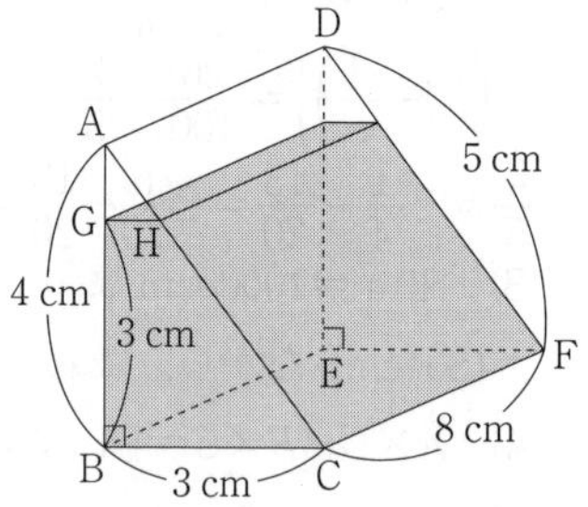

右の図で，三角形AGHと三角形ABCは相似で，GH：BC＝AG：AB＝(４－３)：４＝１：４だから，GHの長さは，$3\times\frac{1}{4}=\frac{3}{4}$(cm)である。すると，台形GBCHの面積は，$\left(\frac{3}{4}+3\right)\times3\div2=\frac{45}{8}$(cm^2)になるので，水の体積は，$\frac{45}{8}\times8=45$(cm^3)とわかる。したがって，三角形ABCの面積は，$3\times4\div2=6$(cm^2)だから，面ABCが下になるように置くと，水面までの高さは，45÷６＝7.5(cm)となる。

8 立体図形―相似，長さ，面積

(1) 電球の位置をＡとして正面から見ると下の図①のようになり，棒の影《かげ》はECとなる。三角形ABCと三角形DECは相似であり，相似比は，AB：DE＝２：１だから，BE：EC＝(２－１)：１＝１：１になる。よって，棒の影の長さはBEと等しく，３ｍとわかる。

(2) 真上から見ると下の図②のようになり，板の上の辺がFG，その影がHIとなる。辺FGは地面から１ｍの高さにあるので，正面から見ると図①と同じようになり，図②の三角形AFGと三角形AHIの相似比は１：２とわかる。すると，HI＝１×２＝２(m)，AJ＝JK＝３ｍだから，板の影(台形FGIH)の面積は，(１＋２)×３÷２＝4.5(m^2)と求められる。

(3) 真上から見ると下の図③のようになり，立方体の上の面が正方形LMNO，その影が正方形$L_1M_1N_1O_1$となる。立方体の上の面は地面から１ｍの高さにあるので，(2)と同様に，五角形AMNOLと五角形$AM_1N_1O_1L_1$の相似比は１：２とわかる。すると，五角形AMNOLと五角形$AM_1N_1O_1L_1$の面積の比は，(１×１)：(２×２)＝１：４になる。また，三角形AMLの面積は，１×２÷２＝１(m^2)，正方形LMNOの面積は，１×１＝１(m^2)だから，五角形AMNOLの面積は，１＋１＝２(m^2)である。よって，五角形$AM_1N_1O_1L_1$の面積は，２×４＝８(m^2)とわかり，立方体の影の面積は，８－２＝６(m^2)と求められる。

⑷　真上から見ると下の図④のようになり，１辺50cmの立方体の上の面が正方形PQNR，その影が正方形$P_1Q_1N_2R_1$となる。１辺50cmの立方体の上の面は地面から，１＋0.5＝1.5(m)の高さにあるので，図①のDEが1.5mになり，三角形ABCと三角形DECの相似比は，２：1.5＝４：３となる。すると，図④の四角形AQNRと四角形$AQ_1N_2R_1$の相似比は，(４－３)：４＝１：４だから，四角形AQNRと四角形$AQ_1N_2R_1$の面積の比は，(１×１)：(４×４)＝１：16になる。また，四角形AQNRと四角形ATN_1Sも相似であり，⑶より，その面積の比は１：４である。さらに，四角形AQNRの面積は，(３＋0.5)×0.5÷２＝0.875(m^2)だから，四角形$AQ_1N_2R_1$の面積は，0.875×16＝14(m^2)，四角形ATN_1Sの面積は，0.875×４＝3.5(m^2)とわかる。したがって，六角形$SN_1TQ_1N_2R_1$の面積は，14－3.5＝10.5(m^2)なので，図④の影の面積は，６＋10.5＝16.5(m^2)と求められる。

図①

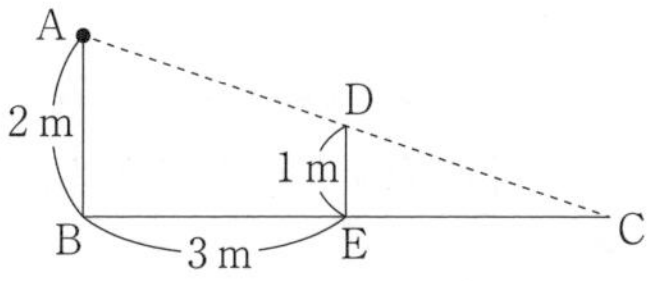

図②

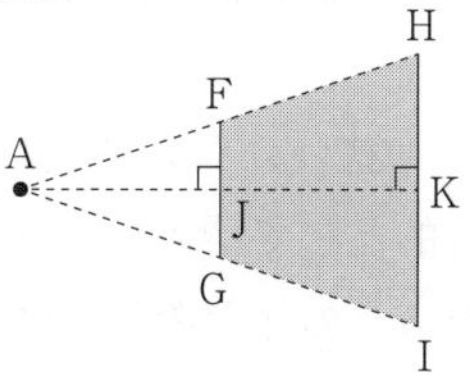

図③

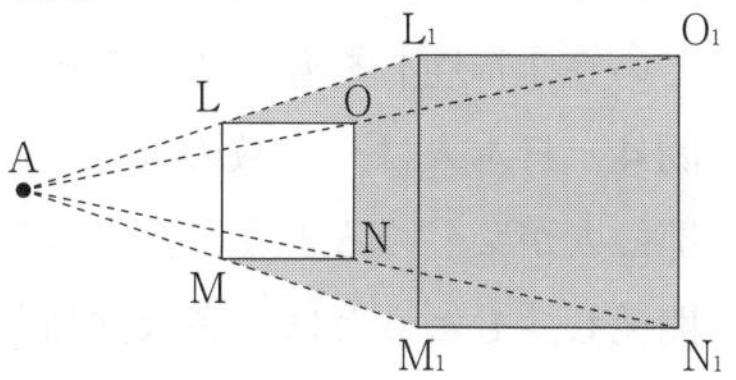

図④

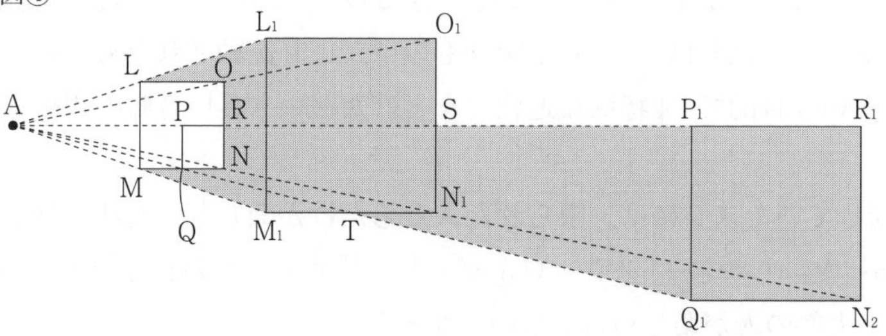

国　語　＜一期Ｂ試験＞（50分）＜満点：100点＞

解　答

□一 **問１**　エ　**問２**　グローバルな中立性　**問３**　ア　**問４**　ウ　**問５**　(例)　世界標準から離れて，独自の発展をするようす。　**問６**　エ　**問７**　熟練の職人でなくてもスシが握れる　**問８**　ウ　□二 **問１**　ア　**問２**　ウ　**問３**　イ　**問４**　エ　**問５**　(例)　入院前の記憶が全くないこと　**問６**　ウ　**問７**　イ　**問８**　イ　**問９**　**Ａ**　自由　**Ｂ**　天　**問10**　下記を参照のこと。

●漢字の書き取り

□二 **問10**　**a**　窓　**b**　眼鏡　**c**　幼(かった)　**d**　立派　**e**　静(めた)

解　説

□一 **出典は玉村豊男《たまむらとよお》の『食卓は学校である』による。**日本やアメリカが，他国の食べ物をどのように自国で改良し，再輸出しているのかといったことなどについて説明されている文章。

問１　ピザは，イタリアの「歴史的な背景」がアメリカで「払拭《ふっしょく》」されたことで，「世界のどこでも同じように」受けいれられるようになったものである。このように，アメリカは，どの国の「郷土食」にもある「古くからの歴史や，土地との繋《つな》がりや，ときに重苦しい過去の思い出」といった「郷土色」を除き去ることで，「新しい食べものに変えて再輸出」するのだから，エがよい。

問２　アメリカで「ろ過」された「食べもの」は，「ローカル色」を失う代わりに「世界のどこでも同じように受け容《い》れることのできる，新しい食べもの」になる。つまり，さまざまな国の食べものは，アメリカに入って再輸出されることで，「グローバルな中立性を獲得《かくとく》」することになるのである。

問３　スシは，日本に伝来した当初から大きく形を変え，現在ではロボットやシステムの発達によって，「大勢の人が楽しめる」ものになった。日本人は，「いったんできあがったもの」に，「より細密なものに，より洗練されたものに，より使い勝手のよいものに」するための改良を加えていくという「特性」をもっているといえる。

問４　日本人は，少数の人しか座《すわ》れない「狭《せま》いカウンター」ではなく，「もっと広いスペースで大勢の人が楽しめるように」することを目的として「スシ・ロボット」や「回転ずしのシステム」を開発し，もともとは「高級食品」だったスシの「大衆化」に成功した。

問５　「ガラパゴス化」とは，周囲の世界から切り離《はな》された状態で独自の発展をとげること。日本の携帯《けいたい》電話は，世界の標準とは異なる日本独自の発展をとげてきたので，「ガラパゴス携帯電話」といわれている。本文中の「ガラパゴス化」は，「より細密なものに，より洗練されたものに，より使い勝手のよいものに」するという目的で，「特殊《とくしゅ》な進化」をとげたという良い意味で用いられている。

問６　以前，「熟練の職人」が握《にぎ》っていたスシには，限られた人たちだけが楽しむ「高級料理」や「伝統料理」というイメージがあった。しかし，「スシ・ロボット」や「回転ずしのシステム」が開発され，今では「広いスペースで大勢の人が楽しめる」ものとなった。

問７　「バリア」は，障壁《しょうへき》のこと。現在は，「スシ・ロボット」や「回転ずしのシステム」などの「テクノロジーの革新」により，技術を持った人だけがスシを握れるという障壁が取り払われ，「熟練の職人でなくてもスシが握れる」ようになった。

問８　味を調《ととの》え直すことについては，本文では述べられていないので，「日本化」には含まれない。よって，ウはあてはまらない。なお，日本人は，もともと「東南アジアの保存食」だったスシを，以前とは大きく異なる現在のような「誰《だれ》もがカワイイと思えるもの」に進化させてきた。また，日本は，スシだけではなく，カレーやハンバーグなど世界中から受けいれたものを「もとのかたちがわからなくなる」ほど「一所懸命《けんめい》に磨《みが》き上げ」て変化させてきたので，「研磨《けんま》機」にたとえることができる。よって，ア，イ，エはあてはまる。

二　**出典は真保裕一《しんぽゆういち》の『奇跡《きせき》の人』による。**交通事故によるケガで記憶《きおく》を失い，八年間も病院でリハビリを続けていた「ぼく」が，院長先生から退院の許可を言いわたされる場面である。

問１　院長先生から「初めて足を踏《ふ》み入れた院長室のご感想は？」と聞かれていることから，「ここ」が院長室であるとわかる。

問２　「薬局やカルテの保存庫」で「看護婦さんとかくれんぼをしたこと」があるという「ぼく」

の返答を聞いた院長先生は，「君にかかったら，屋上の手すりでさえ，ジャングルジムになってしまいそうだ」と皮肉を言って「にらんでみせるような顔」をした後，小さく笑っている。「ぼく」の予想外の返答は院長先生を困惑《こんわく》させたものの，動作や表情から怒《いか》りの気持ちは読み取れないので，ウが合う。

問３　院長先生は，病院の中を遊び場のようにしているという「ぼく」の発言を聞き，「苦笑い」をしている。あきらめによる「苦笑い」だと考えられるので，もう仕方がないという意味合いの「かなわない」「一本取られた」「お手上げだ」などはあてはまる。よって，イはふさわしくない。

問４　院長先生は，笑《え》みを消した後，「カルテを見る時のような」真剣《しんけん》な顔つきになった。雑談を切りあげ，「ぼく」に退院してもよいという大切なことを伝えるために，気持ちを切りかえたのだと考えられる。

問５　先生たちが口をそろえて「ぼく」のことを「奇跡の人」というのだから，自分は「奇跡的な回復」をしたのだろうとは思うものの，「昔のこと」を思い出せないので，「ぼく」にはその実感がない。つまり，「ぼく」には入院前の記憶がないので，自分が自分でないような気がするのである。

問６　直後の「泣いたり笑ったりの蛇口《じゃぐち》を細くしめておくのが習慣になっていた」という表現に注目する。病院での生活が長かった「ぼく」は，「些細《ささい》なことで，いたずらに喜んだり期待したり，夢を見たりする」ことに恐怖《きょうふ》を感じており，感情をすぐに表すことができなくなっていると考えられる。

問７　院長先生は，「ぼく」に「仕事が見つかれば，君はここから退院できる」と言っている。「ぼく」には，退院しても「いっしょに暮らせる身寄りがいない」ので，仕事をして「生活費」を得ることが，退院を認める条件だと院長先生は考えている。

問８　院長先生は，「ぼく」が小学校の範囲から勉強を始めて，今も続けていることを知っている。だから，これからも「一生懸命勉強を続けて，入学試験を受けて合格」すれば，高校には「誰もが入学できる」ということを知らせて，「ぼく」を「勇気づけ」ようとしたのである。

問９　**A**　「ぼく」は，事故によって記憶を失ってしまったために，八年間もの間，入院生活を送っていた。だから，退院して自由な生活を送れることに，どこまでも高く上っていけそうな大きな喜びを感じた。　**B**　「天にも昇《のぼ》る」は，“ひじょうにうれしい”という意味。

問10　**a**　音読みは「ソウ」で，「車窓」などの熟語がある。　**b**　「めがね」は，熟字訓としての読み方。「ガンキョウ」という音読みもある。　**c**　音読みは「ヨウ」で，「幼児」などの熟語がある。　**d**　すぐれていて，見事なこと。　**e**　音読みは「セイ」「ジョウ」で，「安静」「静脈」などの熟語がある。

Memo

2023年度 関東学院中学校

【算　数】〈一期C試験〉（50分）〈満点：100点〉

1　次の□にあてはまる数を求めなさい。

（1）　$4\frac{2}{3} + 1.75 \div \left(2\frac{1}{2} + 0.125\right) - \frac{4}{5} = \square$

（2）　$\left\{\left(\square - 75\right) \div 4 + 13\right\} \div 25 \times 1.5 = 30$

（3）　$(0.5\text{L} + 8700\text{cm}^3) \times 1.7 - 0.3\text{dL} \div \frac{1}{40} = \square$ L

（4）　ある2けたの2つの整数があります。それらの積は1188，それらの最大公約数は6です。この2つの整数は，□と□です。

2　1本30円の鉛筆と，1本50円の赤鉛筆が合わせて24本あります。鉛筆と赤鉛筆のそれぞれの金額の合計が等しいとき，赤鉛筆は何本ですか。

3　長さ250 mの新幹線が，長さ390 mのホームを8秒かかって通過しました。この新幹線の速さは毎時何kmですか。

4　野菜ジュース，オレンジジュース，アップルジュース，グレープジュースの4種類のジュースを合わせて6本買います。買い方は全部で何通りありますか。ただし，どのジュースも必ず1本は買うこととします。

5　Ｉ国とＵ国ではそれぞれアイ，ユーという通貨を使用しています。ある年の2月1日は，1アイあたり150ユーでした。Ｉ国に住むひろしさんは2月1日に400アイをユーに交換してＵ国へ行き，品物を買って2月2日にＩ国に帰ってきました。持っていたユーをアイに交換したとき，手持ちが360アイになっていました。また、Ｉ国に住むはるかさんは2月2日に400アイをユーに交換してＵ国へ行き，9500ユーの品物を買って2月3日に帰ってきました。2月3日は1アイあたり135ユーで，はるかさんが手持ちのユーをアイに交換したところ300アイになりました。ひろしさんが購入した品物の代金は何ユーですか。

6　下の図の三角形ＡＢＣでＤＥとＢＣは平行で，ＡＤ：ＤＢ＝３：２，ＤＦ：ＦＥ＝４：３です。三角形ＡＤＦの面積が36 cm^2 のとき，三角形ＥＧＣの面積は何 cm^2 ですか。

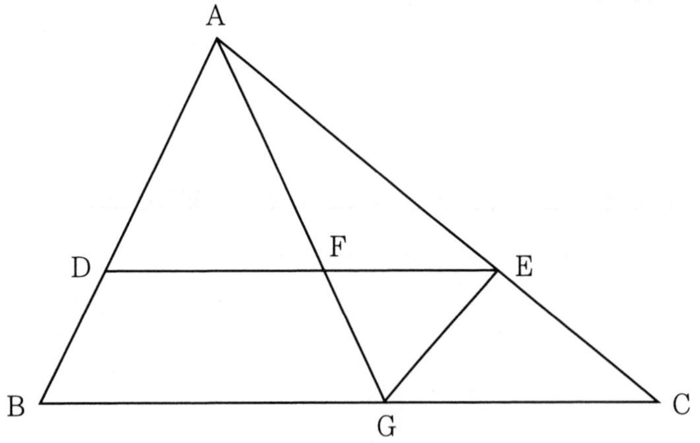

7 下の図の台形ＡＢＣＤを直線（ア）を軸に１回転させてできる立体の体積は何 cm^3 ですか。ただし，円周率は 3.14 とします。

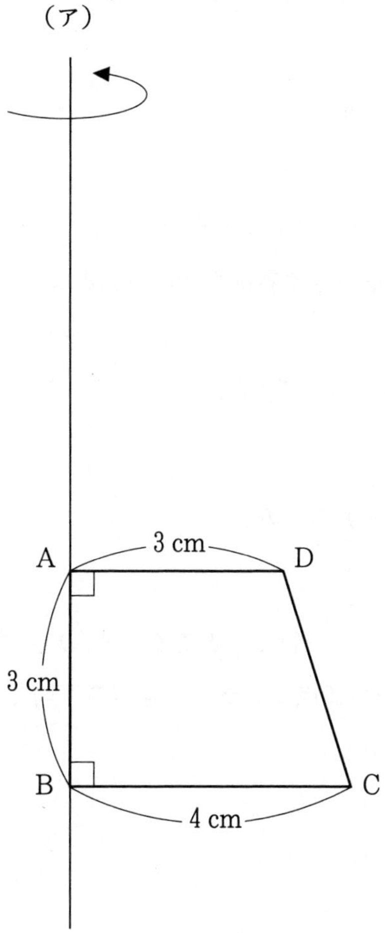

8 あるクラスで算数と国語のテストを行ったところ，平均点が等しくなりました。各テストでは合格点を決めてあり，算数はクラス全体の 60 %にあたる 24 人が合格しました。このとき，次の各問いに答えなさい。

(1) このクラスの生徒は何人ですか。

(2) 算数の合格者平均点は 82 点，不合格者平均点は 62 点でした。また，国語の合格者平均点は 78 点で，国語の合格者は算数の合格者より 4 人少なくなりました。

① 算数のクラス全体の平均点は何点ですか。

② 国語の不合格者の平均点は何点ですか。

(3) 後日，このクラスで英語のテストを行ったところ，8 人が合格しました。合格者と不合格者の平均点の差が20点でクラスの全体の平均点が 60 点のとき，合格者の平均点は何点ですか。

【社　会】〈一期C試験〉（30分）〈満点：60点〉

1 次の文章を読んで、あとの問いに答えなさい。

日本最古の銭は和同開珎？ではなく、富本銭？でもなく、昔から言われていたのが「無文銀銭《むもんぎんせん》」という説。その名の通り一定の文字や文様の無い直径3センチ程度の円盤《えんばん》状の銀です。

無文銀銭
（石上遺跡出土）

重さは10グラム前後でそろっています。中央には小さな穴があり、平板ですがA.小さな銀の破片が付着したものもあります。問題はこれが通貨つまり銭なのか、あるいはただの財宝のようなものなのか。通貨と認めればこれが最古の銭となります。無文銀銭はB.天智天皇の時代には存在していたようで、富本銭は天武天皇の時代、和同開珎は元明天皇の時代ですから、無文銀銭の方が古いということになります。元明天皇は天智天皇の娘でC.平城京へ都を動かした天皇です。

天武天皇の時代の683年に「これからは銅銭をつかえ、銀銭はつかうな」という命令が出ていて、ここで言う銅銭が富本銭のことで、銀銭が無文銀銭のことならば正に通貨だったと言えるでしょう。もっとも銭そのものは弥生時代の遺跡から中国の銭が発見されますし、古墳時代の鉄鋌《てってい》（鉄の板）も通貨として利用されたと考える人もいます。

富本銭は銅銭で和同開珎には銅銭と銀銭の二種類がありましたが、それ以降の銭は基本的に銅銭です。奈良時代から平安時代にかけて「萬年通宝《まんねんつうほう》」「神功開宝《じんぐうかいほう》」「隆平永《りゅうへいえい》宝《ほう》」……と銭が作り続けられましたがD.10世紀半ばに「乾元大宝《けんげんたいほう》」を鋳造《ちゅうぞう》した後は、日本では長い間、本格的な銭の鋳造を行いませんでした。

では、その間、銭を用いた売買が行われなかったかというとそんなことはありません。和同開珎の頃は、あまり銭が利用されないので蓄銭叙位令《ちくせんじょいれい》が発せられたり、E.庸や調を銭で納めることを認めたりと、国が努力する必要がありました。しかし平安時代の後半には銭は民間でもかなり流通したようです。では、どんな銭を使っていたかと言えば、中国銭。中国から銭を輸入し、これを貿易はもちろん、国内での売買にも利用していました。F.平清盛は宋との貿易を盛んに行いましたが、宋の銭も重要な輸入品でした。北海道の一つの遺跡から中国銭が40万枚近く発見されたこともあります。最もたくさん輸入されたのは明の時代の永楽通宝です。G.織田信長の旗印としても有名です。

H.室町時代には銭の利用がさらに活発になり年貢を銭で納める土地も多くなりましたが、[I]と称される政策で年貢は米で納めるという原則が全国に広がりました。

江戸幕府の3代将軍徳川家光の時代に寛永通宝が鋳造され、以後江戸時代を通じて製造され使われました。江戸時代には銅銭と並んで金貨や銀貨も作られました。江戸では主に金貨が使われ大阪では主に銀貨が使われたことからJ.「江戸の金遣《つか》い、大阪の銀遣《づか》い」といった言葉も生まれました。話を複雑にするのが銀貨の額の決め方です。金貨や銅貨は今と同じように枚数を数えれば、金額が分かります。小判1枚で1両《りょう》、7枚なら7両、銭1枚なら1文《もん》、16枚なら16文です。ところが銀貨の場合、単位は匁《もんめ》ですが、銀貨1枚が何匁と決まっていません。もともと匁とは重さの単位で、取引の時にその都度《つど》、重さをはかって使うのです。この銀貨は40匁、別の銀貨は50匁といった具合です。ちょうどいい重さに調整するため銀貨を切断して使うこともありました。

明治になって日本の通貨の単位は円・銭《せん》・厘《りん》に統一されました。10厘で1銭、100銭で1円です。今でも使っている単位です。銭や厘は硬貨の形としては目には見えませんが、為替《かわせ》相場では1ドルが142円52銭7厘などと表現することがあります。

1880年代に日本では銀本位制を確立させました。この過程で日本銀行が設立されます。現在も紙幣《しへい》を発行している銀行です。また1897年にはK.銀本位制を金本位制に切り替え欧米諸国と同様になりました。金本位制では各国は自国の通貨を必ず一定の重さの金と交換することを保証します。その結果、金本位制をとっている国の間では通貨の交換率は安定します。たとえばL.日本では100円を75グラムの金と交換すると約束していて、アメリカでは50ドルを75グラムの金と交換すると約束したとすると、円とドルは金を介して100円=金75グラム=50ドルとなり、つまり1ドル=2円として結びつくわけです。ところがM.第一次世界大戦が起こり、欧米諸国は金本位制を停止しました。日本もこれに倣《なら》いました。

明治時代以降、多くの人がお札の肖像《しょうぞう》となりました。お札が日本銀行券となって以降、現在に至るまで肖像に用いられた女性は[N]だけです。初代内閣総理大臣の伊藤博文や自由民権運動で活躍し自由党初代の党首となった板垣退助などもいます。古くは藤原氏の祖である藤原鎌足、学問の神様や天神様として知られる[O]、近代では二・二六事件で殺害された大蔵大臣の高橋是清などもいます。

問1　下線部Aについて、なぜこのような形状になったと考えられますか。本文を参考にして理由を説明しなさい。

問2　下線部Bの人物に関する説明として、誤っているものを次から1つ選び、記号で答えなさい。

ア．大化の改新で大きな役割を担った。　　イ．死後、子と弟が争った。
ウ．７世紀の人物である。　　エ．新羅や唐と争い勝利した。
オ．中臣鎌足と手を組んだ。

問3　下線部Cについて記した文で、誤っているものを次から1つ選び、記号で答えなさい。

ア．平安京よりも前の都である。　　イ．貴族たちは京の中に住んだ。
ウ．皇居や役所も造られた。　　エ．碁盤《ごばん》目状に道が造られた。
オ．都の中には東大寺や平等院もあった。

問4　下線部Dのころの文化の特徴として、正しい説明はどれですか。次から1つ選び、記号で答えなさい。

ア．日本で初めて大きな寺院が造られ仏教文化が栄えた。
イ．多くの遣唐使が派遣され、中国を模範とした文化が栄えた。
ウ．天皇の命令で和歌集が編纂《へんさん》されるなど日本風の文化が栄えた。
エ．禅宗の影響で水墨画や漢詩が盛んに研究された。
オ．日本の伝統文化とされる能や狂言が盛んになった。

問5　下線部Eに関する次の文の中で、誤っているものを1つ選び、記号で答えなさい。

ア．庸は地元で労働をする税である。
イ．調は地元の産物を納める税である。
ウ．庸や調は律令に定められている。
エ．庸や調は女性には課されない。
オ．庸や調の他にも税は課された。

問6　下線部Fの人物について記した文で、誤っているものを次から1つ選び、記号で答えなさい。

ア．白河上皇の下で大きな権限をふるった。
イ．保元の乱や平治の乱で勝利した。
ウ．平氏一門で独占的な権力を手に入れた。
エ．娘を天皇に嫁がせ、出来た子を次の天皇にした。
オ．武士出身で初めて太政大臣になった。

問7　下線部Gの人物について記した文として、誤っているものを次から1つ選び、記号で答えなさい。

ア．桶狭間の戦いで今川義元に勝利した。
イ．天皇のいる都に安土城を建設した。
ウ．城下町で楽市楽座を行った。
エ．僧兵のいる延暦寺を焼打ちした。
オ．足利義昭を将軍に立て、のち追放した。

問8　下線部Hの時代に朝鮮半島で、新たに建国された国の名を漢字で答えなさい。

問9　空欄《らん》Ｉに入る適当な語句を漢字で答えなさい。

問10　下線部Ｊに関して、大阪と江戸を結んだ定期船を次から1つ選び、記号で答えなさい。

ア．内海船　　イ．北前船　　ウ．高瀬船　　エ．朱印船　　オ．菱垣廻船

問11　下線部Kのために、日本がある条約で獲得《かくとく》した資金が利用されました。その条約の名を漢字で答えなさい。

問12　下線部Lのように日米でそれぞれ約束しているにもかかわらず、日本では1ドルが1円と交換されていたとすると、手持ちのお金を倍増させる大きなチャンスです。このような状況で、あなたが日本で10000円を持っていたとしたら、どのようにしてお金を倍増させますか。どこで何をするのか明記し、○円、○ドル、○gなど具体的な数字を記し、順を追って説明してください。ただし交通費や送料・手数料は考えないものとします。

問13　下線部Mの戦争で日本が主に出兵した場所を右の図から1つ選び、記号で答えなさい。

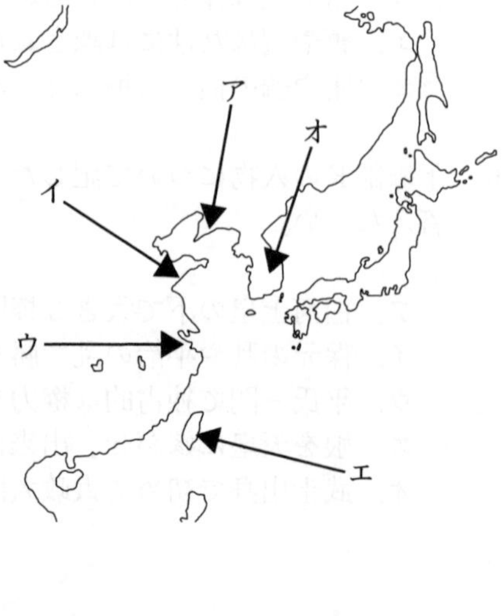

問14　空欄Nと空欄Oに当てはまる人名をそれぞれ漢字で答えなさい。

2 **中学2年生のミハルさんは、研修旅行先である京都について調べていく中で、資料1を見つけ、ウクライナの首都と京都市が姉妹都市であることを知りました。**
ミハルさんは、ウクライナについて、いくつかの資料を用いて調べることにしました。以下の資料を読み、あとの問いに答えなさい。

問1　ミハルさんはヨーロッパの地図を用いてウクライナの位置を確認することにしました。図1中からウクライナの位置として正しいものを次から1つ選び、記号で答えなさい。

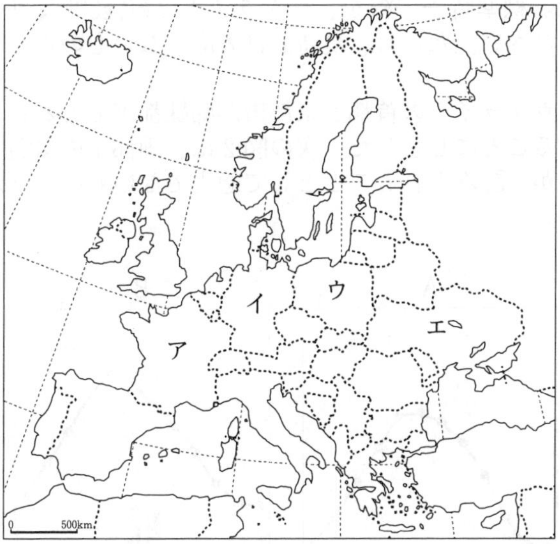

図　1

問2　資料1の［　あ　］に入る、首都名をウクライナ語の読み方で答えなさい。

> ※編集部注…ここには，ウクライナの首都と姉妹都市になっている京都市が，ウクライナからの「避難者受け入れ組織」を発足したことを伝える記事がありましたが，著作権上の都合により掲載できません。なお，ここではウクライナの首都名が［あ］となっていました。
>
> （2022年3月18日　NHK NEWS WEBより一部抜粋《ばっすい》）

問3　ウクライナの国旗を目にする機会が増えたことに気付いたミハルさんは、国旗の意味を調べることにしました。ウクライナの国旗の説明として最も適当なものを次から1つ選び、記号で答えなさい。

ア．国内の3つの地域を守る聖人を象徴する十字架を組み合わせている。
イ．左上にはかつて植民地支配をしていた国の国旗が、右半分には南十字星など星が描かれている。
ウ．上下2色に分かれた国旗は、空と小麦を表すという説と、水と火を表すという説がある。
エ．2色からなり、中央には国の木であるカエデの葉が描かれている。

問4　ミハルさんは、日本とウクライナの間にどれくらいの時差があるのかを調べることにしました。標準時子午線を、ウクライナは東経30度、日本は東経135度として時差を求めなさい。ただし、夏時間は考慮しないものとします。

問5　ミハルさんはウクライナの首都と京都市が姉妹都市であることを知り、両都市の気候を比較することにしました。次の図2は、両都市の気温と降水量を示したものです。図2から読みとれることとして適当でないものを下から1つ選び、記号で答えなさい。

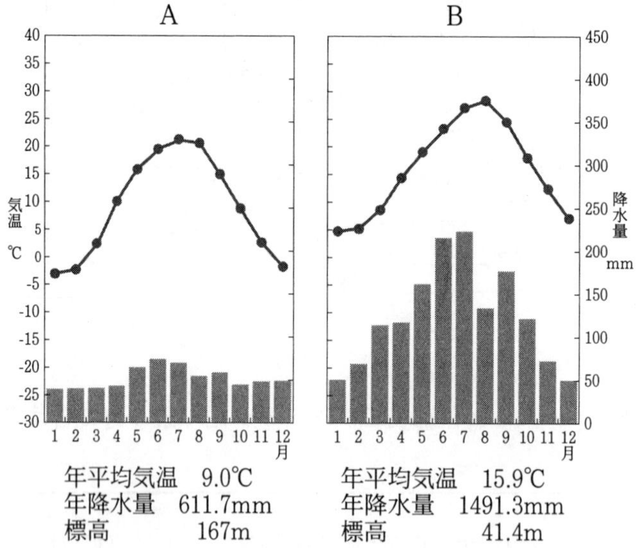

気象庁ホームページおよび理科年表をもとに作成

図　2

ア．気温を比較するとBの方が全体的に高いが、最も暖かい月と最も寒い月のそれぞれの平均気温の差はどちらも約25℃である。
イ．降水量を比較すると、Aは季節による変化はあまりみられないが、Bは5月から7月にかけて降水量が多くなっている。
ウ．図Bで5月から7月にかけて降水が多くなっているのは、やませによる湿った風が原因だと考えられる。
エ．全体的に気温が低いAが、ウクライナの首都の雨温図である。

問6　資料2の［　い　］に入る国名を次から1つ選び、記号で答えなさい。

資料2　ウクライナ侵攻で再び露呈《ろてい》した日本の難民認定問題　なぜ「避難民」と呼び区別するのか

出入国在留管理庁によると、3月2日から7月12日までに日本に入国したウクライナ人は1508人（速報値）でした。ウクライナの近隣国とはいえ、［　い　］は一時300万人以上を受け入れ、ルーマニアが90万人、ハンガリーが58万人などと、日本とは桁違いで、その上で、生活上の支援も手厚く行っています。こうした国々は、ⓐ難民に食糧や医療を提供し、ⓑEU圏内《けんない》の移動をサポートしています。EUは最大で3年間の就労を認め、社会保障や住居、医療、教育へのアクセスを保障しています。

2022年7月16日　朝日新聞GLOBE＋　より一部抜粋

ア．ポルトガル　　イ．フランス　　ウ．ポーランド　　エ．ベラルーシ

問7　資料2の下線部ⓐに関連して、次のグラフは2021年末時点で、紛争や迫害、暴力、人権侵害、公共の秩序を著しく乱す事象により、強制移住に直面した人の数を示しています。このグラフの説明として誤っているものを下から選び、記号で答えなさい。

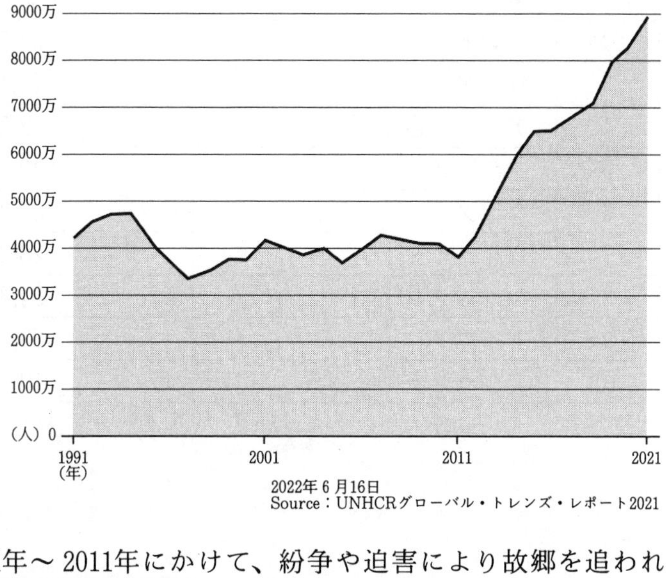

2022年6月16日
Source：UNHCRグローバル・トレンズ・レポート2021

ア．2001年～2011年にかけて、紛争や迫害により故郷を追われた人の数は4000万人前後で推移している。
イ．2011年以降、紛争や迫害により故郷を追われた人の数は増加を続け、2021年には最大規模に達した。
ウ．2021年末時点の紛争や迫害により故郷を追われた人の数は10年前の2倍を超える数である。
エ．2021年末時点で、紛争や迫害により故郷を追われた人の数は8000万人近くとなった。

問8　資料2の下線部ⓑに関連して、各国の説明として正しいものを次から1つ選び、記号で答えなさい。

ア．EU加盟国であるフランスでは、2022年に大統領選挙が行われマクロン大統領が再選した。

イ．EU加盟国であるイギリスでは、2022年にジョンソン首相が退陣した。

ウ．EU加盟国であるトルコは、2022年6月時点で難民の最大受入れ国となっている。

エ．EU加盟国であるドイツでは、2022年に国政選挙が行われ、メルケル首相が再選した。

問9　資料3はある農作物の国別生産量上位10か国を示したグラフです。Xに当てはまる農作物の名前を答えなさい。

資料3　**Xの生産量が多い国**

順位	国　名	生産量(1,000トン)(2019年)
1	中華人民共和国	133,596
2	インド	103,596
3	ロシア	74,453
4	アメリカ合衆国	52,258
5	フランス	40,605
6	カナダ	32,348
7	ウクライナ	28,370
8	パキスタン	24,349
9	ドイツ	23,063
10	アルゼンチン	19,460

出典：外務省「世界いろいろ雑学ランキング」

問10　ミハルさんは、ウクライナがどのような国々と貿易をしているのかを調べたところ、周辺の国々との結びつきが強いことが分かりました。次の表1は、ウクライナの輸出相手国上位4か国を示したものです。表中のX～Zに当てはまる国名の組合せとして最も適当なものを下から1つ選び、記号で答えなさい。

表　1
金額による輸出相手国・地域の割合の変化

2010年			2020年		
順　位	国・地域	割合(%)	順　位	国・地域	割合(%)
1　位	X	26.1	1　位	Z	14.5
2　位	Y	5.9	2　位	ポーランド	6.7
3　位	イタリア	4.7	3　位	X	5.5
4　位	ベラルーシ	3.7	4　位	Y	4.9

(在日本ウクライナ大使館ホームページおよび二宮書店『データブック オブ・ザ・ワールド2022』をもとに作成)

	X	Y	Z
ア	中　国	トルコ	ロシア
イ	中　国	ロシア	トルコ
ウ	トルコ	中　国	ロシア
エ	トルコ	ロシア	中　国
オ	ロシア	中　国	トルコ
カ	ロシア	トルコ	中　国

3 **次の資料を見て、あとの問いに答えなさい。**

いちごの月別卸売数量と卸売価格の推移

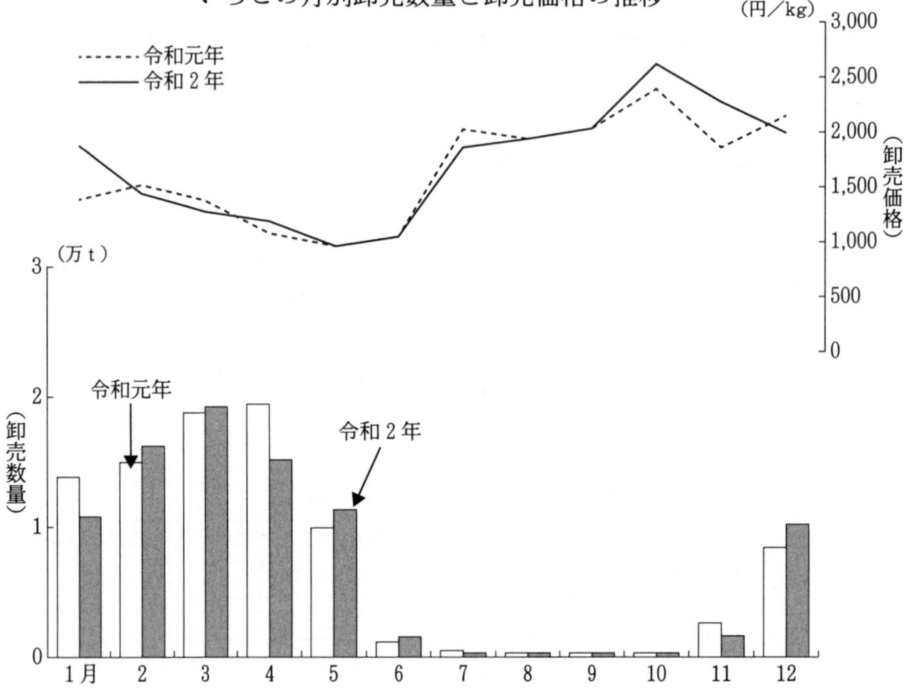

出典：農林水産省　令和２年青果物卸売市場調査報告
青果物卸売市場調査：農林水産省 (maff.go.jp)
調査結果の概要［PDF］令和２年版より

問１　物価が上がり続け、お金の価値が下がる状態が続くことを意味する用語をカタカナで答えなさい。

問２　卸売価格が１月から５月にかけて下がっていることからも分かるように、スーパーでも、１月にはいちごが１パック600円で売られていましたが、５月には同じ大きさのいちごが１パック300円で売られていました。なぜ、１月と５月では価格が異なるのか、生産者側の視点にたって、価格設定の背景にあると考えられる理由を簡潔に述べなさい。

【理　科】〈一期C試験〉（30分）〈満点：60点〉

1　現在日本の電力供給量は、火力発電によるものが最も多くなっています。火力発電では、主に石炭や天然ガスを燃焼させるのが一般的ですが、その際発生する二酸化炭素量を減らすことが課題となっています。そのため、アンモニアを特殊な方法で燃焼させることで排出する二酸化炭素量を減らし、電力をまかなう研究が進められています。日本政府は2030年までに火力発電で用いる石炭の20%をアンモニアに置き換える目標を掲《かか》げています。

（1）次の文章中の空らん（あ）～（か）において、それぞれの（　）内の語句から正しいものを選びなさい。

アンモニアは特有の刺激臭をもち、重さは空気よりも（あ　重く・軽く）、水に（い　溶けやすい・溶けにくい）。よって、アンモニアは（う　水上・下方・上方）置換法で集める。また、アンモニアは肉や大豆に多く含まれる（え　炭水化物・脂質・タンパク質）を分解する際に生じる。アンモニアは水に溶けると（お　酸・中・アルカリ）性を示すので、トイレなどで排せつ物の臭いが気になるときは（か　酸・中・アルカリ）性の消臭剤を用いることで、アンモニアを中和して臭いを抑えることができる。

（2）以下の反応について文章中の空らん（　き　）～（　け　）に入る語句の組み合わせとして正しいものを、ア～エより1つ選び、記号で答えなさい。

炭素（木炭）は燃焼すると（　き　）が生じる。水素は燃焼すると（　く　）が生じる。アンモニアは特殊な条件で燃焼すると（　く　）と（　け　）を生じる。

	（　き　）	（　く　）	（　け　）
ア	二酸化炭素	水	窒素
イ	二酸化炭素	窒素	水
ウ	水	二酸化炭素	窒素
エ	水	窒素	二酸化炭素

(3) 次の文章は水素とアンモニアについて述べたものです。文章中の空らん A 、 B には状態名を答えなさい。また、図を参考に空らん（ こ ）～（ す ）に当てはまる語句の組み合わせとして正しいものを、ア～クより1つ選び、記号で答えなさい。

物質を船などで多量に長距離運ぶには、体積が小さいほうが効率がよいので、状態を固体や A にして運んでいる。

水素は燃焼したとき、環境への影響が小さいため、エネルギー源として注目されており、燃料電池車などに利用されている。今後は日本国内で必要な量が増えると予想され、海外から水素を輸入する計画がある。一般的に、物質は圧力を加えると B → A →固体へ状態変化するが、水素は圧力を加えても A になりにくい。そのため、極端な（ こ ）にすることで A に保ちながら運ぶ研究が進められている。

一方、アンモニアは（ さ ）の三大栄養素のうち窒素を含むため、昔から（ し ）の原料として用いられてきた。アンモニアは水素と異なり、圧力を加えると簡単に A にでき、 A に保つ温度も水素と比べ（ す ）ため、昔の技術でもアンモニアを液体にして運搬するのは容易であった。

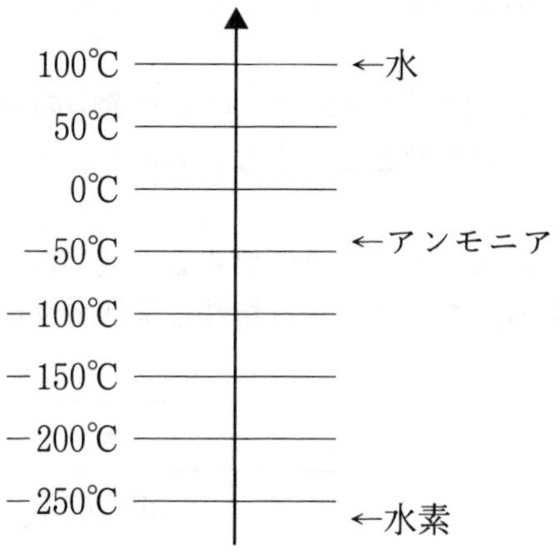

図　液体から気体に変わる温度

	（ こ ）	（ さ ）	（ し ）	（ す ）
ア	低温	植物	肥料	高い
イ	低温	ヒト	加工食品	高い
ウ	低温	植物	肥料	低い
エ	低温	ヒト	加工食品	低い
オ	高温	植物	肥料	高い
カ	高温	ヒト	加工食品	高い
キ	高温	植物	肥料	低い
ク	高温	ヒト	加工食品	低い

(4) 火力発電所で使用される天然ガスの主成分はメタンです。メタンは100gを完全に燃焼させると5570kJ※の熱がエネルギーとして放出され、二酸化炭素が275g生じます。一方、アンモニアは100gを燃焼させると1370kJの熱しか発生しませんが、二酸化炭素は発生しません。次の①、②の問いに答えなさい。なお、熱の大きさや二酸化炭素の重さは燃焼させるメタンまたはアンモニアの重さに比例します。

※kJ(キロジュール)は熱の大きさの単位

① メタン150gを完全に燃焼させたときに発生するエネルギーは何kJですか。

② メタン100gのうちの20%をアンモニアに置き換えて完全に燃焼させた場合、発生する熱は何kJになりますか。また、発生する二酸化炭素はメタンのみを100g完全に燃焼させたときと比べて何g減らすことができますか。

2 かっ車について以下の問いに答えなさい。

(1) 次の文を読み、空らん(あ)~(き)に当てはまる言葉や数字を答えなさい。(あ)と(う)は( )内のどちらかの言葉を選びなさい。ただし、おもり以外のものの重さは考えないものとします。

かっ車は円ばんの周囲の部分にみぞがあって、ひもやロープなどをかけて回す道具です。このかっ車には「動かっ車」と「定かっ車」の2種類があります。

図1は(あ 定・動)かっ車で100gのおもりをつり合わせるのにひもAを引く力の大きさは(い)gです。図2は(う 定・動)かっ車で、100gのおもりをつり合わせるのにひもBを引く力の大きさは(え)gです。

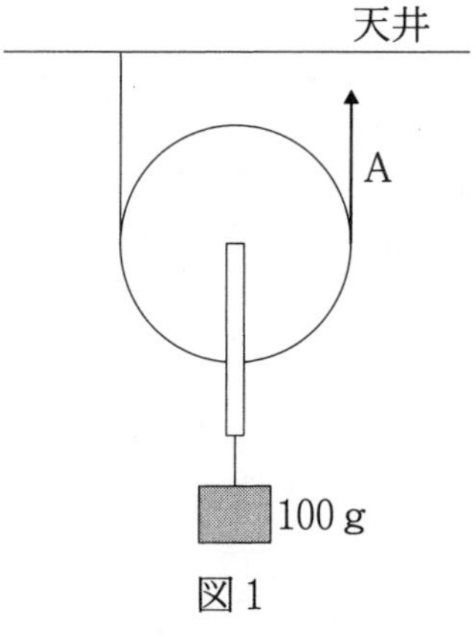

図1

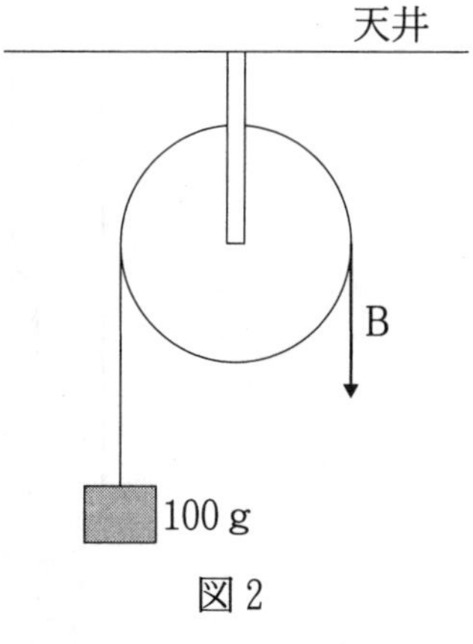

図2

この2種類のかっ車を図3のように組み合わせて、ひもGを引き、100gのおもりをつるしてつり合いの状態をつくりました。

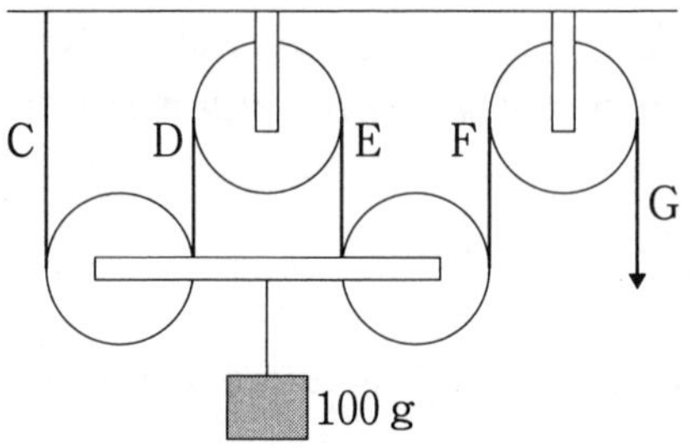

図3

ここで、100gのおもりを支えているひもの本数に着目します。100gのおもりを支えているのは、C，D，E，Fの4本のひもです（ひもGはおもりを支えていません)。そして、1本のひもにかかる力の大きさはどこでも同じです。すると、100gのおもりを4本のひもで支えており、ひもFにかかる力とひもGを引く力は同じなので、ひもGを引く力の大きさは（　お　）gになります。

このようにおもりを支えているひもの本数に着目すると、つり合わせるのに必要な力がわかります。

図4は定かっ車と動かっ車をたてに組み合わせたものです。おもりの重さを150gにして、つり合いの状態をつくりました。150gのおもりと、そのおもりと一体になっている動かっ車を支えているひもの本数に着目すると、その数は（　か　）本なので、ひもHを引く力の大きさは（　き　）gです。

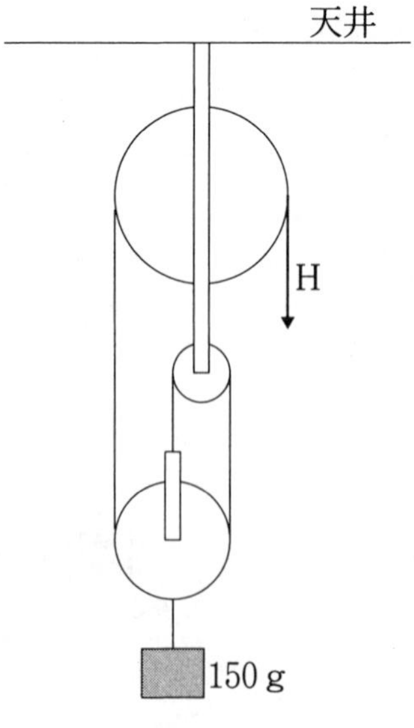

図4

（2）学さんがいすに座っており、学さんの体重といすの重さを合わせると60kgでした。図5のようにかっ車を組み合わせ、関さんがひもを引いたところ、学さんといすを宙に浮かせたまま、つり合いの状態を保つことができました。

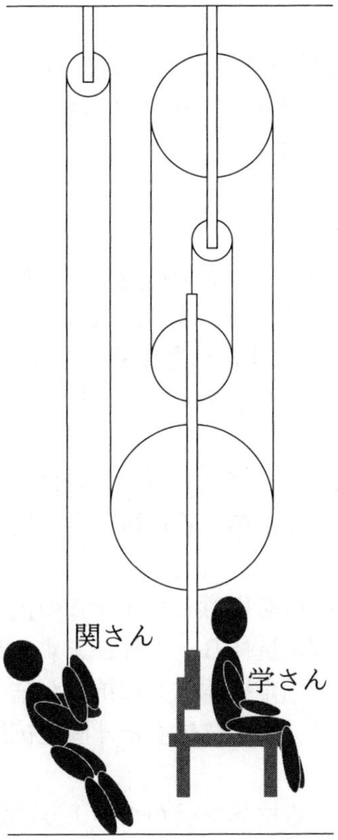

図5

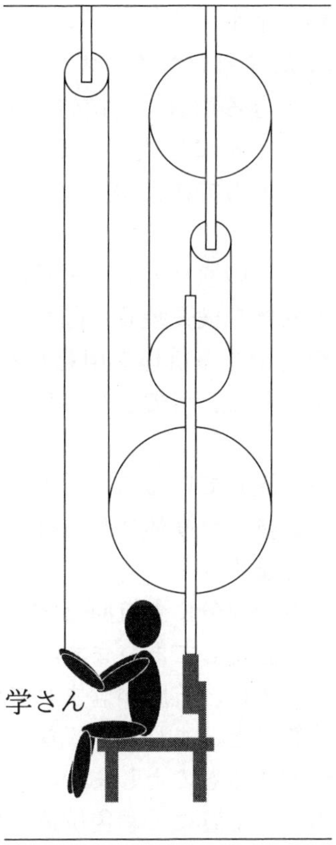

図6

次に、図6のように学さん自身がひもを引いたところ、学さんといすを宙に浮かせたまま、つり合いの状態を保つことができましたが、学さんがひもを引く力は、図5で関さんがひもを引く力よりも小さい力ですみました。

① 図6で学さんがひもを引く力は、図5で関さんがひもを引く力に比べて何kg小さいですか。

② 学さんがひもを引く力が、図5で関さんがひもを引く力に比べて小さい力ですんだ理由を答えなさい。

3 感染症の検査方法について、次の文章を読み以下の問いに答えなさい。

新型コロナウイルスやそれ以外の細菌やウイルスに感染しているかどうか調べる方法には、PCR検査、抗原《こうげん》検査などいくつかの方法があります。ここでは、抗原検査の仕組みを見ていきます。

体内に入り込んだ細菌やウイルスなどを抗原と呼びます。また、抗原に結合することができる物質を、抗体《こうたい》（図１）と呼びます。抗体は本来、抗原から身体を守るために体内でつくられる物質ですが、人工的につくり、検査に用いることもできます。

図１ 抗体

検査の仕組みは以下の通りです。まず、調べたい人のだ液や血液などの検体を用意します。用意した検体を検査装置（図２）の左から右へ流します。図２のＡの部分に調べたい抗原に結合できる抗体を用意します。この抗体には色を着けておくことで、たくさんの抗体があると、目で色が確認できるようになります。この抗体を「着色抗体」とします。

検体を左から右へ流しているので、「着色抗体」もＡの部分から右へ流れていきます。このとき、調べたい抗原が検体に含まれていると、一部の「着色抗体」は抗原に結合し、右へ流れていきます。

続いて、図２のＢの部分にも抗原と結合できる抗体を用意します。この抗体はＢの位置に動かないよう固定してあります。これを「固定抗体Ｂ」と呼びます。Ｂの位置を検体が通過するときに、抗原が含まれていると「固定抗体Ｂ」に抗原が結合し、抗原はすべてＢの位置にとどまります。なお、抗原は「着色抗体」と「固定抗体Ｂ」の両方に同時に結合できるものとします。

最後に、図２のＣの位置に「着色抗体」に結合する抗体を動かないよう固定しておきます。これを「固定抗体Ｃ」とします。Ｃの位置に「着色抗体」が流れてくると、「固定抗体Ｃ」に「着色抗体」が結合するので、「着色抗体」はすべてＣの位置にとどまります。

ＢやＣの位置に「着色抗体」がとどまると、目で「着色抗体」の色を確認することができ、その結果から、検体に抗原が含まれているかいないか判断できます。

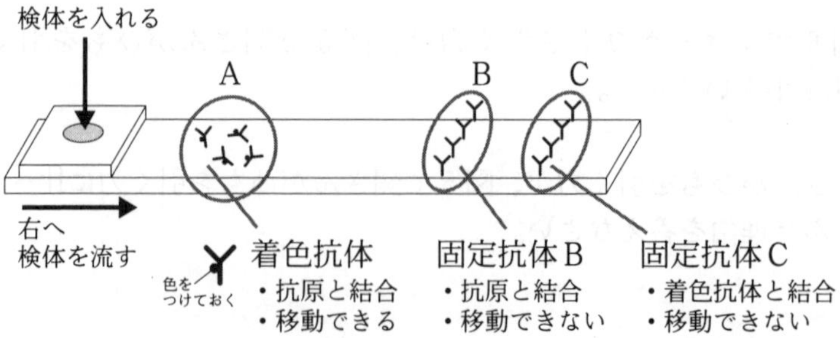

図２　抗原検査装置

(1) 下線部について、図3は血液の循環経路《じゅんかんけいろ》を示したものです。次の①〜③に答えなさい。

① 図3中の器官(X)の名称《めいしょう》を答えなさい。

② 心臓の部屋1〜4のうち、もっとも厚いかべからできている部屋はどれですか。1〜4の数字で答えなさい。また、その部屋の名称を答えなさい。

③ 血管5〜10のうち、酸素を多く含む血液が流れる血管をすべて選び数字で答えなさい。

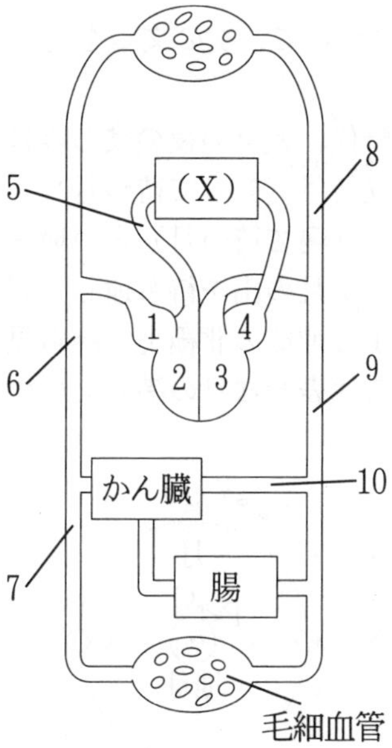

図3

(2) 太郎くんと花子さん2人の検体をこの方法で検査した結果、図4の結果が得られました。結果から考えられることとして適するものを、ア〜エの中から1つ選び、記号で答えなさい。

ア 太郎くん花子さんの両方とも、検体の中に抗原が含まれていた。
イ 太郎くんにのみ、検体の中に抗原が含まれていた。
ウ 花子さんにのみ、検体の中に抗原が含まれていた。
エ 太郎くん花子さんの両方とも、検体の中に抗原が含まれていなかった。

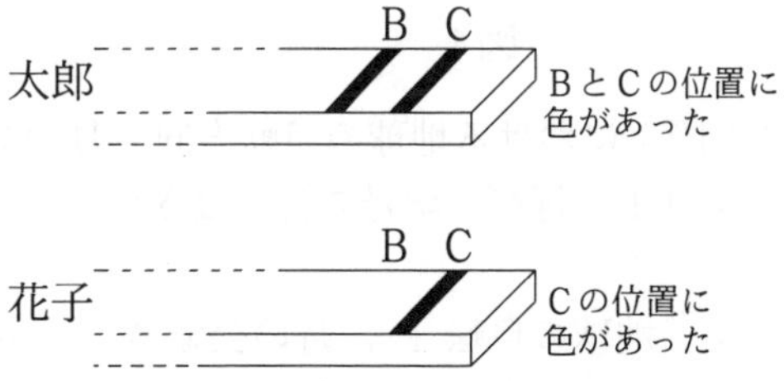

図4

(3) ある検体をこの方法で検査すると、図5のような結果が得られました。この場合、検査の結果から、検体の中に抗原が含まれていたかどうか、判断することができません。その理由を説明した文の空らん(あ)、(い)にあてはまる語句の組み合わせを、ア〜カの中から1つ選び、記号で答えなさい。

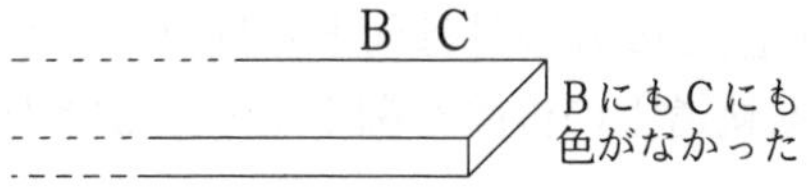

図5

抗原が検体に含まれていてもいなくても、検査が正しくできていれば、(あ)が流れて(い)の位置に色が確認できる。しかし、今回はそれが確認できないので、検査が正しく行われなかったと考えられる。

ア (あ)着色抗体　(い)B　　イ (あ)着色抗体　(い)C
ウ (あ)固定抗体B　(い)B　　エ (あ)固定抗体B　(い)C
オ (あ)固定抗体C　(い)B　　カ (あ)固定抗体C　(い)C

(4) この検査では、目で見て検体に抗原が含まれているかどうかを判断することができます。これは、手軽に検査できる点で便利ですが、目で見て判断する方法には欠点もあります。どのような欠点が考えられるでしょうか。説明しなさい。

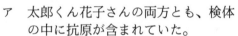

4 月について、次の文章を読み以下の問いに答えなさい。

平安時代、人々の夜の楽しみは、満ち欠けする月を見ることでした。満月の２日後の月を立待月《たちまちづき》（立って待つ月）、３日後の月を居《い》待月《まちづき》（すわって待つ月）、４日後の月を寝《ね》待月《まちづき》（寝て待つ月）といいます。月は毎日、月の出の時刻が遅れるため、月見を楽しむ人が月の出を待ち遠しく思い、月に付けた名前です。

図１は地球の北極上空から見た月の公転軌道《きどう》を示し、図２は月の公転にともなって見える代表的な月の満ち欠けの形を表しています。

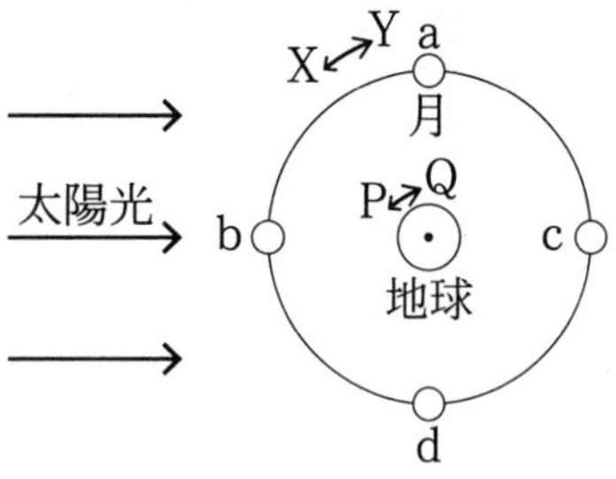

図１

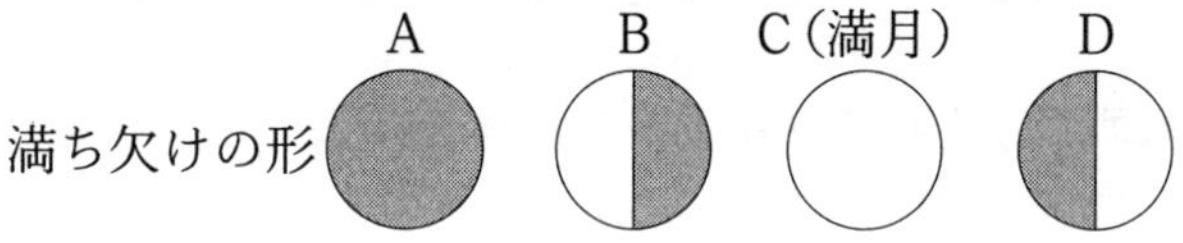

図２

（１）図１における地球の自転方向と月の公転方向の正しい組み合わせを次のア～エより１つ選び、記号で答えなさい。

ア　地球の自転 P，月の公転 Y　　イ　地球の自転 Q，月の公転 X
ウ　地球の自転 P，月の公転 X　　エ　地球の自転 Q，月の公転 Y

（２）図２のAの月は何と呼ばれていますか、名称を答えなさい。また、この月の公転軌道上の位置を図１のａ～ｄより１つ選び、記号で答えなさい。

（３）図２のDの月は何と呼ばれていますか、名称を答えなさい。また、この月の公転軌道上の位置を図１のａ～ｄより１つ選び、記号で答えなさい。

（４）図２のBの月齢として適切なものを次のア～エより１つ選び、記号で答えなさい。

ア　0日　　イ　7.5日　　ウ　15日　　エ　22.5日

（５）満月（図２のC）が地平線上に出てくる時刻を、次のア～エより１つ選び、記号で答えなさい。

ア　正午　　イ　夕方　　ウ　真夜中　　エ　朝方

（6）月の出の時刻は、日毎に何分遅れていくか、次の問いで考えてみましょう。
なお、月は図1のように地球のまわりを30日の周期で公転しているものとします。

① 次の文章中の空らん（あ）には数値を、（い）には（　）内の語句から正しいものを選び、答えなさい。

同じ時刻、同じ位置に見える月は、1日に（　あ　）度、（い　東・西・南・北）にずれて見える。

② 月を観測した次の日、月が前日と同じ位置に見えるのは、何分遅くなりますか。

問七　——⑦「オオカミが見たいの」とありますが、楓《かえで》がオオカミを見たい理由として最もふさわしいものを次の中から一つ選び、記号で答えなさい。

ア　結衣《ゆい》が以前オオカミの動画を見て感動していたので、写真を撮《と》って結衣に見せたら優越感《ゆうえつかん》に浸《ひた》れると思ったから。

イ　結衣が、動物の中でも特にオオカミが好きなようだということを思い出し、友達になるきっかけを作れると思ったから。

ウ　オオカミの檻《おり》で少しだけ変わったことが起こっていたので、写真をＳＮＳにアップしたら目立てると思ったから。

エ　父親と二人きりで動物園にいるのが嫌《いや》で、ペンギンを見たがっている父親に素直《すなお》に従いたくなかったから。

問八　——⑧「サルになるのも悪くはないかな」とありますが、楓《かえで》がこう思うきっかけになったものを次の中から**すべて**選び、記号で答えなさい。

ア　動物園でサル山のサルが毛づくろいをしている様子を見たこと。

イ　初めは気乗りしなかったものの、父親と一緒《いっしょ》に動物園に来たこと。

ウ　それまで否定的だった動物園にも、様々な役割があることを父親から教わったこと。

エ　友達を作る方法を生まれて初めてインターネットで検索《けんさく》したこと。

オ　結衣《ゆい》や、知らない人たちとネットを通じてやりとりをしたこと。

問九　この文章には、友達づきあいについての楓《かえで》の心情の変化が描《えが》かれていますが、それ以外についての楓《かえで》の心情の変化を、「ＳＮＳ」という言葉を用いて、「楓はこれまで」に続くように六十字以内で答えなさい。

問五 ――⑤「人類は毛づくろいのかわりとして、言語を発達させた」とありますが、この理由として最もふさわしいものを次の中から一つ選び、記号で答えなさい。

ア 人間はほかの動物と異なって群れて生活をしないので、スキンシップの代わりに言語によるコミュニケーションが発達していったから。

イ 人間はほかの動物より知能が発達しているため、スキンシップによるコミュニケーションよりもうわさ話やゴシップを好むようになったから。

ウ 人間の数が増えていくにつれて群れの規模が大きくなり、スキンシップによるコミュニケーションを取る時間が足りなくなったから。

エ 言語はスキンシップよりも容易かつ的確にコミュニケーションが取れるため、日々時間に追われている現代人に適応していたから。

問六 ――⑥「バカにするような気持ちにはならない」とありますが、この理由として最もふさわしいものを次の中から一つ選び、記号で答えなさい。

ア 楓《かえで》はこれまで動物園の動物たちは不幸だと思い否定的だったが、実際にサル山のサルたちを見ると幸せそうな環境《かんきょう》で過ごしていたから。

イ 楓はこれまで無意味なコミュニケーションをとるクラスメイトたちを見下していたが、実際に自分も友達作りをしたことがなく、とまどったから。

ウ 楓はこれまでスマートフォンだけで友人たちとコミュニケーションをとっていたが、サルたちを見て直接関わるのも悪くないと思ったから。

エ 楓はこれまで友達づきあいに興味がなかったが、サルたちの毛づくろいを見て、少し見ただけではわからない意味があることに気づいたから。

問一　――①「楓《かえで》は無言のまま」とありますが、このときの楓の気持ちを表した一文を本文中から探し、初めの五字を抜《ぬ》き出して答えなさい。

問二　――②「かーえでちゃん」とありますが、このときの父親の心情として最もふさわしいものを次の中から一つ選び、記号で答えなさい。

ア　せっかくのおでかけを険悪な雰囲気《ふんいき》にしたくないので、場を和《なご》ませつつも楓《かえで》のマナー違反《いはん》を注意したいという気持ち。

イ　普段《ふだん》呼ばない呼び方をすることで本気で怒《おこ》っているということを伝え、絶対にネットをやめさせたいという気持ち。

ウ　楓がマナー違反を二度としないように、見つけたその場でできるだけはっきりと注意しなければならないという気持ち。

エ　マナー違反を人前で注意したことで、普段から良好な関係でかわいがっている楓に、嫌《きら》われたくはないという気持ち。

問三　――③「自分の主張」とありますが、楓《かえで》の主張とはどのようなものですか。「施設《しせつ》」という言葉を用いて、二十字以内で答えなさい。

問四　――④「ポジティブな言葉」とありますが、「動物園」と一緒《いっしょ》に検索《けんさく》されるポジティブな言葉としてふさわしいものを、次の中から**すべて**選び、記号で答えなさい。

ア　赤字　イ　楽しみ方　ウ　スリル　エ　おすすめ　オ　工夫《くふう》

カ　高級　キ　老舗《しにせ》　ク　値上げ

楓はあわてて、スマートフォンをかまえ、その様子を動画で撮影する。
ここには、ほかに、オオカミなんていない。
それなのに、オオカミは遠吠えをつづける。
だれに、なにを伝えようとしているのか……。
「ねえ、パパ。動画って、どうやってアップするの？」
楓はとなりにいる父親に教えてもらって、さっそく、いま撮ったばかりの動画をインターネットで公開してみた。
それから、結衣にメッセージを送る。
〈こんにちは！　オオカミ、好きだったよね？　よかったら、見て〉
動画のアドレスを送ると、すぐに結衣から返信があった。
〈見たよ～☆　すごい！　かっこいい〉
それだけじゃない。
動画のサイトには、ほかの知らないひとたちからも、いくつかコメントが載《の》っていたのだ。
〈オオカミ好き～〉
〈動物園のオオカミも、遠吠えするのか〉
〈cool〉
〈久しぶりに、動物園に行きたくなった〉
ＳＮＳのおもしろさ、つながることの楽しさが、楓にも理解できた気がした。
現実と、おなじなんだ。
ネット上であろうが、現実だろうが、だれかが自分のことを気にしてくれると、うれしい。
ささいなことでいい。あいさつを交《か》わすようなもの。深い内容なんてなくても、そのやりとりに意味があるのだ。
⑧サルになるのも悪くはないかな、と楓は思った。

（藤野　恵美　著『雲をつかむ少女』一部改変）

みたいだ」と思っていた。

けれども、実際にサルたちをながめていると、⑥バカにするような気持ちにはならない。

まったりとした雰囲気《ふんいき》のなかで、サルたちは気持ちよさそうに、毛づくろいをしている。

結衣とやりとりをするのは、楽しい。

友達になりたい、と思っているのだ。

ようやく、楓は自分の気持ちに、気づいた。

そして、とまどう。

これまで、ちゃんとした友達なんて作ったことがない。

ふつうの友達づきあい、というものは、どうすればいいのだろう……？

検索してみようかな、と思う。

しかし、スマートフォンを片手に持ったまま、楓は考えた。

インターネットには、中学生が友達と仲良くする方法についての情報はあるかもしれない。

けれども、観月《みづき》楓が松島結衣という女の子と友達になるための方法は、自分で見つけるしかないのだ。

楓は、これまで読んだ結衣のつぶやきを思い出す。

そういえば、以前、結衣はオオカミの動画を見て、とても感動していた。

動物のなかでも、特にオオカミが好きらしい。

父親が戻《もど》ってくると、楓はすたすたと歩きだした。

「あれ？　楓、どこに行くんだ？　ペンギンは？」

「⑦オオカミが見たいの」

楓がオオカミのいる檻に近づいた途端《とたん》、少しだけ変わったことが起きた。

一匹のオオカミが前足をそろえて座り、あごをあげ、大空にむかって、遠吠《とおぼ》えをはじめたのだ。

楓はサルたちを観察しながら、父親の言葉を聞く。

体格の大きなサルのところには、つぎつぎにべつのサルがやってきて、毛づくろいを行っていた。その様子は、まるでご機嫌《きげん》を取っているかのようだ。

「群れで暮らすと、敵から自分たちを守りやすい。けれども、他者と暮らすことには、ストレスも生じる。そのストレスをやわらげて、良好な関係を維持《いじ》するため、サルもヒトも『毛づくろい』が必要だというわけだ」

「サルもヒトも……って、人間は毛づくろいなんかしないでしょ」

「⑤人類は毛づくろいのかわりとして、言語を発達させた、という説があるんだよ」

「毛づくろいのかわり？」

「人間も初期のころはサルのようにスキンシップによってコミュニケーションを取っていた。だが、群れの規模が大きくなると、毛づくろいなどをする時間が足りなくなる。かわりに、言語が発達して、うわさ話やゴシップを伝えることを好むようになった、と考える研究者もいるんだ。おもしろいと思わないかい？」

仲良くするために、せっせと毛づくろいをするサルたち。

それはたしかに、つながりをたしかめあうためにせっせとインターネット上でメッセージのやりとりをする自分たちに似ているかもしれない、と楓は思った。

父親がベンチを立ち、トイレへむかう。

そのすきに、楓はスマートフォンを取りだして、ＳＮＳをチェックした。

先ほどの書きこみに、結衣《ゆい》から返信があった。

〈いいね！　私も動物園、行きたーい！〉

たったこれだけの文章なのに、楓はプレゼントを贈《おく》られたような気持ちになる。

ずっと、ふつうの友達づきあいというものには、興味がなかった。

概念《がいねん》としての「サル」という言葉を使って、楓は見下すようなニュアンスで、クラスメイトたちのことを「サル山のサル

絶滅してしまうおそれがあるらしい。

作文を書くとき、楓はまず、結論を決めていた。

動物園に否定的な内容にしようと思っていたから、インターネットで情報を探すときにも、③自分の主張に合う情報ばかりを求めていたのだ。

もし、検索《けんさく》をするときに「動物園」というキーワードといっしょに、④ポジティブな言葉を入力していれば、まったくちがった情報を目にしていただろう。

インターネットには、さまざまな情報があふれている。しかし、検索の仕方によって、そこから引きだされる情報には、かたよりが出てくるのだ。

「それに、動物園の役割には『教育』というものもある。いま、楓はこうして、実物のトラを見たり、展示を読んだりして、学んでいるだろう?」

楓がうなずくと、父親は話をつづけた。

「もちろん、それだって人間の都合であり、エゴと言えるのかもしれない。どんなことにも、肯定的《こうていてき》な面があれば、否定的な面もある。さまざまなことを知ったうえでも、うまく楽しめるのが大人なのかもしれないな」

ふたりはそれから、順路にしたがって、クマやゾウなどを見て歩き、サル山にたどりついた。

楓たちはベンチに座《すわ》って、サル山をながめながら、少し足を休ませることにした。

サル山では、何十匹《びき》ものサルたちが、思い思いの場所で、昼寝《ひるね》をしたり、毛づくろいをしたりしていた。

子ザルたちがちょこまかと動きまわるすがたはかわいい。一方、大きなサルはどことなくこわい感じがする。

「サルはどうして、毛づくろいをするのだと思う?」

父親の質問に、楓は少し考えて答える。

「ノミをとっているんじゃないの?」

「あれは自分たちの絆《きずな》をたしかめあうコミュニケーションのための行為《こうい》らしい」

目の前にだれかがいるときにスマートフォンをいじることはマナー違反《いはん》だと、父親は言うのだ。

「そんな感覚、古いって。みんな、しゃべりながらふつうにネット見たりしてるし」

「それでも、パパはやめてほしいんだ。せっかく大好きな楓といっしょにいるのに、ネットをされたら、淋《さみ》しくていやな気持ちになるだろ。相手がいやがることをしないというのが、マナーだよ。さあ、行くぞ。パパはトラが見たいんだ」

楓はスマートフォンをしまうと、つまらなさそうな顔のまま、意気揚々《いきようよう》と歩く父親のあとについていく。

楽しくないわけではないが、いい年をして父親といっしょに動物園なんかに来てうれしそうにしているのは、プライドが許さないという気分なのだ。

茶色く塗《ぬ》られたコンクリートの上で、アムールトラがゆっくりと歩いている。

トラというのは、美しい生き物だ、と楓は思う。

その毛並み、金色の瞳《ひとみ》、堂々とした体格……。巨体《きょたい》でありながら、ネコ科の動物だけあって、歩くときには足音を立てず、その動作は優美ですらある。

「写真を撮《と》るのはいいでしょ？」

父親に確認してから、楓はスマートフォンを取りだして、トラのすがたを撮影した。

「あの作文（※楓が以前父親に書いて見せた作文）で、楓は動物園について、否定的な意見ばかりを書いていただろう？」

トラを見つめながら、父親は問いかけてくる。

「うん、だって、どう考えても、動物園なんて人間のエゴだもの」

「たしかに、動物園は人間を楽しませる『娯楽《ごらく》』のための施設《しせつ》ではある。けれども、それだけじゃない」

「どういうこと？」

「動物園には『保護』や『研究』という役割もあるんだ。絶滅《ぜつめつ》のおそれがある動物を飼育することは、種の保存という観点からも大切なことだよ」

そんな父親の言葉を聞きながら、楓はトラの檻《おり》の横に展示されている自然保護区の写真を見つめる。

環境破壊《かんきょうはかい》などによって野生のアムールトラはすむ場所を奪《うば》われ、数が減っていると書かれていた。人間が保護しなければ、

問七　――a〜eのカタカナを漢字に直して答えなさい。

a　最もカンタンな挨拶《あいさつ》です

b　見事なまでシュウシ無表情でした

c　表情について考えてみるキカイを持つ

d　声のチョウシもわからない

e　首を縦に振《ふ》ってサンセイしてしまう

二　次の文章をよく読んで、後の問いに答えなさい。(問題に字数制限のある場合は、すべて句読点、符号《ふごう》をふくむものとする。)

久しぶりに、動物園特有のにおいをかいで、楓《かえで》は「くさい……」と顔をしかめた。

動物の糞尿《ふんにょう》や体臭《たいしゅう》の入り混じったにおいや、鳥やサルの鳴き声が、風に乗って運ばれてくる。

入園ゲートを抜《ぬ》けると、ピンク色をしたフラミンゴの群れが、目に入った。

「いい天気になってよかったな。雲ひとつない青空。絶好の動物園日和《びより》だな」

うれしそうな声で話す父親の横で、①楓は無言のまま、スマートフォンを取りだす。そして、色鮮《あざ》やかなフラミンゴを撮影《さつえい》して、SNSに写真をアップした。

〈動物園に来ています〉

自分の存在を確認《かくにん》したくて、いまなにをしているのか、いちいちインターネットに公開する。

「②かーえでちゃん」

父親は猫《ねこ》なで声を出して、わざとらしく「ちゃんづけ」で名前を呼ぶと、楓のスマートフォンを指さした。

「パパとおでかけしてるときは、ネット禁止」

問三　X に入る言葉として、最もふさわしいものを次の中から一つ選び、記号で答えなさい。

ア　目は口ほどにものを言う　　イ　目からうろこが落ちる　　ウ　一目置く　　エ　目と鼻の先

問四　――②「これ」とはどういうことですか。「コミュニケーション」という言葉を用いて、三十字程度で答えなさい。

問五　＝＝「文化による違《ちが》い」とありますが、本文で挙げられている表情やしかられ方の違いのように、あなたが知っている「文化による違い」の例を一つ、考えて書きなさい。

問六　本文の内容に合うものを、次の中から**すべて**選び、記号で答えなさい。

ア　筆者のような中年世代から見ると、現代の日本の若者は表情に乏《とぼ》しいので改善すべきだとは思うものの、若者の文化を尊重したい気持ちもあり、筆者は葛藤《かっとう》している。

イ　表情はアメリカの大統領候補者たちでさえ研究するコミュニケーションの道具であり、電子メールでは伝わらないような、細かな感情まで表現することができる。

ウ　世代だけではなく、国や地域によっても文化による表情の違《ちが》いがあり、何が正しいとは一様には評価できないが、意識して過ごすことは今後の社会を生きる上で役に立つはずだ。

エ　表情は立派なコミュニケーションの道具だが、眉《まゆ》の動きや視線なども、人との関わりの中で大きな説得力や意味合いを持つ場合がある。

オ　日本でも、コミュニケーションを取る際には、イギリスのように相手の話をしっかり聞いているということをアピールするために目をじっと見て話すべきである。

はしません。話を聞いているという印として、相手の目を時々は見ますが、じっと見つめることは、むしろ、反抗《はんこう》の気持ちを表すことになるのではないでしょうか。

一方、イギリスの人から聞いたのですが、小さいころ、親からしかられるとき、よく

「私の目を見なさい！」

と言われたといいます。相手の目を見ないことは、相手の話をきちんと聞かないということなのだそうです。

ただし、日本でも、相手と話をする場合には、きちんと思いを伝えるとき、時々は相手の目を見るのが普通《ふつう》のようです。学生時代、面接試験の時は、相手のネクタイのあたりを見なさい、と教えられましたが、自分が面接員になった時の個人的印象では、ぼんやりと目を合わさないままでいるよりは、むしろ時々は相手の目を見てしっかりアイコンタクトを取るほうが自信をもって話をしているような気がします。

（森山　卓郎　著『コミュニケーションの日本語』一部改変）

問一 [A]～[D]に入る言葉として、最もふさわしいものを次の中からそれぞれ選び、記号で答えなさい。（同じ記号を二度以上使ってはいけません。）

ア いわば　イ しかし　ウ それとも　エ そのうえ　オ 例えば

問二 ——①「そこで、提案です」とありますが、筆者はどんな問題を解決するために提案しているのですか。最もふさわしいものを次の中から一つ選び、記号で答えなさい。

ア 相手の表情だけでは本当の気持ちがはかれないこと。

イ 文化の違《ちが》いから人間関係の不和が生まれてしまうこと。

ウ 表情を出す文化と出さない文化のどちらが良いか決められないこと。

エ 日本の若者がほかの国の人たちよりも無表情であること。

m(_ _)m

なども使えるかもしれませんが、その場合だと、丁寧《ていねい》なご挨拶をしている、という感じになりそうな気がします。

表情は電子メールでも見事に利用されているのです。

もっとも、絵記号ですから、あまり改まった場面では使いませんが、表情も伝えられない、声の d チョウシもわからない、という電子メールでは、このように感情を伝える絵記号が発達する余地があったのかもしれません。

おもしろいことに、表情は相手を説得する場合にも有効です。話をしているとき、ここは相手によくわかってほしい、というときに眉毛を上げて相手の目を見ると、印象が違ってきます。学生時代、なぜかその人と話をすると説得されてしまうという人がいたのですが、その人は、「そうでしょう?」と言うときに、少し眉毛を上げて、じっと視線を合わせるような話し方をしていました。話の要所要所でそういう表情を見せられると、つい、うん、うん、と首を縦に振《ふ》って e サンセイしてしまうから不思議でした。

眉毛の動きというと変な感じがするかもしれませんが、人形を使った腹話術などでも口だけではなく、眉毛も動くようになっている人形が多いようです。眉毛（もう少し厳密に言うと目の回り全体）の動きは意外に大切なのです。そういえば「 X 」ということわざもあります。

ついでながら、あのレオナルド・ダ・ヴィンチの「モナリザ」の絵ですが、眉毛が見えません。モナリザの微笑《びしょう》は、楽しいのか、悲しいのか、 D ほかの感情なのか、よくわからない不思議な微笑だと言われています。確かに何か不思議な感じがするのですが、このことは、眉毛が見えないということとも関係があるように思います（もちろん、背景や喪服《もふく》と言われる黒い服などの意味もあります）。目などの表情によって伝わる感情というものも意外に大きいのです。

目のことが話題になりましたが、もう一つ大切なのは視線です。どこを見るかということですが、特に、相手の目と視線を合わせることをこれはアイコンタクト（eyecontact）といいます。

②これも文化によって違います。例えば、バングラデッシュでは、目上に対しては下をむいたまま話をするそうです。日本でも、昔はどちらかというとそうだったようですし、今でも、日本では、子供が親に怒られるとき、じっと親の目を見たり

もっとも、表情には文化による違《ちが》いもあります。以前、台湾《たいわん》南部へ行ったときに聞いた話ですが、台湾でもいろんなところから来た人たちがいて、中国大陸南部のある地方から来た人たち（この場合は客家《ハッカ》と呼ばれる人たちでしたが）はあまりにこにこしない文化なんだそうです。国際結婚《けっこん》をしてその文化の人たちと同じ屋根の下で暮らしている日本人女性の方から伺《うかが》ったのですが、やはり、最初は怒っているのかな、ととまどったそうです。でも、やがて、表情には出さなくても、あたたかい心を持った、とても優《やさ》しい人たちであることがわかってほっとしたといいます。

もちろん、表情を出す文化と出さない文化のいずれが「よい」などと言うことはできません。［ C ］、いろいろな人と出会う現代社会にあっては、文化的なことも含《ふく》めて、表情について考えてみるcキカイを持つことはいいことのはずです。国際化時代でいろいろな文化の人と出会う場合、愛想《あいそ》のよい表情で失敗することより、愛想が悪い表情で失敗することのほうが多いのではないかという気もします。

①そこで、提案です。その相手と出会えてうれしい、という思いがあるならば、また、ありがとう、という気持ちがあるならば、たとえ少しでも、にっこりしてみるといいのではないでしょうか。ほほえむだけでも、少し眉毛《まゆげ》を上げるだけでも、唇《くちびる》をゆるめてぴょこんと首を動かすだけでもかまいません。ちょっとした表情の違いがあたたかい雰囲気《ふんいき》をつくると思うのです。それもできないという場合は、例えば、表情にも少し関心を持つというだけでもいいと思います。

表情も重要なコミュニケーションの道具なのです。

そういえば、電子メールでもよく、絵文字を見ます。例えば、誰《だれ》かを旅行に送り出す時に「気をつけて行ってらっしゃい」というメッセージを送るとして、どんな絵文字と一緒《いっしょ》に使うかでずいぶん印象が違ってきます。

(^_^)/

だと明るく送り出す感じ。

(;_;)

だと、別れが寂《さび》しくて泣いている感じになります。また、謝《あやま》りやお礼に使う、

2023年度 関東学院中学校

【国　語】〈一期C試験〉（五〇分）〈満点：一〇〇点〉

一　次の文章をよく読んで、後の問いに答えなさい。（問題に字数制限のある場合は、すべて句読点、符号《ふごう》をふくむものとする。）

にっこりするというのは、最もaカンタンな挨拶《あいさつ》です。一瞬《いっしゅん》であっても、気持ちを通じ合わせるというサインになります。

もちろん、時と場合によっては無表情でいることが必要な場合もあるでしょうが、少なくとも、友好的に生活していく上では、表情はとても大切な要素になるということは言えるでしょう。いろんな思いを伝える表情は、［A］、言葉以前の「ことば」と言えるのかもしれません。

例えば、アメリカの大統領候補者は自分の表情について研究するそうです。映画俳優でも片方の眉《まゆ》を上げ、そちらのほうの口元だけ笑うようにするという、「顔の半分で笑う」ような表情を見せてくれることもあります。やはり、表情について相当意識しているのではないかと思います。

先日、バンドン（※インドネシアのジャワ島西部にある都市）市内で、小さな子供たちが音楽を聴《き》かせてくれるところへ行ったときのこと、たまたまとなりに日本人の青年が座《すわ》っていたのですが、小さな子がやってきて楽器を貸してくれても、司会者がジョークを言っても、見事なまでbシュウシ無表情でした。

私のような中年の世代の思い込《こ》みかもしれませんが、日本の青年たちを見ていると、あまりにも無表情だなあ、と思うことが正直いってよくあります。［B］、日本で電車に乗っている時に観察する青年たちもそうですが、国際線の飛行機の中などで、サービスを受けるときなども、ほかの国の人たちがサンキューなどと挨拶しているのに、石像のように無表情なままだった、というのを何回か見たことがあります。会釈《えしゃく》ぐらいしたほうがいいんじゃないの、と言いたくなります。怒《おこ》っているの？　威張《いば》っているの？　という印象を抱《いだ》いてしまうのです（もちろん、そんな人が全部ではありませんが）。

2023年度

関東学院中学校　▶解　答

※　編集上の都合により，一期C試験の解説は省略させていただきました。

算　数　＜一期C試験＞（50分）＜満点：100点＞

解　答

1 (1)　$4\frac{8}{15}$　(2)　2023　(3)　14.44　(4)　18と66　2 9本　3 毎時288km　4 10通り　5 15000ユー　6 $30cm^2$　7 $116.18cm^3$　8 (1)　40人　(2)　①　74点　②　70点　(3)　76点

社　会　＜一期C試験＞（30分）＜満点：60点＞

解　答

1 **問1**　（例）　小さな破片を張り付けることで重さが同じになるように調整したから。　**問2**　エ　**問3**　オ　**問4**　ウ　**問5**　ア　**問6**　ア　**問7**　イ　**問8**　（李氏）朝鮮　**問9**　太閤検地　**問10**　オ　**問11**　下関条約　**問12**　（例）　日本で10000円を10000ドルに交換する。アメリカで10000ドルを金15000ｇに交換する。日本で金15000ｇを20000円に交換する。　**問13**　イ　**問14**　**N**　樋口一葉　**O**　菅原道真　2 **問1**　エ　**問2**　キーウ　**問3**　ウ　**問4**　7(時間)　**問5**　ウ　**問6**　ウ　**問7**　エ　**問8**　ア　**問9**　小麦　**問10**　カ　3 **問1**　インフレーション(インフレ)　**問2**　（例）　冬(1月)に生産すると，温度や湿度，日照量などを調節するためのコストがいちごの価格に上乗せされるから。

理　科　＜一期C試験＞（30分）＜満点：60点＞

解　答

1 (1)　**あ**　軽く　**い**　溶けやすい　**う**　上方　**え**　タンパク質　**お**　アルカリ　**か**　酸　(2)　ア　(3)　**A**…液体　**B**…気体　**記号**…ア　(4)　①　8355kJ　②　**熱**…4730kJ　**二酸化炭素**…55ｇ　2 (1)　**あ**　動　**い**　50　**う**　定　**え**　100　**お**　25　**か**　3　**き**　50　(2)　①　2kg　②　（例）　いすを支えているひもの本数が違うから。　3 (1)　①　肺　②　**数字**…3　**名称**…左心室　③　8，9，10　(2)　イ　(3)　イ　(4)　（例）　見る人によって，色が見えているかいないかの基準がかわってしまう。　4 (1)　ウ　(2)　**名称**…新月　**位置**…b　(3)　**名称**…上弦の月　**位置**…d　(4)　エ　(5)　イ　(6)　①　**あ**　12度　**い**　東　②　48分

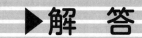

国 語 ＜一期C試験＞（50分）＜満点：100点＞

解 答

一 **問1** A ア B オ C イ D ウ **問2** エ **問3** ア **問4** （例） コミュニケーションをとる時，相手のどこを見るかということ。 **問5** （例） 日本では，くつを脱いで家に上がるが，海外では，家の中でも土足で過ごすことも多い。 **問6** ウ，エ **問7** 下記を参照のこと。 二 **問1** 楽しくない **問2** ア **問3** （例） 動物園は人間の娯楽のための施設である。 **問4** イ，エ，オ **問5** ウ **問6** エ **問7** イ **問8** ア，イ，オ **問9** （例） （楓はこれまで）自分の存在確認のためにSNSを利用していたが，SNSのおもしろさやつながることの楽しさが理解できるようになった。

●漢字の書き取り

一 **問7** a 簡単 b 終始 c 機会 d 調子 e 賛成

Memo

2022年度　関東学院中学校

〔電　話〕 (045) 231－１００１
〔所在地〕 〒232-0002　神奈川県横浜市南区三春台４
〔交　通〕 京浜急行―「黄金町駅」より徒歩５分
市営地下鉄―「阪東橋駅」より徒歩８分

【算　数】〈一期Ａ試験〉(50分)〈満点：100点〉

1　次の□にあてはまる数を求めなさい。

(1)　$3\frac{1}{4}\div1\frac{2}{11}+\left\{13-\left(\frac{2}{3}+2\frac{1}{2}\right)\right\}\times3=\square$

(2)　$\{(18-\square\times5\div2)\times6+30\}\div5=12$

(3)　２つの数a，bがあり，$a+b=3\frac{5}{8}$，$a-b=\frac{7}{8}$です。このとき$a\times b=\square$です。

(4)　整数Aを５でわったあまりを【A】で表します。例えば【８】=３，【10】=０となります。
このとき，【１】+【２】+【３】+……+【2022】=□となります。

2　ゆうじさんはある本を３日間で読み終わりました。１日目に全体の$\frac{2}{5}$より３ページ少なく，２日目に残りの$\frac{2}{3}$より７ページ多く読みました。３日目に30ページ読んだとすると，この本は全部で何ページありますか。

3　ゆきさんは530円分のお菓子を買うのに，10円玉と50円玉と100円玉を何枚か使いました。２種類の硬貨の枚数が同じで，10円玉の枚数がもっとも少ないとき，使った50円玉の枚数は何枚ですか。

4　ある規則に従って数を並べました。

１，３，４，７，11，18，29，……

このとき初めて出てくる３桁《けた》の整数はいくつですか。

5　ある日，大雨が降り続いたためにダムの貯水率が90％になってしまいました。雨が降り続いている中，ダムの貯水率を60％にするために放水を始めました。２つの門を使って放水すると15時間で貯水率が60％になり，３つの門を使って放水すると５時間で貯水率が60％になります。放水性能が半分である予備の門も合わせた４つの門を使って放水するとき，貯水率が90％の状態から放水すると貯水率が60％になるまでに何時間何分かかりますか。

6 下の図の四角形 ABCD はひし形です。角 x は何度ですか。

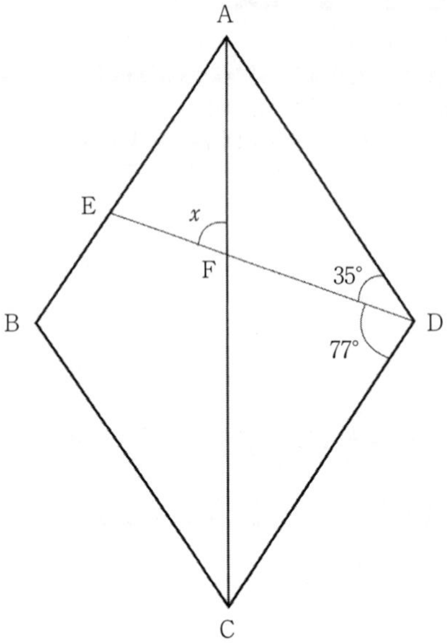

7 下の図のように半径10cm の円の中に，正十二角形をかきました。図の斜線部の面積は何 cm^2 ですか。ただし，円周率は3.14とします。

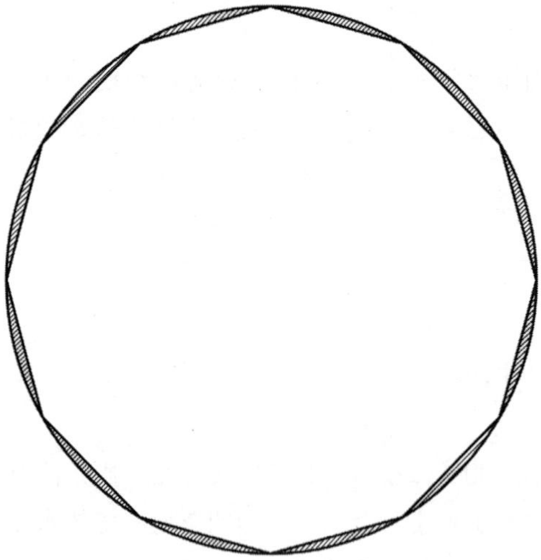

8　山頂には学校，山のふもとには駅があります。ゆうきさんは学校を出発して駅に向かいます。駅に着いたら休憩《けい》して，学校に戻ります。みきさんはゆうきさんが学校を出発するのと同時に駅を出発し，学校へ向かいます。学校に着いたらゆうきさんと同じ時間休憩して，駅に戻ります。また，学校から駅に向かうときは２人とも毎分120mで進みます。駅から学校へ向かうときは歩く速さがそれより遅くなりますが，２人の速さは同じです。

下のグラフは２人が同時に出発してからの時間と２人の距離を表したものです。後の各問いに答えなさい。

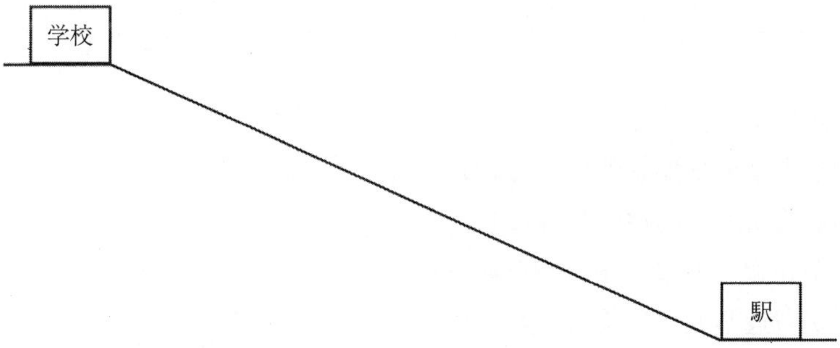

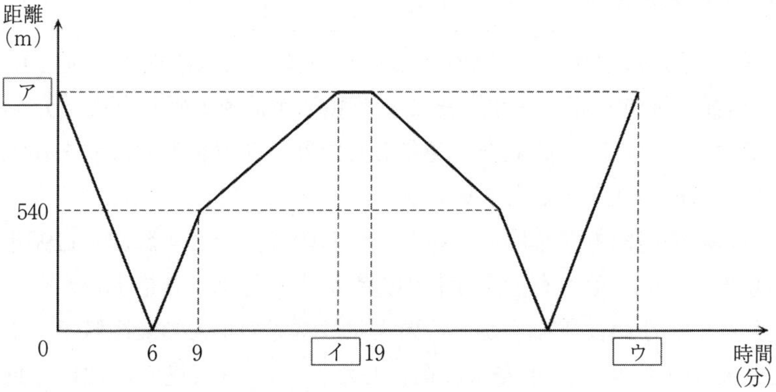

(1)　ア にあてはまる数はいくつですか。

(2)　駅から学校へ向かうときの歩く速さは毎分何mですか。

(3)　イ にあてはまる数はいくつですか。

(4)　休憩時間は何分ですか。

(5)　ウ にあてはまる数はいくつですか。

【社　会】〈一期Ａ試験〉（30分）〈満点：60点〉

1　次の文章を読んで，あとの問いに答えなさい。

「1192年に鎌倉幕府が成立した」という考え方は，戦前に使われた小学校の国定教科書に記されていました。たとえば$_{a}$1940年の教科書などです。ただ，さかのぼって$_{b}$1903年の高等小学校の教科書では，「1192年よりも前に源頼朝が幕府を開いていた」といった内容が書かれています。そのころも研究者の間では1185年の方が鎌倉幕府にとって重要な年と意識されていたようです。かつて鎌倉幕府の成立年は，その時々の都合で使われている面が強く，本格的に論じられるようになるのは，今から50年くらい前です。

源頼朝の年表

A　1180年……源頼朝が侍所を設置した。
B　1183年……源頼朝が東国の支配を朝廷から認められた。
C　1184年……源頼朝が公文所・問注所を設置した。
D　1185年……源頼朝が守護・地頭の任命権を獲得した。
E　1190年……源頼朝が右近衛大将に任命された。
F　1192年……源頼朝が征夷大将軍に任じられた。

1192年を鎌倉幕府の成立と考える根拠は，「幕府」という言葉の意味にあります。中国で「幕府」といえば，将軍の居館・陣営を指します。そこで源頼朝が征夷大将軍となった年を鎌倉幕府の成立と考えたのです。室町幕府の成立を1338年としたり，江戸幕府の成立を1603年としたりするのも同様の発想で，統一感があるともいえます。

ただ，日本では「近衛大将」の居館も「幕府」と称しているので，だとすれば，1190年と考えるべきだという説もあります。そもそも右近衛大将の方が征夷大将軍より格上だからです。どちらも$_{c}$律令には規定されていない役職ですが，近衛大将は常置の軍人の最高職で，上級貴族が任命されます。一方，征夷大将軍は，平安京に遷都《せんと》した［　①　］天皇の時代に$_{d}$東北を平定するために設けられた臨時の役職で，坂上田村麻呂が有名です。彼は後に右近衛大将に出世します。

また頼朝はわずか２年程度で将軍を辞任し，その後しばらく将軍は存在しませんでした。３代将軍の［　②　］が暗殺された後も，しばらく将軍はいませんでした。鎌倉時代の初期は「征夷大将軍」という役職にそれほど重きを置いていなかったと思われます。

そこで，これらの説に対して，「幕府」「将軍」という語句にこだわらず，政権の中身を重視しようという見方があります。東国武士が頼朝の下に結集するために侍所を設置し，彼らの名簿をつくった1180年を重視する考え，一般的な政治をとる［　③　］や裁判を統括する機関が設置され，鎌倉幕府の中央機関が整った1184年を重視する考えなどもあります。

これに対し，1180年や1184年は源頼朝の私的な動向にすぎない，天皇あるいは朝廷に承認されて初めて公的な政権となるのだという考えからすると，1183年，1185年，1190年，1192年などが候補となります。

なかでも1185年は，一国に一人ずつ守護を任命することで全国の軍事警察権を掌握《しょうあく》し，御家人を地頭に任命することで，彼らの土地の権利を保障することができるようになった年です。現在も支持する研究者の多い考え方です。

ただし反論もあります。1185年のこれらの役職は，［ ④ ］らを追討するために臨時に設置された役職にすぎないし，そもそもこの段階では東北は［ ⑤ ］氏が支配していて，頼朝の力は及んでいませんでした。実質的には全国を掌握できていないという反論です。これらが常置の役職となるのは1190年なので右近衛大将就任とは別の理由でこの年を重視する考えです。また1185年の段階ではおそらく守護・地頭という名称は存在していなかったと考えられています。さらに地頭が置かれた場所は当初限定的で，1221年の承久の変の後に多くの土地に設置されます。

また別の視点で，鎌倉幕府の本質を全国政権とすれば，その成立は［ ⑤ ］氏の滅亡以降，さらには承久の変で朝廷を上回る力を得た後という考え方も成り立ちます。一方で東国の武家政権を本質と見れば1180年，1183年，1184年が指標となる年です。

そういう意味で鎌倉幕府の成立年は決着がついているわけではありません。ただ論争を通じて鎌倉幕府に対する理解が格段に深まりました。歴史学ではそのことが何より大切だと考えています。

室町幕府や江戸幕府も成立年はともかく，政権にとって転機となる重要な年がいくつかあります。たとえば，1336年は吉野に逃れた［ ⑥ ］天皇に対し，足利尊氏が京都に光明天皇を立て，南北二人の天皇が並び立った年ですし，1392年は将軍の［ ⑦ ］の力で二つの朝廷が合一し，室町幕府が名実ともに全国支配を成し遂げた年です。江戸幕府の場合は，1600年の関ヶ原の戦いで，それまで［ ⑧ ］氏の家臣だった大名らが徳川の家臣となっていきます。彼らは外様大名と呼ばれました。その中には東軍の有力武将の福島正則や加藤清正もいます。また豊臣氏が滅亡した1615年の大阪夏の陣も重要な年でしょう。この年，幕府は初めて全国の大名を統制するための法令である［ ⑨ ］や，朝廷を統制するための禁中並公家諸法度を発令しました。

問1　下線aの年の日本の様子として誤っているものを次から1つ選び，記号で答えなさい。

ア．すでに韓国は併合されて朝鮮半島は日本になっていた。

イ．すでに台湾は日本の一部になっていた。

ウ．日本は中国の首都を攻略し，激しく戦っていた。

エ．日本とアメリカは太平洋で戦闘状態にあった。

オ．日本国内では，国によって食料などの統制が始まっていた。

問2　下線bの年の日本の様子として誤っているものを次から1つ選び，記号で答えなさい。

ア．すでに陸奥宗光の外交で欧米の領事裁判権は廃止されていた。

イ．すでに台湾は日本の一部になっていた。

ウ．すでに衆議院議員の選挙権の納税制限が無くなっていた。

エ．まだ日本の欧米に対する関税自主権は回復していなかった。

オ．まだ第一次世界大戦は始まっていなかった。

問3　下線cについて正しく記したものはどれですか。次から1つ選び，記号で答えなさい。

ア．天皇に代わって上皇が政治をとることが決められていた。

イ．地方豪族を国司に任命し，そのまま自分の領地を支配することが決められていた。

ウ．天皇に代わって，摂政や関白が政治をとることが決められていた。

エ．遣唐使の役割や勘合貿易の方法が決められていた。

オ．公地公民制を原則とした，班田収授の方法が決められていた。

問4　下線dの時期の東北について正しく記したものはどれですか。次から1つ選び，記号で答えなさい。

ア．朝廷の支配は全く及ばず，熊襲《くまそ》と呼ばれる人々と常に戦闘状態にあった。

イ．源氏と呼ばれる有力武士が，地元の豪族たちを従えて朝廷に反抗した。

ウ．平氏と呼ばれる一族の根拠地があり，朝廷に対し大規模な反乱を起こした。

エ．蝦夷と呼ばれた人々が，時々朝廷に対して反乱を起こした。

オ．東北地方の大半は都の有力貴族たちの荘園となっていた。

問5　空欄①～⑨に当てはまる最も適当な語句を次から1つずつ選び，記号で答えなさい。

ア．武家諸法度	イ．推古	ウ．醍醐	エ．天智
オ．六波羅探題	カ．問注所	キ．源義経	ク．平清盛
ケ．天武	コ．足利義満	サ．豊臣	シ．源実朝
ス．桓武	セ．徳川	ソ．聖武	タ．奥州藤原
チ．後醍醐	ツ．公文所	テ．平	ト．源頼家

問6　鎌倉幕府の成立を年表のAと考える場合と，Bと考える場合を比べた時，両者の共通点と相違点を，本文を参考にして説明しなさい。その際に以下の指定語句を必ず使いなさい。

【指定語句】　東国　　公的

2　**沖縄県がかつてアメリカから日本に返還されたことを知ったタスクさんは，沖縄県について調べることにしました。あとの問いに答えなさい。**

問1　タスクさんは，沖縄県の県庁所在地は那覇市で，県名と県庁所在都市名が異なることに気が付きました。次の図1で示された県のうち，県名と県庁所在都市名が異なるものを1つ選び，記号で答えなさい。また，その県名と県庁所在地をそれぞれ答えなさい。

※図中の ―――― は海岸線，……… は陸の県境，◎は県庁所在地を示します。縮尺は図によって異なります。

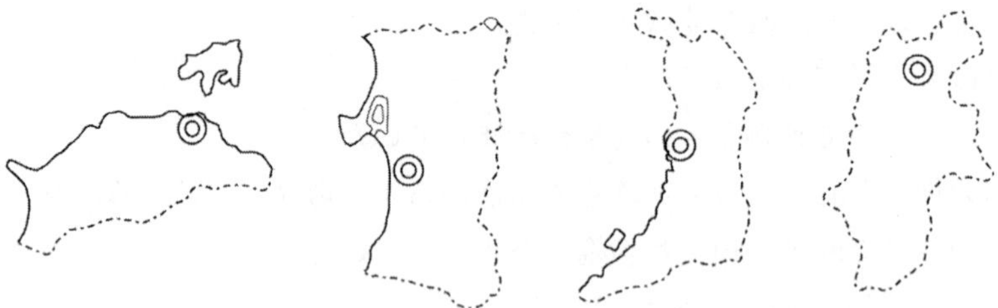

ア　　イ　　ウ　　エ

図1

問２　タスクさんは，沖縄県の気候の特徴を以下のようにまとめました。この特徴に当てはまる気温と降水量のグラフを下の図２中から１つ選び，記号で答えなさい。

＜沖縄県の気候の特徴＞
・年間を通して温暖な気候で，夏と冬の気温の差が小さい。
・梅雨や台風の影響で，５月から９月にかけて降水量が多くなる。

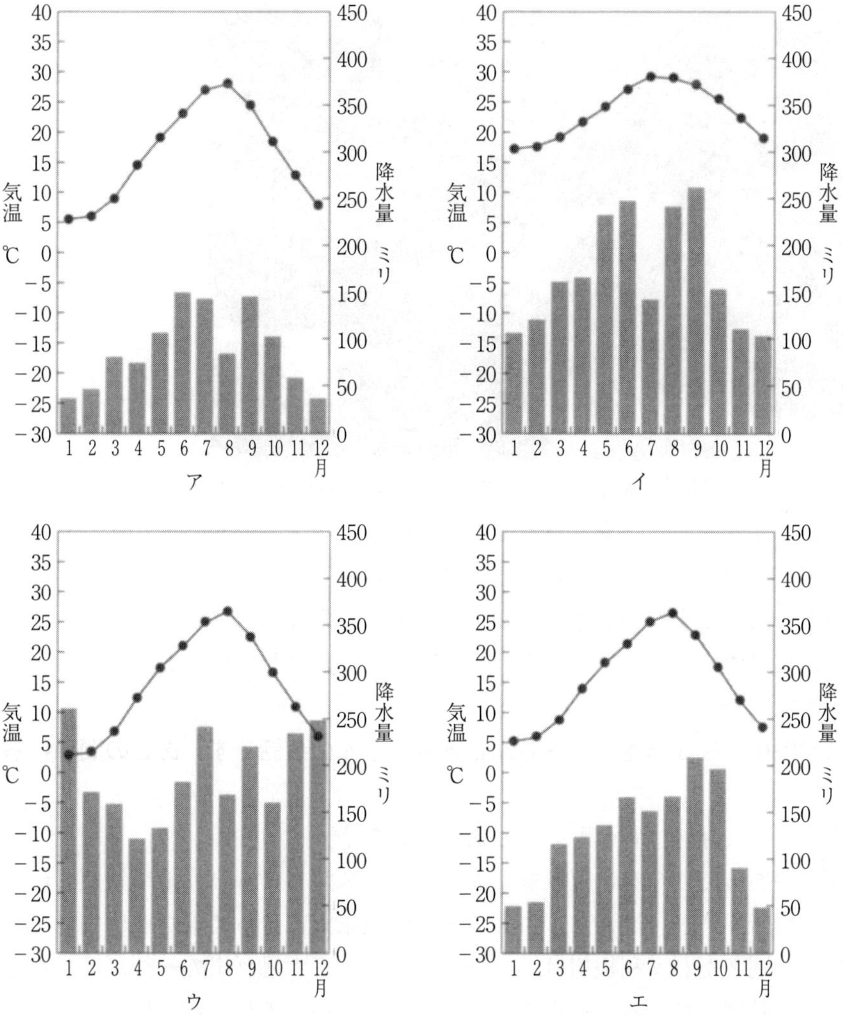

(気象庁資料をもとに作成)

図２

問３　沖縄県が台風の影響を受けやすいことを知ったタスクさんは，台風に備えてどのような工夫がなされてきたのか，伝統的な住居を調べることにしました。次の写真は，沖縄県に残る伝統的な住居を撮影したものです。この写真にも見られるような，沖縄での台風への備えとして適当でないものを下から１つ選び，記号で答えなさい。

（写真は帝国書院ホームページ「写真で見る日本」より）

ア．強風から家を守るために，家を石垣で囲っている。
イ．強風で屋根が飛ばされないように，屋根のかわらをしっくいで固めている。
ウ．雨が家の中に入りこまないように，ひさしが大きく張り出している。
エ．強風や雨が家の中に入りこまないように，玄関を二重にしている。

3　**以下は，関東学院中学校３年生のセキさんとアズマさんの会話です。あとの問いに答えなさい。**

アズマ「あ，セキさん！　今日は黄金町駅から帰らないの？」
セ　キ「うん，用事があって，今日は阪東橋駅なんだ。アズマさんも市営地下鉄だよね」
アズマ「そう，阪東橋駅！　……ばんどう，ところで『坂東太郎』って誰だっけ？」
セ　キ「それ利根川の別名だね。利根川は洪水の多い(1)日本三大暴れ川の一つだ。または(2)首都圏の水がめとも呼ばれている。東京をはじめ首都圏の多くの地域が利根川水系の水を利用しているよ」
アズマ「それ勉強したわ。下流域は水郷地帯と呼ばれ，古くから(3)早場米の栽培が盛んなのよね」
セ　キ「支流の中には（◯◯）鉱毒事件が起きた渡良瀬川があるんだよ」
アズマ「もう駅についちゃった。道が利根川くらい長くてもよかったのに！」

問１　下線(1)について，あとの２つの川は，「筑紫次郎」「四国三郎」と呼ばれます。これらの川の名と図１に示す位置の組み合わせとして正しいものを，下の表から１つ選び，記号で答えなさい。

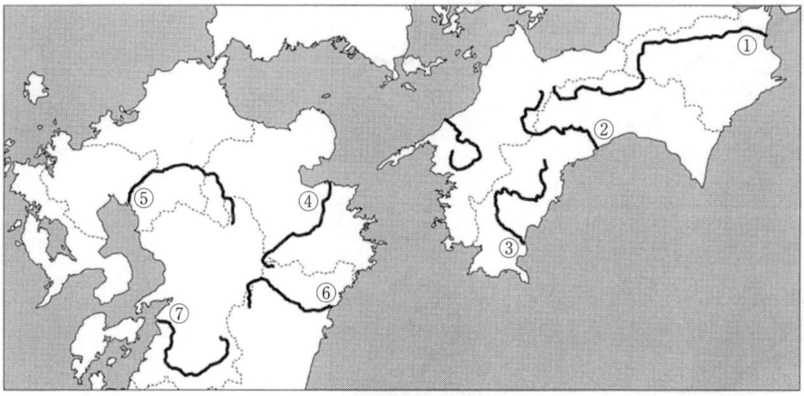

図１

	筑紫次郎	地図中の位置	四国三郎	地図中の位置
ア	球磨川	⑦	四万十川	③
イ	球磨川	⑥	四万十川	②
ウ	球磨川	⑤	四万十川	①
エ	筑後川	④	吉野川	②
オ	筑後川	⑤	吉野川	①
カ	筑後川	⑥	吉野川	③

問２　下線(1)について，「坂東太郎」とは，関東地方の大きな川という意味があります。次の日本の川の長さ第１位から第４位までの組み合わせとして正しいものを次から１つ選び，記号で答えなさい。

	１位	２位	３位	４位
ア	利根川	信濃川	天塩川	北上川
イ	利根川	石狩川	信濃川	北上川
ウ	信濃川	利根川	天塩川	石狩川
エ	信濃川	利根川	石狩川	天塩川

問３　①　下線(2)といわれるように利根川上流域には多くのダムが建設されました。ダムの役割として，上水道(飲み水など)・工業用水・農業用水の供給，河川の水の調整や洪水を防ぐこと以外に何がありますか。

②　次のページの図２中のうち，利根川の流域を表したものはどれですか。図２から１つ選び，記号で答えなさい。

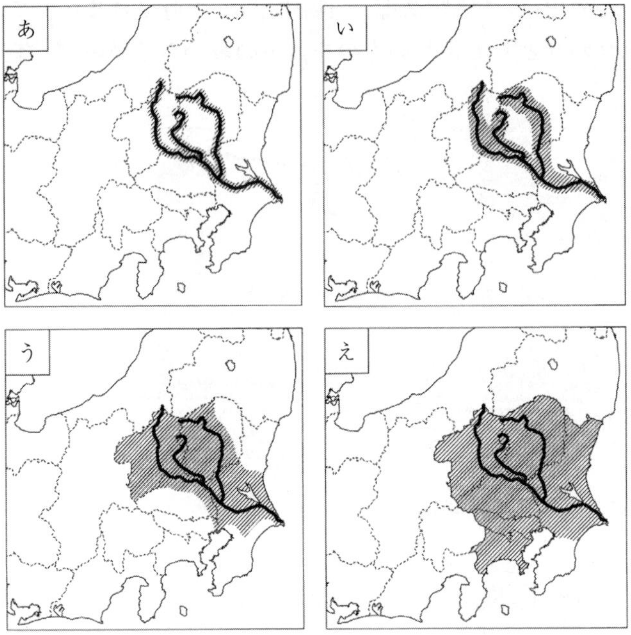

図2

問4　下線(3)の説明として，以下の説明文Ａ・Ｂと①～③の組み合わせとして，最も適当なものを下から１つ選び，記号で答えなさい。

Ａ：田植えの時期が早く，３月中に田植えを終える。
Ｂ：収穫期が早く，９月中に市場に出回る。

①　秋の洪水の時期を避け，早めに稲刈りを行うため。
②　他の地域の新米が出回る前に安く販売するため。
③　早く収穫できるのは，ビニールハウスを利用するため。

ア	Ａ	①
イ	Ａ	②
ウ	Ａ	③
エ	Ｂ	①
オ	Ｂ	②
カ	Ｂ	③

問5　文中の空欄(○○)に当てはまる語句を漢字で答えなさい。

4　次の文を読み，あとの問いに答えなさい。

……人間は，草木とちがって，ただ生きてゆくというだけではなく，①人間らしい生活をしてゆかなければなりません。……人間がこの世に生きてゆくからには，②じぶんのすきな所に住み，じぶんのすきな所に行き，③じぶんの思うことをいい，じぶんのすきな教えにしたがってゆけることなどが必要です。これらのことが人間の自由であって，この自由はけっして奪われてはなりません。……またわれわれは，④人間である以上はみな同じです。……この自由と平等とはみなさんの権利です。これを「自由権」というのです。しかもこれは人間のいちばん大事な権利です。このいちばん大事な人間の権利のことを「基本的人権」といいます。

※文部省『あたらしい憲法のはなし』より，一部改

問１　下線①に関連して，次の問いに答えなさい。

①　日本国憲法では第25条１項で「□□○□□□○□□□□の生活を営む権利」を保障しています。この□や○に当てはまる文字を答えなさい。□は漢字，○は平仮名を表します。

②　すべての人が人間らしく生きる権利を社会権といいます。社会権と最も関わりの深いことがらを，次から１つ選び，記号で答えなさい。

ア．税金を納める　　イ．教育を受ける

ウ．自分の好きな職業につく　　エ．選挙にいく

問２　下線②に関連して，日本国憲法では「自分のすきな所に住む権利」が保障されています。この権利は次に示される自由権のうち，古くから最も関わりが深いものを，次から１つ選び，記号で答えなさい。

ア．精神の自由　　イ．人身の自由　　ウ．経済の自由

問３　下線③に関連して，日本国憲法では自分の意見を自由に表明する権利が認められており，「精神の自由」に分類されています。「精神の自由」に当たるものとして適当なものを次から１つ選び，記号で答えなさい。

ア．法律の定める手続きによらなければ逮捕されない。

イ．宗教上の儀式に強制的に参加させられない。

ウ．自分に適した職業を選択することができる。

エ．それぞれの能力に応じて等しく教育を受けることができる。

問４　下線④に関連して，日本国憲法では平等権が保障されています。平等権と最も関わりの深いことがらを，次から１つ選び，記号で答えなさい。

ア．結婚は両性の合意のみで成立する。

イ．労働者には労働組合をつくる権利がある。

ウ．自分の個人情報を守る権利がある。

エ．ドナーカードにより臓器提供の意思表示ができる。

【理　科】〈一期Ａ試験〉（30分）〈満点：60点〉

1　関さんと学さんは料理で食材を加熱する方法について話をしました。下の会話文を読み，問いに答えなさい。

関さん「まだまだ寒い日が続くね。何か温かいものが食べたいな。」

学さん「では鍋を使ってスープをつくろうか。$_a$鉄などの金属でできている鍋は火からの（ あ ）を伝えやすいため，火を使用した調理に向いているね。」

関さん「そういえば，昨日つくったおでんが残っているから，電子レンジで温めて食べることにするよ。電子レンジに金属の容器を入れて温めることはできないから，プラスチック容器に移して温めるね。」

関さんはおでんをプラスチック容器に入れ，電子レンジで温めました。

関さん「おでんの具材や汁は温まっているけど，プラスチック容器はほとんど温まっていないな。」

学さん「$_b$電子レンジは食べ物の中にある液体の水のみを振動させて温める装置だからね。」

関さん「わ！　卵が爆発しているよ！」

学さん「$_c$これは卵の黄身と白身の間にある水分が（ い ）して，体積が（ う ）なることで白身と黄身に力がかかり，爆発したんだ。だから卵は電子レンジで温めないほうがよかったね。」

関さん「電子レンジは便利だけど，使い方には注意しないとね。ところで，電子レンジや電気調理器（IH 調理器）で加熱すれば，火で料理するときよりも二酸化炭素を出さなくてすみそうだね。」

学さん「$_d$必ずしも二酸化炭素を出さないとは言い切れないよ。」

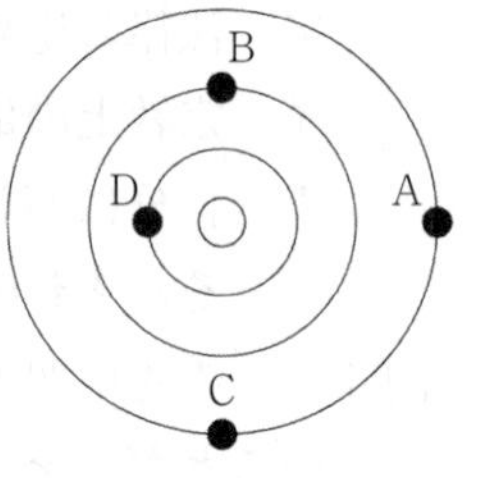

図１

(1)　①　会話文中の空らん（あ）に当てはまる語句を答えなさい。

②　下線部ａについて，右の図１は鍋の底を模式的に示したものです。この鍋底の中心部分を火で温めたとき，鍋底の場所Ａ～Ｄを（あ）が速く伝わる順に「＞」を用いて並べ替えなさい。同じ場合は「＝」を用いること。

解答例：Ａ＞Ｄ＞Ｃ＝Ｂ

(2)　下線部ｂについて，同じ重さである次の３つの物体を電子レンジで30秒間温めたとき，もっとも温度が上がるものを，ア～ウの中から１つ選び，記号で答えなさい。ただし，物体の表面などに他の物質（水など）はつかないものとします。

ア　氷　　イ　角砂糖　　ウ　砂糖水

(3)　下線部ｃについて，以下の問いに答えなさい。

①　空らん（い）（う）に当てはまる語句を答えなさい。

②　次のページの図２は物質の状態とその変化を表したものです。図中の状態（Ｘ）および状態変化（Ｙ）の名称を答えなさい。

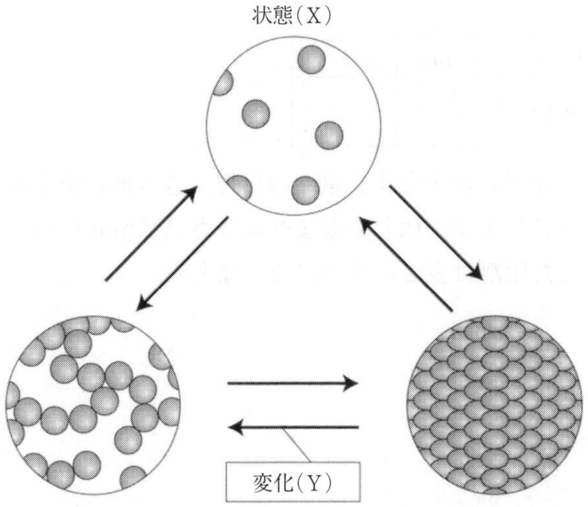

図2

(4)　下線部dについて，電子レンジや電気調理器（IH調理器）の使用が間接的に二酸化炭素を排出することがある理由を簡単に説明しなさい。

2　ボールペンのノックする部分で消しゴムを弾《はじ》く遊びをしていました。ボールペンを分解したところ，中にばねが入っていて，ばねの力によって消しゴムが弾かれていることが分かりました。この現象に興味をもち調べました。

(1)　1本のばねの伸びが最も長くなるものを，次のア～オから1つ選び記号で答えなさい。ばねとおもりは全て同じものとし，ばねの重さは考えないものとします。

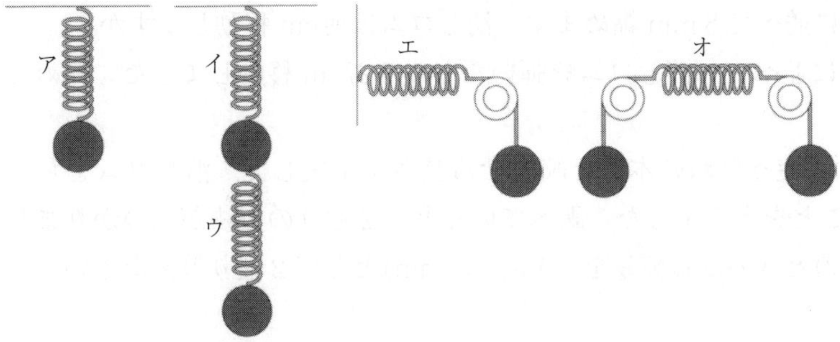

ボールペンの中のばねは長さ2cmで，最も縮めると1cm（=10mm）縮みました。このとき縮み方でばねの性質が変わらないものとします。

実験1　1つのばねについて，図1のようにばねを縮めた長さと消しゴムの移動した距離を調べました。その関係は次のページの表1のようになりました。なお，弾いた消しゴムは全て同じものを使い，同じ場所を弾いています。

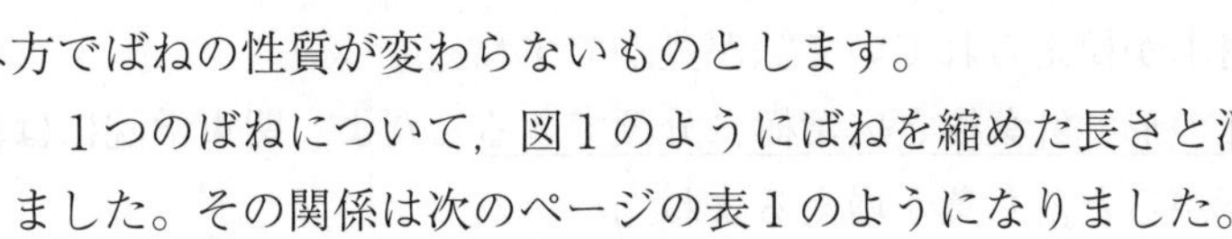

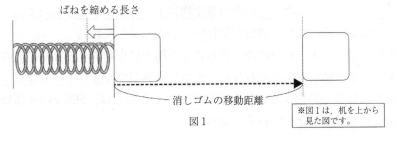

図1

※図1は，机を上から見た図です。

表1

縮める長さ	2 mm	4 mm	6 mm	8 mm	…
消しゴムの移動距離	1 cm	4 cm	9 cm	（ あ ）	…

実験2　ばねの数を増やし，図2のように並列に並べます。重さの無視できる軽い板を使って，全てのばねが同じ長さだけ縮むようにします。ばねを縮ませる長さは2 mm に統一しました。ばねの本数と消しゴムの移動した距離は表2のようになりました。

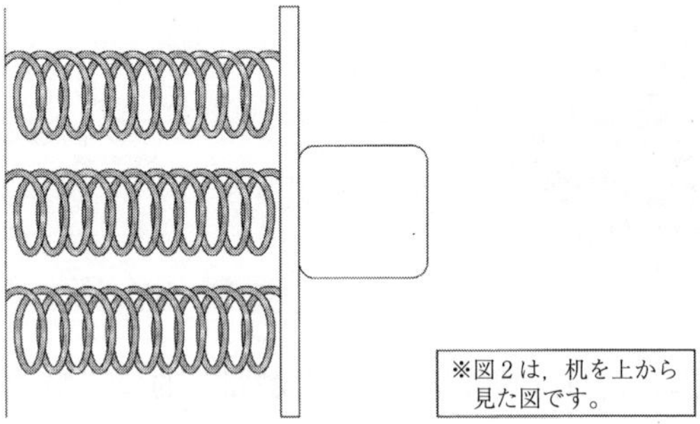

図2

表2

ばねの数	1本	2本	3本	4本	…
消しゴムの移動距離	1 cm	2 cm	（ い ）	4 cm	…

(2)　正しい関係になるように，表の(あ)，(い)に数値を入れなさい。

実験1，実験2の結果をもとに次の問いに答えなさい。

(3)　ばね2本を図2のように並べて8 mm 縮めます。消しゴムは何cm 移動しますか。

(4)　ばね3本を図2のように並べて，消しゴムを弾いたところ27cm 移動しました。縮めたばねの長さは何mm ですか。

(5)　ばねを10本用意します。使うばねの本数と縮ませる長さを工夫して，消しゴムをちょうど32cm 先まで移動させることを考えました。調べていくと，2通りの方法が見つかりました。使ったばねの本数と，そのときのばね縮みを(○本，△ mm)として2通り答えなさい。

3　森林のつくりについて，下の会話文を読み，問いに答えなさい。

三春「関東学院には色々な樹木が植えられていて緑が豊かですね。」

先生「そうだね。a樹木は葉の形で針葉樹と広葉樹に分類できるんだよ。関東学院には落葉広葉樹が多いから，気温が下がると落ち葉が増えるよね。」

三春「森林の落ち葉って気づくとなくなっていますけど，なぜですか？」

先生「b落ち葉は，その下の小さな生物や土の中の微生物によって土にかえるんだよ。」

三春「そうでした！　それを養分に新しい植物が根付いていくんでしたね。」

先生「ふん火で流れ出た溶岩が固まっただけの，岩のような場所に土がつくられていくのも微生物のはたらきだよ。cそこに草原がつくられて，やがて森林がつくられていくんだよ。」

三春「森林がつくられるには長い時間がかかりそうですね。そういえば，SDGs の目標15では，豊かな森林を守ることが目標になっていましたね。」

先生「dそうだね。日本では1954年ごろから1970年にかけて植林が進み，多くの人工林がつくられたんだ。森林は光合成によって二酸化炭素を吸収するから，森林を守ることで地球温暖化を防ぐことができるイメージがあるけど，ただ植林して見守っているだけでは，地球温暖化防止に貢献《こうけん》する森林にはならないんだ。」

(1) 下線部ａについて，次にあげる樹木のうち針葉樹はどれですか。ア～エから１つ選び記号で答えなさい。

ア ブナ　イ スギ　ウ カエデ　エ サクラ

(2) 下線部ｂについて，次の問いに答えなさい。

① これらの生物は生態系の役割上，◯◯者と呼ばれます。○○に当てはまる漢字２文字を答えなさい。

② 会話文中の小さな生物として適当な生物をア～オから２つ選び，記号で答えなさい。

ア ダンゴムシ　イ アブラムシ　ウ ミツバチ

エ カマキリ　オ ミミズ

(3) 下線部ｃについて，下のＡ～Ｅは長い年月をかけて日本の森林がつくられていく様子の説明です。森林がつくられる順番になるようにＡ～Ｅを並べ替え，その順番を答えなさい。

Ａ 高木の※1陽樹中心の森林ができる。

Ｂ 高木の※2陰樹中心の森林がつくられる。

Ｃ 低木の陽樹中心の森林がつくられる。

Ｄ 陰樹の幼木が成長し，陽樹と陰樹が混じった森林がつくられる。

Ｅ 草原がつくられる。

※１ 陽樹…日光がよく当たる明るい場所でないと育たない木。

※２ 陰樹…日光があまり当たらない日陰でもよく育つ木。

(4) 下線部ｄについて，SDGsの目標15「陸の豊かさも守ろう」では，持続可能な森林を経営していくことが目指されています。図１と次のページの図２を参考に，問いに答えなさい。

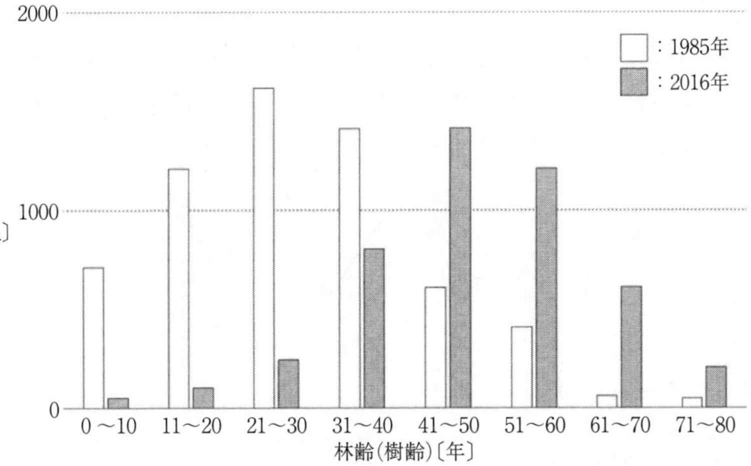

図１ 日本の人工林の林齢(樹齢)

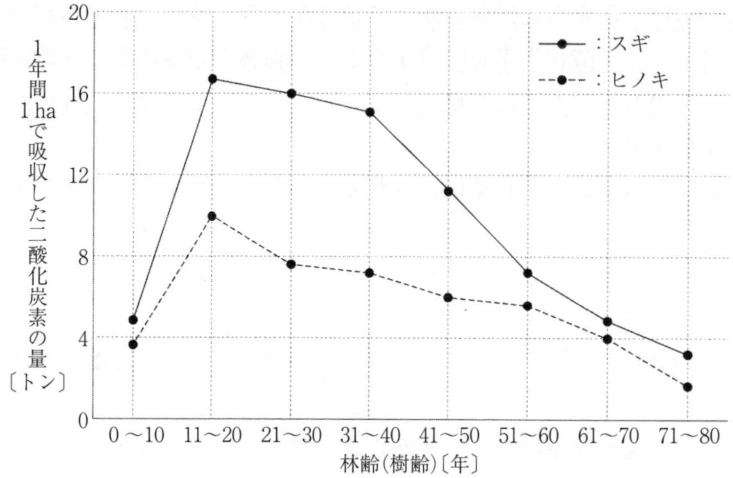

図２　樹種・林齢別の二酸化炭素吸収量

①　図２から読み取れる，スギとヒノキの特ちょうとして適当な説明をア～オから１つ選び，記号で答えなさい。

ア　スギもヒノキも植林して20年以降は，二酸化炭素吸収量は減り続ける。

イ　スギもヒノキも植林して20年以降は，二酸化炭素吸収量は増え続ける。

ウ　ヒノキは植林して20年以降は，二酸化炭素吸収量は増え続けるが，スギは減り続ける。

エ　スギは植林して20年以降は，二酸化炭素吸収量は増え続けるが，ヒノキは減り続ける。

オ　スギもヒノキも植林して20年以降は，二酸化炭素吸収量は変化しない。

②　森林の二酸化炭素吸収量を増やすために，1985年から放置されている人工林をどうするべきですか。図１と図２を参考に説明しなさい。

4　私たちは太陽や星の動きから，その場所からの方位や緯度，経度，時刻，季節など様々な情報を得ることができます。これらの情報は昔から暦《こよみ》や地図をつくることに利用されてきました。以下の問いに答えなさい。

(1)　図１は，横浜における春分・夏至・秋分・冬至の日の天球上の太陽の一日の通り道を表しています。このような太陽の動きは，地球の運動が原因です。この地球の運動を何といいますか。

(2)　図１で，北と東の方位をそれぞれア～エより１つずつ選びなさい。

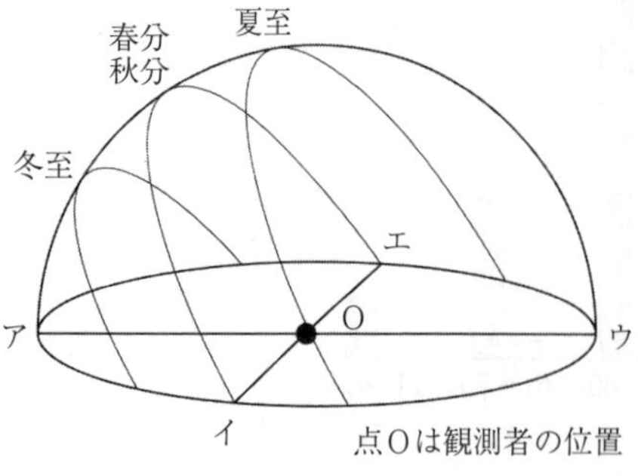

図１

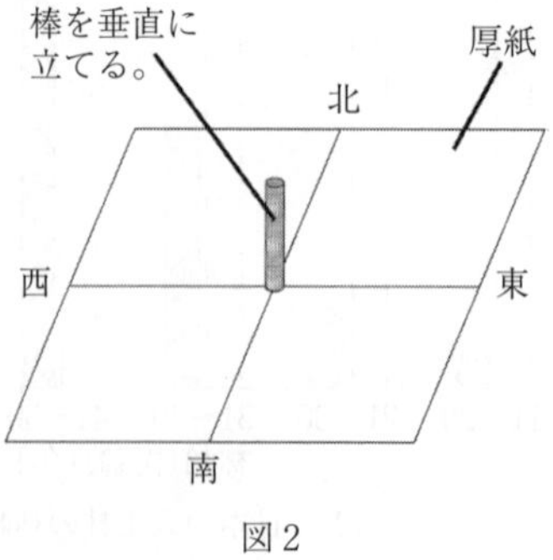

図２

(3)　前のページの図２のように地面に垂直に立てた棒で日中の影のでき方を調べました。冬至の日の影の先端の動きを表しているものを下のア～エより１つ選び，記号で答えなさい。

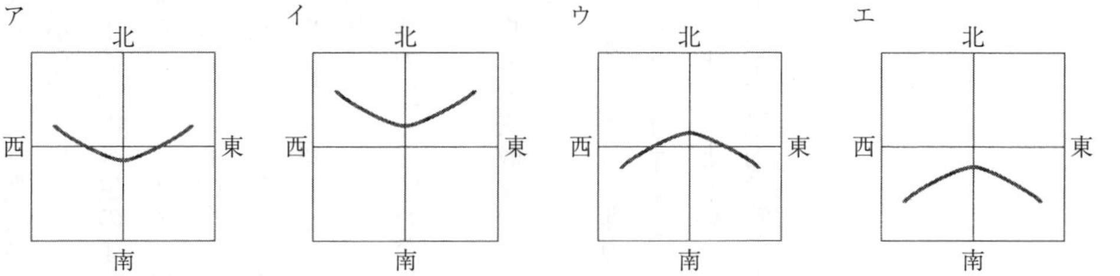

今から220年前の江戸時代，伊能忠敬《いのうただたか》は日本全国を歩いて測量し，初めて実測による日本地図を完成させました。さらに伊能忠敬は地図製作の他に，歩幅による測量と天体観測から地球の正確な大きさを計算していました。以下の問いに答えなさい。

(4)　図３は，伊能忠敬が使用した象《しょう》限《げん》儀《ぎ》とよばれる星の高度を測る器具です。実際の星の高度を正しく表しているものを図中ア～ウより１つ選びなさい。

(5)　日本国内の経度が同じ二地点Ａ，Ｂで，図３の器具を用いて北極星の高度を測ったところ，それぞれ35度，36度でした。Ａ，Ｂ二地点間の緯度の差は何度になりますか。

(6)　Ａ，Ｂ二地点間の距離を歩幅で測ったところ110.75kmでした。地球の円周は何kmになりますか。ただし，地球は完全な球であるものとします。

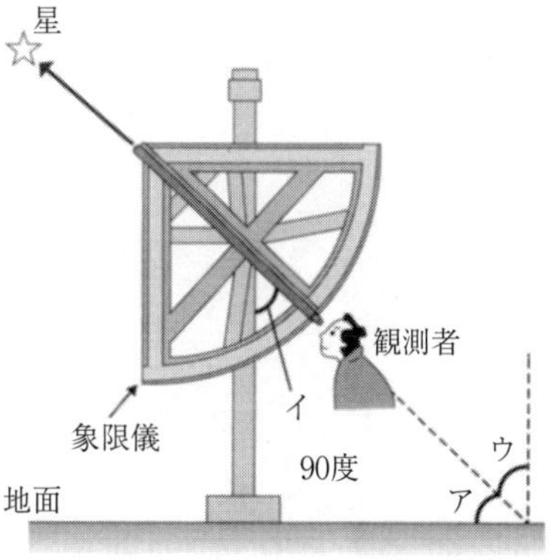

図３

エ　突然右腕《うで》を引っぱりあげたうえに、勢いで一日じゅう気にしていたことを野見山くんに打ち明けてしまい、とても焦《あせ》っていたから。

問七　――⑥「優等生の頬《ほお》と耳がみるみる真っ赤に染まった」とありますが、このときの「優等生」の様子を説明したものとして、最もふさわしいものを次の中から一つ選び、記号で答えなさい。

ア　わたしが自分をばかにして笑ったので、つんと拗《す》ねていた。

イ　自分でも落ち込《こ》んでいるのに、わたしが笑うので腹を立てていた。

ウ　仲の良くないわたしが笑うので、戸惑《とまど》って気まずそうにしていた。

エ　自分の失敗をわたしに笑われてしまい、はずかしそうにしていた。

問八　――⑦「ずっと張りつめていた身の回りの空気がふいにゆるみだし」とありますが、「ずっと張りつめていた空気」が「ゆるみだ」すとは、どういうことですか。本文中の表現を用いて六十字以上八十字以内で答えなさい。

を察知できていないこと。

ウ　今朝から野見山くんの様子がいつもとは違《ちが》っていることに、わたしだけが気づいたこと。

エ　野見山くんの様子がおかしいとわかってはいるのに、わたしがそっとしておくことにしたこと。

問三　――②「道端《みちばた》に通学かばんをしょった小学生がぼうっと立っている」とありますが、なぜ「ぼうっと立ってい」たのですか。最もふさわしいものを次の中から一つ選び、記号で答えなさい。

ア　雪の降り積もっただだっ広い田んぼで、なくしたものを探していたから。

イ　たっぷり雪が降った田んぼを初めて目にし、足を踏《ふ》み入れたかったから。

ウ　朝の会の最中も授業が始まってからも一日中ずっとうわの空だったから。

エ　いちめん真っ白に覆《おお》われている田んぼへ雪を丸めて投げていたから。

問四　――③「身体の中に怒《いか》りに似た感情がふつりふつりと湧《わ》きあがる」とありますが、「怒りに似た感情」が湧きあがったのはなぜですか。最もふさわしいものを次の中から一つ選び、記号で答えなさい。

ア　わたしがせっかく助けてあげたのに、突然《とつぜん》のことで驚《おどろ》いた野見山くんはあっけにとられ、お礼も言わずにひるんだだけだったから。

イ　先月この地にやって来たばかりの野見山くんが、命を落とす危険性がある場所だと気づかず、足を踏《ふ》み入れてしまったから。

ウ　この場所のことさえよく知らないうえに、冬の用水路がどれほど危ない場所なのかを、野見山くんがわかっていなかったから。

エ　わたしが必死になって野見山くんのもとに駆《か》けてきたのに、野見山くんは何が起きたかわからず固まっているだけだったから。

問五　――④「暴れ回っている心臓」とありますが、このときの「わたし」の様子を説明したものとして、最もふさわしいものを次の中から一つ選び、記号で答えなさい。

ア　野見山くんが何も考えずに歩いていくのを止めるために駆け出したので、息を切らしている様子。

イ　野見山くんを無事に助けることができたので緊張《きんちょう》もやわらぎ、ようやくひと息ついている様子。

ウ　野見山くんを危険な状況《じょうきょう》から救おうと気を張り、思いっきり走ったので息を弾《はず》ませている様子。

エ　野見山くんによそよそしく接してきたのに助けてしまい、はずかしくて息をこらしている様子。

問六　――⑤「相手の表情をうかがう」とありますが、なぜ「わたし」はこのようにしたのですか。最もふさわしいものを次の中から一つ選び、記号で答えなさい。

ア　今まではよそよそしくしていたのに、急に一日じゅう観察していたことを野見山くんに告げてしまい、どう思われたのかを心配していたから。

イ　本人を前にして「きょう、ずっと変……」と勢いで言ってしまい、これでは一日じゅう観察していたことが野見山くんに知られてしまったから。

ウ　野見山くんのベンチコートを離《はな》さずにいるときに、一日じゅうおかしかったことを野見山くんに伝えてしまい、変な人と思われるのが怖《こわ》かったから。

勢いで言ってしまってから、あっと思う。これじゃ一日じゅう気になって観察してましたって白状したのとおんなじだ。

やばい。変なのはわたしのほうだよ。

さっきまでとは違《ちが》う理由で焦《あせ》りながら、おそるおそる⑤相手の表情をうかがう。

すると野見山くんは驚《おどろ》いた目をして、口を半開きにして固まっていた。

それはすごく、子どもっぽい反応だった。

もちろん野見山行人は正真正銘《しょうしんしょうめい》の小学五年生だったんだけど、それまでの一か月間、この男の子は生活態度にも学校の成績にも非の打ちどころがなかったから、同い年って気があまりしていなかったのかもしれない。

だからこんな、急に驚かされて何も言えなくなっちゃうような、まぬけな顔もするんだと知ってわたしのほうがびっくりしてしまった。

「……登校してるとき、手袋《てぶくろ》をなくして。」

[D]と、自信なさげにその唇《くちびる》が動く。

わたしは野見山くんの両手をぱっと見た。そう言われてみると、左手には黒い手袋をはめているのに、右手は肌《はだ》が丸見えだ。指先がかじかんで赤くなっている。

「このへんに落としたってこと?」

「落としたっていうか、投げた。」

「『投げた』?」

「雪を丸めて、田んぼに向かって何回か投げてるうちに、すぽっと脱《ぬ》げちゃって……。」

はっきりとは言い切らずに、野見山くんは人さし指で正面をさす。

そこに広がる田んぼの表面をわたしはじっくり眺めてみた。ぶ厚い雪のじゅうたんのところどころに、動物の足跡《あしあと》にしては大きすぎるへっこんだ部分があった。どうやらそれが、雪玉を投げこんだっていう跡らしい。

……っていうか、雪投げて手袋なくすって!

「ぶふっ。」

我慢《がまん》できずに噴《ふ》き出すと、⑥優等生の頬《ほお》と耳がみるみる真っ赤に染まった。

「ごめん、ごめん。」

わたしの謝《あやま》り方はどう考えても雑だった。だけど、こみあげてくる感情をすぐにしずめるなんてできなかったんだ。

自分と同学年の山村留学生が現れてからというもの、⑦ずっと張りつめていた身の回りの空気がふいにゆるみだして、おかしくて、わたしは[E]笑い続けた。

濃《こ》い茶色の睫毛《まつげ》を伏《ふ》せ、野見山くんは気まずそうに立ち尽《つ》くしていた。思いっきりばかにされたのでつんと拗《す》ねているようにも見えた。

その素直《すなお》なリアクションが妙《みょう》にうれしかった。

(眞島めいり 著『みつきの雪』一部改変)

問一 [A]~[E]に入る言葉として、最もふさわしいものを次の中からそれぞれ選び、記号で答えなさい。(同じ記号を二度以上使ってはいけません。)

ア ぼそぼそ　イ けらけら　ウ ずんずん

エ そわそわ　オ がくがく

問二 ――①「違和感《いわかん》」とありますが、「わたし」はどのようなことに違和感を覚えていたのですか。その説明として、**当てはまらない**ものを次の中から一つ選び、記号で答えなさい。

ア このひと月の間、非の打ちどころがなかった野見山くんが、授業に集中せずにいること。

イ 担任の朝比奈《あさひな》先生も後輩《こうはい》の四年生たちも、野見山くんの異変

ったからか、朝比奈《あさひな》先生も四年生たちも、その異変を察知できていなかった。

　おかしいのに、どうしてみんな気づかないんだろう。……というより、どうしてわたしは気づいたんだろう？

　だからといってわたしひとりが騒《さわ》いでも仕方ないし、今までよそよそしく過ごしてきたのに急に話しかけられもしないし、だいいち助けを求められたわけじゃない。だから隣《となり》の席をときおり視界には入れながら、そっとしておくことにした。

　①違和感《いわかん》がずっと残ったまま、それでも一時間ずつ授業は終わっていって、放課後。

　当番だった廊下《ろうか》の掃除《そうじ》を済ませ、朝比奈先生にさようならを言ったわたしは、家に向かって歩きだした。

　きつい坂を登り、車のほとんど通らない道路を[B]進み、それが二またに分かれるひらけた場所まで来たときだった。②道端《みちばた》に通学かばんをしょった小学生がぼうっと立っているのが見えた。間違《まちが》いなく野見山くんだ。わたしよりかなり先に学校を出ていったはずなのに。

　顔を向けている先にあるのは、だだっ広い田んぼだった。前の日にたっぷり雪が降っていたせいで、山にぶつかる際《きわ》までいちめん真っ白に覆《おお》われている。

　わたしは足を止め、なんなんだろうと思いながら同級生の姿を眺《なが》めた。あたりの空気はきいんと凍《こお》っていて静かだった。いつもならそのまま黙《だま》って通り過ぎたけど、なぜかその日は、そうしたくなかった。

　すると野見山くんが、右足を田んぼへ向かって踏《ふ》み出した。

　さくっ。

　足もとの雪が崩《くず》れる軽い音が聞こえた気がした。

考える暇《ひま》もなく、わたしは駆《か》けだした。息をするのも忘れて。

……間に合って！

　両手を思いっきり前へ伸《の》ばす。さらに二、三歩進んだ青い長靴《ながぐつ》が、白い地面にすっぽり埋《う》もれてしまうすんでのところで、わたしの指が野見山くんの右腕《うで》にかかった。

　爪《つめ》を立てて力任せにぐいっと引っぱりあげる。

　間に合った！

　野見山くんが腰《こし》をひねるようにして振《ふ》り向いた。あっけにとられ、なおかつひるんだようなその目がわたしをとらえる。きっと何が起きたかわからなかったんだと思う。

　はあっとお腹《なか》から空気を吐《は》き出し、わたしはようやく呼吸を取り戻《もど》した。

　一拍遅《いっぱくおく》れて、③身体の中に怒《いか》りに似た感情がふつりふつりと湧《わ》きあがる。目の前の華奢《きゃしゃ》な身体を[C]揺《ゆ》さぶってやりたくなった。

「この下！　用水路！」

「……あっ。」

　わたしのことばを理解したらしい野見山くんは、慌《あわ》てて体勢を立て直すと、よろけながら後ずさった。雪が積もる前この場所にどういうものがあったか、自分の今いる位置がどこなのか、やっとわかってきたみたいだった。

　冬だから稲《いね》を育てるための水は流れていないけど、だからこそもし雪がやわらかかったら、コンクリートの溝《みぞ》の底までずずっと滑《すべ》り落ちてしまう。子どもが自力で這《は》いあがるのは難しいし、助けを呼んでもひとが通るとはかぎらない。

　まだ④暴れ回っている心臓を落ち着けようとしながら、わたしは野見山くんが着ているベンチコートをしっかりつかみ直した。離《はな》しちゃいけないと何かが強く訴《うった》えかけていた。

「野見山くん、きょう、ずっと変……。」

「位置づけられるかもしれ」ないと筆者が考えるのはなぜですか。最もふさわしいものを次の中から一つ選び、記号で答えなさい。

ア　質問することには、相手への関心が必要であり、そこから新しい関係が生まれたり、すでにあった関係が深まったりするなど、他人とつながる力があるから。

イ　質問することには、相手が必要となるので「ヒトリデ　デキル」ものではなく、岡本氏がいうように『できないこと』こそが人間を結びつける原動力」となるから。

ウ　質問することには、互いの間にないものを見つけようとするエネルギーが必要だけれど、質問した収穫《しゅうかく》を居合わせた人々と分かち合える力があるから。

エ　質問することには、相手に接点を持ちたいと伝えることが必要であり、そこから他人とつながり、新しい世界への扉《とびら》を開けてくれる力があるから。

問七　――⑦「思い出したかしれません」とありますが、ここで筆者がいおうとしていることはどのようなことですか。最もふさわしいものを次の中から一つ選び、記号で答えなさい。

ア　短大に席をおいたときに、つらい気持ちから楽しい気持ちへ変えてくれた老紳士《ろうしんし》を思い出し、感謝の気持ちを忘れずに年月を過ごしてきたということ。

イ　質問をしない学生を前にしたときに、老紳士との楽しい時間を思い出し、若者の質問の少なさを嘆《なげ》いた老紳士のことばに、何度も共感してきたということ。

ウ　先生として学生と向き合ったとき、少しも偉《えら》ぶらずに話をしてくれた老紳士を思い出し、質問することを喜んでくれる老紳士にずっと憧《あこが》れていたということ。

エ　学生と向き合ったときに、私が老紳士に次々と質問をしたことを思い出し、「若い人たちがあなたのように質問してくれたら」ということばを心にとめていたということ。

問八　次のうち本文の内容に**合わない**ものを一つ選び、記号で答えなさい。

ア　筆者は急いで答えを求めることもせず、自分だけで問いを考える楽しさと、質問することの重要さを学んできた。

イ　質問することには、ないものを見つけようとするエネルギーと、相手に関心を持つことが不可欠である。

ウ　道を尋《たず》ねることでさえ、互いを近付け結びつけて、新しい世界への扉を開けてくれる可能性がある。

エ　尋ねられた人の人生や日常などが答えに結びついているので、機器ではなく、他人に尋ねるべきだ。

問九　――a〜eのカタカナを漢字に直して答えなさい。

a　他のシュダンで急ぎ答えを求めることもなく、

b　キンム先の短大の授業

c　学生たちに対する私のヨウキュウ

d　ヨウイにネットに接続できる

e　機器がテイジする答え

二

次の文章をよく読んで、後の問いに答えなさい。（問題に字数制限のある場合は、すべて句読点、符号《ふごう》をふくむものとする。）

五年生が計二名に増えてから、ひと月くらい経《た》った真冬の朝。

教室に現れた野見山《のみやま》くんは、なんだか［　A　］して様子がおかしかった。朝の会の最中も、授業が始まってからもうわの空で、窓の外を見ている回数が明らかに多い。

野見山くんが勉強に集中せずにいるなんてことそれまで一度もなか

できるので、他人にものを尋ねるなんてことはしなくてすむんじゃない？　そう考える人が多いかもしれません。でも、質問は何も答えを求めてするだけのものではないんですよね。答えにはついに行き着かなくても、質問したことでつながりが生まれる。だって私たちは全く関心のもてない人に質問するでしょうか。道を尋ねることくらいなら、するかもしれない。でもそれだって、私たちは相手を選ぶものです。そう、そのときすでに私たちは相手に、あなたと接点をもちたいのですよ、と意識せずとも伝えているのではないでしょうか。人間とは切り離《はな》されて別個に答えがあるわけではない。一見、同じに見えても、それは機器がｅテイジする答えとは違う。人と人との問答はその人の人生や日常、その他もろもろのものが時には一瞬《いっしゅん》にしてあらわになる、とてもスリリングなものでありうるのです。

（清水真砂子 著『大人になるっておもしろい？』一部改変）

問一　——①「一〇代の頃《ころ》の私」とありますが、その説明としてふさわしいものを**すべて**選び、記号で答えなさい。
ア　季節のうつろいを気にかけたことはなかった。
イ　おしゃべりな性格ではないけれど、授業中には質問をした。
ウ　質問することはクラスへの貢献《こうけん》の一つだと思っていた。
エ　問いそのものとゆっくり、ひっそりと戯《たわむ》れていた。
オ　たくさんのふしぎが身近にあり、自分のことに関する疑問ばかりが出てきた。

問二　——②「例外」とありますが、どのようなことが「例外」なのですか。最もふさわしいものを次の中から一つ選び、記号で答えなさい。
ア　本の中の人々は、自分以外のことにも関心を持っていたこと。
イ　自分にしか関心を持たなかったが、本の中の人々には心ひかれたこと。
ウ　周囲の人々との関係よりも、本の中の人々との関係を大切にしたこと。
エ　周囲のわずかな人や本の中の人々にしか興味がなかったこと。

問三　——③「今もはっきりと憶《おぼ》えています」とありますが、「はっきりと憶えてい」る内容として最もふさわしいものを次の中から一つ選び、記号で答えなさい。
ア　「ブータン」という小さな国で暮らしたいなと思ったこと。
イ　国民総幸福量が一位の国で暮らしたいなと思ったこと。
ウ　おカネのいらない国で暮らしたいなと思ったこと。
エ　貧富《ひんぷ》の差がなく、経済的に豊かな国で暮らしたいなと思ったこと。

問四　——④「いくつものあめ玉が出たり、引っ込《こ》んだり」とありますが、これはどういうことですか。本文中の表現を用いて、五十字以上七十字以内で答えなさい。

問五　——⑤「質問してほしいと学生たちに頼《たの》んできました」とありますが、筆者はなぜ「学生たちに頼んでき」たのですか。最もふさわしいものを次の中から一つ選び、記号で答えなさい。
ア　授業や話の途中《とちゅう》で質問することは遠慮《えんりょ》するのに、答えを一人占《じ》めしたい人が多いことを残念に思っていたから。
イ　授業が終わってから個人的に質問する人が多く、「これはずるい」ことだと学生に理解させたかったから。
ウ　学生たちが質問から生まれた収穫《しゅうかく》を分かち合おうとせず、質問を控《ひか》えようとする雰囲気《ふんいき》をなくしたかったから。
エ　質問するのは確かにエネルギーがいるけれど、「質問ぐらい、お互《たが》いしたっていいじゃないか」と思っていたから。

問六　——⑥「その『原動力』の一角に、質問するということは、もしかすると、位置づけられるかもしれません」とありますが、

してくるのです。これはずるい、と私はいつも思って、注意もしました。だってそれって答えを一人占《じ》めしようということでしょう？　質問するのは、確かにエネルギーのいることだけれど、でも、質問するという労をとって、その収穫《しゅうかく》を居合わせた人々と分かち合う。それぐらい、お互いしたっていいじゃないか。そう思ってきたのです。Ｋさん、こう考えるのはおかしいでしょうか。学生たちに対する私のcヨウキュウはきつすぎますか。でも私は、これはクラスへの貢献《こうけん》の一つでもあると思うのです。

先ほども書いたように、質問するにはエネルギーがいります。だってすでにあるものを見つけるのではなく、ないものを見つけなくてはならないのですから。そしてそのためには、相手に関心を持つことが不可欠です。相手に関心を持つからこそ、互いの間にないもの、見つからなかったものを接点として、そこに新しい関係が生まれたり、すでにあった関係がより深まったりするわけです。そうではありませんか。

と、ここまできたとき、ふっと足を止めました。子どもの育ちのこと、さらには人間の「能力」について、岡本夏木氏が語っていたことばを思い出したのです。岡本氏は『幼児期』（岩波新書）という本の中で「能力主義」にふれ、「ヒトリデ　デキル」こと、さらには「ヒトリデ　ハヤク　デキルコト」という能力主義の一大スローガンが持つ危険を指摘《してき》し、「『できないこと』こそが人間を結びつける原動力」なのに、と言っているのです。⑥その「原動力」の一角に、質問するということは、もしかすると、位置づけられるかもしれません。

全くのところ、道を尋ねることから始まって、私は質問することで、これまでどれだけ他人とつながり、新しい世界への扉を開けてもらったか、しれません。中学・高校・大学時代私は超《ちょう》がつくほど無口でしたが、授業のときは質問しました。ＮＨＫの朝ドラ「花子とアン」（二〇一四年四月～九月放映）の中で生徒だった村岡花子が先生に質問するのを見ていて、ああ、私もこうだった、とよく思いました。四〇年ほど前の小さな出来事も、どうしてか、繰《く》り返し思い出します。

三〇代に入ってまもないその夜、私は東京での仕事を終えて、最終の新幹線に乗っていました。その日は仕事先で、いつになくつらいことがあって、窓際の席に座《すわ》った私は、暗い窓の外に目をやって、ひとり涙《なみだ》をこらえていました。

と、一つおいて通路側の席に座った老紳士《ろうしんし》が、「いかがです」とポッキーの箱を差し出してきてくれました。「もう弁当屋もしまって、こんなものしか買えませんでした」

私はお礼を言って、一本いただき、何が話のきっかけだったか、それから私たちは一時間半ほど語らいました。何か研究を続けてこられたらしいその方のお話は面白《おもしろ》く、私は次々と質問し、そのひとつひとつに、その方は丁寧《ていねい》に答えてくださいました。やがてその方はおっしゃいました。

「若い人たちがあなたのように質問してくれたらどんなに嬉しいか。伝えておきたいことが山ほどあるのに」

そしてその方は、ドイツやアメリカでの研究生活について、そこで発見した人の暮らしのさまざまなことについても、少しも偉《えら》ぶらず、率直に話してくださいました。私の下車駅が近付いて、私は思いきって、お名刺《めいし》をいただけないか、とお願いしました。いただいた名刺には、某《ぼう》国立大学工学部長の肩書《かたが》きが印刷されてありました。

その後まもなく、三年ほどフリーだった私は短大に席をいただき、若い学生たちと日々向き合うことになったのですが、私はこの年月、何度この夜の楽しい会話を、そして、若い人たちの質問の少なさを嘆《なげ》いたこの老紳士のことばを⑦思い出したかしれません。

今はパソコンだけでなく、スマホからでもdヨウイにネットに接続

二〇二二年度 関東学院中学校

【国　語】〈一期A試験〉(五〇分)〈満点：一〇〇点〉

一　次の文章をよく読んで、後の問いに答えなさい。(問題に字数制限のある場合は、すべて句読点、符号《ふごう》をふくむものとする。)

ことのほか寒かった冬が去って、今や春たけなわ。いえ、すでに初夏の気配さえうかがわれて、庭の木々は急いで夏支度《じたく》を始めているようにも見えます。まだ白い花をたくさん残す雪柳《ゆきやなぎ》の上ではブナが新《しん》芽《め》を吹《ふ》き出し、金木犀《きんもくせい》も古い葉を落として、若葉をぐんぐんひろげています。

でも、①一〇代の頃《ころ》の私は、こんな季節の変化におそろしく無頓《むとん》着《ちゃく》でした。自分と周囲のわずかな人々にしか関心はなかった。いえ、周囲の人々が気になるのも自分との関係においてですから、ほとんど自分にしか関心がなかったと言っていいでしょう。ただし、本の中の人々は②例外でしたが。

でも、そんなときでさえ、今、思い返せば私はたくさんのふしぎに囲まれ、いつも、なぜ?、なぜ?　と考えていました。わからないことだらけでした。小学生の時は、れんげの花びらがなぜ間違《まちが》いなく美しい円をつくるのか、なぜ赤ちゃんは指に桜貝のような美しいつめを間違いなく生やして生まれてくるのか。そんなことをよく考えていました。

中学生になると、なぜ自分は気が付くと、いつも友だちからはなれてひとりになっているんだろうとよく思いました。一方では、社会には、どうしてこれほどに貧富《ひんぷ》の差があるのか。両親も兄や姉もこんなに働くのに、なぜお盆《ぼん》とお正月の年二回しか白いご飯が食べられないのか。そんなこともよく考えていました。経済的には貧しく育った私の中に、おカネのいらない国として、今は国民総幸福量(GNH)一位の国として有名になった「ブータン」という小さな小さな国の名前が入ってきたのは、六〇年以上も昔の小学校五年生か六年生の頃のことでした。そんな国で暮らしたいな、と思ったことを私は③今もはっきりと憶《おぼ》えています。

ただ、私はそんなふうにわからないことを抱《かか》えながら、他人《ひと》に、つまりは先生にも、周りの大人たちにも、その答えを尋《たず》ねてみることはしませんでした。すぐに本で調べてみることもしませんでした。問いのまま、あめ玉のように口の中をころがしていた、という言い方が当たっているように思います。④いくつものあめ玉が出たり、引っ込《こ》んだり。でも、ゆっくりなめながら考えるのは楽しいことでした。今も、そんな人は小学校に限らず、中学校にも、高校にも、大学にもおおぜいいるんだろうな、と思います。問いのまま、他人に質問もせず、他のaシュダンで急ぎ答えを求めることもなく、言ってみれば問いそのものとゆっくり、ひっそりと戯《たわむ》れている人たちが。そして、一〇年、二〇年、ときには三〇年もたって、思いがけないとき、思いがけないところで、答えに出会う楽しさ、嬉《うれ》しさといったら。でも同時に、人が人と縁《えん》あって出会ったら、黙《だま》っていないで質問すること。それがどんなに互《たが》いを近付け結びつけて、新しい世界への扉《とびら》を開けてくれるかも、私はこれまでの人生で学んできました。

私たちの暮らすこの日本の社会では、どうしてか質問を遠慮《えんりょ》する空気が強いようで、私はそれをいつも残念なことだと思ってきました。そんなふうでしたから、bキンム先の短大の授業でも、話の途中《とちゅう》でも⑤質問してほしいと学生たちに頼《たの》んできました。でも、そうしてくれる学生はなかなか出てきませんでした。終わってから、個人的に質問

2022年度

関東学院中学校　▶解説と解答

算　数　＜一期Ａ試験＞（50分）＜満点：100点＞

解　答

1 (1) $32\frac{1}{4}$　(2) $5\frac{1}{5}$　(3) $3\frac{3}{32}$　(4) 4043　2 180ページ　3 4枚　4 123　5 3時間45分　6 69度　7 14cm^2　8 (1) 1080　(2) 毎分60m　(3) 18　(4) 10分　(5) 37

解　説

1 四則計算，逆算，数の性質，規則性

(1) $3\frac{1}{4}\div 1\frac{2}{11}+\left\{13-\left(\frac{2}{3}+2\frac{1}{2}\right)\right\}\times 3=\frac{13}{4}\div\frac{13}{11}+\left\{13-\left(\frac{4}{6}+2\frac{3}{6}\right)\right\}\times 3=\frac{13}{4}\times\frac{11}{13}+\left(\frac{78}{6}-2\frac{7}{6}\right)\times 3=\frac{11}{4}+\left(\frac{78}{6}-\frac{19}{6}\right)\times 3=\frac{11}{4}+\frac{59}{6}\times 3=\frac{11}{4}+\frac{59}{2}=\frac{11}{4}+\frac{118}{4}=\frac{129}{4}=32\frac{1}{4}$

(2) {(18－□×5÷2)×6＋30}÷5＝12より，(18－□×5÷2)×6＋30＝12×5＝60，(18－□×5÷2)×6＝60－30＝30，18－□×5÷2＝30÷6＝5，□×5÷2＝18－5＝13，□×5＝13×2＝26　よって，□＝26÷5＝$\frac{26}{5}=5\frac{1}{5}$

(3) $(a+b)$と$(a-b)$の式を加えると，$a\times 2=3\frac{5}{8}+\frac{7}{8}=3\frac{12}{8}=3\frac{3}{2}=\frac{9}{2}$となり，$a=\frac{9}{2}\div 2=\frac{9}{4}$になる。すると，$\frac{9}{4}+b=3\frac{5}{8}$となり，$b=3\frac{5}{8}-\frac{9}{4}=\frac{29}{8}-\frac{18}{8}=\frac{11}{8}$になる。よって，$a\times b=\frac{9}{4}\times\frac{11}{8}=\frac{99}{32}=3\frac{3}{32}$とわかる。

(4) 整数を5でわったときのあまりは1，2，3，4，0だから，【1】＋【2】＋【3】＋【4】＋【5】＋【6】＋…＋【2020】＋【2021】＋【2022】＝1＋2＋3＋4＋0＋1＋…＋0＋1＋2となることがわかる。これは{1，2，3，4，0}の5個の数がくり返し並んでいて，2022÷5＝404あまり2より，1＋2＋3＋4＋0＝10が404回加えられ，最後に1と2が加えられるとわかる。よって，10×404＋1＋2＝4043と求められる。

2 相当算

右の図で，1日目に読んだ残りの，$1-\frac{2}{3}=\frac{1}{3}$が，30＋7＝37(ページ)にあたるので，1日目に読んだ残りのページ数は，$37\div\frac{1}{3}=111$(ページ)である。よって，全体の，$1-\frac{2}{5}=\frac{3}{5}$が，111－3＝108(ページ)にあたるから，この本のページ数は，$108\div\frac{3}{5}=180$(ページ)とわかる。

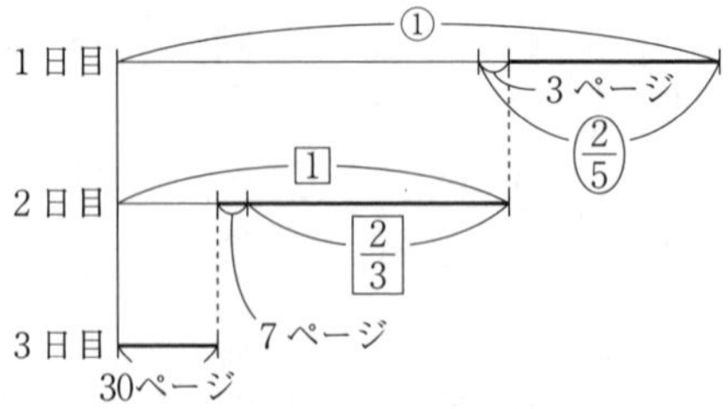

3 調べ

30円に注目すると，10円玉はもっとも少ないから3枚になる。100円玉と50円玉が同じ枚数だとすると，100＋50＝150(円)で，530－30＝500(円)はわりきれない。また，10円玉と50円玉が同じ枚

数だとすると，500−50×３＝350(円)は100円でわりきれない。よって，10円玉と100円玉が同じ枚数であり，500−100×３＝200(円)は50円でわりきれるので，50円玉の枚数は，200÷50＝４(枚)とわかる。

4 規則性

１＋３＝４，３＋４＝７，４＋７＝11，７＋11＝18，11＋18＝29，…より，この数列は前２つの数の和が並んでいるとわかる。よって，18＋29＝47，29＋47＝76，47＋76＝123より，初めて出てくる３桁《けた》の整数は123である。

5 ニュートン算

90％のダムの貯水率を90，１時間でダムに流入する水の量を①，１時間に１つの門で放水する水の量を$\boxed{1}$とすると，右の図のアとイの式で表すことができて，これを整理すると，ウとエの式になる。そこで，ウとエの式の差から，⑮−⑤＝$\boxed{30}$−$\boxed{15}$，⑩＝$\boxed{15}$，①＝$\boxed{1.5}$とわかる。これをウの式にあてはめると，30＋$\boxed{1.5}$×15＝$\boxed{30}$，30＋$\boxed{22.5}$＝$\boxed{30}$，30＝$\boxed{30}$−$\boxed{22.5}$＝$\boxed{7.5}$となる。よって，４つの門を使うと１時間に減る水の量は，$\boxed{1}$×(３＋0.5)−$\boxed{1.5}$＝$\boxed{3.5}$−$\boxed{1.5}$＝$\boxed{2}$になるから，貯水率が60％になるのにかかる時間は，$\boxed{7.5}$÷$\boxed{2}$＝$3\frac{3}{4}$(時間)，つまり，$60\times\frac{3}{4}$＝45(分)より，３時間45分とわかる。

90−60＋①×15＝$\boxed{1}$×２×15…ア
90−60＋①×５＝$\boxed{1}$×３×５…イ
⇩
30＋⑮＝$\boxed{30}$…ウ
30＋⑤＝$\boxed{15}$…エ

6 平面図形―角度

右の図１で，三角形ACDは二等辺三角形なので，角アの大きさは，(180−35−77)÷２＝34(度)となり，角イは角アの大きさと等しく34度である。また，辺ABと辺DCは平行で，平行線のさっ角は等しいから，角ウの大きさは77度である。よって，角xの大きさは，180−34−77＝69(度)とわかる。

図１
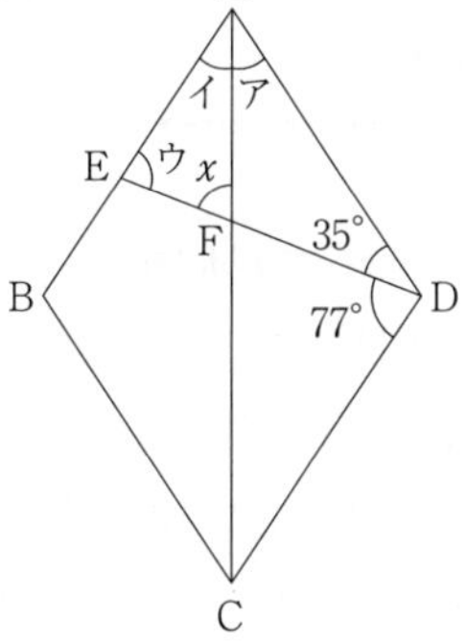

図２
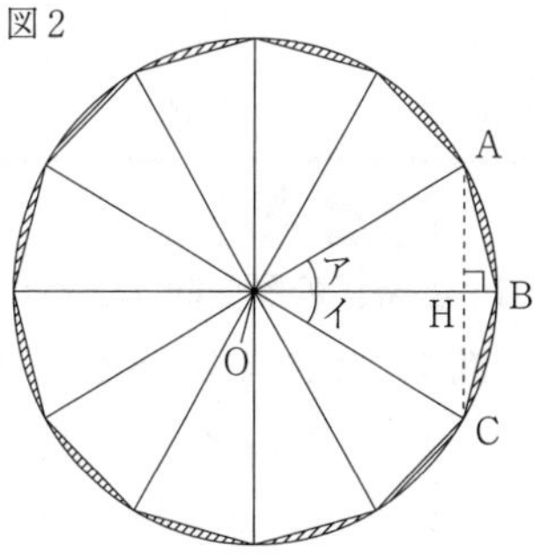

7 平面図形―面積

右上の図２のように６本の対角線をかくと，12個の合同な二等辺三角形ができるので，角アの大きさは，360÷12＝30(度)となる。また，角アと角イの大きさの和は，30×２＝60(度)だから，三角形OACは正三角形になる。すると，AHの長さは，$10\times\frac{1}{2}$＝５(cm)とわかるので，三角形OABの面積は，10×５÷２＝25(cm^2)となり，12個の二等辺三角形の面積の和は，25×12＝300(cm^2)である。よって，この円の面積は，10×10×3.14＝314(cm^2)だから，斜線《しゃせん》部の面積の和は，314−300＝14(cm^2)と求められる。

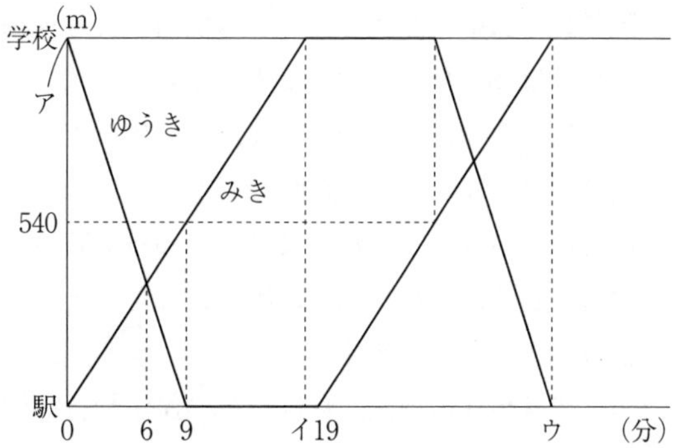

8 グラフ―速さ

(1)　２人の進むようすは，右のグラフのようになる。グラフより，ゆうきさんは９分で学校から駅まで進んだので，アにあてはまる数は，120×９＝1080(m)である。

⑵　グラフより，みきさんは駅から学校に向かうとき，540mを９分で進んだから，その速さは毎分，540÷９＝60(m)となる。

⑶　みきさんは駅から学校まで毎分60mの速さで1080mを進んだので，イにあてはまる数は，1080÷60＝18(分)になる。

⑷　グラフより，休憩《きゅうけい》時間は，19－９＝10(分)とわかる。

⑸　学校から駅までは９分，休憩は10分，駅から学校までは18分かかるから，ウにあてはまる数は，９＋10＋18＝37(分)である。

社　会　＜一期Ａ試験＞（30分）＜満点：60点＞

解　答

1　**問１**　エ　**問２**　ウ　**問３**　オ　**問４**　エ　**問５**　①　ス　②　シ　③　ツ　④　キ　⑤　タ　⑥　チ　⑦　コ　⑧　サ　⑨　ア　**問６**　（例）（共通点は）東国における政権の成立。（違いは）1180年は源頼朝の私的動向にすぎないが，1183年は天皇あるいは朝廷に承認され，公的性格を持つこと。　2　**問１**　ア／香川(県)高松(市)　**問２**　イ　**問３**　エ　3　**問１**　オ　**問２**　エ　**問３**　①　（例）　発電(水力発電)　②　う　**問４**　エ　**問５**　足尾(足尾銅山)　4　**問１**　①　健康で文化的な最低限度　②　イ　**問２**　ウ　**問３**　イ　**問４**　ア

解　説

1　各時代の歴史的なことがらについての問題

問１　1941年12月８日，日本軍はハワイの真珠湾《しんじゅわん》にあったアメリカ軍基地を奇襲攻撃《きしゅうこうげき》し，同時にイギリス領のマレー半島に上陸を開始した。そしてアメリカとイギリスに宣戦布告し，太平洋戦争に突入《とつにゅう》した。なお，台湾は日清戦争の講和条約として1895年に結ばれた下関条約によって，韓国は1910年に結ばれた韓国併合《へいごう》条約によって，太平洋戦争が終結する1945年まで日本の植民地とされた。また，1937年から日中戦争が始まり，日本はその年のうちに中華民国(中国)の首都であった南《ナン》京《キン》を占領したが，戦争は長期化した。そのため，日本国内では物資が不足していき，食料や生活必《ひつ》需《じゅ》品などが政府の統制下に置かれた。

問２　1925年３月，加藤高明内閣のもとで普通選挙法が成立し，満25歳以上のすべての男子に衆議院議員の選挙権が認められ，納税額による選挙権の制限が廃止された。なお，領事裁判権が撤廃《てっぱい》されたのは1894年，台湾が日本の植民地となったのは1895年，外務大臣小村寿太郎《じゅたろう》の交渉《こうしょう》によって関税自主権の回復が達成されたのは1911年，第一次世界大戦が始まったのは1914年のこと。

問３　ア　701年に大宝律令が定められたことで，律令制度が確立された。大宝律令には上皇についての記述はあったが，天皇に代わって政治をとるという規定はなかった。　イ　国司には中央の貴族が任命され，地方に派遣された。また，任期を終えると，別の国司に交代した。　ウ　関白は，律令制度に規定のない「令外官《りょうげのかん》」とよばれる官職の一つで，平安時代に設置された。

エ　律は現在の刑法，令は現在の民法や行政法にあたるもので，外交関係についての規定はなかっ

た。また，勘合《かんごう》貿易は室町時代に行われたもので，律令との関係はない。　オ　大宝律令の制定により，大化の改新以降整備が進められていた，公地公民制にもとづく班田収授の方法が確立された。よって，正しい。

問４　古代の東北地方には，朝廷の支配に従わない蝦夷《えみし》とよばれる人々がおり，たびたび反乱を起こすなどしていたが，平安時代初めに平定された。源氏や平氏などの武士が成長したり，有力貴族が荘園とよばれる私有地を拡大したりするのは，平安時代のもう少しあとの時期のことである。なお，熊襲《くまそ》は古代の九州地方にいた人々で，朝廷の支配に抵抗《ていこう》したが，奈良時代には平定されていた。

問５　①　桓武天皇は，仏教勢力が強くなりすぎた奈良の平城京を離れ，律令政治を立て直すため，794年に京都の平安京に遷都《せんと》した。　②　源実朝は鎌倉幕府の第３代将軍に就任したが，1219年に暗殺され，これによって源氏の将軍がとだえた。　③　1184年，源頼朝は一般的な政務を担当する機関として公文《くもん》所（のちの政所《まんどころ》）を，訴訟《そしょう》や裁判を担当する機関として問注所を設置した。④　1185年，源頼朝は不仲となった弟の義経を追討《ついとう》するという名目で，国ごとに守護を，荘園・公領ごとに地頭を置くことを朝廷から認められた。　⑤　平安時代後半には，奥州藤原氏が平泉（岩手県）を根拠《こんきょ》地として東北地方を支配していた。しかし，1189年，源義経をかくまったという理由で源頼朝に攻《せ》められ，敗れたことで滅亡《めつぼう》した。　⑥，⑦　1336年，足利尊氏が京都に光明《こうみょう》天皇を立てると，後醍醐《ごだいご》天皇は奈良の吉野に逃《のが》れて正統性を主張した。これによって，京都の北朝と吉野の南朝が争う南北朝の動乱が始まった。その後，室町幕府の第３代将軍足利義満は，南朝の天皇が北朝の天皇に譲位《じょうい》するという形で，南北朝の合一をはたした。　⑧　1600年の関ヶ原の戦いで，徳川家康は豊臣氏を支持する石田三成らの軍勢を破り，天下統一をはたした。この戦いのあと，徳川家康の家臣となった大名は外様《とざま》大名とよばれ，幕府のあった江戸から離れた場所に配置された。　⑨　1615年，江戸幕府は大名を統制するための法令として武家諸法度《しょはっと》を出した。武家諸法度は将軍がかわるごとに多少の改定が加えられ，第３代将軍徳川家光のときには参勤交代が制度化された。

問６　Ａ，Ｂはいずれも，源頼朝が東国，あるいは東国武士を支配下に置いたという点では共通している。一方，Ａは源頼朝が政策の一つを実施したにすぎないといえるが，Ｂはそれを天皇あるいは朝廷という公権力に認められたという点で，Ａとは異なる。

２　都道府県の県庁所在地と沖縄県の気候，生活についての問題

問１　アは香川県で県庁所在地は高松市，イは秋田県で県庁所在地は秋田市，ウは大阪府で府庁所在地は大阪市，エは奈良県で県庁所在地は奈良市である。

問２　＜沖縄県の気候の特徴《とくちょう》＞から，冬でも平均気温が15℃を超《こ》え，沖縄県の梅雨の時期にあたる５・６月と，台風が来る８・９月の降水量が多いイが選べる。

問３　北海道など寒さが厳しい地方では，住居の玄関や窓などを二重にすることで，外からの冷気を和らげる工夫が見られる。よって，エがふさわしくない。

３　各地を流れる河川とその流域についての問題

問１　「筑紫《つくし》次郎」とよばれるのは筑後《ちくご》川で，九州北部を東から西に流れて有明海に注ぐ。「四国三郎」とよばれるのは吉野川で，四国中央部から北部をおおむね西から東へと流れ，紀伊《きい》水道に注ぐ。なお，②は仁淀《によど》川，③は四万十《しまんと》川，④は大野川，⑥は五ヶ瀬川，⑦は球磨《くま》川。

問２　日本で最も長い川は信濃川（約367km）で，以下，利根川（約322km），石狩川（約268km），天塩川（約256km），北上川（約249km）と続く。

問３　①　ダムには，川をせき止めて貯水することによる水の確保と供給，放水量を調節することによる治水のほか，ダムの上部から下部へと落ちる水の力を利用し，併設された水力発電所で発電を行うという役割もある。　②　川に流れこむ雨水や雪解け水が降り集まる範囲《はんい》のことを，流域という。利根川の流域面積は日本の川の中で最も大きく，関東平野の北部を広くおおっているので，「う」があてはまる。

問４　千葉県や茨城県の利根川下流域は水郷《すいごう》地帯とよばれ，台風による水害を避《さ》けるために収穫《しゅうかく》期を早める早場米の生産が行われている。なお，水郷地帯では，４月にも田植えが行われる。また，米に限らず，ほかの産地のものが出回らない時期に出荷された農産物は，高い値段で取引される。稲作では，苗《なえ》づくりにビニールハウスが利用されることが多いが，水田をビニールハウスでおおうようなことは行われない。

問５　渡良瀬《わたらせ》川は栃木県をおおむね北から南へと流れる利根川の支流で，明治時代には上流にあった足尾銅山から流された鉱毒が渡良瀬川を汚染したことで，田畑や農作物に被害が出るという足尾（銅山）鉱毒事件が発生した。この事件は，田中正造が解決に力をつくしたことで知られる。

４　基本的人権についての問題

問１　①　日本国憲法第25条１項は，「健康で文化的な最低限度の生活を営む権利」として，国民の生存権を保障している。　②　社会権には，生存権や教育を受ける権利，働く権利などがふくまれる。なお，税金を納めることは，国民の義務とされている。また，自分の好きな職業につくこと（職業選択《せんたく》の自由）は自由権に，選挙に行く権利（選挙権）は参政権にふくまれる。

問２　自分のすきな所に住む権利は「居住・移転の自由」とよばれ，職業選択の自由や財産権の保障などとともに経済の自由に分類される。

問３　イは「信教の自由」にふくまれることがらで，表現の自由などとともに精神の自由にあたる。なお，アは人身の自由，ウは経済の自由に分類される。エは教育を受ける権利で，社会権に分類される。

問４　アは日本国憲法第15条に規定されており，平等権と関わりが深い。なお，イは労働三権（労働基本権）のうちの団結権について述べた文で，団結権は社会権に分類される。ウはプライバシーの権利，エは自己決定権と関わりの深いことがらで，これらは日本国憲法に規定がないものの，社会の変化にともなって主張されるようになった新しい人権にふくまれる。

理　科　＜一期Ａ試験＞（30分）＜満点：60点＞

解　答

１　(1)　①　熱　②　D＞B＞A＝C　(2)　ウ　(3)　①　**い**　蒸発　**う**　大きく　②　**X**　気体　**Y**　ゆう解　(4)　(例)　発電する際に化石燃料を燃やして，二酸化炭素が生じるため。　**２**　(1)　イ　(2)　**あ**　16cm　**い**　３cm　(3)　32cm　(4)　６mm　(5)　（２本，８mm），（８本，４mm）　**３**　(1)　イ　(2)　①　分解　②　ア，オ　(3)　E→C→A→D→B　(4)　①　ア　②　(例)　放置されている人工林のスギやヒノキを伐採し，樹齢が若い新しい木を植林する。　**４**　(1)　自転と公転　(2)　**北**　ウ　**東**　イ　(3)

イ　(4)　ア　(5)　1度　(6)　39870km

解説

1　熱の伝わり方と水の状態変化についての問題

(1)　①　鉄などの金属は，熱を伝えやすいという性質をもっている。この性質を利用して鍋《なべ》などに用いられている。　②　図１の鍋の中心を温めると，熱は温めたところから同心円状にＤ，Ｂの順に伝わり，その後，鍋底の中心部分から等しい距離《きょり》にあるＡ，Ｃに同時に伝わる。よって，熱が速く伝わる順は，Ｄ＞Ｂ＞Ａ＝Ｃとなる。

(2)　電子レンジは食べ物の中にある液体の水のみを振動《しんどう》させて温める装置とあるから，砂糖水がもっとも温度が上がる。なお，氷は固体の水のため，電子レンジでは温まりにくい。

(3)　①　電子レンジで卵を温めると，卵の黄身と白身の間にある水分が温められ，水が蒸発して水蒸気に変化して体積が大きくなる。このため，白身と黄身に力がかかり，卵が爆発《ばくはつ》することがある。　②　状態Ｘは水のつぶの間かくが最も広いので気体とわかる。図の右下は，水のつぶがびっしりつまっている状態だから固体，図の左下は，水のつぶの間かくがある程度あるので液体となる。したがって，変化Ｙは固体から液体への状態変化を表していて，ゆう解という。

(4)　電子レンジも電気調理器(IH 調理器)も火を使う機器ではないので，加熱するときに直接的に二酸化炭素を排出《はいしゅつ》することはない。しかし，機器を使用するための電気をつくるときには，発電方法によっては石油や石炭，天然ガスなどの化石燃料を燃やすため，間接的には二酸化炭素を排出しているともいえる。

2　縮めたばねのはたらきについての問題

(1)　ばねにかかる重さは，ア，ウ，エ，オではおもり１個分，イではおもり２個分である。したがって，イのばねの伸《の》びが最も長くなる。なお，オの片側のおもりは，エのかべのように，ばねの片側を固定するはたらきをしているとみなせる。

(2)　**あ**　表より，縮める長さを２倍，３倍にすると，消しゴムの移動距離は４(＝２×２)倍，９(＝３×３)倍になっている。このことから，縮める長さを２mmから８mmの，８÷２＝４(倍)にしたときの消しゴムの移動距離は，１×４×４＝16(cm)になる。　**い**　ばねの数が２倍，４倍になると，消しゴムの移動距離も２倍，４倍になっていて，ばねの数と消しゴムの移動距離は比例関係にある。よって，ばねの数が３本のときの消しゴムの移動距離は，１×$\frac{3}{1}$＝３(cm)となる。

(3)　ばね２本を２mm縮めたときの消しゴムの移動距離は２cmだから，ばね２本を８mm縮めたときの消しゴムの移動距離は，２×４×４＝32(cm)である。

(4)　ばね３本を２mm縮めたときの消しゴムの移動距離は３cmである。ここで，27＝３×(３×３)と表すことができるので，消しゴムの移動距離が３cmの９(＝３×３)倍になっていることがわかる。よって，(2)より，縮めたばねの長さは，２mmの３倍の，２×３＝６(mm)と求められる。

(5)　消しゴムをちょうど32cm先まで移動させるときの，(ばねの本数)×(○×○)＝32になる組み合わせは，２×(４×４)，８×(２×２)の２通りある。したがって，ばねを２本使って，２×４＝８(mm)縮めたときと，ばねを８本使って，２×２＝４(mm)縮めたときの２通りがある。

3　森林のつくりについての問題

(1)　スギは常緑針葉樹である。なお，ブナ，カエデ，サクラは落葉広葉樹である。

⑵　①　落ち葉や動物の死がい，ふんなどは，落ち葉の下の小さな生物や土の中の微《び》生物によって，植物が利用できる肥料の成分にまで分解されてやがて土にかえる。これらの生物は生態系の役割上，分解者と呼ばれる。　②　ダンゴムシとミミズは落ち葉などを食べる分解者に属する。

⑶　陽樹は日光がよく当たる明るい場所でないと育たないので，陽樹の幼木は高木が多い森林の中では成長できない。一方，陰《いん》樹は日光があまり当たらない日陰《かげ》でもよく育つから，陰樹の幼木は森林の中でも成長できる。このことをふまえると，森林は以下のようにしてつくられる。まず，草原がつくられたあと，低木の陽樹中心の森林がつくられ，その陽樹が成長して高木の陽樹中心の森林ができる。次に，高木の陽樹の森林の中で陰樹の幼木が成長し，陽樹と陰樹の混じった森林がつくられ，陰樹が陽樹の高木より高くなると，陽樹はすべて枯《か》れ，高木の陰樹中心の森林がつくられる。

⑷　①　林齢《りんれい》(樹齢)20年を過ぎると，図２のグラフはスギもヒノキも右下がりになっている。よって，スギもヒノキも植林して20年以降は，二酸化炭素吸収量が減り続けることがわかる。　②　図１から，現在の人工林の林齢(樹齢)はほとんどが20年を過ぎていることがわかり，二酸化炭素吸収量が年々減り続けていると考えられる。そこで，これらの放置されている人工林を伐採《ばっさい》し，新たに樹齢が若い木を植樹すれば，今後の二酸化炭素の吸収量を増やすことができる。

4　太陽と星の動きについての問題

⑴　太陽が一日に東から西に動いて見えるのは，地球が一日に１回西から東に動く地球の自転が原因である。また，天球上の太陽の通り道が季節によって変わるのは，地球が地軸《じく》を傾《かたむ》けながら１年に１回太陽のまわりを動く地球の公転が原因である。

⑵　地球が一日に１回西から東に自転しているため，横浜市では，太陽は東から出て南の空の高いところを通り，西に動いて見える。これより，アが南，イが東，ウが北，エが西の方位とわかる。

⑶　冬至の日は，太陽は真東より南寄りから出て，真西より南寄りにしずむ。このため，棒の影《かげ》の先端《せんたん》は，イのように，真西より北寄り→北→真東より北寄りと移動する。

⑷　星の高度は，星―観測者―地面を結んだ直線と地面がつくる角だから，アとなる。

⑸　北極星の高度は観測した地点の緯《い》度に等しい。よって，Ａ，Ｂ二地点間の緯度の差は，36－35＝１(度)である。

⑹　二地点間の緯度の差１度が110.75kmにあたり，地球は完全な球であるものとすると，360度分にあたる地球の円周は，$110.75\times\frac{360}{1}=39870$(km)と求められる。

国語　＜一期Ａ試験＞（50分）＜満点：100点＞

解答

一　**問１**　ア，イ，エ　**問２**　イ　**問３**　ウ　**問４**　(例)　答えを求めるために他人に尋ねたり他の手段を用いたりせず，じっくりと自分だけで考えるような問いが，数多く生まれたり消えたりしたということ。　**問５**　ウ　**問６**　ア　**問７**　イ　**問８**　エ　**問９**　下記を参照のこと。　二　**問１**　**Ａ**　エ　**Ｂ**　ウ　**Ｃ**　オ　**Ｄ**　ア　**Ｅ**　イ　**問２**　エ　**問３**　ア　**問４**　イ　**問５**　ウ　**問６**　ア　**問７**　エ　**問８**　(例)　わたしは，欠点のない優等生の野見山くんに同学年と思えないほど距離を感じていたが，野見山くんの子どもっぽい行動や素直な反応を見て，親しみを感じたということ。

●漢字の書き取り

一 問9　a　手段　b　勤務　c　要求　d　容易　e　提示

解説

一 **出典は清水真砂子《しみずまさこ》の『大人になるっておもしろい？』による。**たくさんのふしぎに囲まれていた筆者の経験を紹介《しょうかい》し，質問することの意味と大切さを説明している。

問1　「一〇代の頃《ころ》の私」は，「季節の変化におそろしく無頓着《むとんちゃく》」だったとあるのでアは合う。その頃筆者は，「たくさんのふしぎに囲まれ」ていたが，それは必ずしも自分のことに関する疑問ばかりではなかったので，オは合わない。また，わからないことを抱《かか》えながら，「その答えを尋《たず》ねてみることは」せず，言ってみれば「問いそのものとゆっくり，ひっそりと戯《たわむ》れて」いたとあるのでエは合う。筆者が，授業中に質問をすることは，「クラスへの貢献《こうけん》の一つ」だと思うようになったのは短大で働くようになってからなので，ウは合わない。「中学・高校・大学時代」の筆者は「超《ちょう》がつくほど無口」だったが，「授業のときは質問」したとあるのでイは合う。

問2　「一〇代の頃の私」は，「ほとんど自分にしか関心がなかった」が，「例外」として，「本の中の人々」には興味をひかれたのである。

問3　筆者は「経済的には貧しく育った」ため，「おカネのいらない国」であるという理由で，「ブータン」という国の名前が耳に入り，「そんな国で暮らしたいな」と思ったことを，「今もはっきりと憶《おぼ》えて」いると述べている。

問4　筆者は，さまざまな「わからないことを抱えながら」，それを「問いのまま，他人に質問もせず，他の手段で急ぎ答えを求めることもなく」，その問いを「あめ玉のように口の中をころがしていた」のである。長い時間をかけて，さまざまな問いについてじっくり考えているうちに，それらの問いは，現れたり，消えたりしていったということがわかる。

問5　学生に対して，「質問するという労をとって，その収穫《しゅうかく》を居合わせた人々と分かち合う」ようにすればよいと筆者は考えている。日本の社会では「質問を遠慮《えんりょ》する空気」が強いが，自分の教室では，そうあってほしくなかったので，筆者は，「質問してほしいと学生たちに頼《たの》んで」きたと考えられる。

問6　ぼう線⑥の前の段落で，質問をするためには，「相手に関心を持つことが不可欠」であり，「相手に関心を持つからこそ，互《たが》いの間にないもの，見つからなかったものを接点として，そこに新しい関係が生まれたり，すでにあった関係がより深まったりする」と筆者は述べている。このため，「質問するということ」は，「人間を結びつける原動力」の一角に位置づけられるといえる。

問7　老紳士《ろうしんし》と出会って間もなく，筆者は短大で教えることになったが，学生たちはなかなか質問してくれなかった。そういうとき，筆者は，たびたび，「この夜の楽しい会話」と「若い人たちの質問の少なさを嘆《なげ》いた」老紳士のことばを思い出し，老紳士の言っていたとおりだと感じたのである。

問8　筆者は，自分が感じた疑問を，「他人に質問もせず」問いそのものと戯れた後に思いがけず答えに出会う楽しさと，同時に，「黙《だま》っていないで質問すること」も重要であることを「これまでの人生で学んで」きたのでアは合う。「質問する」ときには，「すでにあるものを見つけるのではなく，ないものを見つけなくてはならない」ので，エネルギーが必要であり，「そのためには，相手に関心を持つことが不可欠」だと述べられているのでイも合う。「道を尋ねることから始まって，私は質問することで，これまでどれだけ他人とつながり，新しい世界への扉《とびら》を開けてもらったか」わからないと述べられているため，ウも合う。「質問は何も答えを求めてするだけのものではない」が，答えだけが必要な場合に機器を用いることを否定していないため，エは合わない。

問９　**a**　目的を達するために用いる方法。　**b**　職務を持って，会社などに勤めること。　**c**　必要である，または，当然のこととして，何かを求めること。　**d**　簡単なこと。たやすいこと。　**e**　ある場所に持ち出して，相手に示すこと。

二　**出典は眞島《ましま》めいりの『みつきの雪』による。**いつもと様子が違《ちが》う野見山《のみやま》くんのことが気になっていた「わたし」は，放課後，雪の積もった用水路に落ちそうになった野見山くんを助ける。

問１　**A**　野見山くんは，「うわの空で」「様子がおかしかった」ので，落ち着きのないようすを表す「そわそわ」が合う。　**B**　「わたし」が，「きつい坂を登り，車のほとんど通らない道路」を力強く進んだ様子なので「ずんずん」が入る。　**C**　「怒《いか》りに似た感情」が込《こ》み上げてきて，「わたし」は，野見山くんの「華奢《きゃしゃ》な身体」を「揺《ゆ》さぶってやりたくなった」ので，強く揺れるようすの「がくがく」があてはまる。　**D**　野見山くんが，登校するときに手袋《てぶくろ》をなくした，と告白する場面なので，低く小さな声で話す様子の「ぼそぼそ」が合う。　**E**　「わたし」が，おかしくて「笑い続けた」場面なので「けらけら」が入る。

問２　野見山くんは，それまで，「生活態度にも学校の成績にも非の打ちどころがなかった」のに，今日は，「勉強に集中せずに」いたこと，それなのに，「朝比奈《あさひな》先生も四年生たちも，その異変を察知できていなかった」こと，「わたし」だけが，野見山くんのいつもと違うようすに気づいたことに，「わたし」は，「違和感《いわかん》」を感じたのである。野見山くんの様子がおかしいからといって，「わたしひとりが騒《さわ》いでも仕方ないし，今までよそよそしく過ごしてきたのに急に話しかけられもしないし，だいいち助けを求められたわけじゃない」と考え，「わたし」は，野見山くんを「そっとしておくことにした」ので，エが「違和感」にあてはまらない。

問３　野見山くんは，登校するときに，田んぼに向かって雪玉を投げていたら，右の手袋が脱《ぬ》げて，田んぼの中に入ってしまったと後で「わたし」に話している。野見山くんは，田んぼを見て，その手袋を探していたのである。

問４　一か月前に，この土地にやって来た野見山くんは，危険な場所であることにも気づかずに，用水路の方へ足を踏《ふ》み出してしまった。「わたし」は，そんな野見山くんの行動に，「怒りに似た感情」を感じたので，イが正しい。「わたし」が「この下！　用水路！」と言うと，野見山くんは，「……あっ」と言って，自分が危険な場所にいることに気がついた。冬の用水路が危険な場所であることを，野見山くんは知っていたのでウは合わない。

問５　野見山くんが用水路に落ちそうになっていたので，「わたし」は，「息をするのも忘れて」駆《か》け出した。危ないところで，野見山くんを止めることができたが，野見山くんを助けるために必死に走ったので，「わたし」の心臓は激しく脈を打ち，呼吸も乱れていたのだと考えられる。

問６　「わたし」は，野見山くんに対して，「今までよそよそしく過ごしてきた」のに，この日は「一日じゅう気になって観察」していたことを打ち明けてしまった。突然《とつぜん》態度を変えたことを，野見山くんが，どう思うだろうかと気になって，「わたし」は，「相手の表情」をうかがったのである。

問７　雪玉を投げていて，手袋をなくすというのは，優等生にはふさわしくない，子どもっぽい失敗である。それを「わたし」に笑われて，野見山くんは，恥《は》ずかしくて，真っ赤になったのだとわかる。

問８　「わたし」にとって野見山くんは，「生活態度にも学校の成績にも非の打ちどころがなかったから，同い年って気があまりしていなかった」ため，よそよそしく接してきた。しかし，野見山くんの失敗を聞き，彼の素直《すなお》で「子どもっぽい反応」を見て，「わたし」は親しみを感じ，緊張《きんちょう》感が解けて距離《きょり》が縮んだように感じたことがわかる。

2022年度　関東学院中学校

〔電　話〕 (045) 231－1001
〔所在地〕 〒232-0002　神奈川県横浜市南区三春台4
〔交　通〕 京浜急行─「黄金町駅」より徒歩5分
市営地下鉄─「阪東橋駅」より徒歩8分

【算　数】〈一期B試験〉（50分）〈満点：100点〉

1　次の□にあてはまる数を求めなさい。

(1)　$17+3\times\{128-2\times(17+13\div3)\}=\square$

(2)　$\frac{1}{4}-\left(\frac{1}{3}+5.6\times\square\right)\div12=\frac{1}{15}$

(3)　$1.3\times45.1+1.5\times90.2+4.51\times17=\square$

(4)　350円の2割4分引きの金額は，190円の□％増しの金額になります。

2　3つの整数A，B，Cがあります。$A\times B\times C=600$，$A\div B\div C=0.375$で，$B-C$の値が最も小さくなるとき，A，B，Cの値はそれぞれいくつですか。ただし，BはCより大きいとします。

3　15％の食塩水と7％の食塩水をまぜて12％の食塩水600ｇを作りました。15％の食塩水は何ｇまぜましたか。

4　1個250円の品物Aと1個170円の品物Bを合計19個買う予定で，ちょうどの金額を持っていきましたが，買う個数を逆にしてしまったため240円余りました。持っていた金額は何円ですか。

5　ある会場と駅の間には両方向に進む動く歩道があり，一郎君はこの歩道上を毎分60ｍの速さで歩いて駅から会場に向かい，二郎君はこの歩道上を歩かずに会場から駅に向かいました。同時に出発した2人は45秒後にすれちがい，その25秒後に一郎君は会場に着きました。動く歩道は毎分何ｍの速さで動いていますか。

6　1から100までの数字が書かれたカードが1枚ずつ入った袋があり，そこから同時に2枚取り出します。このとき，2枚の数字の積が1000の倍数になるのは何通りありますか。

7　右の図の平行四辺形ABCDで，AD：BE＝4：3のとき，四角形CDFEの面積は平行四辺形ABCDの面積の何倍ですか。

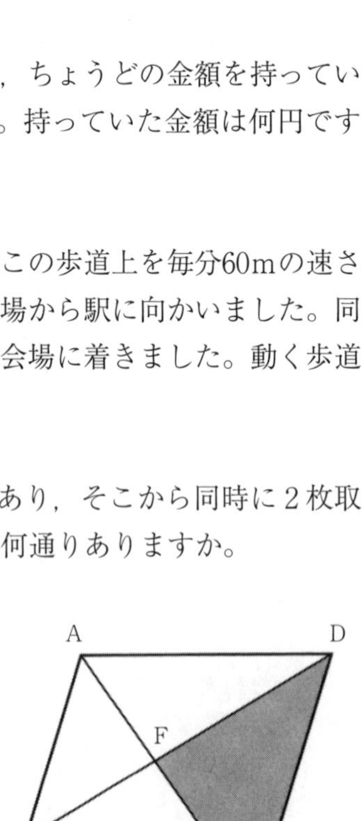

8　[図1]の三角形ABCは角CABが直角，面積が9 cm^{2}の直角二等辺三角形です。頂点Aから辺BCに垂直になるように線を引き，辺BCとの交点をHとします。AHを延長しHが真ん中の点になるように点Oをとります。点Oを中心に図を時計まわりに回転させるとき，次の各問いに答えなさい。ただし，円周率は3.14とします。

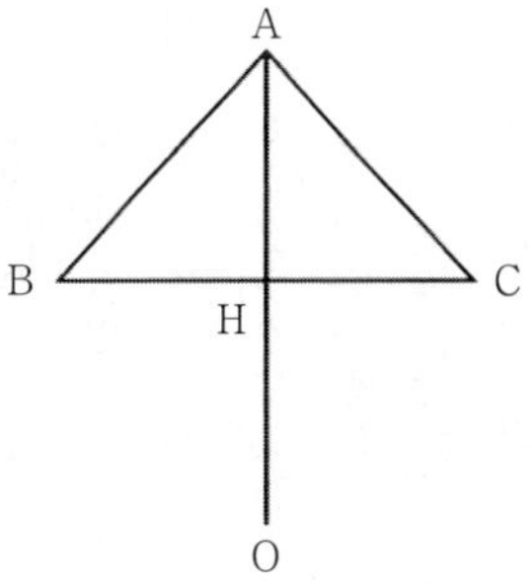

[図1]

(1)　360度回転させたとき，

①　点Aが動く長さは何cmですか。

②　三角形ABCが通過する部分の面積は何cm^{2}ですか。

③　HCが通過する部分の面積は何cm^{2}ですか。

(2)　[図2]のようにおうぎ形AHCをつくります。180度回転させたときに斜線部分が通過する部分の面積は何cm^{2}ですか。

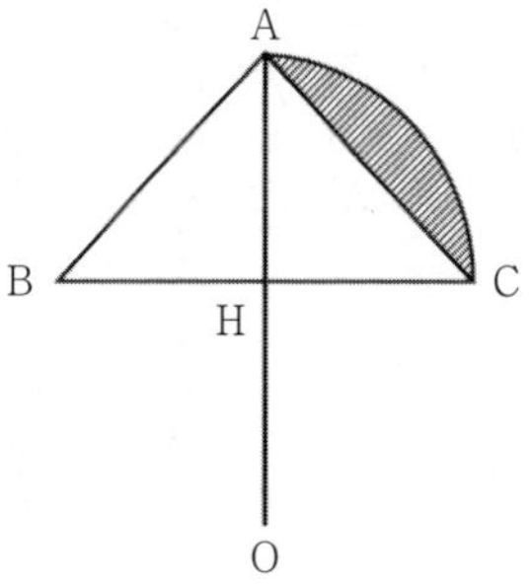

[図2]

く、親とのいざこざを引き受けてもらう可能性があるために、学年主任に対して申し訳なさとありがたさを感じている。

エ　親は学校に注文をつけることが多いので、今回もおそらくそうだと考えており、自分のクラスの授業に空き時間を割《さ》いてくれている学年主任にお願いして同席してもらうしかないと思っている。

問四　――④「元也《もとや》の元気がないことだった」とありますが、なぜ元也は元気がなかったのですか。それについて元也自身が述べている部分が本文中にあります。その部分の初めの五字を抜《ぬ》き出して答えなさい。

問五　――⑤「元也の表情はさらに暗くなった」とありますが、それはなぜですか。最もふさわしいものを次の中から一つ選び、記号で答えなさい。

ア　父親のことについて言われるのが嫌《いや》で、気持ちが沈《しず》んだから。

イ　来週から教室にもどるのがつらく、落ち着かない気持ちになったから。

ウ　父親が学校に来る予定になっており、そのことを考えるとつらいから。

エ　父親の話をしてくる良太に強い反感を持ったから。

問六　――⑥「不用意なひと言」とありますが、この場合はどのような内容の「ひと言」だと考えられますか。本文中から二十五字程度で抜き出して答えなさい。

問七　――a～eのカタカナを漢字に直して答えなさい。

a　タシかに染谷《そめや》のいうとおりだった。

b　専守防衛にツトめるしかないのだ。

c　金曜日はカイセイだった。

d　元也の教室からのダッソウである。

e　春のミナトで心を静めた。

思慮《しりょ》深い男の子は、しばらく黙っていった。
「先生が心配だから」
担任の教師のことが心配？　いったいどういう意味なのだろう。海辺の光が跳《は》ね散る臨時の教室で良太はいった。
「先生のことを心配してくれるのはうれしいけど、どうして本多くんのおうちの人と先生が気になるのかな」
今回の騒動《そうどう》の発端《ほったん》は、なによりも元也の教室からのdダッソウである。心配なのは元也のほうだ。良太は単純なので、思わず大切な5年3組を一週間も放りだしたのは、誰《だれ》のせいだといいたくなった。だが、そこでぐっとこらえる。窓の外に目をやって、春のeミナトで心を静めた。教師は思ったことをそのまま口にできる職業ではない。⑥不用意なひと言で、ふたりきりの授業の成果がゼロどころか、マイナスになるかもしれない。
元也は口にしにくそうにぼそぼそという。
「うちのおとうさんは強いから……」
男の子というのは、いくつになっても繊細《せんさい》で気が弱いものだった。やわらかな髪《かみ》をなでて、良太はいった。
「わかったよ。じゃあ、おとうさんとトラブルにならないように気をつける」
「先生、すみません。ぼくのことだけでなく、うちのおとうさんまで」

（石田衣良 著『5年3組リョウタ組』一部改変）

問一　――①「決戦は金曜日」とありますが、この後の話では、良太と誰《だれ》とが「金曜日」に学校で会うことになりましたか。最もふさわしいものを次の中から一つ選び、記号で答えなさい。
ア　良太と、本多くんのおとうさん。
イ　良太と、本多くんのおとうさんとおかあさん。
ウ　良太と学年主任と、本多くんのおとうさんとおかあさん。
エ　良太と学年主任と、本多くんと、本多くんのおとうさんとおかあさん。

問二　――②「専守防衛」とありますが、この場合どういうことを言っているのですか。最もふさわしいものを次の中から一つ選び、記号で答えなさい。
ア　家庭から学校に注文をつけてきた時に、成人である親の意見を最大限に尊重して、学校の教育方針を考えていくこと。
イ　学校から親に意見を言って教育しようとするのではなく、親から学校に対して希望を言ってきた時だけ、学校が対応すること。
ウ　教師が保護者を教育することはできないので、そのような考えはせず、家庭から学校への注文に対して従っていこうとすること。
エ　学校のほうから保護者を呼び出そうとはせず、学校に注文をつけにきた保護者に冷静に対応し、失礼のないように話をすること。

問三　――③「よろしくお願いします」とありますが、こう述べた時の良太の気持ちとして、最もふさわしいものを次の中から一つ選び、記号で答えなさい。
ア　本多くんのおとうさんの仕事や市内のほかの人とのつながりを考えると、話をする時の態度は非常に重要であり、同席してくれると言っている学年主任へお礼を言おうとしている。
イ　本多くんのおとうさんは接するのがむずかしいので、トラブルを抱《かか》えこむことになるかもしれず、学年主任に何とかお願いをして、トラブルになることは絶対に避《さ》けたいと考えている。
ウ　自分のクラスの授業をしてもらっていて気が引けるだけでな

良太も同じことを考えていた。子どもの問題のほとんどは、親の問題である。現場で数多くの児童に接していると、そのことは嫌《いや》というほど痛感する。染谷《そめや》が冷静に切りこんできた。

「仮にそうだとしても、ぼくたち教師にはおうちの人を教育することはできませんから。それはいってもしかたないことですね」

ａタシかに染谷のいうとおりだった。家庭からは学校に注文をつけることができる。だが、学校には成人である親を教えることも、意見することもできないのだった。学校は②専守防衛にｂツトめるしかないのだ。それが教育の現状である。学年主任はため息をついていった。

「本多くんのおとうさんは公認《こうにん》会計士で、清崎市の有力者とも知りあいが多い。中道先生、くれぐれも失礼のないようにお願いしますよ。もっとも、おうちの人と話をするときには、わたしも同席させてもらいますが」

「③よろしくお願いします」

良太は力なく頭をさげるだけだった。週に数時間しかない空き時間を、自分のクラスの授業に割《さ》いてもらっているだけでもうしろめたいのに、むずかしい親とのトラブルまで抱《かか》えこむことになるかもしれないのだ。

学年主任の見えないところで、染谷がちらりとヒットエンドランのような素早《すばや》い笑顔《えがお》を見せた。この状況《じょうきょう》をおもしろがっているのだろうが、良太にはとてもそんな余裕《よゆう》はなかった。

金曜日はｃカイセイだった。元也《もとや》とふたりで授業をしている塔屋《とうや》（ビルの屋上に造られた建物）は日ざしが強くさしこんで、真夏のような陽気だ。良太も元也もTシャツ一枚で授業を続けている。

良太が気になったのは、この数日間とは違《ちが》い④元也の元気がないことだった。ふたりだけの授業を始めてから、男の子の表情はずっと明るくなっていた。それが今日はまた沈《しず》んでいるのだ。

元也と一対一の授業は、とりあえず一週間と期限が決められていた。最後のかがやきの時間（個別指導による授業の時間）に良太はたずねた。

「どうした？　来週からまた教室にもどるのが、つらいのかな」

教室で授業を受けていると、息ができなくなるとこの男の子はいったのだ。元也はとがったあごを左右に振《ふ》った。

「いいえ。クラスのことじゃなくて、うちの親のことで……」

また黙《だま》りこんでしまう。なんとか話をつなげたくて、良太はいった。

「本多くんのおとうさんは、立派な仕事をしていて、清崎の街では有名なんだってね」

父親の話をしたら、⑤元也の表情はさらに暗くなった。返事は蚊《か》の鳴くような声である。

「……はい」

「じゃあ、本多くんもおとうさんに負けないようにがんばらないとな」

男の子は顔をあげた。にらむような目で、良太を見る。

「ぼくはうちの親と同じ仕事はしたくありません。一日中人が稼《かせ》いだお金の勘定《かんじょう》をするなんて嫌です。あの、先生」

どうやらさわってはいけないところに手をだしたようである。子どもたちはみな自分の家や親の職業に関しては敏感《びんかん》なのだ。

「なんだい」

「夕方にうちの親が学校にきます。ぼくはおかあさんに無理をいって、いっしょに学校にくるつもりです。途中《とちゅう》からでいいので、話をきかせてもらって、いいですか」

これ以上はない真剣《しんけん》な目で、良太を見あげてきた。学年主任の了《りょう》解《かい》は取っていなかったが、良太は返事をした。

「わかった。富田先生に話をしておく。でも、なぜ、本多くんはご両親と先生の話をききたいと思うのかな」

ますが、移り変わった後の「意味」に**当てはまらない**ものを次の中から一つ選び、記号で答えなさい。

ア　軍人や軍隊を充実《じゅうじつ》させることによって、他国からの侵略《しんりゃく》を防ぐこと。

イ　自らの文化を世界の中の標準だと考えて行動すること。

ウ　自分の所有する土地を今よりも広げるために戦うこと。

エ　自らの資源や財産が重要だと考え、それを手に入れようとすること。

問三　――③「今もなお、世界を支配しようとする個人はいるのかもしれません」とありますが、「今」ではなく、今後「世界を支配しようとする」ことについて、筆者はどのように考えていますか。最もふさわしいものを次の中から一つ選び、記号で答えなさい。

ア　世界を支配することに意味はあるはずだと考えている。

イ　人類の世話人になるしかなく、世界支配の意味はないと考えている。

ウ　世界を支配したという実感を楽しむ意味はあると考えている。

エ　大衆社会の行き着く果てには、世界支配の意味はないと考えている。

問四　――④「階級社会そのものが成り立たなくなった」とありますが、「階級社会」を成り立たなくさせたものは何ですか。本文中から十字以内で抜《ぬ》き出して答えなさい。

問五　――⑤「革命が終了《しゅうりょう》してしまった世界」とありますが、それはどのような世界ですか。最もふさわしいものを次の中から一つ選び、記号で答えなさい。

ア　今まで通りの支配者によって支配される世界。

イ　支配者が存在しなくなっている世界。

ウ　支配者から何とかのがれようとしている世界。

エ　これまでとは別の支配者が支配する世界。

問六　――⑥「大衆社会」とありますが、ここでは、どのような社会のことを言っていると考えられますか。最もふさわしいものを次の中から一つ選び、記号で答えなさい。

ア　自由経済とネット社会が破壊《はかい》されてしまって、支配者がいない社会。

イ　何にも支配されることなく、私たちの気分によってブームが作られていく社会。

ウ　すべて正しいわけではないが、無視されたり、叩《たた》かれたりすることのない社会。

エ　私たちの気分によって流れやブームができ、それによって支配されている社会。

問七　――⑦「これ」の指示内容として**当てはまらない**ものを、次の中から一つ選び、記号で答えなさい。

ア　ネットからの情報をそのまま信じないようにすること。

イ　個人の考える力をネットによって奪《うば》おうとすること。

ウ　自由経済を否定し破壊しようとすること。

エ　ネット情報や地位・年齢《ねんれい》が自分より上の人の発言を信じること。

二　次の文章をよく読んで、後の問いに答えなさい。（問題に字数制限のある場合は、すべて句読点、符号《ふごう》をふくむものとする。）

静かに話をきいていた山岸がいった。

「そうなると、①決戦は金曜日ということになりますね。うまく片がつくといいけれど、本多くんの場合、おうちの人との問題がおおきそうね」

ていく。情報の自由化というのは、支配を不可能にしていきます。また、情報の自由化で、かつて支配者が持っていた「尊敬される」「恐《おそ》れられる」「敬われる」「人一倍憎《にく》まれる」という特権も失いました。

　いまや日本の悪役というのは政治家ではなく、スキャンダルをおこしたタレントです。尊敬する人第一位は「天皇陛下」ではなく「知性派タレント」になってしまったわけです。

「すべてに値段がつく経済社会」「すべての情報が流れ出す情報社会」には支配者が必要とされず、単なる気分的な「流れ」「ブーム」「祭り」だけが支配します。今の世界はもう既《すで》に、自由経済とネット社会、情報社会によって、⑤革命が終了《しゅうりょう》してしまった世界です。

　ここでもう一回世界を支配するのはすごく難しい。どういうことかというと、自由経済とネット社会というシステムによって、私たちの「気分」がブームを作り、それが私たち自身を支配しているからです。

　この支配には、まず勝てない。なぜかというと、自由経済もネットも、ただ単にシステムですから、中心点がなくて支配者がいないから攻撃のしようがない。もちろん、このシステムを利用してズルしているヤツもいれば、得しているヤツもいれば、被害《ひがい》者もいます。が、誰も支配はしていません。ブームになったり、無視されたり、祭りの中心になって叩《たた》かれたりするだけです。

　こんな世界で「世界を支配しよう」と思えば、それはもう「経済と情報の自由化」を否定するしかありません。自由経済とネット社会を破壊《はかい》しろということになります。

　支配者がいない⑥大衆社会だからといって、現在の社会がすべて正しいわけではありません。

　自由経済というのは、どうしても貧富《ひんぷ》の差を生みます。

　ネット社会というのは、何が正しいかよくわからない。正しいことを考えるという習性をなくしてしまう。「考えるのではなくて、ググればいいや」「考えるのではなくて、ネットでみんなが何を言っているのか、だいたい見ればいいや」とつい思ってしまう。自由経済は貧富の差をどんどん大きくしていって、ネット社会は個人から考える力を奪《うば》ってしまいます。

　では、それに対して革命を挑《いど》み、世界征服を私たちが新たに考えるとすると、この二つを崩《くず》さなければいけないわけです。

　キツいですよ〜、実は⑦これは。

　自由経済を崩せということは、つまり、私たちは高くても敢《あ》えてこれを買う、みたいな考え方ですね。「第三国の人たちががんばって作っているのだから、この石鹸《せっけん》は本来五十円だけれども、二百円で買いましょう。百五十円はその国の経済に投資します」というような物の買い方です。

　ネット社会に戦いを挑むというのは、自分個人がパソコンを使わない、ネットを使わないとかではすまない問題です。ネットの常識や風評・祭りなどに手を貸さない、というだけではありません。「情報」という考え方そのものを否定すべきです。

　本やネットでの情報よりも、身近な「目上の人」つまり親や先生や上司の言うことを信じて行動する社会。「知識」や「知性」ではなく、「良識」や「教養」を重んずること。

　これこそが、現代の「世界征服」の論理です。

（岡田斗司夫著『「世界征服」は可能か？』一部改変）

問一　——①「今の世界では、かつてのイメージみたいな『世界征《せかいせい》服《ふく》』は無意味なことがわかりました」とありますが、筆者は、これからの「世界征服」についてどのようなイメージを持っていると考えられますか。本文全体の内容から考えて、四十五字以上六十字以内で答えなさい。

問二　——②「『世界を制する』の意味は移り変わりました」とあり

二〇二二年度 関東学院中学校

【国　語】〈一期B試験〉（五〇分）〈満点：一〇〇点〉

一　次の文章をよく読んで、後の問いに答えなさい。（問題に字数制限のある場合は、すべて句読点、符号《ふごう》をふくむものとする。）

①今の世界では、かつてのイメージみたいな「世界征服《せかいせいふく》」は無意味なことがわかりました。

その昔、「征服」とは領土を広げることでした。王や支配者は自分の領地を持ち、それを賭《か》けて他の支配者と戦いました。勝てば領地は広がり、それこそが「世界を制する」という意味だったのです。

時代は流れ、②「世界を制する」の意味は移り変わりました。

「富」を自国や自分たちに集中させること。（スペインや大英帝国《ていこく》）

軍事で優位に立ち、世界中のどの国からも攻撃《こうげき》されないこと。（旧ソ連や冷戦時代のアメリカ）

多元化する価値観社会で、自分たちの文化こそがスタンダードだとすること。（ローマ帝国や現在のアメリカ）

③今もなお、世界を支配しようとする個人はいるのかもしれません。

しかし、もし存在したとしても、彼《かれ》に待ち受けているのは「人類の世話人」だったり「私たちをより豊かに楽しくしてくれる人」という役割しかないのです。大企業《だいきぎょう》の社長業が、苦労や義務ばかり多い、なかば名誉職《めいよしょく》でしかないのと、驚《おどろ》くほど似ています。

もちろん人類を支配したという実感を味わいたいのなら、好きなだけ人を殺したり略奪《りゃくだつ》するのも自由です。

でも「支配」しているからには、すでにそれはあなたのものです。なぜ殺したり略奪したりする必要があるでしょうか？　お金持ちは、お金持ちになった実感を楽しむために、一億円積み上げて燃やしたりはしません。「実感を楽しむために無駄遣《むだづか》い」というのは、「持たざるもの」の発想なのです。

では、これから先も「世界支配」というのは無意味でしょうか？

大衆社会の行き着く果てに、すでに私たちの世界は「支配すること」に意味を失ってしまったのでしょうか？

いいえ、私はそうは考えていません。

階級社会というのは、教えないことで成り立っています。上流階級に下流のことを教えない、下流階級に上流階級のことを教えないことで成り立っていた。

でも、それがネット社会によって、どんどん情報が共有化されると、④階級社会そのものが成り立たなくなった。すごい秘密の、上流階級しか行かないはずの温泉があったとしても、それは一泊《ぱく》五十万円という値段がついて、ネットで予約が取れて、誰《だれ》でも行ける場所になってしまう。ただ単にお金の問題になる。そういう「経済主義とネット」が、私たちの社会から階級をなくしてしまったわけです。

たとえば、行政というのも支配の一つと考えます。新宿区の行政、東京都の行政、これも支配形態の一つです。

情報化が進めば進むほど、支配、つまり行政はすごくやりにくくなります。当たり前ですが、警察が情報を自由化して、今週ネズミ捕《と》り（警察による車の速度違反《いはん》の取り締《し》まり。違反した車を待ち受けるという方法を取る。）をする場所を発表したら、交通違反者はどんどんゼロに近づいてしまいます。そのネズミ捕りをやる場所でスピード違反をしなければいいだけだから。

「今週重点的に回る駐車《ちゅうしゃ》違反取り締まりのルートはここです」と、警察が情報を公開してしまえば、警察はどんどん取り締まれなくなっ

2022年度

関東学院中学校

▶解説と解答

算　数　＜一期Ｂ試験＞（50分）＜満点：100点＞

解　答

1 (1) 273　(2) $\frac{1}{3}$　(3) 270.6　(4) 40　**2** *A* 15　*B* 8　*C* 5

3 375g　**4** 4110円　**5** 毎分75m　**6** 17通り　**7** $\frac{19}{56}$倍　**8** (1)

① 37.68cm　② 84.78cm^2　③ 28.26cm^2　(2) 30.825cm^2

解　説

1 **四則計算，逆算，計算のくふう，割合**

(1) $17+3\times\{128-2\times(17+13\div3)\}=17+3\times\left\{128-2\times\left(\frac{51}{3}+\frac{13}{3}\right)\right\}=17+3\times\left(128-2\times\frac{64}{3}\right)=17+3\times\left(\frac{384}{3}-\frac{128}{3}\right)=17+3\times\frac{256}{3}=17+256=273$

(2) $\frac{1}{4}-\left(\frac{1}{3}+5.6\times\square\right)\div12=\frac{1}{15}$より，$\left(\frac{1}{3}+5.6\times\square\right)\div12=\frac{1}{4}-\frac{1}{15}=\frac{15}{60}-\frac{4}{60}=\frac{11}{60}$，$\frac{1}{3}+5.6\times\square=\frac{11}{60}\times12=\frac{11}{5}$，$5.6\times\square=\frac{11}{5}-\frac{1}{3}=\frac{33}{15}-\frac{5}{15}=\frac{28}{15}$　よって，$\square=\frac{28}{15}\div5.6=\frac{28}{15}\div\frac{56}{10}=\frac{28}{15}\times\frac{10}{56}=\frac{1}{3}$

(3) $A\times C+B\times C=(A+B)\times C$となることを利用すると，$1.3\times45.1+1.5\times90.2+4.51\times17=1.3\times45.1+1.5\times2\times45.1+1.7\times10\times4.51=1.3\times45.1+3\times45.1+1.7\times45.1=(1.3+3+1.7)\times45.1=6\times45.1=270.6$

(4) 350円の２割４分引きの金額は，$350\times(1-0.24)=266$（円）である。よって，$266\div190=1.4$，$1.4-1=0.4$より，266円は190円の40％増しの金額になる。

2 **数の性質**

$(A\times B\times C)\times(A\div B\div C)=A\times A$であり，$600\times0.375=225=15\times15$だから，$A=\underline{15}$となる。また，$B\times C=600\div15=40$となり，$(B,\ C)=(40,\ 1)$，$(20,\ 2)$，$(10,\ 4)$，$(8,\ 5)$の４通りが考えられるので，$B-C$の値が最も小さいとき，$B=\underline{8}$，$C=\underline{5}$とわかる。

3 **濃度《のうど》**

７％の食塩水の量を□g，15％の食塩水の量を△gとして図に表すと，右の図のようになる。図で，aとbの比は，$(12-7):(15-12)=5:3$だから，□と△の比は，$\frac{1}{5}:\frac{1}{3}=3:5$とわかる。この和が600gなので，15％の食塩水の量は，$600\times\frac{5}{3+5}=375$（g）と求められる。

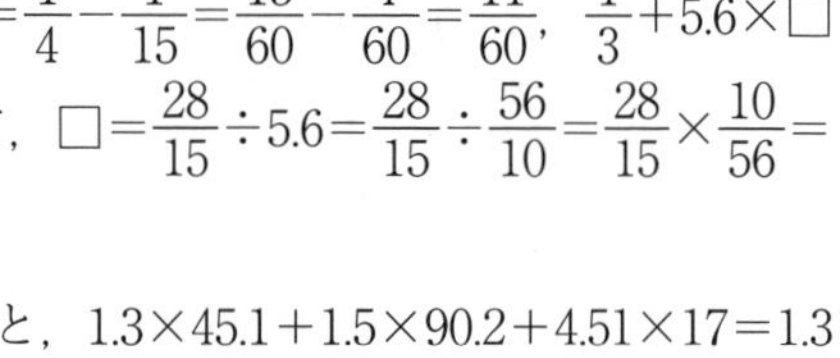

4 **差集め算**

品物Aと品物Bの個数を逆にして240円余ったから，品物Aは品物Bより，$240\div(250-170)=3$（個）多く買う予定だったとわかる。よって，品物Aは，$(19+3)\div2=11$（個），品物Bは，$19-11$

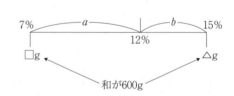

＝８(個)買う予定だったので，持っていた金額は，250×11＋170×８＝4110(円)と求められる。

5 流水算

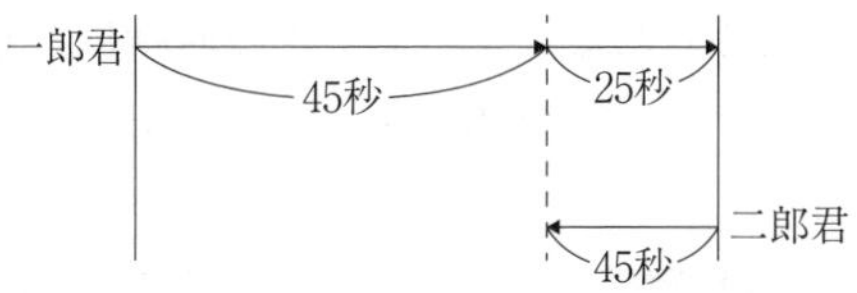

右の図で，一郎君が25秒で進んだ長さを二郎君は45秒で進んだので，一郎君の歩く速さと動く歩道の速さの和と，動く歩道の速さの比は，$\frac{1}{25}$：$\frac{1}{45}$＝９：５となる。よって，一郎君の歩く速さと動く歩道の速さの比は，(９－５)：５＝４：５となるから，動く歩道の速さは毎分，$60\times\frac{5}{4}$＝75(m)である。

6 場合の数

２枚の数字の積が1000になるのは，10×100，20×50，25×40の３通りある。同様に，2000は，20×100，25×80，40×50の３通り，3000は，30×100，40×75，50×60の３通り，4000は，40×100，50×80の２通り，5000は，50×100の１通り，6000は，60×100，75×80の２通り，7000，8000，9000はそれぞれ，70×100，80×100，90×100の１通りずつある。よって，２枚の数字の積が1000の倍数になるのは，３×３＋２×２＋１×４＝17(通り)ある。

7 平面図形—相似

問題文中の図で，三角形ABDと三角形BCDの面積は平行四辺形ABCDの面積の$\frac{1}{2}$である。また，三角形ADFと三角形EBFは相似だから，DF：FB＝AF：FE＝AD：BE＝４：３となり，三角形ADFと三角形ABFの面積の比は４：３，三角形ABFと三角形EBFの面積の比も４：３になる。そして，三角形ABFの面積は平行四辺形ABCDの面積の，$\frac{1}{2}\times\frac{3}{4+3}=\frac{3}{14}$(倍)なので，三角形EBFの面積は平行四辺形ABCDの面積の，$\frac{3}{14}\times\frac{3}{4}=\frac{9}{56}$(倍)とわかる。よって，四角形CDFEの面積は平行四辺形ABCDの面積の，$\frac{1}{2}-\frac{9}{56}=\frac{19}{56}$(倍)と求められる。

8 平面図形—長さ，面積

図１

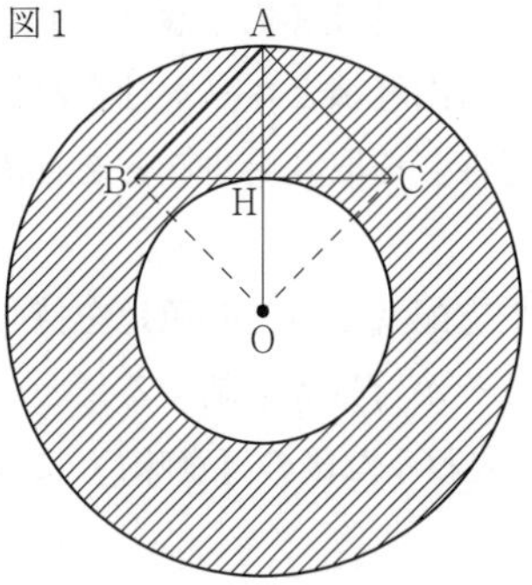

図２

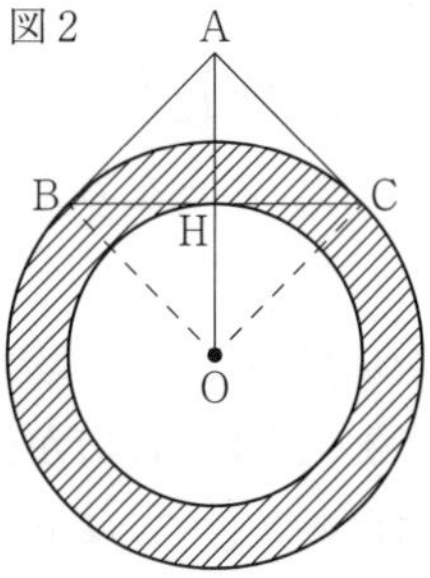

図３

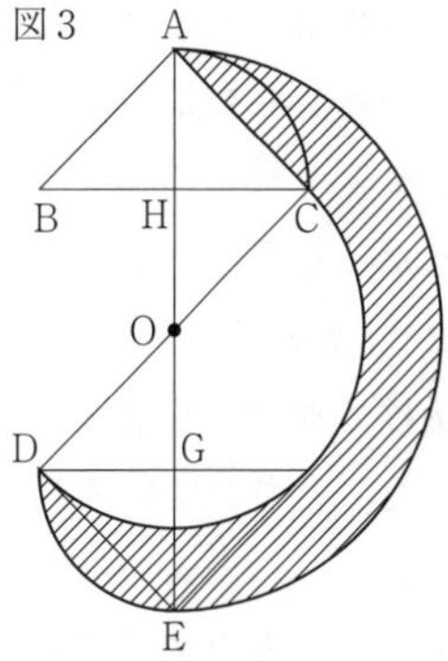

(1) ① 回転させてできる図形は，上の図１のようになる。図１で，四角形ABOCは面積が，９×２＝18(cm^2)の正方形とわかるから，６×６÷２＝18より，OAの長さは6cmと求められる。よって，点Aが動く長さは半径6cmの円周なので，６×２×3.14＝37.68(cm)である。　② 求める面積は図１の斜線《しゃせん》部分となり，半径6cmの円の面積から，半径，６÷２＝３(cm)の円の面積を引いたものになる。よって，この面積は，６×６×3.14－３×３×3.14＝27×3.14＝84.78(cm^2)となる。　③ HCが通過する部分は，上の図２の斜線部分になる。(OC)×(OC)＝18(cm^2)となるので，斜線部分の面積は，18×3.14－３×３×3.14＝９×3.14＝28.26(cm^2)と求められる。

⑵　180度回転させてできる図形は，上の図３のようになる。図３の斜線部分の面積は，半円OAEの面積とおうぎ形GDEの面積の和から，半円OCDの面積と三角形AHCの面積を引くと求められる。よって，この面積は，$6\times6\times3.14\times\frac{1}{2}+3\times3\times3.14\times\frac{1}{4}-18\times3.14\times\frac{1}{2}-3\times3\div2=(18+2.25-9)\times3.14-4.5=11.25\times3.14-4.5=35.325-4.5=30.825$ (cm^2)である。

国　語　＜一期Ｂ試験＞（50分）＜満点：100点＞

解　答

一　**問１**　（例）　自由経済とネット社会を崩すことによって，貧富の差を小さくし，正しいことを考えるという習性を取り戻すというイメージ。　**問２**　ウ　**問３**　ア　**問４**　経済主義とネット　**問５**　イ　**問６**　エ　**問７**　イ　二　**問１**　エ　**問２**　イ　**問３**　ウ　**問４**　先生が心配　**問５**　ア　**問６**　大切な５年３組を一週間も放りだしたのは，誰のせいだ　**問７**　下記を参照のこと。

●漢字の書き取り

三　**問７**　a　確(かに)　b　努(める)　c　快晴　d　脱走　e　港

解　説

一　**出典は岡田斗司夫《おかだとしお》の『「世界征服《せいふく》」は可能か？』による。**今の世界では，かつてのような「世界征服」は無意味になったが，世界を支配することには依然《いぜん》として意味があると述べ，現代の「世界征服」とはどのようなものかを説明した文章である。

問１　ぼう線⑥の前後に注目する。これからの「世界征服」とは，「『経済と情報の自由化』を否定する」ことであり，「自由経済とネット社会を破壊《はかい》」することだと述べられている。さらに「自由経済は貧富《ひんぷ》の差をどんどん大きくしていって，ネット社会は個人から考える力を奪《うば》って」しまうとしている。したがって，「世界征服」を新たに考えるとすると，自由経済とネット社会を崩《くず》すことによって，貧富の差を小さくし，「正しいことを考えるという習性」を取り戻《もど》すことを目標にするべきだと考えられる。

問２　「その昔，『征服』とは領土を広げること」であり，「王や支配者は自分の領地を持ち，それを賭《か》けて他の支配者」と戦って，「勝てば領地は広がり，それこそが『世界を制する』という意味だった」とされている。ウはこの内容を表しているので，「移り変わった後の『意味』」に当てはまらない。

問３　少しあとで「これから先も『世界支配』というのは無意味」なのだろうか，「私たちの世界は『支配すること』に意味を失ってしまった」のだろうか，と問いかけて，「いいえ，私はそうは考えて」いない，と答えている。つまり，「世界支配」には意味がある，と筆者は考えている。

問４　「階級社会というのは，教えないことで成り立って」いたが，「ネット社会によって，どんどん情報が共有化されると，階級社会そのものが成り立たなくなった」と述べられている。例として，階級が限定されていた温泉に，高額な値がつき，ネット予約ができて誰《だれ》でも行ける場所になると，「ただ単にお金の問題になる」ことがあげられている。このように，「経済主義とネット」が，我々の「社会から階級をなくしてしまった」ということができる。

問５　筆者は現代の社会を「『すべてに値段がつく経済社会』『すべての情報が流れ出す情報社会』」だとして，支配者が必要とされず，「単なる気分的な『流れ』『ブーム』『祭り』だけが」支配する世界だと述べている。ぼう線⑤は，支配者が不要になり，いなくなった世界を意味している。

問６　ぼう線⑤の次の段落に，「自由経済とネット社会というシステムによって，私たちの『気分』がブームを作り，それが私たち自身を支配している」と，現代の社会について述べられている。これを筆者は「大衆社会」と呼んでいる。

問７　「これ」とは，自由経済とネット社会に対して革命を挑《いど》み，世界征服のために，この二つを崩すことである。自由経済を崩すという点でウが合う。「ネット社会に戦いを挑む」ということは，「『情報』という考え方そのものを否定」することであり，「本やネットでの情報よりも，身近な『目上の人』つまり親や先生や上司の言うことを信じて行動する」ということなので，アとエも合う。「個人から考える力を奪って」しまうのは，戦って倒すべき「ネット社会」の特徴《とくちょう》であるため，イは当てはまらない。

二　**出典は石田衣良《いしだいら》の『５年３組リョウタ組』による。**良太《りょうた》は担任する生徒の元也《もとや》(本多《ほんだ》くん)が教室から脱走したことが原因で，ふたりきりで授業をしている。元也の父が学校に来ることになった当日，元也は先生のことが心配だと良太に伝える。

問１　はじめは，良太と学年主任，本多くんの父の三人で会うことになっていたが，後から，本多くんの希望で，本多くん自身と本多くんの母も，その場に立ち会うことになったことが読み取れる。

問２　「専守防衛《せんしゅぼうえい》」とは，相手から攻撃《こうげき》を受けたときに，初めて防衛力を行使するという姿勢。ここでは，学校が，自分から親を教えたり，意見したりすることはせずに，家庭から学校に注文をつけてきたときに限って，その注文に対応するということ。

問３　学年主任は，「週に数時間しかない空き時間」を，良太のクラスの授業に割《さ》いてくれていた。良太は，それだけでも申し訳ないと思っていたが，そのうえ，学年主任は，「むずかしい親とのトラブルまで抱《かか》えこむことになるかもしれない」ので，良太は，ますます申し訳ないと感じると同時に，ありがたいと思って，「よろしくお願いします」と言ったものと考えられる。

問４　元也からすると，父は強い人なので，この日，父と会うことになっている良太のことが心配だった。そのために，元也は，元気がなかったのである。

問５　元也は，父と同じ仕事をしたくないと思っており，父に関する話をするのも嫌《いや》だった。それなのに，良太が父の話題を出したので，元也は，気分が落ち込《こ》んで，表情が暗くなったと考えられる。

問６　良太は，元也に不可解なことを言われ，「大切な５年３組を一週間も放りだしたのは，誰《だれ》のせいだ」と言いたくなったが，「教師は思ったことをそのまま口にできる職業ではない」とこらえている。

問７　**a**　音読みは「カク」で，「確実」などの熟語がある。　**b**　音読みは「ド」で，「努力」などの熟語がある。　**c**　空が，気持ちよく晴れ渡ること。　**d**　抜《ぬ》け出して，逃げること。　**e**　音読みは「コウ」で，「出港」などの熟語がある。

2022年度　関東学院中学校

〔電　話〕　(045) 231－1001
〔所在地〕　〒232－0002　神奈川県横浜市南区三春台4
〔交　通〕　京浜急行 ―「黄金町駅」より徒歩5分
市営地下鉄 ―「阪東橋駅」より徒歩8分

【算　数】〈一期C試験〉(50分)〈満点：100点〉

1　次の□にあてはまる数を求めなさい。

(1)　$\left(4+3\times1\frac{2}{3}\right)\times\frac{1}{2}-2\frac{3}{4}\times0.8=\square$

(2)　$\left\{5-\left(\frac{2}{3}+\square\right)\div1\frac{1}{3}\right\}\times\frac{1}{2}=1\frac{1}{4}$

(3)　$13\times1.9+13\times2.1+17\times6.3-17\times1.3=\square$

(4)　記号＊は$a*b=(a+b)\times2-a\div b$という計算をするものとします。
例えば，$6*3=(6+3)\times2-6\div3=16$　です。
このとき$17*(3*2)=\square$です。

2　M町にあるパン屋さんの食パンはあんぱんより70円高く，カレーパンはあんぱんより50円高いです。あんぱん，食パン，カレーパンの値段の平均が180円のとき，あんぱんは何円ですか。

3　Y駅にある本屋には，国語の参考書が3種類，算数の参考書が4種類，理科の参考書が2種類，社会の参考書が5種類あります。この本屋で参考書を買うとき，国語と理科を1種類ずつ，算数と社会を2種類ずつにすると，買い方は全部で何通りありますか。

4　ご石を，下の図のように並べます。

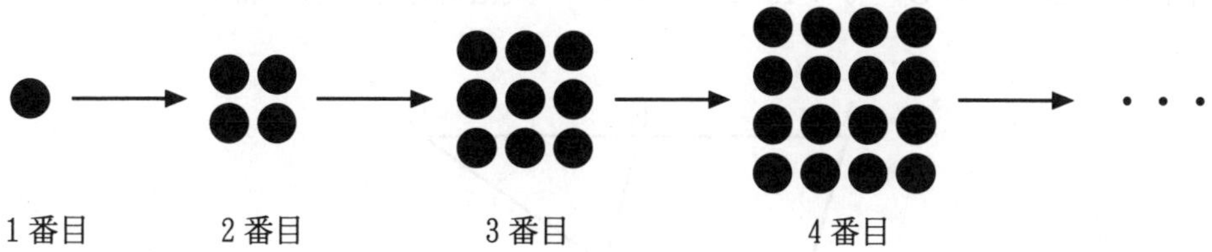

3番目と4番目のご石をすべて使って正方形を作ると，5番目の正方形になります。また，3番目と4番目と□番目のご石をすべて使って正方形を作ると13番目の正方形を作ることができます。□にあてはまる数を求めなさい。

5　1から50までの整数のうち3の倍数と3のつく整数は全部で何個ありますか。

6　こうじさんはK学院からタクシーで10000円ぎりぎりの値段になるところまで移動します。このタクシーは，最初の1.2 kmまでが520円で，そのあとは300 m進むごとに100円が加算されます。また，信号待ちは1分30秒停車するごとに100円加算されます。こうじさんがK学院を出発してから金額が10000円になるまでに信号待ちの合計が10分あったとすると，進んだ距離は何kmですか。

7 下の図において，点Ｅは辺ＡＤの中点であり，ＡＤとＢＣ，ＡＦとＥＣはそれぞれ平行で，ＢＧ：ＧＤ＝９：10です。ＢＣ＝７cmのとき，ＢＦは何cmですか。

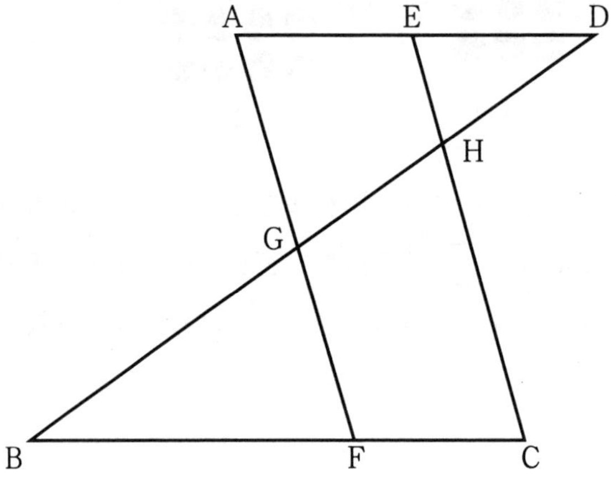

8 図のような，横に目もりの付いている直方体の水そうがあります。水そうには，側面と平行にしきり板を入れることができます。排水管Ａは毎分２ℓ，排水管Ｂは毎分６ℓの割合で排水します。次のページの各問いに答えなさい。ただし，しきり板の厚さは考えないものとします。

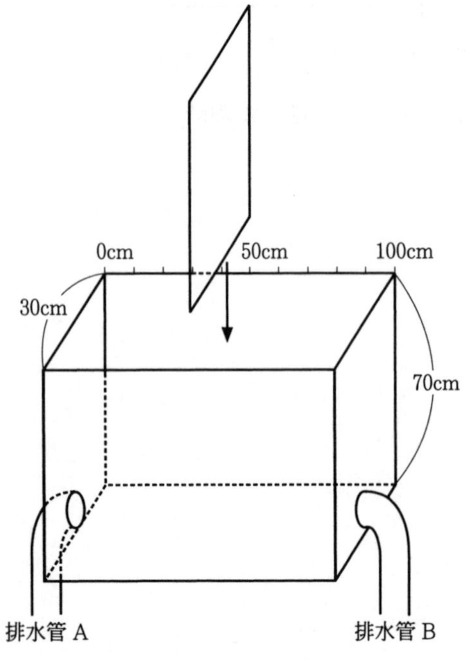

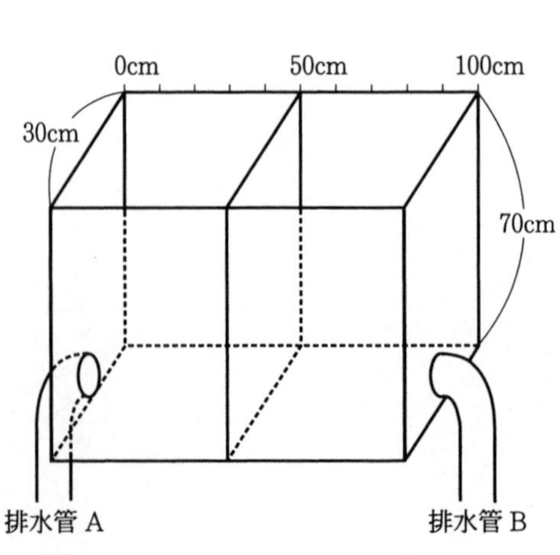

(1) 水そうに水をいっぱいにしてから，しきり板を50 cmの目もりのところに入れます。排水管Aと排水管Bを同時に開けてから6分後に排水をやめ，しきり板を外しました。このとき，水面の高さは何cmになりましたか。

(2) 水そうに水をいっぱいにしてから，しきり板を入れました。排水管Aと排水管Bを同時に開け，水を抜き始めたら同時に水がなくなりました。

① しきり板を入れたのは何cmの目もりのところですか。

② 水を抜き始めてから水がなくなるまでに何分何秒かかりましたか。

(3) 水そうに水をいっぱいにしてから，しきり板を60 cmの目もりのところに入れました。排水管Aから27分間水を抜き，排水管Aを閉じます。次に，排水管Bから水を抜き始め，水面の高さが同じになったところでしきり板を外します。それと同時に排水管Aからも水を抜き始めました。水がなくなるまでに全部で何分かかりますか。

【社　会】〈一期C試験〉（30分）〈満点：60点〉

1　次の文章を読んで、あとの問いに答えなさい。

SDGsの目標の４に掲げられた「質の高い教育をみんなに」。全ての子どもを小学校に通わせるという理念を日本の政府が初めて公にしたのは、今からちょうど150年前でした。

日本の公的な学校の歴史は、①天智天皇の時代にさかのぼるようですが、詳しい資料は残っていません。

②律令制の時代には、都に１つの「大学」、今の県に当たる国々に１つずつ「国学」が置かれました。どちらも役人を養成するのが目的なので、「大学」に通えるのは貴族の子ども、「国学」に通えるのは郡司の子どもが原則でした。学んでいたのは政治哲学である儒教《じゅきょう》や漢詩、歴史の他、数学や法律などで、給食が出た時期もあるようです。

平安時代になると中国の歴史や漢詩などの知識が重視され、「大学」でこれを教える文章博士の地位が高くなり、学者出身の有力な政治家が何人も生まれました。［　③　］はその代表です。現在でも天神様と呼ばれ学問の神様として各地でまつられています。

また有力な貴族らは、大学別曹《べっそう》という、いわば私立の大学を作り、自分の一族の子どもたちを教育しました。なかでも④藤原氏が建てた勧学院《かんがくいん》が有名です。この時代の学校といえば権力者のために作られるのが普通でした。⑤空海は庶民も学べる綜芸種智院《しゅげいしゅちいん》という学校を作りましたが例外的な存在です。

鎌倉時代には⑥北条氏によって金沢文庫が作られましたが、学校としての役割もあります。室町時代、今の栃木県にあった足利学校はフランシスコ＝ザビエルが「坂東の大学」と称したほど、高い教育レベルを誇っていたようです。この時代には⑦浄土宗の寺院などが、庶民《しょみん》に「よみかき」を教えるようになっていきました。これが江戸時代にかけて普及していく［　⑧　］のルーツです。江戸時代の日本の識字率は世界的に極めて高いものでしたが、それはこの［　⑧　］によるものです。

江戸時代には幕府や藩も様々な学校を作りました。儒教を教える学校が主でしたが、西洋の学問を研究する学校も次第に作られてきます。江戸時代に西洋の自然科学を学ぶにあたって、最初は中国で使われていた中国語（漢文）に訳された西洋の書物を輸入して研究していましたが、⑨次第に西洋の書籍《しょせき》から直接学ぶようになっていきました。幕府の公的な翻訳《ほんやく》所も開設されます。西洋の学問を学ぶ民間の学校も作られました。大阪に作られた緒方洪庵の適塾では、⑩福沢諭吉などが学びました。

明治維新を迎え新政府は早々に全ての子どもを小学校に通わせるという方針を打ち出します。これが1872年、いまから150年前です。しかし、この時の⑪就学率はかなり低く留まりました。1890年には「教育勅語」によって、学校教育の基本は忠君愛国であるという方針が示されました。教育や学校を考える時に「誰のため？」という視点が重要ですが、このころは、第一に「国家のため」の教育・学校だったようです。「教育勅語」の写しは全国の学校に配られました。校長先生がこれを読み上げ、先生方や子どもたちは頭を深く垂れてこれを拝聴《はいちょう》するという式典が全国の学校で行われました。明治の終わり頃には、小学校の就学率が約98％となりました。これには［　⑫　］の影響も大きかったと考えられます。

昭和に入り、満州事変が起こる頃、教育内容は次第に軍国主義的な傾向が強くなりました。戦時体制に積極的に協力する人物の育成が重視されたのです。また、太平洋戦争下では⑬学童疎開も行われました。

敗戦後の1947年には教育基本法が制定され、日本国憲法の精神にのっとった新しい教育の基本方針が示されました。日本国憲法の第26条には「すべて国民は、法律の定めるところにより、その能力に応じて、ひとしく教育をうける［　⑭　］を有する。」と記されています。「子ども自身のための教育」という考えが重視されました。

1947年には学校教育法も制定され、現在の小学校・中学校・高校・大学といった学校の体系が出来たのもこの時です。高校の進学率は⑮1970年代には90％に達しました。大学進学率は2000年代に50％に達しましたが、現在も60％には達してはいません（2020年度／文部科学省学校基本調査）。世界の中で日本はSDGsの教育に関する目標の達成度は高く評価されています。それでも日本で希望する者が必ずしも十分に教育を受けられていないという現状があります。

問１　下線①の人物が推進した大化の改新について、誤っているものはどれですか。１つ選び、記号で答えなさい。

ア．朝廷で権力を握《にぎ》っていた蘇我氏を倒した。
イ．協力した豪族らに多くの土地と人民を渡した。
ウ．天皇中心の中央集権的な国家を目指した。
エ．土地や人民を直接に支配する体制を目指した。
オ．改革は７世紀の半ばに行われた。

問２　下線②について、次のア～オのうち、律令の制定と最も近い時期に作られたのはどれですか。１つ選び、記号で答えなさい。

ア．枕草子　　イ．日本書紀　　ウ．徒然草
エ．古今和歌集　　オ．平家物語

問3　空欄《くうらん》［　③　］に当てはまる人物の氏名を漢字で記しなさい。

問4　下線④の一族について記した次の文章の中で、誤っているものはどれですか。1つ選び、記号で答えなさい。

ア．この一族の始祖は大化の改新で活躍した。
イ．この一族出身の女性が天皇に嫁《とつ》ぐことが多かった。
ウ．この一族から摂政や関白が出て摂関政治が行われた。
エ．この一族の藤原道長は「望月の歌」を詠《よ》んだ。
オ．この一族の藤原頼通は次第に平清盛に権力を奪われていった。

問5　下線⑤の人物について記した次の文章の中で、正しいものはどれですか。1つ選び、記号で答えなさい。

ア．民衆に仏教を伝え、大仏の造立の中心となった。
イ．女性の天皇に重く用いられ政権を掌握《しょうあく》した。
ウ．隋におもむき大化の改新で重要な役職についた。
エ．真言宗をもたらし、高野山に金剛峯寺を建てた。
オ．市中で民衆に阿弥陀仏の救いを説いて回った。

問6　下線⑥の一族について記した次の文章の中で、正しいものはどれですか。1つ選び、記号で答えなさい。

ア．北条政子は、源頼朝の妻となり2代将軍の母となった。
イ．北条泰時は、幕府の基本法である武家諸法度を制定した。
ウ．北条時政は、承久の変で後鳥羽上皇を破った。
エ．北条義時は、足利尊氏や新田義貞と戦って敗れた。
オ．北条時宗は、文禄の役・慶長の役で元を撃退した。

問7　下線⑦の宗派をおこした人物は誰ですか。次から1人選び、記号で答えなさい。

ア．法然　　イ．行基　　ウ．親鸞　　エ．栄西　　オ．最澄問8　空欄［　⑧　］に適語を漢字で記しなさい。

問9　下線⑨について、この頃は主に西洋の何語で記された書物を研究しましたか。次から1つ選び、記号で答えなさい。

ア．ドイツ語　　イ．ポルトガル語　　ウ．スペイン語
エ．オランダ語　　オ．英語

問10　下線⑩の人物に代わって、同額の紙幣《しへい》の肖像画となる予定の人物は誰ですか。氏名をカタカナで記しなさい。

問11　下線⑪について、下のグラフは小学校の就学率の変化を示しています。このグラフを参考に、適当でないものを次から1つ選び、記号で答えなさい。

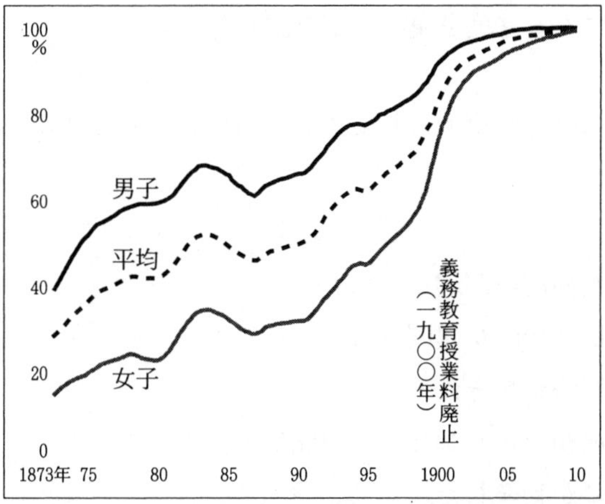

義務教育における就学率の向上（『学制百年史』より）
（教科書『詳説日本史Ｂ（山川出版社）』）

ア．今から150年前は男子も女子も就学率が50％に達していなかった。
イ．1890年には、男子の就学率は女子の就学率よりも高かった。
ウ．男子と女子の就学率の差は次第に大きくなっていった。
エ．1900年には男女とも就学率が60％を超えている。
オ．1885年前後は、就学率が前年より低くなっている。

問12　次のうち、空欄 ⑫ に入れるのに最も適当な語句を１つ選び、記号で答えなさい。

ア．普通選挙法の成立
イ．第一次世界大戦の勝利
ウ．義務教育の無償《むしょう》化
エ．義務教育期間の延長
オ．日露戦争で得た賠償《ばいしょう》金

問13　下線⑬について、指定された語句を必ず使い、解答用紙の形に合わせて説明しなさい。

【指定語句】　都市　　空しゅう

問14　空欄 ⑭ に入る言葉を漢字２字で記しなさい。

問15　下線⑮の時期に起きた事柄として正しいものはどれですか。下から１つ選び、記号で答えなさい。

ア．第一次石油危機が起こった。
イ．中華人民共和国が建国された。
ウ．バブル経済が起きた。
エ．東京で最初のオリンピックが開催《かいさい》された。
オ．朝鮮戦争が勃発《ぼっぱつ》した。

2　**日本の河川について、次の文を読み、あとの問いに答えなさい。**

A　日本最大の湖である〔　1　〕が水源となるこの川は、途中で瀬田川・宇治川と名前を変えながら、大阪湾に注ぎます。下流の平野には、日本で２番目に人口の多い都市が位置しています。

B　日本最長の河川であるこの川は、〔　2　〕山脈や関東山地から流れる河川が合流して、日本海に注ぎます。下流の平野は全国有数の米の産地として知られています。

C　〔　3　〕山脈に沿って北から南に流れるこの川は、北上盆地を抜け、太平洋に注ぎます。下流の平野は広大な稲作地域となっています。

問１　文中の空欄《くうらん》にあてはまる地名をそれぞれ漢字で答えなさい。

問２　次の図１は、河川Ａ～Ｃの流域に位置する大阪、仙台、新潟の気温と降水量を示したものです。図１中の**x**～**z**と都市名との正しい組合せを次から１つ選び、記号で答えなさい。

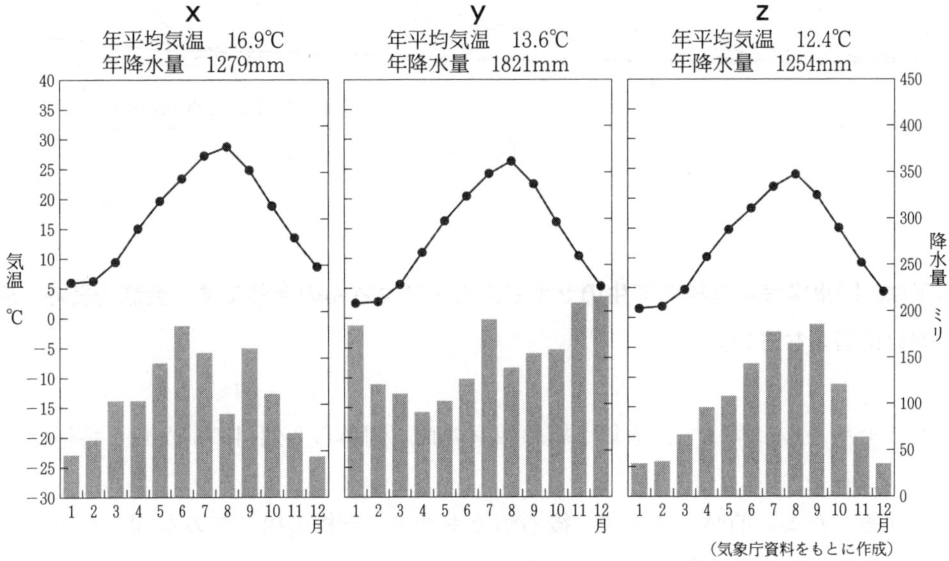

図　１

	x	y	z
ア	大　阪	仙　台	新　潟
イ	大　阪	新　潟	仙　台
ウ	仙　台	大　阪	新　潟
エ	仙　台	新　潟	大　阪
オ	新　潟	大　阪	仙　台
カ	新　潟	仙　台	大　阪

問3　次の図2は、大陸にある川と日本の川を比べたものです。この図から読みとれる日本の川の特色を、解答用紙の書式に合うように答えなさい。

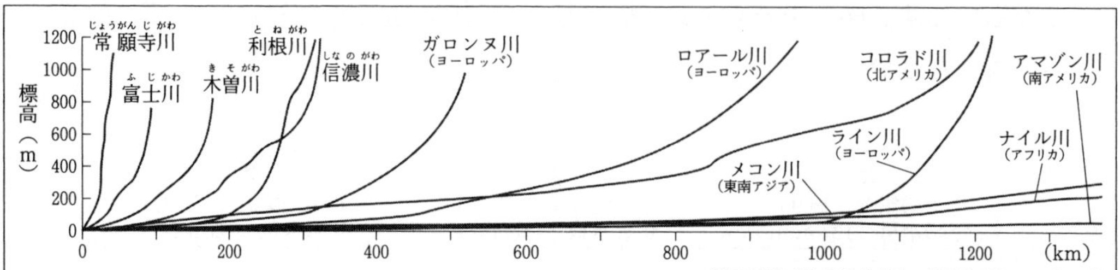

(帝国書院『社会科 中学生の地理』136ページより)

図　2

3　**以下は、関東学院中学校3年生のセキさんとアズマさんの会話です。会話を読み、あとの問いに答えなさい。**

アズマ「セキさんの席って、3年1組の教室の廊下《ろうか》側から3列目の前から2番目でいいよね？」

セ　キ「そうだよ。前がスズキで、後ろがセキグチ。学校の机ってみな同じだから目印がなくて困るよね」

アズマ「だから『位置情報』って重要よ。現代は、この位置情報を正確に計測し、活用することでどんどん変化してるのだから。『1組の廊下側から3列目前から2番目』という位置情報に、『関東学院中学校3年1組出席番号14番セキマナブさんの席』という情報が結びつけられることで様々な意味がでてくるの」

セ　キ「でも位置情報って住所とかでしょ？そんなの昔からあるじゃん」

アズマ「学校の住所、知ってる？」

セ　キ「神奈川県横浜市南区三春台4だよ」

アズマ「他にもその(1)地点を表す方法はいくつもあるのよ。たとえば『おませ。かみきれ。つくえ』」

セ　キ「……なにそれ??」

アズマ「セキさんの机の位置情報。これは(2)『what3words』といって、世界中を57兆個の3m×3m正方形に分割し、それぞれを3つの単語で位置を表すアプリよ。ちなみに3組の私の机のあるエリアは『しおから。よにん。あまえび』。他には35度26分19秒、139度37分24秒」

セ　キ「あ、それはわかる。(3)緯度経度だ。でもさ、位置情報があるのは、建物とか動かないものだけじゃなくて、動いているものにもだよね」

アズマ「さすが、セキさん、するどい！今、私たちがここにいるのも位置情報だわ。そして、それを計測して表してくれるのが、スマホなどの端末ね」

セ　キ「GPSってやつだね。どういう仕組みなのだろう？」

アズマ「(4) もともとはアメリカの軍事技術だったらしいわ。地球の上空を20機以上のGPS衛星が旋回《せんかい》していて常に現在位置と現在時刻を発信しているの」

セ　キ「カーナビゲーションやモンスターを集めるあのゲームもこの仕組みを応用してるよね」

アズマ「それだけじゃないわ。フードデリバリーサービスのお店と配達パートナーのマッチングや料金の計算にも位置情報は欠かせないわ」

セ　キ「自動車の自動運転やドローンの制御など様々な分野に使われているね。位置情報が欠かせない世の中になっているんだね。ところで、なんで僕の座席の位置情報の話になったのだっけ？」

アズマ「再来週の月曜日に、必要になる位置情報なの！」

問1　下線（1）について、日本では7ケタの数字で全国の地点を表す方法が広く使われています。この7ケタの数字を何と言いますか。漢字4字で答えなさい。

問2　下線（2）を使って世界中どこでも3m×3mのエリアを示せるとしたら、あなたはどのようなことに活用しますか。

問3　①　下線（3）のうち緯度の図として最も適当なものを下のA～Dのうちから1つ選び、記号で答えなさい。また、下線（3）について述べた文として正しいものを次から1つ選び、記号で答えなさい。

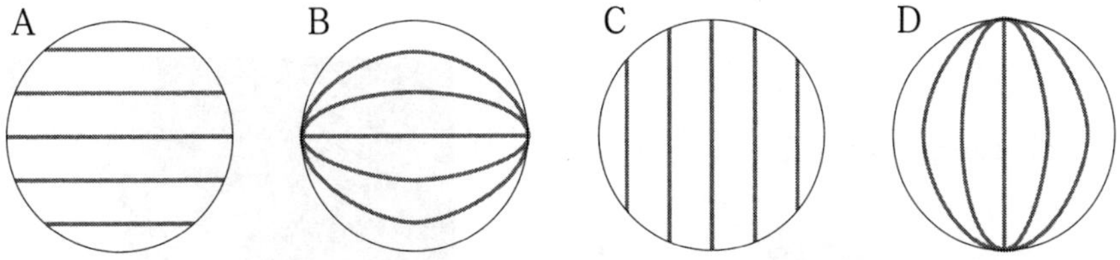

※図の上下方向を北極・南極とします。

ア．緯線の長さはすべて等しい。

イ．緯線の中で一番長いものは、赤道である。

ウ．緯線の中で一番長いものは、本初子午線である。

エ．経線の中で一番長いものは、赤道である。

オ．経線の中で一番長いものは、本初子午線である。

② 下線（3）について、日本で一番はやく初日の出が見られる時刻は、1月1日午前5時27分ごろです。この地点は、関東学院から経度約15度はなれた経線上にあります。この地点の名称と経度の組合せとして正しいものを次から1つ選び、記号で答えなさい。

Ⅰ　与那国島　　Ⅱ　沖ノ鳥島　　Ⅲ　南鳥島

A　153度59分12秒　　B　123度59分12秒

	地　点	経　度
ア	Ⅰ	A
イ	Ⅰ	B
ウ	Ⅱ	A
エ	Ⅱ	B
オ	Ⅲ	A
カ	Ⅲ	B

問4　下線（4）のような衛星は、アメリカの他にもロシアの「グロナス」や中国の「北斗」、日本の「みちびき」などがあります。以下の図は「みちびき」の衛星軌道《きどう》を示したものです。「みちびき」は日本上空の高い位置になるべく長時間留まるため、準天頂衛星とよばれます。このような特殊な軌道をとっているのは、とくに都市部などで○○に遮《さえぎ》られることなく信号を受信できるようにするためです。○○に入る語を答えなさい。

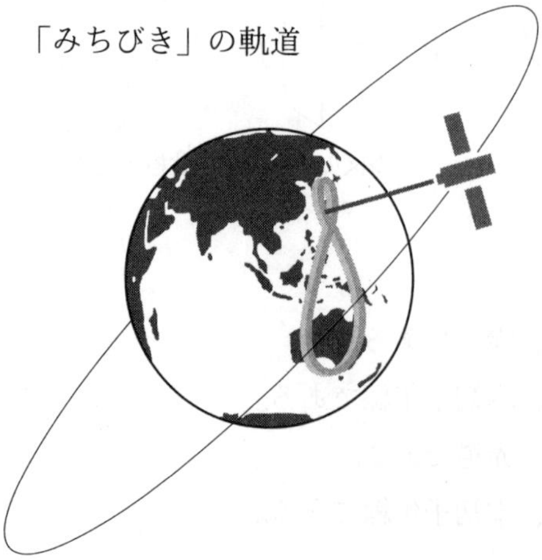

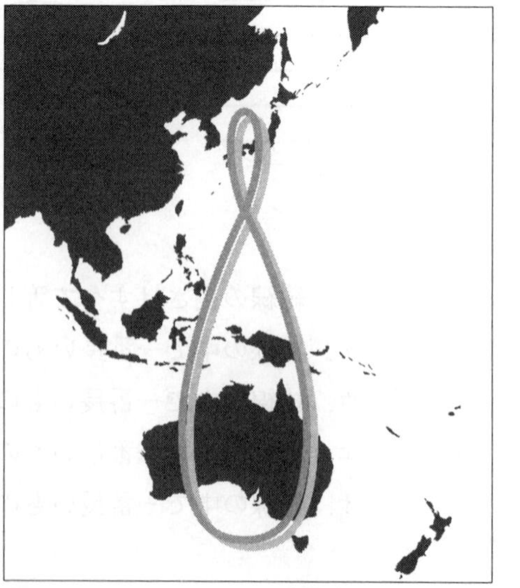

（内閣府ホームページより）

4 次の文を読み、あとの問いに答えなさい。

昨年は、日本の女性が参政権を獲得し、初めて選挙で投票してから75年になる年でした。1946年４月10日に行われた①衆議院議員総選挙では、約1,380万人の女性が初めて投票し、39名の②女性国会議員が誕生しました。参政権は、1889年に一定以上の○○をした男性に限って認められ、1925年に○○額による制限が撤廃《てっぱい》されて男性については□□選挙が実現しました。そして、1945年には、満20才以上の男女すべての日本国民が選挙権を持つようになりました。2015年には、公職選挙法を改正する法律が成立し、選挙年齢《ねんれい》が③「満18歳以上」に引き下げられました。

問１　○○に当てはまる言葉を漢字２字で答えなさい。

問２　□□に当てはまる言葉を漢字２字で答えなさい。

問３　下線①について、衆議院について説明した文として誤っているものを次から１つ選び、記号で答えなさい。

ア．衆議院の任期は４年である。
イ．衆議院には解散がある。
ウ．衆議院は３年ごとに半数が改選される。
エ．衆議院の被選挙権の年齢制限は満25歳以上である。

問４　下線②について、現在の衆議院議員に占める女性議員の割合はおよそどれくらいですか。次から最も適当なものを１つ選び、記号で答えなさい。

ア．10％　　イ．20％　　ウ．30％　　エ．40％

問5　下線③について、次のグラフは2017年に行われた第48回衆議院議員総選挙における10歳代・20歳代・30歳代・40歳代の投票率を表したものです。10歳代の投票率として正しいものを次のグラフから１つ選び、記号で答えなさい。

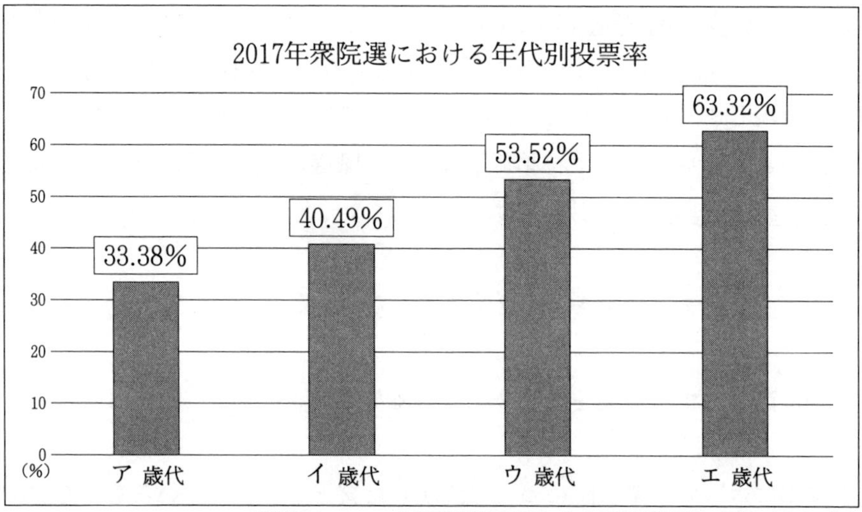

※総務省ホームページ「衆議院議員総選挙における年代別投票率の推移」をもとに作成

【理　科】〈一期C試験〉(30分)〈満点：60点〉

1　次の文章を読み、以下の問いに答えなさい。

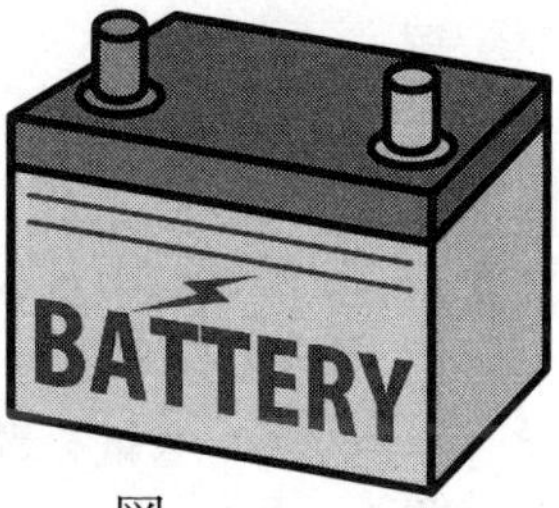

図

電池とは化学反応を起こすことで電気エネルギーを取り出す装置のことです。その用途に応じて、電池にはa<u>さまざまな種類の金属</u>やb<u>水溶液</u>が用いられます。電池において、電気エネルギーを取り出す操作を放電、逆に外からエネルギーを加え、エネルギーを蓄《たくわ》える操作を（　あ　）といいます。この（　あ　）ができる電池を蓄《ちく》電池（二次電池）といいます。

蓄電池の一つに右図に示す鉛《なまり》蓄《ちく》電池というものがあります。鉛蓄電池は自動車やバイクなどのバッテリーとして使用されています。プラス極には酸《さん》化《か》鉛《なまり》という物質を、マイナス極には鉛《なまり》という物質を用い、それをうすい硫《りゅう》酸《さん》（酸性の水溶液）につけて導線でつなぐことで電気エネルギーが発生します。放電すると、プラス極、マイナス極のそれぞれの物質に水溶液中の物質が結合し、一定の割合で重さが増加していきます。また放電中の水溶液では、硫酸は徐々に消費されますが、化学反応の結果、新たに水ができます。

電流の大きさを一定にし、濃度38％の硫酸水溶液1.0 kgを使用した鉛蓄電池をしばらく放電させると、次のような結果が得られました。

表

放電時間〔時間〕	1	2	3	4
プラス極の増加量〔g〕	A	12.8	19.2	25.6
マイナス極の増加量〔g〕	9.6	19.2	28.8	38.4
消費された硫酸〔g〕	19.6	39.2	B	78.4
つくられた水〔g〕	3.6	7.2	10.8	14.4

(1) 下線部aに関して、塩酸にも水酸化ナトリウム水溶液にも溶けて水素が発生する金属はどれですか。ア～エの中から1つ選び、記号で答えなさい。

ア 銅　　イ 鉄　　ウ アルミニウム　　エ 金

(2) 下線部bに関連して、アルカリ性の水溶液の性質として誤っているものはどれですか。ア～エの中から1つ選び、記号で答えなさい。

ア 赤色リトマス紙を青色に変える。
イ 苦みがある。
ウ フェノールフタレイン液が赤色に変わる。
エ BTB溶液が黄色に変わる。

(3) 文中の空らん（ あ ）にあてはまる語句を答えなさい。

(4) 表中の空らん、AとBにあてはまる数値を答えなさい。

(5) マイナス極の重さが50.4g増加したとき、この鉛蓄電池は何時間何分放電したことになりますか。

(6) この電池を4時間放電したときの、硫酸水溶液の濃度〔%〕を小数第一位を四捨五入し、整数で答えなさい。

2 電流による磁力について、次の問いに答えなさい。

(1) 次の文章中の空らんに入る適切な語句を、下の語群から選び答えなさい。ただし、語群の用語は一度しか使いません。

地球には磁力がはたらいているため、方位磁針の針のN極側は常に(　あ　)を向く。図1のように、電流が流れている導線の上に方位磁針を置くと、針は(　い　)側にふれる。このことから、電流は、そのまわりに磁力をはたらかせていることが分かる。直線状の導線に流れている電流は、(　う　)状の磁力線をつくるため、図2のように方位磁針を導線の下に置きなおすと、針は(　え　)側にふれる。

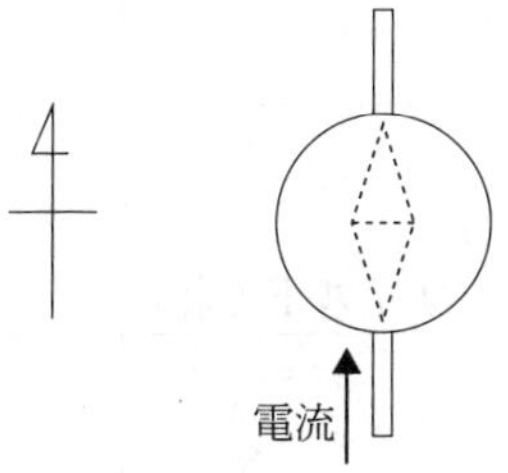

図1

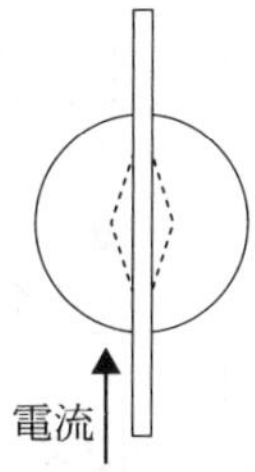

図2

語群　円形　正方形　正三角形　東　西　南　北

(2) 図3のような電気回路中のア～エの位置に方位磁針を置くとき、方位磁針の針のふれの大きい順に、「＞」を用いてア～エを並べかえなさい。ふれの大きさが同じ場合は、「＝」を用いなさい。

解答例）
ア ＝ イ ＞ ウ ＝ エ

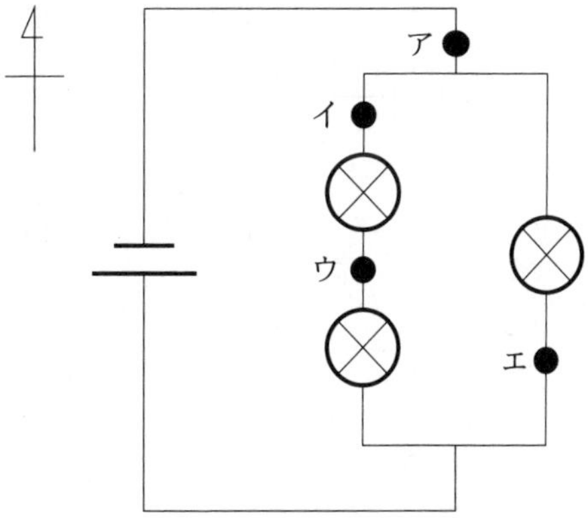

図3

（3） 2種類のコイルA、Bに同じ電源をつないだときに発生する、直線状の磁力線による磁力の大きさを比較できる実験器具を作ります。使用する部品は、方位磁針1個、コイルA、Bそれぞれ1個ずつとします。次のア～キの部品の中から必要なものだけを選び、解答らんの①～⑨の位置に記号を書き入れなさい。コイル部品イ～キ中の矢印は、電流が流れている向きを表しています。①～⑨の位置には、部品が入らないところもあります。

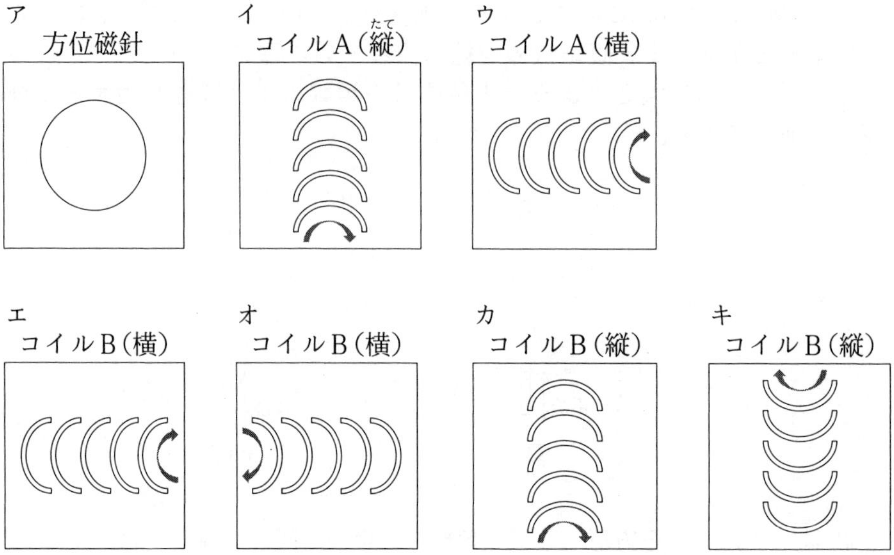

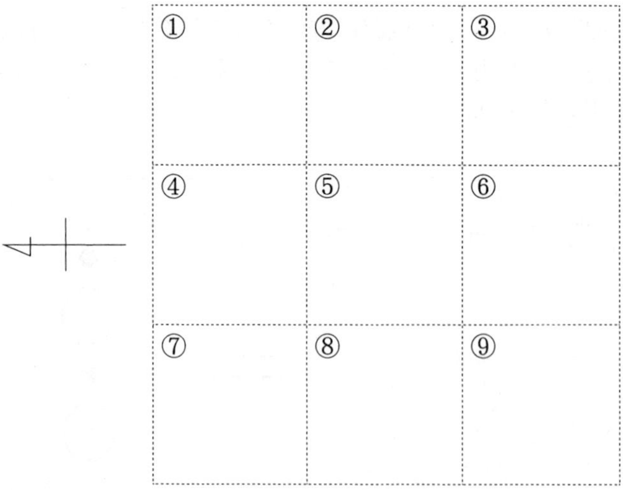

図4

（4）（3）で作った配置では、コイルAによる磁力の方が大きかった場合、方位磁針の針はもともとの針の向きに対して、東・西・南・北のどの向きにふれますか。北の向きに注意して答えなさい。

3 ホタルについて、次の文章を読み以下の問いに答えなさい。

ホタルは、きれいな河川にみられる甲虫のなかまです。ゲンジボタルやヘイケボタルが有名ですが、それ以外にも日本には約40種が生息しており、世界には約2000種が生息していることが知られています。ゲンジボタルとヘイケボタルは身体の大きさのほか、発光のパターンが異なります。ゲンジボタルはゆっくりと、ヘイケボタルは素早く点滅します。ホタルは「交尾のために発光している」と考えられていますが、それ以外の目的が考えられる場合も発見されており、ホタルの発光については様々な研究が行われています。

(1) ホタルの眼は、個眼と呼ばれる眼がたくさん集まって形成されています。このような眼のつくりを漢字二文字で答えなさい。

(2) ホタルは完全変態をしますが、同様に完全変態をする昆虫をア～エの中から1つ選び、記号で答えなさい。

ア オニヤンマ　　イ キリギリス
ウ アブラゼミ　　エ アゲハチョウ

(3) ホタルと同じ甲虫のなかまとしてふさわしくないものをア～エの中から1つ選び、記号で答えなさい。

ア カブトムシ　　イ カメムシ
ウ カミキリムシ　エ テントウムシ

(4) ホタルの生態について正しく述べたものをア～エの中から1つ選び、記号で答えなさい。

ア ホタルは、幼虫の間はタニシやカワニナなどの貝類を食べ、成虫になるとアリやハエなど小型の昆虫を食べるようになる。
イ ホタルの成体はどの種でも発光するが、幼虫はどの種も発光しない。
ウ ゲンジボタルの場合、飛び回って発光しているのはたいていオスで、メスは草や木の葉の上でじっとしながら発光することが多い。
エ ゲンジボタルの場合、6、7月頃に卵から幼虫となり、その後さなぎを経て9、10月頃に成虫となり発光するようすが観察される。

ある地域には4種のホタルが生息しています。これらを種A～Dとします。種A～Dは、異なる発光パターンを持つことが知られています。これらの発光パターンを図1に、行動を観察した結果の一部をⅠ～Ⅴにまとめました。

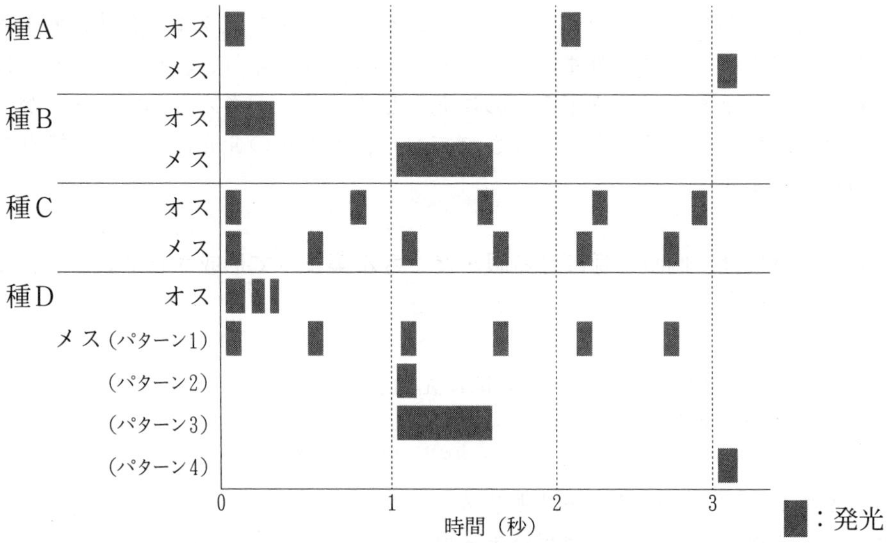

図1　種A～Dの発光パターン

Ⅰ．種Aのオスは2秒間隔《かく》で短く発光し、種Aのメスはオスの2回目の発光の約1秒後に短く発光した。そして、オスメスともにその発光を繰り返した。

Ⅱ．種Bのオスは0.3秒程度発光し、それに反応して種Bのメスが0.6秒程度発光した。そして、オスメスともにその発光を繰り返した。

Ⅲ．種Cは、オスとメスで発光の間隔が異なっていた。

Ⅳ．種Dのメスは、オスの発光に応じて同じ個体がいくつかのパターンで発光した。しかし、種Dのオスが反応したのは1つのパターンのみだった。

Ⅴ．種Dのメスは、種A，B，Cのオスを捕食していた。

（5）以下は種Dのメスが、パターン1で発光したときに観察された行動を説明したものです。どのような行動が生じるかを予想して、空らんに当てはまる文の組み合わせとして適するものを、ア～カの中から1つ選び、記号で答えなさい。

種Dのメスがパターン1で発光したとき、反応したのは（　あ　）のオスであった。（　あ　）のオスが近づいてくると種Dのメスは（　い　）した。

ア　あ：種A　　い：近づいてきたオスと交尾を
イ　あ：種A　　い：近づいてきたオスを捕食
ウ　あ：種B　　い：近づいてきたオスと交尾を
エ　あ：種B　　い：近づいてきたオスを捕食
オ　あ：種C　　い：近づいてきたオスと交尾を
カ　あ：種C　　い：近づいてきたオスを捕食

(6) 種Dのオスが反応したのは、種Dのメスのどのパターンのときの発光と考えられますか。パターン1～4の中から1つ選び、数字を答えなさい。また、そのように考えた理由を答えなさい。

4 私たちの住む地表では、毎日さまざまな気象現象が起きています。その原因となる風や雲の発生について、以下の問いに答えなさい。

(1) 日本列島の海岸線では、陸地と海の間で海陸風が吹いています。この海陸風のしくみを説明した次の文章を読み、以下の問いに答えなさい。

日中、太陽の熱により、海水はあたたまり［ A ］、陸地はあたたまり［ B ］。このため、陸地では［ C ］が発生しやすく、陸地の気圧は海上の気圧よりも［ D ］なる。したがって、日中は［ E ］が吹く。

夜間は、海水、陸地で吸収した太陽熱が大気中に放射される。このとき、海水は冷め［ F ］、陸地は冷め［ G ］。このため、陸地では［ H ］が発生しやすく、陸地の気圧は海上の気圧よりも［ I ］なる。したがって、夜間は［ J ］が吹く。

① 文中A～Eに当てはまる語句の組み合わせとして、正しいものを次のア～エの中から1つ選び、記号で答えなさい。

	A	B	C	D	E
ア	やすく	にくい	上昇気流	低く	陸風
イ	やすく	にくい	下降気流	高く	陸風
ウ	にくく	やすい	下降気流	高く	海風
エ	にくく	やすい	上昇気流	低く	海風

② 文中F～Jに当てはまる語句の組み合わせとして、正しいものを次のア～エの中から1つ選び、記号で答えなさい。

	F	G	H	I	J
ア	やすく	にくい	上昇気流	低く	海風
イ	やすく	にくい	下降気流	高く	海風
ウ	にくく	やすい	上昇気流	低く	陸風
エ	にくく	やすい	下降気流	高く	陸風

（2）地表近くの空気が何らかの原因で上昇すると、上空で雲が発生して天気が悪くなります。空気が上昇する原因の説明として誤っているものを次のア～エの中から１つ選び、記号で答えなさい。

ア　地面によってあたためられた地表近くの空気が軽くなって上昇する。
イ　上空に冷たい空気のかたまりが入り込んだとき、あたたかい地表近くの空気が入れかわろうとして上昇する。
ウ　地表を吹く風が、小高い地形に沿ってその斜面を空気が上昇する。
エ　地表に発達した高気圧があるとき、その中心で地表の空気が上昇する。

（3）雲の説明として誤っているものを次のア～エの中から１つ選び、記号で答えなさい。

ア　雲はお湯の入った茶碗の上にできる湯気と同じ水蒸気の粒でできている。
イ　地表にできた雲は霧とよばれる。
ウ　雨は、雲の粒が合体して落下したものである。
エ　雲が白く見えるのは、水滴や氷でできているためである。

（4）図１は、ある年の夏、強い日射に照り付けられた都市部のＸ地点に、３方向からの風が吹き込んでいる様子を表しています。この日、Ｘ地点では、短時間に狭い範囲で大雨が降りました。この現象について、以下の問いに答えなさい。

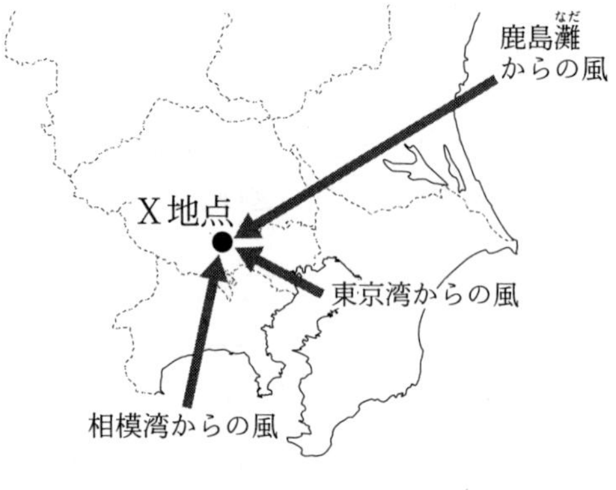

図１

①　Ｘ地点で発生したと考えられる雲の名前を漢字で答えなさい。

②　Ｘ地点での局地的な豪雨の発生に関係がないと考えられるものをア～エの中から１つ選び、記号で答えなさい。

ア　３方向からの風は、多くの水蒸気を含んでいた。
イ　都市部のＸ地点には多くのビルや道路があり、それらが日中、多量の太陽熱を蓄《たくわ》えていた。
ウ　内陸にあるＸ地点は、空気中の水蒸気が少なく乾燥していた。
エ　３方向からの風は、Ｘ地点で衝突して、逃げ道を求めて上昇した。

問八　――⑤「時間は戻《もど》れなくて、言葉だけが残るって、なんか、悲しいです」とありますが、咲子《さきこ》はどのようなことを悲しいと感じているのですか。次の一文の空欄《くうらん》に当てはまるように四十字以内で説明しなさい。

［　　　　　　］を詠《よ》んだ俳句の言葉だけが残っているということ。

問九　――⑥「どうしたのかは、自分からは訊《き》かないようにしようと心の中で思った」とありますが、その理由として最もふさわしいものを次の中から一つ選び、記号で答えなさい。

ア　咲子《さきこ》は「お祈《いの》りはしない」と言っていたので、自分だけ勝手に祈ってしまい後ろめたいから。

イ　咲子が祈ったかどうか、とても知りたかったけれど、それを訊くほどの勇気はなかったから。

ウ　咲子にも祈ってほしかったけれど、あれだけはっきり言っていた咲子にそこまでは言えないと思ったから。

エ　今は自分の意志でこの死刑囚《しけいしゅう》のために祈ったので、咲子がどう思ったかは気にしていないから。

問十　――a～eのカタカナを漢字に直して答えなさい。

a　白い布にツツまれたお骨《こつ》を見た。

b　そんなにシンコクにならないで。

c　黄色い小花のモヨウが散っている

d　こげ茶色のコウばしい麦茶

e　まだサムい朝早くに、

問五　――④「この人の名前を、教えてもらってもいいですか?」とありますが、この場面についての次の話し合いを読み、本文の内容として**正しくない**ものを次の中から一つ選び、記号で答えなさい。

Aさん　かなは、たとえ罪人でも初めから悪人ではなく、親がいて自分と同じひとりの人間だったと知ることで、死刑囚《しけいしゅう》の心に近づきたいと思ったんだね。

Bさん　咲子《さきこ》は、この人に殺された人や遺族のことを考えると、この死刑囚を理解しようとするのは間違《まちが》っているという考えなんじゃないかな。

Cさん　咲子は、おハルさんに毅然《きぜん》とした態度をとりながらも、死刑囚がどんなことを考えていたかに興味を持っていたと思うね。

Dさん　かなは、被害者《ひがいしゃ》のことを咲子に指摘《してき》されて、自分の考えたことに自信が持てなくなってどうしたらいいか迷っているんだろうね。

Eさん　咲子は、はじめはかなの言うことを受け入れていなかったみたいだけど、話しているうちにそのこととお祈りは違う、と考え直すところは頭がやわらかいよね。

問六　[X]に入る言葉として、最もふさわしいものをこれより後の本文中から七字で抜《ぬ》き出して答えなさい。

問七　[Y]に入る言葉として、最もふさわしいものを漢字一字で答えなさい。

問三　――②「私はごくりと唾《つば》を飲み込《こ》んで、はい、と答えた」とありますが、このときの私の心情として最もふさわしいものを次の中から一つ選び、記号で答えなさい。

ア　おハルさんが信じている宗教の信者でもないのに、祈《いの》るということに抵抗《ていこう》を感じている。

イ　死刑囚《しけいしゅう》という悪い人のために祈ることは納得《なっとく》できないが、断れず辛《つら》いと思っている。

ウ　知らない人のために祈るということがどういうことか理解できず緊張《きんちょう》している。

エ　おハルさんのまっすぐな視線が恐《おそ》ろしくなり、体が固まってしまっている。

問四　――③「そして私は、ぜんぜんダメだな、と思った」とありますが、このときの私の心情として最もふさわしいものを次の中から一つ選び、記号で答えなさい。

ア　自分の感じたことをそのまま言えず、おハルさんにいいところを見せるような行動しかできなかった自分が情けないと思っている。

イ　おハルさんが優《やさ》しく気をつかいながら言っているのに、おハルさんの期待にこたえられなかった自分がくやしいと思っている。

ウ　おハルさんの望み通り、死刑囚《しけいしゅう》のために祈《いの》るということに共感できない自分は心がせまい人間でいやだと感じている。

エ　咲子《さきこ》は死刑囚のために祈ることはできないというしっかりした考えを持っているのに、自分はそうした考えを持っていないことに引け目を感じている。

私も目を閉じ、お骨に向けて手を合わせた。

「冬晴れの天よつかまるものが無い」

一度聞いただけで覚えてしまったその俳句を、小さな声でつぶやいてみた。広い空をなんにもつかまるものがないまま落ちていくような感じがおそってきて、くらくらした。

私は、目の前の白い布でつつまれた箱の中に入っている、名前とたった二句だけの俳句を知っている人の悲しいたましいが、空の上では、ただただ安心していてほしいと思った。きれいな水色の空の上の白い雲のように、ふんわりとやすらかに浮かんでほしいと。

ずっと目を閉じていたので、咲子ちゃんもお祈りをしたのかどうかはわからない。⑥どうしたのかは、自分からは訊かないようにしようと心の中で思った。

（東　直子　著『いとの森の家』一部改変）

問一 ——①「なにかの役に立てるんじゃないかな」とありますが、私（かな）は、おハルさんの話を聞いておハルさんがどのように死刑囚《しけいしゅう》の役に立っていると思ったのですか。本文中から四十字以内で探し、初めと終わりの五字を抜《ぬ》き出して答えなさい。

問二 [A]～[C]に入る言葉として、最もふさわしいものを次の中からそれぞれ選び、記号で答えなさい。（同じ記号を二度以上使ってはいけません。）

ア　くらくら　　イ　ぽたぽた　　ウ　おずおず

友だちが、殺されるために歩いていく背中を見送る様子を想像した。想像しただけで、怖くなってきて、［C］してきて、足の力が抜《ぬ》けてくる。苦しい。

水ぬるむ落としきれない手の汚れ

「これは、その、見送られた人が、最後に残した句よ」

おハルさんが握《にぎ》った万年筆の先から生まれた言葉を、一文字一文字嚙《か》みしめるように読んだ。この、先に見送られた人も、死ぬ前にいろいろなものをきれいにしたいと思ったんだろう。でも、洗っても洗っても、手には汚れが残ってしまうように感じた。どんなにくやんでも消えない［Y］のように。

「悲しいです」

咲子ちゃんがぽつりと言った。

「⑤時間は戻《もど》れなくて、言葉だけが残るって、なんか、悲しいです」

「そうね、ほんとうにその通り。タイムマシンが使えたら、時間をさかのぼって絶対にやめろって自分に言いにいくのに、って言っていた人がいたわ」

そう言いながらおハルさんは、俳句を書いた紙に折り目をつけて、きれいに折り畳んだ。

「冬晴れの天よつかまるものが無い」

おハルさんが、少し上を向いて口にした。

「それも、最後の俳句?」

「そうよ。別の人が残した、最後の作品よ。この句は、だいぶ前に教えてもらったのだけど、ずっと覚えているの。この人、ほんとうはつかまるものを見つけて、生きていたかったんだって、心の奥《おく》で叫《さけ》んでいるような気がするの」

おハルさんが目を閉じて、手を合わせた。おハルさんは、つかまるものを全部なくしてしまった人のために、手をさし出してあげようとしているのだと思った。

「はいく？」

「『五・七・五』に見たものや感じたものをまとめるの」

「古池や、とかいうやつ？」

「そうそう。死刑囚に、俳句や短歌の先生が教えに来てくれて、作るようになる人もいるのよ。この俳句は、昨日、この人が処刑の直前に書き残した俳句なの」

おハルさんはそう言って、俳句を声に出して読んでくれた。

「死刑囚には一人ずつ部屋があって、毎日蒲団《ふとん》の上げ下ろしや部屋の掃除《そうじ》、雑巾がけも自分でやるの。この人は処刑の前にもいつもと同じことをして、それをこの世の最後の作業にしたのね」

私は自分と同じように死刑囚が蒲団を畳《たた》んでいるところを思い浮《う》かべた。

「咲子ちゃんと、かなちゃんは、この俳句で、どんなことを感じる？」

「この日、殺される、っていうのに、なんだか、落ちついてるっていうか……、きちんとしていて、びっくり、しました」

私が、たどたどと答えると、咲子ちゃんが、私もそう思います、と続けた。

「自分が死ぬ前に、自分がいた場所を[X]と思った、ということですね」

「そうよ。潔癖《けっぺき》なところのある人だったの。最後に会ったときは、とてもおだやかな顔をしていたわ」

「みんな、そんなふうなんですか？」

「ええ、ほとんどの方が、運命を受け入れた、しずかな目をしていたわ。この人、少し前にはこんな句も作ってる」

春暁《しゅんぎょう》の足をふんばり見送りぬ

「同じところにいた死刑囚の仲間が処刑される日にね、その人に向けて詠《よ》んだのですって。『春暁』っていうのは、春の日の夜明けごろのことよ。春の、まだeサムい朝早くに、処刑されるために呼び出されていくその人を、見送ったのね。歳《とし》も近かったから、友だちとしての強い思いがあったんだと思う。足に力を入れてふんばらないと、倒《たお》れてしまいそうだったのでしょうね」

「かなちゃん、名前を、知りたいと？」
「うん。名前がわかれば、この人、たしかに生きてたんやなって、同じ人間やったんやなってわかる気がする」
「死刑囚ってことは……人を、殺したことのある人よ？」
「でも、名前があるってことは、生まれたときに、両親からつけてもらった名前があるんやってことで、ああこの人も昔は赤ちゃんやったんやなって、思うことができるけん……」
「…………昔、赤ちゃんだったことと、今、わたしがお祈りするかどうかは、ぜんぜん別のことやと思う。だって、そのあとの、今までの時間のぜんぶが、あのお骨の中にこもってるって、ことやけん。その時間の中には、この人に、ものすごーく苦しめられた人がおるけん。命までなくしとる人がおるんやけん。大事な人を、この人のせいでなくした人がおるとよ」
「うん……」
咲子ちゃんの言っていることが胸にささった。そうだよね、この人のこと、なにがあっても許さない、という人がいるとしたら、なんにも知らないでお祈りだけする私たちのことを、なんて思うだろう……。私が言葉につまっていると、咲子ちゃんがゆっくりと口を開いた。
「でも、お祈りするかどうかは別として、この人の名前は、わたしも知りたいと思う。なに考えとったかも、ちょっと、知りたか」
「じゃあ、この人の名前を、紙に書くわね」
おハルさんは、白い紙と万年筆を取りだした。紙の上に、一人の男の人の名前が、おハルさんの文字で書かれた。私はその文字をじっと見つめた。咲子ちゃんも見つめている。喉《のど》がとてもかわいてきて、唾を飲み込もうとしたけど、唾も出てこなかった。
おハルさんが、名前の横に、なにか書きはじめた。

布団《ふとん》たたみ雑巾《ぞうきん》しぼり別れとす

「これは、なに？」
おハルさんに訊くと、この人が作った俳句よ、と答えた。

ぱたぱたと瞳の上の涙が、こぼれ落ちた。

「ごめんなさい……」

咲子ちゃんが、片手を目に当ててうつむいた。おハルさんは咲子ちゃんの肩《かた》にやさしくてのひらを当て、いいのよ、と言った。

「咲子ちゃん、こちらこそ、ごめんなさいね。顔も見たことのない、名前も知らない人のためにお祈りだけお願いするなんて、無茶で、残酷《ざんこく》なお願いだったわよね。ごめんなさいね」

咲子ちゃんは、黙《だま》ってうつむいたまま、首を振りつつ、涙の粒《つぶ》をちぎり落とした。咲子ちゃんは、ちゃんとできないと思ったものを、それを言うのがどんなに辛《つら》くてもちゃんと言えて、えらいな、と思った。そのことを、ちゃんとわかってくれるおハルさんも、すごいな、と思った。③そして私は、ぜんぜんダメだな、と思った。

私も、ちょっといやだな、とは思ったのだ。死刑囚の人の骨が目の前にあって、祭壇《さいだん》にまつられていて、生々しくて、でもどんな人なのか、どんな悪いことをしたのか、全然わからなくて、ただ、お祈りだけするってことが、変な感じがしたのだ。だけど、おハルさんがお願いすることだから、おハルさんの望み通りのことをして、いい子だなっておハルさんに思ってもらいたかったのだと思う。自分は、ただのいい子ぶりっこだと思う。

そんなことを思っていたら、私の目にもいつの間にか涙がたまってきて、[B]とこぼれ落ちた。立ったままうつむいていると、肩になにかあたたかいものがふれた。

「かなちゃんも、ごめんなさいね」

おハルさんのてのひらが、私の肩にある。私は首を一回振って顔を上げ、白い布にaツツまれたお骨《こつ》を見た。

「まあ、とにかく、二人ともここに座って。お願いだから、そんなにbシンコクにならないで。ね。冷たい麦茶でも飲みましょう」

おハルさんに促《うなが》されて、テーブルの前の椅子《いす》にすわった。おハルさんは、黄色い小花のcモヨウが散っているガラスのコップに麦茶を充《み》たして、白いレースのコースターの上に置いた。こげ茶色のdコウばしい麦茶がきんと冷えていて、とてもおいしかった。

咲子ちゃんも黙って麦茶を飲んだ。やっと涙も止まったみたいだった。

「④この人の名前を、教えてもらってもいいですか?」

私が言うと、咲子ちゃんが顔を上げて私とおハルさんの顔を交互《こうご》に見た。きょとんと目を見開いている。

問七　[Y]に入る言葉として、最もふさわしいものを次の中から一つ選び、記号で答えなさい。

ア　達成　イ　失敗　ウ　発見　エ　錯覚《さっかく》

問八　――⑤『深海魚は海を知らない』はこの文章がおさめられている本の名前ですが、筆者はなぜ「深海魚は海を知らない」というのだと思いますか。あなたの考えを四十字以内で答えなさい。

二　次の文章をよく読んで、後の問いに答えなさい。（問題に字数制限のある場合は、すべて句読点、符号《ふごう》をふくむものとする。）

「おハルさんは、どうして死刑囚《しけいしゅう》の人に会ったり、手紙を書いたりしようと思ったんですか?」咲子《さきこ》ちゃんが訊《き》いた。

「それはね……一緒《いっしょ》に考えてみたかったからよ。生きるってどういうことなのか、死が決められてしまったあとでなにを考えるのか。なにをしたらいいのか。でもね、最初は、そうね、そんなに深く考えたわけではなかったの。偶然《ぐうぜん》知り合った人に、慰問《いもん》の会を勧《すす》められて、もしかしたら自分も①なにかの役に立てるんじゃないかなって思えたから、参加しただけなの」

「楽しい、ですか?」[A]と訊いてみた。

「ええ、そうね、うれしい、って感じかしら。私が行くと、彼《かれ》らにとてもうれしそうにしてもらえて、私もうれしくなれるの」

おハルさんは、やさしい笑顔になった。

「ここで朝と夜、毎日お祈《いの》りさせてもらっているのよ。かわいいお嬢《じょう》さんたちが二人も一緒にお祈りしてくれたら、あの人もどんなにうれしいことかしら」

おハルさんは、透《す》き通る淡《あわ》い茶色の瞳《ひとみ》をこちらにまっすぐに向けた。②私はごくりと唾《つば》を飲み込《こ》んで、はい、と答えた。

「わたしは、お祈り、は、しません」

とぎれとぎれに言う咲子ちゃんを振《ふ》り返って見ると、目にたっぷりの涙《なみだ》をたたえていた。みずうみみたいだ、と思ったとたん、

問三　[a]～[d]に入る言葉として、最もふさわしいものを次の中からそれぞれ選び、記号で答えなさい。（同じ記号を二度以上使ってはいけません。）

ア　しかし　　イ　たとえば　　ウ　そして　　エ　では

問四　――②「それ」の指している内容を本文中から三十五字以上四十字以内で探し、初めと終わりの五字を抜《ぬ》き出して答えなさい。

問五　――③「私たちの現代の科学的真理というものも、じつは古代人が手にしていた真理とさして変わらないのではないでしょうか」とありますが、そのように筆者が考えるのはなぜですか。これより後の本文中から三十五字以内で抜《ぬ》き出し、次の空欄《くうらん》に合うように答えなさい。

私たち現代人も[　　　　]だけだから。

問六　――④「ビッグバン」についての次の会話を読み、本文の内容と合っているものには○を、間違っているものには×を答えなさい。

Aさん　ビッグバンは宇宙の始まりのことだと科学者が証明した画期的なことなんだね。

Bさん　古代人はビッグバンを視野の限界、水平線と考えていたんだよ。

Cさん　現代の科学ではビッグバンを宇宙の始まりと言っているけど、今後の研究によってはそれもまちがっているということになるかもしれないよね。

Dさん　現代の科学では、ビッグバンを今考えられる限界まで突《つ》き詰《つ》めて宇宙の始まりといっているのさ。

Eさん　ビッグバンは現代科学のこれ以上及《およ》ぶことのできない地点を表すのだから、科学の最終結論といえるんだろうね。

です。

(三好　由紀彦　著⑤『深海魚は海を知らない』一部改変)

問一 ――①「古代人の世界観」とありますが、本文中にある古代人の世界観の例としてふさわしいものを次の中から**すべて**選び、記号で答えなさい。

ア 地球は平らな水盤《すいばん》になっていて、海の水は世界の縁《ふち》からこぼれ落ちている。

イ 地球は丸く、太陽の周りを回り、月が地球の周りを回っている。

ウ 太陽の動きを観察した結果、１年は３６５日になる。

エ 遠い銀河の惑星《わくせい》には宇宙人が住んでいる。

オ 太陽、月、星の動きが農業に影響《えいきょう》をもたらしている。

カ 人は宇宙の果ての果てまで見通しているわけではない。

問二 [X]に入る言葉として、最もふさわしいものを次の中から一つ選び、記号で答えなさい。

ア 雨が降ったあとは海から海水が押《お》し寄せて陸地が浸水《しんすい》してしまうだろう

イ 雨が降ったあと海水の蒸発によって地球上の水がなくなってしまうだろう

ウ 雨が降ったあと地中に雨がしみ込《こ》んで地球が膨張《ぼうちょう》してしまうだろう

エ 雨が降ったあとは溢れた水が丸い地球上を循環《じゅんかん》してしまうだろう

たしかに私たちは、いま手にしている科学的知識によって人間の乗った宇宙船を月まで飛ばすことができますし、いずれはもっと遠くまで人類を送り届けることができるでしょう。しかしそれはあの古代人が潮の流れの周期を予測して舟を乗り出し、入り江の先の目的地まで行き着いていたことと本質的には変わらないことなのです。彼らもその経験の中から得られたいくつかの法則や真理にもとづいて、うまく予測をたてて行動していただけにすぎないのですから。

要するに古代人が地上から太陽や月の動きを観察して農業や漁に役立てていたのと同じことを、私たちは電化製品をはじめ自動車や航空機、医学、インターネットなど、とてつもない規模と範囲《はんい》において実行しているにすぎないのです。

古代人にとって、その集められるかぎりの経験を、それまで彼らが手にした法則にあてはめてみると、「世界は水盤である」という真理が何にもまして世界を合理的に説明するものでした。それは彼らの経験した世界の中では紛れもない真実だったのです。そして私たちが時代とともに飛躍《ひやく》的に増大させてきた経験を、さらに進化した法則にあてはめてみたとき、こんどはこの④ビッグバンと膨張する宇宙という真理が世界を最も合理的に説明しうるものになったのです。

しかしながら結局このビッグバン、すなわち宇宙の始まりというものも、科学者たちがその物理法則にさまざまなデータ（経験）をあてはめ、それを宇宙スケールに拡大解釈《かいしゃく》していったとき、その物理法則が行きづまってしまう地点（時間）を宇宙の始まりとしたにすぎません。つまり、古代人が自らの経験が途絶《とだ》える地点、すなわち水平線をこの世界の果てであると考えたのと同じように、現代の科学者たちも自らの経験と法則がそれ以上及《およ》ぶことのできない地点を、この世界の果て、すなわちビッグバンとしているにすぎないのです。つまり古代人にとっての視野の限界、水平線が、現代人にとっての視野の限界、すなわちビッグバンとなったにすぎないのです。

人類はその経験の拡大とともに、その科学的真理を何回も変えてきました。ある経験の範囲内ではガリレオが、その先ではニュートンが、さらにその先ではアインシュタインが、それぞれの経験世界を最も合理的に説明できる真理（法則）を発明してきたにすぎません。私たちはいまやこの経験世界を科学によってほとんど征服《せいふく》し尽《つ》くしたと思いがちですが、それは大いなる［ Y ］なのです。

これからあと二千年、人類が滅《ほろ》びることなく生きながらえ、そこから過去を振《ふ》り返ったとき、この現代のビッグバンや宇宙膨張説などの世界観は、私たちが古代人の水盤の世界観を笑ったように、二千年後の人類によって笑い飛ばされる代物《しろもの》かもしれないの

ることなどはまるで知りません。でも彼らは空を運行する太陽の動きを観察することによって1年を365日とした暦《こよみ》を作り、また月の満ち欠けによって潮の動きを予測したり、またそれら天体の運行状況によって農作業や漁の役に立てることもできたのです。

[a]このような彼ら古代人の世界観や生活を、私たち現代人のそれと比べた場合にいったい何が異なるのでしょうか。

たしかに私たちは地球が水盤のように平らであり、水平線の向こうから海水が滝のように落ちているとは思いません。それは私たちがいま手にしている経験と照らし合わせて明らかに誤りだからです。[b]、だからといって現代の私たちが手にしている世界観が100%正しいとは決していえないのです。

私たち現代人も、この地球の上に立ちながら、巨大な望遠鏡を使い可能なかぎり遠くの宇宙を見つめています。でもこのとき、私たちが手にしている高性能の望遠鏡も、この宇宙の果ての果てまでを見通しているわけでは決してありません。その意味では、あの古代人が肉眼で海の水平線までしか見ることができなかったことと、本質的にはあまり変わらないのです。そして私たちは、この望遠鏡で得られた光や電波のデータを、これまた私たちが現在手にしている物理法則にあてはめ、その結果ビッグバンや膨張《ぼうちょう》する宇宙などの世界観を導き出している(推測している)のですが、この物理法則とやらも、とりあえず現代までに人類が経験してきた世界の中から導き出された法則や定理にすぎません。それらはあくまでも人間のみに通用する法則や定理にすぎず、②それが永遠不変の、宇宙に遍《あまね》く通用する完璧《かんぺき》なる法則であるとは誰《だれ》にも断言できないのです。これはちょっと極端《きょくたん》な話かもしれませんが、もしかしたらどこか遠い銀河の惑星《わくせい》に住む宇宙人は、私たちが持つものとはまったく異なった物理法則(物理法則と呼ぶことさえできないかもしれませんが)を使ってこの宇宙を理解しているのかもしれないのです。

すると、③私たちの現代の科学的真理というものも、じつは古代人が手にしていた真理とさして変わらないのではないでしょうか。

つまり水平線を眺めていた古代人の肉眼が、もう少し先まで見通すことのできる望遠鏡になっただけのことであり、水盤から溢れてこぼれる水を見て得られた経験的法則が、さまざまな実験によって得られた最新の物理法則に取って代わっただけのことにすぎないのではないのかと。[c]入江の外へ少し出ることができるくらいの舟も、宇宙全体の広さからすればまるで小さな点ぐらいの距離《きょり》しか飛行できぬ現代の宇宙船とさして変わらぬものではないのかと。[d]あのスペースシャトルでさえ、地球を直径1メートルの大きさにした場合、その地表からわずか2～3センチのところを飛んでいるにすぎないのです。

二〇二二年度　関東学院中学校

【国　語】〈一期C試験〉(五〇分)〈満点：一〇〇点〉

一　次の文章をよく読んで、後の問いに答えなさい。(問題に字数制限のある場合は、すべて句読点、符号《ふごう》をふくむものとする。)

私たちは古代人と比べて、この世界のより真実な姿を知っていると思っています。かつて古代人はこの世界が巨大《きょだい》な象の背の上に乗っかっているとか、海の果ては巨大な滝壺《たきつぼ》になっていて海水はどんどん下方へ流れ落ちているとか、そんな世界観を信じていました。

私たちはこのような①古代人の世界観を、時代おくれで非科学的なものとして笑います。でもはたしてほんとうにそうなのでしょうか。私たち現代人は古代人と比べて、誤りのない正しい世界というものをほんとうに知っているのでしょうか。

たしかに、まだ大きな船も飛行機も持たない古代人は、海岸から海を眺《なが》めるだけで、その水平線から先を見ることができません。そして彼《かれ》らの持つ小舟《こぶね》はせいぜい入江《いりえ》の外に出るくらいのものでした。そうした状況《じょうきょう》のときに、彼らはこの世界をどのように想《おも》い描《えが》くのでしょうか。

たとえば彼らが日常生活の中で、水盤《すいばん》になみなみと注がれた水はやがて溢《あふ》れてその縁《ふち》からこぼれ落ちるということを経験で知っているように、海の水もきっとこの水盤のように世界の縁からこぼれ落ちていくのだろうと想像することはごく自然のなりゆきでした。そうでなければ、［　X　］と考えるからです。そしてそのような世界観は、たしかにいま私たちが手にしている世界観からすればとんでもない誤りにはちがいありません。しかし彼らが生きていた時代においては、彼らが経験しうるすべての経験に照らし合わせてみたとき、「充分《じゅうぶん》に納得《なっとく》のできる正しき世界観」でもあったのです。彼らが手にする経験とそこから得た法則から推測して、この世界は巨大な水盤であるという世界観は紛《まぎ》れもない「真実」であったのです。

そしてまた彼らは地球が丸いことや、地球が太陽の周囲を回り、月が地球の周囲を回り、その引力の関係で潮の満ち引きが起こ

2022年度 関東学院中学校 ▶解 答

※ 編集上の都合により，一期Ｃ試験の解説は省略させていただきました。

算 数 ＜一期Ｃ試験＞（50分）＜満点：100点＞

解 答

1 (1) $2\frac{3}{10}$ (2) $2\frac{2}{3}$ (3) 137 (4) 49 2 140円 3 360通り 4 12 5 25個 6 27.6km 7 4.5cm 8 (1) 54cm (2) ① 25cm ② 26分15秒 (3) 48分

社 会 ＜一期Ｃ試験＞（30分）＜満点：60点＞

解 答

1 **問1** イ **問2** イ **問3** 菅原道真 **問4** オ **問5** エ **問6** ア **問7** ア **問8** 寺子屋 **問9** エ **問10** シブサワエイイチ **問11** ウ **問12** ウ **問13** （例） 空しゅうをさける（目的で）小学生を都市部から農村部に移住（させた。） **問14** 権利 **問15** ア 2 **問1** 〔1〕 琵琶湖 〔2〕 越後（飛騨，木曽） 〔3〕 奥羽 **問2** イ **問3** （例） （日本の河川は，長さが）短（く，流れが）急（である。） 3 **問1** 郵便番号 **問2** （例） 砂漠のまん中での待ち合わせに使う。 **問3** ① A，イ ② オ **問4** （例） ビル（建物，電波，太陽光） 4 **問1** 納税 **問2** 普通 **問3** ウ **問4** ア **問5** イ

理 科 ＜一期Ｃ試験＞（30分）＜満点：60点＞

解 答

1 (1) ウ (2) エ (3) 充電 (4) **A** 6.4 **B** 58.8 (5) 5時間15分 (6) 32% 2 (1) **あ** 北 **い** 東 **う** 円形 **え** 西 (2) ア＞エ＞イ＝ウ (3) （例） 右の図 (4) 東 3 (1) 複眼 (2) エ (3) イ (4) ウ (5) カ (6) **パターン**…2 **理由**…（例） 種Ａ～Ｃのメスの発光パターンと異なるから。 4 (1) ① エ ② エ (2) エ (3) ア (4) ① 積乱雲 ② ウ

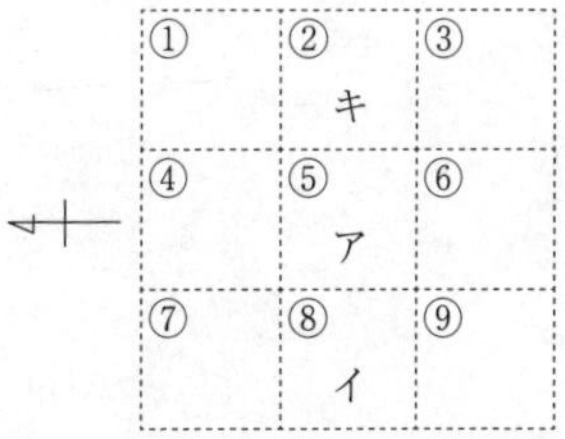

国　語　＜一期Ｃ試験＞（50分）＜満点：100点＞

解　答

一 **問1**　ア，ウ，オ　**問2**　ア　**問3**　a　エ　b　ア　c　ウ　d　イ　**問4**　とりあえず～法則や定理　**問5**　（私たち現代人も）それぞれの経験世界を最も合理的に説明できる真理(法則)を発明してきた(だけだから。)　**問6**　Aさん…×　Bさん…×　Cさん…○　Dさん…○　Eさん…×　**問7**　エ　**問8**　(例)　人間が世界を知りつくしていないように，深海魚も海の全体を知らないから。　二 **問1**　つかまるも～としている　**問2**　A　ウ　B　イ　C　ア　**問3**　イ　**問4**　ア　**問5**　D(さん)　**問6**　きれいにしたい　**問7**　罪　**問8**　(例)　死んでしまったあとに，とり返しがつかないことをしてしまったという後悔　**問9**　エ　**問10**　下記を参照のこと。

●漢字の書き取り

三 **問10**　a　包(まれた)　b　深刻　c　模様　d　香(ばしい)　e　寒(い)

Memo

Memo

2025年度用
中学スーパー過去問

■編集人　声の教育社・編集部
■発行所　株式会社　声の教育社
〒162-0814　東京都新宿区新小川町8-15
☎03-5261-5061(代)　FAX03-5261-5062
https://www.koenokyoikusha.co.jp

※本書の内容についての一切の責任は当社にあります。内容・解説・解答・その他は当社ホームページよりお問い合わせ下さい。

ストリーミング配信による入試問題の解説動画

2025年度用web過去問　ラインナップ

■ **男子・女子・共学(全動画)　見放題**
36,080円(税込)

■ **男子・共学　見放題**
29,480円(税込)

■ **女子・共学　見放題**
28,490円(税込)

● 中学受験「声教web過去問(過去問プラス・過去問ライブ)」(算数・社会・理科・国語)

3〜5年間 **24校**

過去問プラス

麻布中学校	桜蔭中学校	開成中学校	慶應義塾中等部	渋谷教育学園渋谷中学校
女子学院中学校	筑波大学附属駒場中学校	豊島岡女子学園中学校	広尾学園中学校	三田国際学園中学校
早稲田中学校	浅野中学校	慶應義塾普通部	聖光学院中学校	市川中学校
渋谷教育学園幕張中学校	栄東中学校			

過去問ライブ

栄光学園中学校	サレジオ学院中学校	中央大学附属横浜中学校	桐蔭学園中等教育学校	東京都市大学付属中学校
フェリス女学院中学校	法政大学第二中学校			

● 中学受験「オンライン過去問塾」(算数・社会・理科)

3〜5年間 **50校以上**

東京	青山学院中等部	東京	国学院大学久我山中学校	東京	明治大学付属明治中学校	千葉	芝浦工業大学柏中学校	埼玉	栄東中学校
	麻布中学校		渋谷教育学園渋谷中学校		早稲田中学校		渋谷教育学園幕張中学校		淑徳与野中学校
	跡見学園中学校		城北中学校		都立中高一貫校 共同作成問題		昭和学院秀英中学校		西武学園文理中学校
	江戸川女子中学校		女子学院中学校		都立大泉高校附属中学校		専修大学松戸中学校		獨協埼玉中学校
	桜蔭中学校		巣鴨中学校		都立白鷗高校附属中学校		東邦大学付属東邦中学校		立教新座中学校
	鷗友学園女子中学校		桐朋中学校		都立両国高校附属中学校		千葉日本大学第一中学校	茨城	江戸川学園取手中学校
	大妻中学校		豊島岡女子学園中学校	神奈川	神奈川大学附属中学校		東海大学付属浦安中等部		土浦日本大学中等教育学校
	海城中学校		日本大学第三中学校		桐光学園中学校		麗澤中学校		茗渓学園中学校
	開成中学校		雙葉中学校		県立相模原・平塚中等教育学校		県立千葉・東葛飾中学校		
	開智日本橋中学校		本郷中学校		市立南高校附属中学校		市立稲毛国際中等教育学校		
	吉祥女子中学校		三輪田学園中学校	千葉	市川中学校	埼玉	浦和明の星女子中学校		
	共立女子中学校		武蔵中学校		国府台女子学院中学部		開智中学校		

web過去問 Q&A

過去問が動画化！
声の教育社の編集者や中高受験のプロ講師など、
過去問を知りつくしたスタッフが動画で解説します。

Q **どこで購入できますか？**
A 声の教育社のHPでお買い求めいただけます。

Q **受講にあたり、テキストは必要ですか？**
A 基本的には過去問題集がお手元にあることを前提としたコンテンツとなっております。

Q **全問解説ですか？**
A 「オンライン過去問塾」シリーズは基本的に全問解説ですが、国語の解説はございません。「声教web過去問」シリーズは合格のカギとなる問題をピックアップして解説するもので、全問解説ではございません。なお、「声教web過去問」と「オンライン過去問塾」のいずれでも取り上げられている学校がありますが、授業は別の講師によるもので、同一のコンテンツではございません。

Q **動画はいつまで視聴できますか？**
A ご購入年度２月末までご視聴いただけます。
複数年視聴するためには年度が変わるたびに購入が必要となります。

よくある解答用紙のご質問

01

実物のサイズにできない

　拡大率にしたがってコピーすると，「解答欄」が実物大になります。配点などを含むため，用紙は実物よりも大きくなることがあります。

02

A3用紙に収まらない

　拡大率164％以上の解答用紙は実物のサイズ（「出題傾向＆対策」をご覧ください）が大きいために，A 3に収まらない場合があります。

03

拡大率が書かれていない

　複数ページにわたる解答用紙は，いずれかのページに拡大率を記載しています。どこにも表記がない場合は，正確な拡大率が不明です。

04

1ページに2つある

　1ページに2つ解答用紙が掲載されている場合は，正確な拡大率が不明です。ほかの試験回の同じ教科をご参考になさってください。

関東学院中学校

【別冊】入試問題解答用紙編

禁無断転載

解答用紙は本体からていねいに抜きとり、別冊としてご使用ください。

※　実際の解答欄の大きさで練習するには、指定の倍率で拡大コピーしてください。なお、ページの上下に小社作成の見出しや配点を記載しているため、コピー後の用紙サイズが実物の解答用紙と異なる場合があります。

●入試結果表

年度	回	項目	国語	算数	社会	理科	2科合計	4科合計	2科合格	4科合格
2024	一期A	配点(満点)	100	100	60	60		320		最高点
		合格者平均点	70.4	85.1	39.8	33.4		228.7		269
		受験者平均点	58.6	65.9	33.4	28.9		186.8		最低点
		キミの得点								209
	一期B	配点(満点)	100	100			200		最高点	
		合格者平均点	61.1	66.4			127.5		176	
		受験者平均点	54.4	52.1			106.5		最低点	
		キミの得点							107	
	一期C	配点(満点)	100	100	60	60		320		最高点
		合格者平均点	48.3	74.5	33.2	39.6		195.6		239
		受験者平均点	39.8	57.9	27.9	31.1		156.7		最低点
		キミの得点								180
2023	一期A	配点(満点)	100	100	60	60		320		最高点
		合格者平均点	57.6	79.5	32.5	34.0		203.6		236
		受験者平均点	50.8	63.2	26.7	26.2		166.9		最低点
		キミの得点								188
	一期B	配点(満点)	100	100			200		最高点	
		合格者平均点	62.7	66.2			128.9		182	
		受験者平均点	56.5	50.5			107.0		最低点	
		キミの得点							105	
	一期C	配点(満点)	100	100	60	60		320		最高点
		合格者平均点	70.5	68.7	30.5	42.6		212.3		267
		受験者平均点	64.2	52.4	24.6	37.1		178.3		最低点
		キミの得点								188
2022	一期A	配点(満点)	100	100	60	60		320		最高点
		合格者平均点	53.7	76.5	39.1	42.6		211.9		272
		受験者平均点	46.6	55.0	32.2	35.6		169.4		最低点
		キミの得点								192
	一期B	配点(満点)	100	100			200		最高点	
		合格者平均点	63.5	68.2			131.7		178	
		受験者平均点	54.5	52.0			106.5		最低点	
		キミの得点							114	
	一期C	配点(満点)	100	100	60	60		320		最高点
		合格者平均点	63.0	81.8	40.8	37.3		222.9		259
		受験者平均点	52.8	61.7	32.8	29.2		176.5		最低点
		キミの得点								207

※　表中のデータは学校公表のものです。ただし、2科合計・4科合計は各教科の平均点を合計したものなので、目安としてご覧ください。

２０２４年度　　関東学院中学校

算数解答用紙　一期Ａ

番号		氏名	

評点	／100

1	（1）		（2）	
	（3）		（4）	
2	回転	3	枚	
4	m	5	g	
6	本	7	cm^2	
8	（1）	cm^3	（2）	cm
	（3）	cm		

（注）この解答用紙は実物大です。

〔算　数〕100点（学校配点）

1〜7　各８点×10　8　(1)，(2)　各６点×２　(3)　８点

２０２４年度　　関東学院中学校

社会解答用紙　一期Ａ

番号		氏名		評点	／60

1

問1	問2	問3	問4

問5	問6	問7	問8

問9

事件名

法令の目的

問10	問11

問12	問13	問14	問15

2

問1	問2(1)	問2(2)	問3(1)(A)●●●	問3(1)(A)▲▲	問3(1)(B)

問3(2)(A)	問3(2)(B)

問4	問5(1)	問5(2)

3

問1	問2

問3	問4	問5

（注）この解答用紙は実物を縮小してあります。Ｂ５→Ｂ４(141%)に拡大コピーすると、ほぼ実物大の解答欄になります。

〔社　会〕60点(学校配点)

1　問1〜問8　各2点×8　問9　各1点×2　問10〜問15　各2点×6　2，3　各2点×15<2の問3の(1)の(A)は完答>

２０２４年度　関東学院中学校

理科解答用紙　一期A

番号　　氏名　　評点　/60

1

(1) あ　い　う

(2) ①液体名　①変化　②

(3)

(4)

(5)

2

(1)

(2)

(3) 向き　角度　度

(4) (あ)　(い)

(5)

3

(1)

(2)

(3)

(4) ①

(5) ②実験方法　②求められる結果

4

(1)

(2) ①　②

(3) あ　い　う　え

(4)

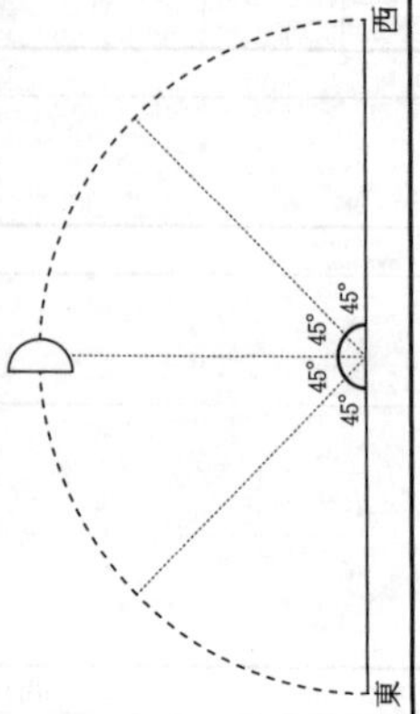

（注）この解答用紙は実物を縮小してあります。167%拡大コピーをすると、ほぼ実物大の解答欄になります。

〔理　科〕60点(学校配点)

1 (1)　各2点×3　(2)　①　各1点×2　②　2点　(3)　1点　(4), (5)　各2点×2　2 (1)〜(4)　各2点×6　(5)　3点　3 (1)〜(4)　各2点×4　(5)　①　2点＜完答＞　②　実験方法…3点, 求められる結果…2点　4 (1)　1点　(2)　各2点×2　(3)　各1点×4　(4)　各3点×2

2024年度 関東学院中学校

国語解答用紙 一期A

番号 | 氏名 | 評点 /100

一

問一 a ナ　み　b クンレン　c ゲンショウ　d セイカ　e ソウケイ

問二 ア　イ　ウ　エ　オ　カ

問三

問四 ②　③　④　⑤

問五 初め　終わり　という問題

問六

問七 40

二

問一 ①　⑧　⑨

問二　問三　問四

問五

問六 55 70

問七　問八

(注) この解答用紙は実物を縮小してあります。B5→A3(163%)に拡大コピーすると、ほぼ実物大の解答欄になります。

〔国　語〕100点(学校配点)

一 問1，問2　各2点×11　問3　4点　問4　各2点×4　問5，問6　各5点×2　問7　8点　二 問1　各3点×3　問2〜問5　各5点×4　問6　10点　問7　5点　問8　4点

２０２４年度　　関東学院中学校

算数解答用紙　一期Ｂ

番号		氏名		評点	／100

1	(1)		(2)	
	(3)		(4)	

2	個	3	度
4	時　　分	5	分
6	%		

7	①最も高い	②	③	④	⑤最も低い

8	(1)	cm	(2)	度
	(3)	cm^2		

（注）この解答用紙は実物大です。

〔算　数〕100点(学校配点)

1～7　各８点×10＜7は完答＞　8　(1), (2)　各６点×２　(3)　８点

2024年度　関東学院中学校

国語解答用紙　一期B

番号　　氏名　　評点　／100

一

問一

問二

問三

問四　④　⑤

問五　A　B　C

問六　（20）（30）

問七

問八

二

問一

問二

問三

問四　（40）（55）

問五

問六　初め　終わり

問七　初め　終わり

問八

問九

問十　a ヤチン　b タガヤして　c ユウエキ　d ユダン　e ヨクジツ

（注）この解答用紙は実物を縮小してあります。Ｂ５→Ａ３（163％）に拡大コピーすると、ほぼ実物大の解答欄になります。

〔国　語〕100点(学校配点)

一　問1～問3　各7点×3　問4，問5　各2点×5　問6　8点　問7　5点　問8　6点　二　問1～問3　各4点×3　問4　10点　問5　4点　問6～問8　各3点×3　問9　5点　問10　各2点×5

2024年度　関東学院中学校

算数解答用紙　一期C

番号		氏名		評点	／100

1	(1)		(2)	
	(3)		(4)	
2	秒	3	個	
4	ア　イ	5	日目	
6	通り	7	cm^2	
8	(1)	毎分　m		
	(2)	ア	イ	
	(3)	8時　分　秒		

(注) この解答用紙は実物大です。

〔算　数〕100点(学校配点)

1～7　各8点×10　8　各5点×4

２０２４年度　関東学院中学校

社会解答用紙　一期Ｃ

番号		氏名	

評点	／60

1

問1

問2

問3　問4　問5　問6

問7　問8　問9　問10　問11

問12　問13

問14

本来は

2

問1（A）　問1（B）　問1（C）　問1（D）

問2　問3　富士　山の位置　問4　問5

問6　→　→　→　→　問7

3

問1　問2　問3　問4

問5

①

②

（注）この解答用紙は実物を縮小してあります。Ｂ５→Ｂ４(141%)に拡大コピーすると、ほぼ実物大の解答欄になります。

〔社　会〕60点(学校配点)

1　問1～問13　各2点×13　問14　4点　2，3　各2点×15＜2の問3，問6は完答＞

2024年度　関東学院中学校

理科解答用紙　一期C

番号		氏名		評点	/60

1

(1)			
(2)			
(3)	①	② 色	
(4)		(5)	
(6)			
(7)	① mL	② mL	③ mL

2

(1)	cm	(2)	cm
(3)	g	(4)	g
(5)		(6)	ロボット g
(6)	ばねC cm	ばねD cm	

3

(1)	あ	い	う
(2)	①	②	
(3)	① 大きい順に並び替え　＞　＞		
	② 正しい ・ 正しくない	② 理由	

4

(1)	a	b	(2)	A km / B km
(3)	① 分 秒		② 分 秒	
(4)	③ 秒		④ 秒	
(5)				
(6)	秒			

（注）この解答用紙は実物を縮小してあります。172%拡大コピーをすると、ほぼ実物大の解答欄になります。

〔理　科〕60点(学校配点)

1　(1)　2点　(2)～(5)　各1点×5＜(2)，(4)は完答＞　(6)，(7)　各2点×4　2　(1)～(5)　各2点×5　(6)　ロボット…1点，ばね…各2点×2　3　(1)，(2)　各2点×5　(3)　①　2点　②　正しいか正しくないか…1点，理由…2点＜完答＞　4　(1)　各1点×2　(2)　各2点×2　(3)，(4)　各1点×4　(5)　3点　(6)　2点

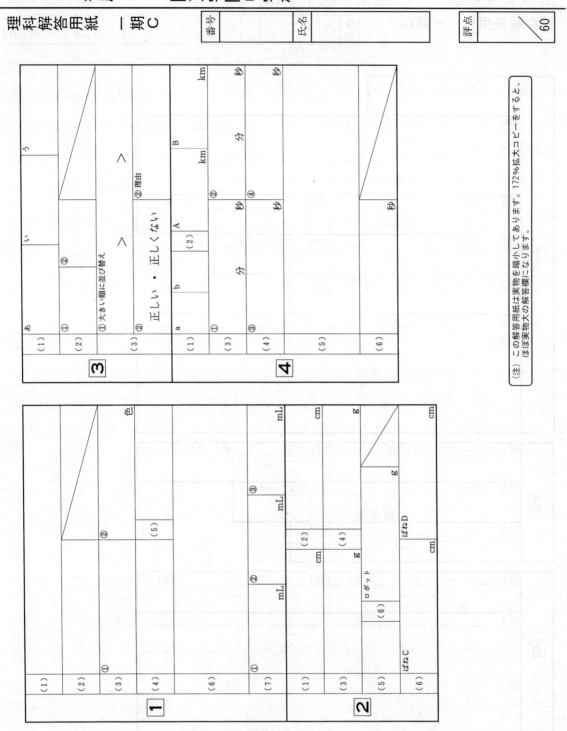

2024年度 関東学院中学校

国語解答用紙 一期C

番号 ／ 氏名 ／ 評点 /100

一

問一 ／ 問二 ／ 問三

問四 (60) (80)

問五 ／ 問六 ／ 問七 ／ 問八

問九 a ヒハン ／ b チヘイ ／ c ショウチ ／ d ヨクボウ ／ e コンナン

二

問一 ／ 問二 ／ 問三 ／ 問四

問五 ／ 問六 ／ 問七

問八 (50) (70)

(注) この解答用紙は実物を縮小してあります。B5→A3(163%)に拡大コピーすると、ほぼ実物大の解答欄になります。

〔国　語〕100点(学校配点)

一 問1，問2　各4点×2　問3　5点　問4　10点　問5　6点　問6，問7　各5点×2　問8　6点　問9　各2点×5　二 問1～問4　各5点×4　問5　4点　問6　5点　問7　6点　問8　10点

２０２３年度　関東学院中学校

算数解答用紙　一期Ａ

番号		氏名		評点	／100

1	(1)		(2)	
	(3)		(4)	
2	cm^2		3	
4	人		5	才
6	毎時　km		7	本
8	(1)	：	(2)	倍
	(3)	倍		

（注）この解答用紙は実物大です。

〔算　数〕100点(学校配点)

1～7　各８点×10　8　(1)，(2)　各６点×２　(3)　８点

２０２３年度　関東学院中学校

社会解答用紙　一期Ａ

番号		氏名		評点	／60

1

問1	問2

問3

以前は

問4	問5	問6	問7

問8	問9	問10	問11	問12

問13

問14	問15

2

問1	問2	問3	問4	問5 国	問5 首脳	問6

問7（1）	問7（2）	問7（3）

3

問1

問2

私ができる緩和策は、

。

問2

一方、適応策は、

。

（注）この解答用紙は実物を縮小してあります。Ｂ５→Ｂ４（141％）に拡大コピーすると、ほぼ実物大の解答欄になります。

〔社　会〕60点（学校配点）

1　問1，問2　各2点×2　問3　4点　問4～問15　各2点×12＜問9は完答＞　2　各2点×10　3　問1　2点　問2　各3点×2

2023年度 関東学院中学校

理科解答用紙 一期A

番号 氏名 評点 /60

1
(1) ① ②
(2)
(3) ① ②
(4)
(5) %

2
(1) あ い う え
(2) 浮力 物体の重さ g
(3) あ い う
(4) 図6 図7
(5) 面積 cm² A cm

3
(1)
(2) ① ② ③
(3) あ い
(4)
(5)
(6)

4
(1) ① ②
(2) ① ② ③ ④
(3) ① → → → ② ③

(注) この解答用紙は実物を縮小してあります。167%拡大コピーをすると、ほぼ実物大の解答欄になります。

〔理　科〕60点(学校配点)

1 各2点×7　2 (1) 各1点×4　(2) 浮力…1点，物体の重さ…2点　(3)，(4) 各1点×5　(5) 面積…2点，A…1点　3 (1) 2点　(2) 各1点×3<③は完答>　(3)～(6) 各2点×5<(4)は完答>　4 (1) ① 2点 ② 1点　(2) ①～③ 各2点×3 ④ 1点　(3) 各2点×3<①は完答>

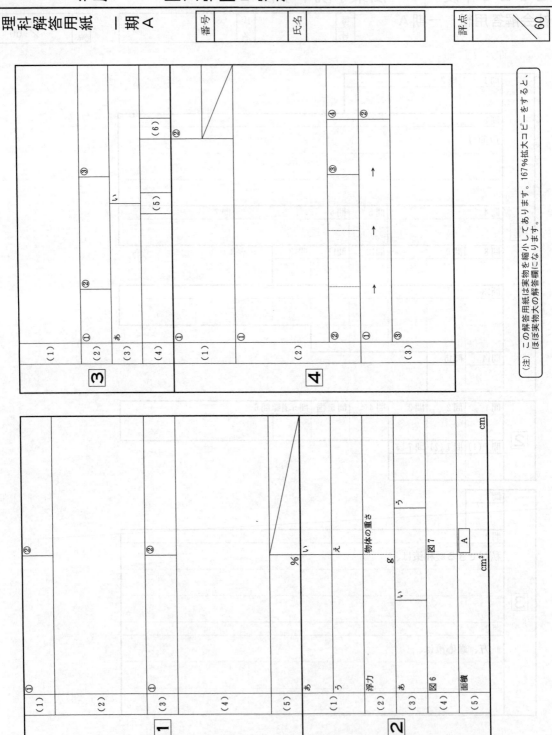

二〇二三年度　関東学院中学校

国語解答用紙　一期A

番号　　氏名　　評点　／100

一

- 問一　A　B
- 問二　Ⅰ　Ⅱ　Ⅲ　Ⅳ
- 問三
- 問四
- 問五
- 問六
- 問七
- 問八　読みとれないところは　……　よかったのですね。
- 問九
- 問十

二

- 問一　A　B　C　D
- 問二　……　という考え
- 問三
- 問四
- 問五
- 問六
- 問七
- 問八　a ツウキン　b カクホ　c ジッタイ　d テイチャク　e ホウイ
- 問九　Q1　はい　いいえ　Q2

（注）この解答用紙は実物を縮小してあります。Ｂ５→Ａ３（163%）に拡大コピーすると，ほぼ実物大の解答欄になります。

〔国　語〕100点(学校配点)

一　問1，問2　各2点×6　問3〜問7　各3点×5　問8　4点　問9　8点　問10　4点　二　問1　各2点×4　問2，問3　各4点×2　問4　6点<完答>　問5　5点　問6　8点　問7　4点　問8　各2点×5　問9　8点

2023年度　関東学院中学校

算数解答用紙　一期B

番号		氏名		評点	／100

1	(1)		(2)	
	(3)	%	(4)	

2		3	日
4	個	5	通り
6	日目	7	cm

8	(1)	m	(2)	m^2
	(3)	m^2	(4)	m^2

(注) この解答用紙は実物大です。

〔算　数〕100点(学校配点)

1～7　各8点×10　8　各5点×4

二〇二三年度　関東学院中学校

国語解答用紙　一期B

番号　　氏名　　評点　／100

一

問一

問二

問三

問四

問五　（25）（15）

問六

問七　（15）

問八

二

問一

問二

問三

問四

問五

問六

問七

問八

問九　A　B

問十

a　マド

b　メガネ

c　オサナ　かった

d　リッパ

e　シズ　めた

（注）この解答用紙は実物を縮小してあります。B５→A３（163%）に拡大コピーすると、ほぼ実物大の解答欄になります。

〔国　語〕100点（学校配点）

一　問１～問４　各６点×４　問５　８点　問６～問８　各６点×３　二　問１～問４　各４点×４　問５　６点　問６，問７　各５点×２　問８　４点　問９，問10　各２点×７

２０２３年度　　　関東学院中学校

算数解答用紙　一期Ｃ

番号		氏名		評点	／100

1	（1）		（2）	
	（3）		（4）	と
2	本	3	毎時	km
4	通り	5		ユー
6	cm^2	7		cm^3
8	（1）	人		
	（2）	① 点	②	点
	（3）	点		

（注）この解答用紙は実物大です。

〔算　数〕100点(学校配点)

1～7　各８点×10＜1の(4)は完答＞　8　(1)，(2)　各４点×３　(3)　８点

２０２３年度　　関東学院中学校

社会解答用紙　一期Ｃ

番号		氏名	

評点	／60

1

問1

問2	問3	問4	問5	問6	問7	問8

問9	問10	問11

問12

問13	問14 空欄N	問14 空欄O

2

問1	問2	問3	問4	問5	問6
			時間		

問7	問8	問9	問10

3

問1

問2

（注）この解答用紙は実物を縮小してあります。Ｂ５→Ｂ４（141%）に拡大コピーすると、ほぼ実物大の解答欄になります。

〔社　会〕60点（学校配点）

1，2　各２点×25　3　問１　３点　問２　７点

2023年度 関東学院中学校

理科解答用紙 一期C

番号		氏名		評点	/60

1

(1)	あ	い	
	う	え	
	お	か	
(2)			
(3)	A	B	記号
(4)	① kJ		
	② 熱 kJ	二酸化炭素 g	

2

(1)	あ	い	う	え
	お	か	き	
(2)	① kg			
	②			

3

(1)	①		
	② 数字	名称	
	③		
(2)		(3)	
(4)			

4

(1)		(2)	名称	位置
(3)	名称	位置		
(4)		(5)		
(6)	① あ	い 度	② 分	

（注）この解答用紙は実物を縮小してあります。172%拡大コピーをすると、ほぼ実物大の解答欄になります。

〔理　科〕60点(学校配点)

1 (1)～(3) 各1点×10 (4) ① 1点 ② 各2点×2 2 (1) あ～え 各1点×4 お～き 各2点×3 (2) ① 2点 ② 3点 3 (1)～(3) 各2点×6<(1)の③は完答> (4) 3点 4 (1) 2点 (2) 名称…2点，位置…1点 (3) 名称…2点，位置…1点 (4)，(5) 各2点×2 (6) 各1点×3

二〇二三年度　関東学院中学校

国語解答用紙　一期C

番号　　氏名　　評点　／100

一

問一　A　B　C　D

問二

問三

問四　20　30

問五

問六

問七　a カンタン　b ジュウジ　c キカイ　d チョウジ　e サンセイ

二

問一

問二

問三　20

問四

問五

問六

問七

問八

問九　風はこれまで　15　35　55　60

（注）この解答用紙は実物を縮小してあります。Ｂ５→Ａ３（163%）に拡大コピーすると、ほぼ実物大の解答欄になります。

〔国　語〕100点（学校配点）

一　問１　各２点×４　問２，問３　各４点×２　問４　６点　問５　８点　問６　各４点×２　問７　各２点×５　二　問１，問２　各４点×２　問３　６点　問４　各３点×３　問５～問７　各４点×３　問８　各３点×３　問９　８点

2022年度　　関東学院中学校

算数解答用紙　一期A

番号		氏名		評点	／100

1	(1)		(2)	
	(3)		(4)	
2	ページ	3	枚	
4		5	時間　　分	
6	度	7	cm^2	
8	(1)		(2)	毎分　　m
	(3)		(4)	分
	(5)			

（注）この解答用紙は実物大です。

〔算　数〕100点(学校配点)

1～7　各8点×10　8　各4点×5

2022年度　関東学院中学校

社会解答用紙　一期A

番号		氏名		評点	／60

1

問1	問2	問3	問4

問5 ①	②	③	④	⑤	⑥	⑦	⑧	⑨

問6
共通点は
違いは

2

問1 図	問1 県名・県庁所在都市名	問2	問3
	県　市		

3

問1	問2

問3 ①	問3 ②

問4	問5

4

問1 ①										
□	□	○	□	□	□	○	□	□	□	□

問1 ②	問2	問3	問4

（注）この解答用紙は実物を縮小してあります。Ｂ５→Ｂ４(141%)に拡大コピーすると、ほぼ実物大の解答欄になります。

〔社　会〕60点(学校配点)

1　問1～問5　各2点×13　問6　4点　2～4　各2点×15＜2の問1の県名・県庁所在都市名は完答＞

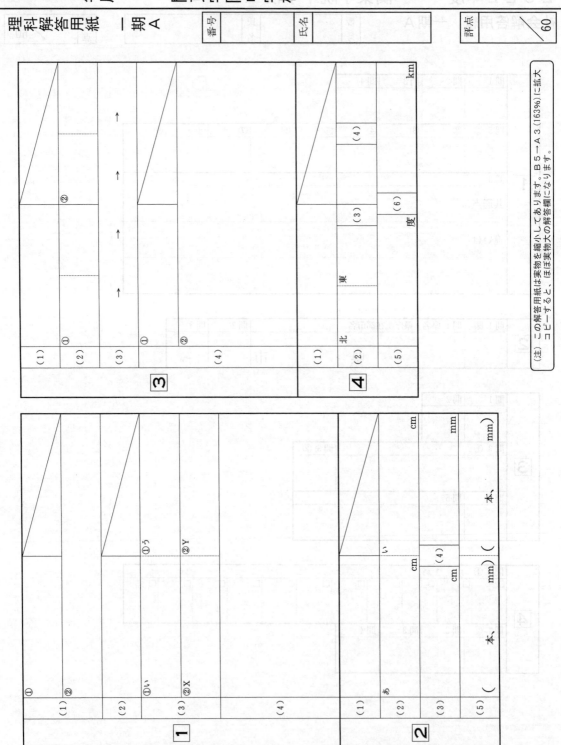

2022年度　関東学院中学校

理科解答用紙　一期A

番号		氏名		評点	/60

1

(1)	①	
	②	
(2)		
(3)	①い	①う
	②X	②Y
(4)		

2

(1)		
(2)	あ　cm	い　cm
(3)	cm	(4)　mm
(5)	(　本、　mm)	(　本、　mm)

3

(1)		
(2)	①	②
(3)	→　→　→　→	
(4)	①	
	②	

4

(1)				
(2)	北	東	(3)	(4)
(5)	度	(6)	km	

（注）この解答用紙は実物を縮小してあります。B５→A３（163%）に拡大コピーすると、ほぼ実物大の解答欄になります。

〔理　科〕60点（学校配点）

1，2　各２点×15＜1の(1)の②は完答＞　3　(1)　３点　(2)　①　３点　②　２点＜完答＞　(3)　２点＜完答＞　(4)　①　２点　②　３点　4　(1)，(2)　各３点×2＜(2)は完答＞　(3)～(5)　各２点×3　(6)　３点

二〇二二年度　関東学院中学校

国語解答用紙　一期A

番号		氏名		評点	/100

一

問一	
問二	
問三	
問四	20 / 40 / 50 / 60 / 70
問五	
問六	
問七	
問八	
問九	a シュダン　b キンム　c ヨウキュウ　d ヨウイ　e テイジ

二

問一	A　B　C　D　E
問二	
問三	
問四	
問五	
問六	
問七	
問八	20 / 40 / 60 / 80

（注）この解答用紙は実物を縮小してあります。B5→A3（163%）に拡大コピーすると、ほぼ実物大の解答欄になります。

〔国　語〕100点(学校配点)

一 問1　6点＜完答＞　問2　4点　問3　5点　問4　10点　問5　4点　問6　5点　問7　6点　問8　3点　問9　各2点×5　二 問1　各2点×5　問2, 問3　各5点×2　問4, 問5　各4点×2　問6　5点　問7　4点　問8　10点

2022年度　関東学院中学校

算数解答用紙　一期B

番号		氏名		評点	／100

1	(1)		(2)	
	(3)		(4)	
2	A　B　C		3	g
4	円		5	毎分　m
6	通り		7	倍
8	(1)	①　cm	②　cm^2	
		③　cm^2	(2)	cm^2

(注) この解答用紙は実物大です。

〔算　数〕100点(学校配点)

1～7　各8点×10＜2は完答＞　8　各5点×4

二〇二二年度　関東学院中学校

国語解答用紙　一期B

番号　　氏名　　評点 /100

一

問一（20／40／45／60）

問二

問三

問四（10）

問五

問六

問七

二

問一

問二

問三

問四

問五

問六（20／25）

問七

a タシかに

b ツトめる

c カイセイ

d ダッソウ

e ミナト

(注) この解答用紙は実物を縮小してあります。B５→A３（163%）に拡大コピーすると、ほぼ実物大の解答欄になります。

〔国　語〕100点(学校配点)

一　問１　10点　問２，問３　各６点×２　問４〜問７　各７点×４　二　問１，問２　各６点×２　問３〜問６　各７点×４　問７　各２点×５

２０２２年度　　　関東学院中学校

算数解答用紙　一期Ｃ

番号		氏名		評点	／100

1	(1)		(2)	
	(3)		(4)	
2	円	3	通り	
4		5	個	
6	km	7	cm	
8	(1)	cm		
	(2)	①　cm	②　分　秒	
	(3)	分		

(注) この解答用紙は実物大です。

〔算　数〕100点(学校配点)

1～7　各８点×10　8　各５点×４

２０２２年度　関東学院中学校

社会解答用紙　一期C

番号		氏名		評点	／60

1

問1	問2	問3	問4	問5

問6	問7	問8	問9

問10	問11	問12

問13
目的で
させた。

問14	問15

2

問1〔1〕	問1〔2〕	問1〔3〕	問2

問3
日本の河川は、長さが〔　　　　　〕く、流れが〔　　　　　〕である。

3

問1

問2

問3①図	問3①文	問3②	問4

4

問1	問2	問3	問4	問5

（注）この解答用紙は実物を縮小してあります。B５→B４(141%)に拡大コピーすると、ほぼ実物大の解答欄になります。

〔社　会〕60点(学校配点)

1～4　各２点×30＜2の問３，3の問３の①は完答＞

２０２２年度　関東学院中学校

理科解答用紙　一期C

番号　　氏名　　評点 ／60

（注）この解答用紙は実物を縮小してあります。B５→A３（163%）に拡大コピーすると、ほぼ実物大の解答欄になります。

1
(1)　(2)
(3)
(4)　A　B
(5)　(6)　%

2
(1)　あ　時間　分　い
　　う　え
(2)
(3)　①　②　③　④　⑤　⑥　⑦　⑧　⑨
(4)

3
(1)
(2)　(3)
(4)　(5)
(6)　パターン
　　理由

4
(1)　①　②
(2)　(3)
(4)　①　②

〔理　科〕60点(学校配点)

1　(1)～(4)　各２点×5　(5)　３点　(6)　２点　2　(1)，(2)　各２点×5＜(2)は完答＞　(3)　３点　(4)　２点　3　(1)～(5)　各２点×5　(6)　パターン…２点，理由…３点　4　(1)　各２点×2　(2)　３点　(3)　２点　(4)　各３点×2

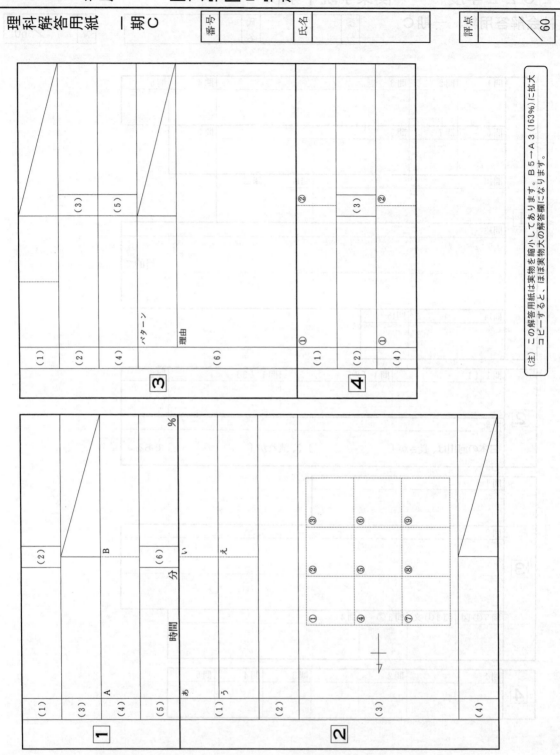

二〇二二年度 関東学院中学校

国語解答用紙 一期C

番号 氏名 評点 /100

一

問一 問二

問三 a b c d

問四 初め 終わり

問五 私たち現代人も 35 だけだから。

問六 Aさん Bさん Cさん Dさん Eさん

問七

問八 40

二

問一 初め 終わり

問二 A B C

問三

問四

問五 さん

問六

問七

問八 40

問九

問十 a ツツまれた b シンコク c モヨウ d コウばしい e サムい

(注) この解答用紙は実物を縮小してあります。B5→A3(163%)に拡大コピーすると、ほぼ実物大の解答欄になります。

〔国　語〕100点(学校配点)

一 問1 各2点×3 問2 4点 問3 各2点×4 問4, 問5 各4点×2 問6 各2点×5 問7 4点 問8 8点 二 問1 4点 問2 各2点×3 問3～問7 各4点×5 問8 8点 問9 4点 問10 各2点×5

Memo

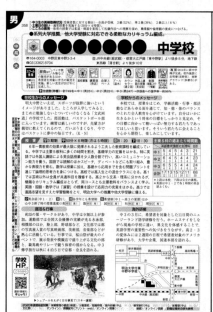

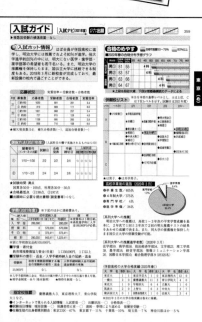